INTELIGÊNCIA *líquida*

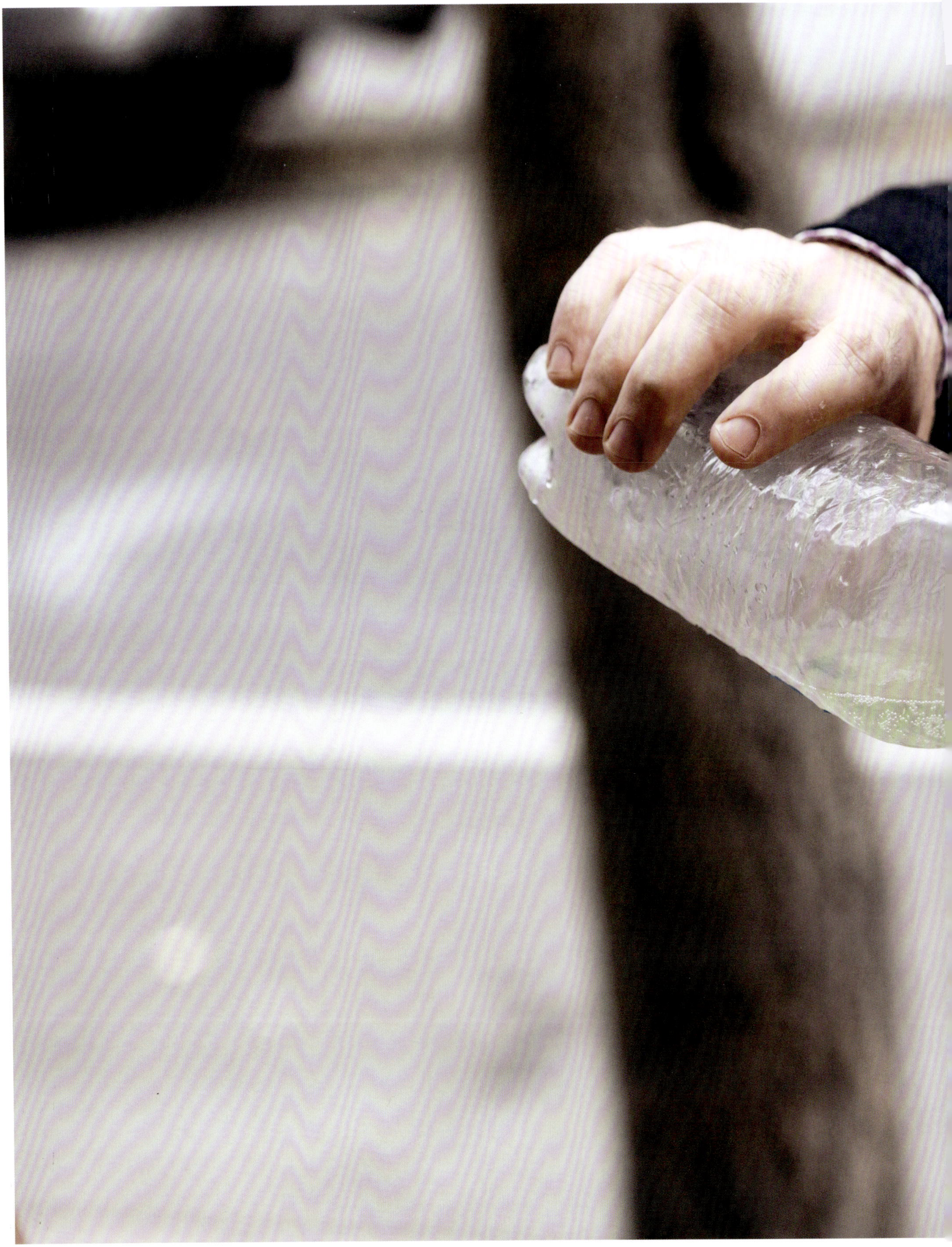

INTELIGÊNCIA LÍQUIDA

A ARTE E A CIÊNCIA
DO COQUETEL PERFEITO

DAVE ARNOLD

FOTOGRAFIAS: TRAVIS HUGGETT
TRADUÇÃO: LANA LIM

EDITORA SENAC SÃO PAULO – SÃO PAULO – 2025

ADMINISTRAÇÃO REGIONAL DO SENAC NO ESTADO DE SÃO PAULO
Presidente do Conselho Regional: Abram Szajman
Diretor do Departamento Regional: Luiz Francisco de A. Salgado
Superintendente Universitário e de Desenvolvimento: Luiz Carlos Dourado

EDITORA SENAC SÃO PAULO
Conselho Editorial: Luiz Francisco de A. Salgado
　　　　　　　　　Luiz Carlos Dourado
　　　　　　　　　Darcio Sayad Maia
　　　　　　　　　Lucila Mara Sbrana Sciotti
　　　　　　　　　Luís Américo Tousi Botelho

Gerente/Publisher: Luís Américo Tousi Botelho
Coordenação Editorial: Verônica Pirani de Oliveira
Prospecção: Andreza Fernandes dos Passos de Paula,
　　　　　　Dolores Crisci Manzano, Paloma Marques Santos
Administrativo: Marina P. Alves
Comercial: Aldair Novais Pereira
Comunicação e Eventos: Tania Mayumi Doyama Natal

Edição de Texto: Ana Luiza Candido e Camila Lins
Preparação de Texto: Denise Camargo
Coordenação de Revisão de Texto: Marcelo Nardeli
Revisão de Texto: Júlia Campoy e Karen Daikuzono
Revisão Técnica: Eduardo Tavares
Coordenação de Arte: Antonio Carlos De Angelis
Capa e Editoração Eletrônica: Sandra Regina Santana
Imagem da Capa: Adobe Stock – De fesenko
Impressão e Acabamento: Maistype

Título original: *Liquid intelligence: The art and science of the perfect cocktail*
Originalmente publicado pela W. W. Norton & Company
Texto © Dave Arnold 2014

Fotografias © Travis Huggett 2014
Projeto Gráfico: Marysarah Quinn
p. 267: Receita do Milk Punch de Benjamin Franklin, 11 de outubro de 1763, originalmente publicada no livro *The Bowdoin and Temple Papers*. Massachusetts Historical Society.

Proibida a reprodução sem autorização expressa.
Todos os direitos reservados à
Editora Senac São Paulo
Av. Engenheiro Eusébio Stevaux, 823 – Prédio Editora
Jurubatuba – CEP 04696-000 – São Paulo – SP
Tel. (11) 2187-4450
editora@sp.senac.br
https://www.editorasenacsp.com.br

Edição brasileira © Editora Senac São Paulo, 2025

Dados Internacionais de Catalogação na Publicação (CIP)
(Simone M. P. Vieira – CRB 8ª/4771)

Arnold, Dave
　　Inteligência líquida : a arte e a ciência do coquetel perfeito / Dave Arnold ; fotografias: Travis Huggett ; tradução: Lana Lim. – São Paulo : Editora Senac São Paulo, 2025.

　　Título original: Liquid intelligence: the art and science of the perfect cocktail.
　　ISBN 978-85-396-5197-9 (Impresso/2025)
　　e-ISBN 978-85-396-5198-6 (ePub/2025)

　　1. Bebidas e coquetéis. 2. Bebidas alcoólicas. I. Huggett, Travis. II. Título.

24-2317c　　　　　　　　　　　　　　　CDD – 641.874
　　　　　　　　　　　　　　　　　　　BISAC CKB006000

Índice para catálogo sistemático:
1. Bebidas e coquetéis : Gastronomia 641.874

Este é um livro de não ficção e de referência. Todos os nomes, empresas, marcas registradas, marcas de serviço, nomes comerciais e locais são citados apenas para fins de identificação, revisão editorial e orientação. Esta obra não foi patrocinada, apoiada ou endossada por qualquer pessoa ou entidade.

PARA MINHA ESPOSA, JENNIFER, E MEUS FILHOS, BOOKER E DAX.

SUMÁRIO

MANHATTAN

NOTA DO EDITOR 9

AGRADECIMENTOS 10

INTRODUÇÃO 13

PARTE 1: PRELIMINARES 17

MEDIDAS, UNIDADES, EQUIPAMENTOS 18
INGREDIENTES 50

PARTE 2: COQUETÉIS TRADICIONAIS 63

GELO, GELO E BEBIDA ALCOÓLICA E A LEI FUNDAMENTAL 65

O gelo em si 65

Gelo e bebida alcoólica 74

Resfriamento e diluição 80

A Lei Fundamental dos Coquetéis Tradicionais 84

BATIDOS E MEXIDOS, MONTADOS E BATIDOS NO LIQUIDIFICADOR 91

Drinques batidos: o Daiquiri 91

Drinques mexidos: Manhattan *versus* Negroni 101

Drinques montados: o Old-Fashioned 107

Drinques batidos no liquidificador e drinques de gelo raspado: a Margarita 114

OS CÁLCULOS DOS COQUETÉIS: OS MECANISMOS INTERNOS DAS RECEITAS 121

PARTE 3: NOVAS TÉCNICAS E NOVAS IDEIAS 139

RESFRIAMENTO ALTERNATIVO 140
MACERAÇÃO COM NITROGÊNIO E MACERAÇÃO NO LIQUIDIFICADOR 165
DRINQUES QUENTES 177

INFUSÕES RÁPIDAS COM MANIPULAÇÃO DE PRESSÃO 189

Infusão nitrosa rápida com o sifão iSi 190

Infusões rápidas de destilados e coquetéis 198

Bitters e tinturas rápidas 210

Sólidos infusionados a vácuo: a guarnição mágica 218

CLARIFICAÇÃO 235

Definição, história, técnica 235

Técnicas de clarificação: fluxogramas minuciosos 249

Clarificando bebida alcoólica na centrífuga: o Justino 257

WASHING 263

Washing de bebidas alcoólicas 265

Milk washing: tradição e novidades 267

Egg washing 272

Washing com quitosana-gelana 278

Uma palavrinha sobre o fat washing 283

CARBONATAÇÃO 288

PARTE 4: PEQUENAS JORNADAS 333

MAÇÃS 334

CAFÉ 351

O GIM-TÔNICA 361

PARA SABER MAIS 378

LISTA DE RECEITAS 383

NOTA DO EDITOR

Muitas tentativas e erros levaram Dave Arnold a conhecer as inúmeras nuances que um drinque perfeito apresenta. Do gelo a equipamentos sofisticados, o renomado bartender tem revolucionado há anos o preparo de coquetéis, propondo novos métodos e destrinchando ingredientes e sabores. Ainda que muitas de suas criações pareçam surreais, ele não esconde sua reverência pelos drinques clássicos que fazem parte da história da coquetelaria e que todo mixologista deve conhecer.

Este livro se organiza em quatro partes, dedicadas a equipamentos e ingredientes, coquetéis tradicionais, novas técnicas e experimentações. Passando por esses eixos, Arnold nos convida a adentrar um mundo de possibilidades e experimentações e propõe que pensemos como cientistas, buscando a melhoria de resultados e processos e a constância na reprodução de técnicas.

Nesta edição brasileira, foram mantidos os padrões estabelecidos pelo autor no texto original. Nas receitas, as medidas estão em *onças* (oz.), padrão usual nos Estados Unidos e já conhecido no mundo da coquetelaria, e também em mililitros, cabendo a cada leitor a escolha da melhor forma de trabalhar.

É com grande satisfação que a Editora Senac São Paulo apresenta esta obra, que vem enriquecer o conhecimento e a prática de bartenders e entusiastas da área, promovendo a profissionalização e elevando a qualidade das criações no Brasil.

AGRADECIMENTOS

Agradeço à minha esposa, Jennifer, que passou um tempo absurdo desfazendo a incoerência de meus primeiros rascunhos e depois revisando e aperfeiçoando a versão final do livro. Adoro sua clareza de pensamento e aversão a bobagens desde o dia em que nos conhecemos. Sem ela, eu não conseguiria escrever um livro sequer que atraísse a atenção do leitor.

Agradeço à minha editora na W. W. Norton, Maria Guarnaschelli, que um dia me convidou para almoçar e decidiu que eu escreveria um livro. Costumo ouvir de amigos escritores que não existem editores à moda antiga. Hoje sei que eles estão errados. Tenho muita sorte de ter contado com uma defensora tão apaixonada, comprometida e cuidadosa para tornar real a existência deste livro.

Meu obrigado também a:
- Nastassia Lopez, por manter tudo rodando.
- Meus sócios, os incomparáveis David Chang e Drew Salmon, por acreditarem no Booker and Dax e em mim. Serei eternamente grato a vocês.
- Travis Huggett, por seu incrível trabalho de fotografia.
- Mitchell Kohles, pelo trabalho pesado na W. W. Norton.
- Harold McGee, pela inspiração constante e pela análise cuidadosa dos rascunhos para este livro.
- James Carpenter, por avaliar o manuscrito com seu olhar apurado.
- John McGee, Paul Adams, Ariel Johnson e Don Lee, pelas observações.

E às pessoas que me inspiraram e me apoiaram em uma carreira que decididamente não foi nada linear, mesmo quando meus empreendimentos pareciam os mais absurdos:
- Minha mãe e Gerard, meu pai, e todo o clã Addonizio/Arnold; Maile, Ridge e os demais Carpenters.
- Early, Ludwick, Sweeney e Strauss, que ajudaram a segurar as pontas.
- Jeffrey Steingarten e Dana Cowin, apoiadores das antigas que me ajudaram a encontrar meu lugar no mundo da comida.
- Michael Batterberry, que me deu meu primeiro emprego de verdade na área.
- Wylie Dufresne, que me iniciou no uso de novas tecnologias na cozinha.
- Nils Noren, com quem fiz alguns de meus melhores trabalhos – um brinde!

Johnny Iuzzini, com quem aprendi muito durante nossas andanças.

Os chefs com quem trabalhei na FCI e os alunos do meu programa de estágio da FCI (com um agradecimento especial a Mindy Nguyen).

A talentosa equipe com quem trabalhei no Booker and Dax: Piper Kristensen, Tristan Willey, Robby Nelson, Maura McGuigan e todos os bartenders, bar-backs, garçons e recepcionistas – vocês também, equipe do Ssäm!

Por fim, agradeço a todos os meus amigos da comunidade da coquetelaria – vocês me motivam todos os dias.

CHARTRUTH

INTRODUÇÃO

Coquetéis são problemas que precisam de soluções. Como posso obter um sabor, uma textura ou uma aparência específicos? Como posso melhorar o drinque que está diante de mim? Quando se leva os coquetéis a sério, como acontece com todas as investigações válidas, a jornada é para a vida toda. Quanto mais você sabe, mais dúvidas tem. Quanto mais você se profissionaliza, mais falhas vê em sua técnica. O objetivo é a perfeição, mas felizmente a perfeição é inatingível. Gastei sete anos e milhares de dólares no problema do Gim-Tônica perfeito; e ainda tenho trabalho pela frente. Seria muito chato se eu tivesse terminado, se estivesse satisfeito. Aprender, estudar, praticar – e beber com os amigos: é disso que trata este livro. A premissa: nenhum detalhe do coquetel é desinteressante, nenhum detalhe é indigno de estudo.

Uma pequena dose de ciência lhe fará bem. **PENSE COMO UM CIENTISTA E VOCÊ FARÁ DRINQUES MELHORES**. Para usar o método científico a seu favor, não precisa ser cientista de fato, nem mesmo entender muito de ciência. Controle as variáveis, observe e teste seus resultados; é basicamente isso. Este livro mostra como tornar seus drinques mais equilibrados, como torná-los consistentemente melhores e como desenvolver novas receitas deliciosas sem dar tiros aleatórios no escuro.

Às vezes, na busca por determinado sabor ou ideia, utilizo métodos absurdos e equipamentos inacessíveis para a maioria dos leitores. Aqui você verá o que significa explorar uma ideia até o limite. E espero que se divirta. Não presumo que a maioria das pessoas vá se aventurar nos drinques mais complexos, mas, se você estiver disposto, terá informações suficientes para tentar. Não vou esconder nada nem guardar segredos, o que significa que falarei tanto de contratempos quanto de sucessos (os erros costumam dar origem às minhas melhores ideias). Por último, prometo que trarei muitas técnicas, sabores e ideias de drinques que você pode testar, mesmo que tenha à disposição apenas um conjunto de coqueteleiras e um pouco de gelo. Meu objetivo é mudar a maneira como você enxerga os drinques, não importa qual você faça.

Este não é um livro sobre mixologia molecular (termo que eu detesto). As conotações de *molecular* são todas ruins: a invencionice pela invencionice, drinques não muito saborosos, uma ciência que deu errado. Minhas diretrizes são simples:

- Use novas técnicas e tecnologias somente quando elas forem melhorar o sabor do drinque.
- Esforce-se para fazer um drinque incrível com poucos ingredientes, em vez de muitos.
- Não espere que um convidado saiba como você fez o drinque para apreciá-lo.
- Interprete que seu drinque fez sucesso se seu convidado pedir mais um, não se ele ou ela o achar "interessante".
- Desenvolva e siga seu paladar.

Este livro está dividido em quatro partes. A primeira trata das preliminares – equipamentos e ingredientes – e abre caminho para o resto. A segunda parte é um estudo cuidadoso de como funcionam os coquetéis clássicos: o básico da coqueteleira, dos mixing glasses, ou copos misturadores, do gelo e dos destilados. Já a terceira parte é uma visão geral das técnicas e ideias mais recentes e de como elas se relacionam com os coquetéis clássicos. A última parte traz uma série de receitas, minijornadas com base em uma ideia específica. No final, você encontrará uma bibliografia comentada de livros sobre coquetéis, ciências e culinária, além de periódicos que considero interessantes e pertinentes ao tema.

NO QUE ESTOU PENSANDO QUASE O TEMPO TODO

Encaro a coquetelaria como tudo o que me importa na vida: com persistência e construção do zero. Muitas vezes percebo um probleminha chato em algum coquetel que já existe, ou fico encantado por uma ideia ou um sabor, e assim começa minha jornada. Pergunto a mim mesmo o que quero alcançar e, então, percorro todos os caminhos possíveis para chegar lá. Quero ver o que é possível e do que sou capaz. Nas fases iniciais da resolução de um problema, não ligo muito se o que estou fazendo é sensato. Prefiro fazer esforços absurdos para conquistar mínimos acréscimos de melhoria. Não me importo de passar uma semana preparando um drinque que fique só minimamente melhor do que aquele que me levou cinco minutos. O mínimo me interessa. É ali que aprendo a respeito do drinque, de mim mesmo e do mundo. Parece pretensioso, mas é sincero.

Não sou infeliz, mas também nunca estou satisfeito. Sempre existe um jeito melhor. Questionar-se constantemente – em especial se for sobre seus princípios e práticas básicas – o torna uma pessoa melhor atrás do balcão, na frente do fogão ou em qualquer outra área. Adoro quando vejo que minhas crenças tão preciosas estavam erradas. Significa que estou vivo e continuo aprendendo.

Odeio fazer concessões e odeio fazer as coisas de qualquer jeito, mas às vezes não há como evitar. É preciso continuar odiando fazer concessões a cada passo, ao mesmo tempo que é preciso aprender a fazer concessões com um mínimo de impacto quando necessário. Mantenha sempre o foco no caminho crítico para a qualidade, desde os ingredientes até o copo. Fico surpreso com o tanto de trabalho que algumas pessoas têm na fabricação de ingredientes para um drinque, para depois acabar destruindo todo esse trabalho no último momento. Lembre-se de que um drinque pode ser arruinado em qualquer estágio de sua criação. Sua responsabilidade como um fazedor de drinques só termina quando o drinque está finalizado – e sua responsabilidade como um fazedor de drinques alcoólicos só termina quando o bebedor está são e salvo em casa.

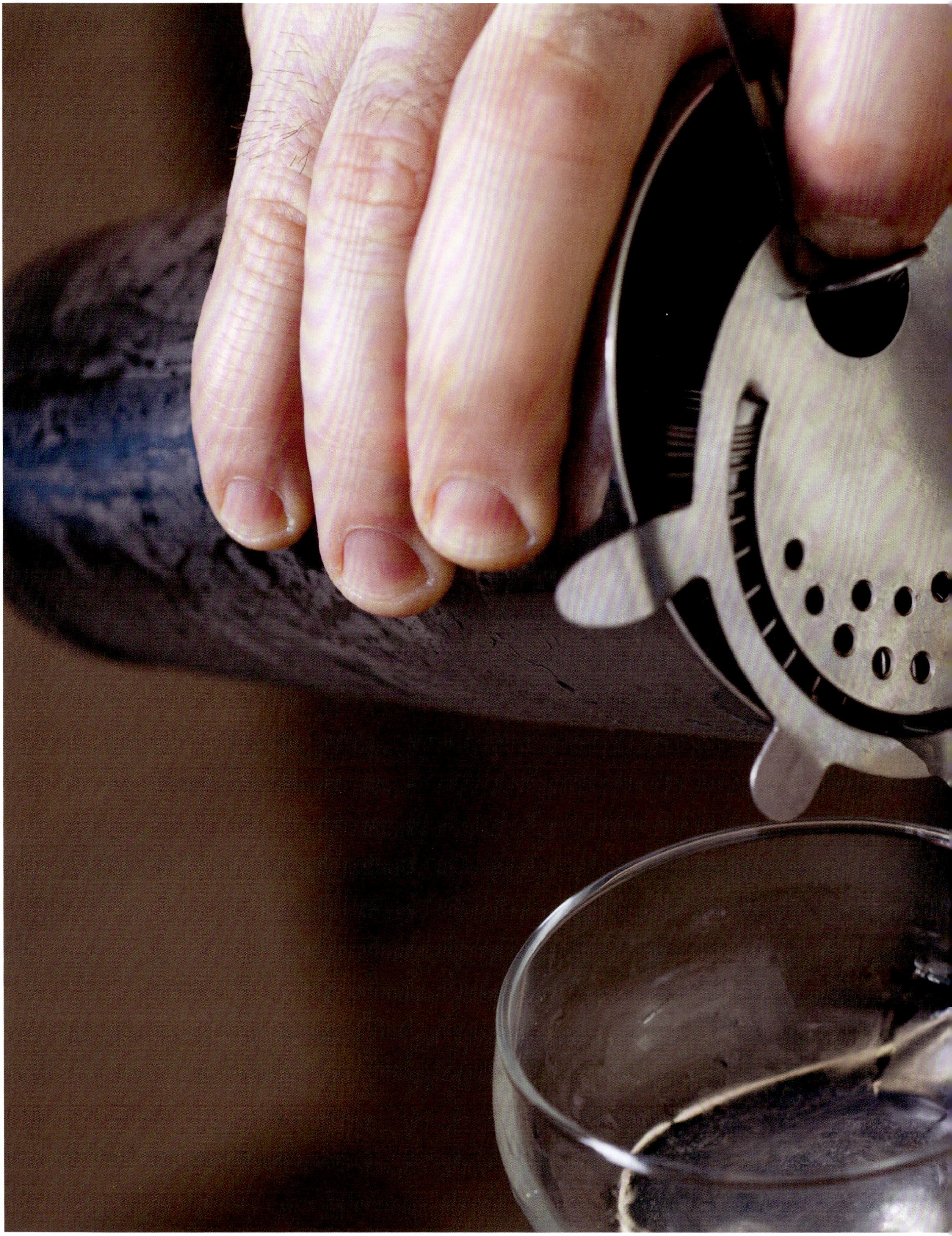

PARTE 1

PRELIMINARES

Medidas, unidades, equipamentos

Ter acesso a equipamentos bacanas me ajudou a desenvolver maneiras de obter bons resultados *sem* equipamentos. Nesta seção, veremos os equipamentos que uso em casa e no meu bar, o Booker and Dax. Quase ninguém – nem mesmo bartenders profissionais abastados – vai querer ou precisar de todos os que constam nessa lista. Nas seções do livro que tratam de técnicas, sempre que possível, darei soluções alternativas para os itens mais caros e difíceis de encontrar. No final desta seção, você encontrará listas de compras organizadas por orçamento e interesse.

No entanto, antes de entrarmos nesse assunto, preciso fazer alguns comentários sobre medidas.

COMO E POR QUE VOCÊ DEVE MEDIR OS DRINQUES

Drinques devem ser medidos por volume. Acredito piamente que na cozinha se deve medir ingredientes por peso, mas driques eu misturo por volume, e você também deveria fazer isso. Medir pequenos volumes é muito mais rápido do que pesar um monte de pequenos ingredientes. Além disso, a densidade dos ingredientes do coquetel varia muito, de cerca de 0,94 grama por mililitro para uma bebida alcoólica pura a 1,33 grama por mililitro para o xarope de bordo. Para o bartender, o peso da bebida finalizada não é importante, mas o volume, sim. O volume determina o nível do drinque abaixo da borda do copo. Essa linha de líquido é chamada de **wash-line**, e manter uma wash-line adequada é essencial para um bom bartender. Em um ambiente profissional, é fundamental que seus drinques sejam uniformes. Ter wash-lines padronizadas para cada drinque permite que você verifique instantaneamente que está tudo certo. Se sua wash-line estiver errada, tem algo de errado com o drinque. Wash-lines uniformes também são importantes para quem é servido. Duas pessoas pedem o mesmo drinque, mas um deles fica mais alto no copo: você gosta mais da pessoa que ganhou mais bebida ou suas técnicas que estão pouco apuradas?

Os defensores do *free-pouring* não nivelam seus drinques com instrumentos de medição. Alguns avaliam as quantidades olhando o nível de líquido nos copos misturadores de vidro. É por meio de muita prática que esses bartenders reconhecem certas medidas em um copo misturador padrão. Outros defensores usam bicos dosadores, que produzem um fluxo constante de bebida. Os especialistas nessa prática avaliam a quantidade despejada contando o tempo: tantos segundos equivalem a tantas onças. Esses bartenders praticam horas e horas para obter uma técnica de contagem consistente.

Mas por que os adeptos do *free-pouring* evitam os copos medidores? Existem quatro escolas principais de pensamento: a do preguiçoso, a do apressado, a do artista e a do monge. O preguiçoso simplesmente não se importa com a precisão, e é tudo o que precisa ser dito sobre ele. O apressado acredita que o *free-pouring* tem precisão suficiente e poupa um tempo precioso atrás do balcão – alguns segundos poupados em cada drinque representam uma economia de tempo considerável quando o bar está lotado. O preguiçoso e o apressado não vão obter resultados precisos e replicáveis. Essas técnicas sem medição são particularmente inapropriadas para o bartender doméstico, que não serve dezenas de drinques toda noite, não praticou muito e deveria investir algum tempo para acertar cada drinque. Já os artistas acreditam que os copos medidores os fazem parecer amadores, inexperientes e deselegantes. Eu discordo. É um prazer olhar alguém que domine o dosador, e a precisão não torna uma pessoa robótica. Alguém que dispense medições não consegue ser tão uniforme com tantos drinques diferentes, em tantas condições diferentes, quanto alguém que mede os ingredientes. O argumento mais intrigante a favor do *free-pouring* é o do monge, que acredita que os drinques não deveriam se limitar a receitas facilmente lembráveis, dadas em medidas de ¼ de onça. Afinal, por que devemos acreditar que medidas exatas de ¼ de onça asseguram as proporções ideais para um drinque? O monge vai dosando enquanto prova, durante o processo; estabelece as proporções corretas para cada drinque individualmente, pela intuição e pela avaliação que faz do gosto daquele a quem está servindo.

Eu gosto do monge, mas na prática diária é muito melhor ter uma receita-padrão que você consiga lembrar e seguir consistentemente do que ficar se preocupando com quão restritivo pode ser um sistema de medição. Receitas fixas podem aproveitar os termos e os equipamentos de medição padronizados e, ao mesmo tempo, estar abertas a nuances. Pode ser impossível lembrar que

A wash-line, para a qual aponto na foto, é o ponto em que o topo de um drinque encosta no copo.

IMPORTANTE: AS UNIDADES NESTE LIVRO

Neste livro, sempre considero 30 mililitros para 1 onça. Meus dosadores também seguem esse tamanho. Se você tem um conjunto de dosadores que usam uma onça de tamanho diferente, suas medidas serão sempre ligeiramente diferentes das minhas – o que não costuma ser um problema. Minhas referências são estas:

- O volume é dado em **onças** (oz), **mililitros** (mL) e **litros** (L); neste livro, uma onça de líquido equivale a 30 mililitros. Algumas medidas de volume específicas de bar neste livro são:

  - 1 bailarina ou colher de bar = 4 mililitros, pouco mais que ⅛ de onça;
  - 1 dash = 0,8 mililitros, ou seja, 36 dashes por onça; e
  - 1 gota = 0,05 mililitros, ou seja, 20 gotas por mililitro e 600 gotas por onça.

- O peso é sempre em **gramas** (g) e **quilogramas** (kg).

- A pressão é em **psi** (libras por polegada quadrada) e **bars** (a pressão atmosférica tem cerca de 14,5 psi ou 1 bar).

- A temperatura é em **Celsius** (°C).

- A energia e o calor são em **calorias**. A ciência que me perdoe, mas as calorias fazem mais sentido intuitivamente quando você passa boa parte do tempo esquentando e esfriando água. Já a unidade-padrão, que é o joule, não. (Uma caloria equivale a 4,2 joules.)

uma receita deve conter 0,833 onça de suco de limão (um terço do caminho entre ¾ de onça e 1 onça), mas é fácil lembrar de um "¾ de onça gorda". Da mesma forma, dois terços do caminho entre ¾ de onça e 1 onça podem ser chamados de "onça curta". Algumas receitas pedem quantidades ainda menores, mas fáceis de lembrar: usamos a colher bailarina (ou colher de bar), o dash e a gota. Em resposta à premissa principal do monge – de que medir não garante uma bebida perfeitamente equilibrada –, o bom bartender que faz a medição prova cada drinque que prepara. Esses profissionais usam um canudo para extrair uma pequena amostra de cada drinque e assim garantir que as proporções dosadas produziram o efeito desejado.

Observe que, nesta discussão, as unidades estão em *onças*, e não em mililitros. As receitas de coquetéis americanos são sempre escritas em onças. Antes que meus amigos do sistema métrico se exaltem, preciso dizer que, em uma receita de coquetel, a palavra "onças" é, na verdade, apenas outra maneira de dizer "partes". As receitas de coquetéis envolvem proporções, e as medidas das proporções são em partes: 2 partes de base alcoólica mais ½ parte de xarope e ¾ de parte de suco, e por aí vai. Neste livro, 1 parte equivale a 1 onça, que equivale a 30 mililitros. O tamanho de uma onça "real" vai variar de acordo com a pessoa para quem você pergunta. Mesmo que não consideremos as inúmeras definições de onça existentes nos países mundo afora (agora obsoletas), só os Estados Unidos já têm uma gama desconcertante de onças de diferentes medidas, que giram em torno da equivalência de 1 onça para 30 mililitros. A onça de 30 mililitros é extremamente conveniente para o preparo de coquetéis. Então, quando estou preparando drinques individuais, costumo falar em onças. Quando estou fazendo grandes quantidades, uso uma calculadora ou planilha para converter em mililitros minhas receitas baseadas em onças, considerando 30 mililitros por onça.

Lembre-se! Neste livro, uma onça, em líquido, equivale a 30 mililitros.

EQUIPAMENTOS DO DIA A DIA PARA MEDIR DRINQUES

Os drinques individuais geralmente são medidos com dosadores, ou jiggers. O conjunto de dosadores que gosto de usar consiste em dois recipientes de cone duplo. Eles seguem a convenção da onça de 30 mL. O maior dos dois dosadores, que uso para medir qualquer coisa entre 1 e 2 onças, tem um cone de 2 onças com marcação interna para 1 ½ onça e um cone de 1 onça com marcação interna para ¾ de onça. O dosador menor tem um cone de ¾ de onça com uma linha interna de ½ onça e um cone de ½ onça com uma linha interna de ¼ de onça. Esses dois dosadores são ideais para a maioria das medições. Se você medir com base na linha interna do dosador, despeje até a linha. Se medir com base no topo do dosador, *despeje até o topo*. As pessoas tendem a colocar menos quando estão medindo com um dosador cheio. Dica: coloque o dosador sobre o recipiente de mistura enquanto despeja para evitar desperdiçar sua preciosa bebida.

Se tiver de escolher entre dosadores altos e estreitos e dosadores baixos e largos, sempre escolha os altos. Eles são muito mais precisos. Se você despeja um líquido um milímetro acima ou abaixo em um dosador largo, isso constitui um erro muito maior do que em um dosador estreito. O mesmo princípio se aplica ao próximo equipamento que recomendo que você adquira: uma proveta graduada.

ACIMA: *Três dosadores e uma proveta graduada. Curiosamente, os três dosadores têm o mesmo volume. Por ser mais estreito, o mais alto, do fundo, é muito mais preciso. O dosador da frente é mais preciso do que o da esquerda, pois suas laterais são retas perto do topo. A proveta graduada é uma referência de precisão.*

Mesmo com um dosador alto e preciso, você deve despejar o líquido consistentemente até o topo. O dosador da esquerda contém 2 oz (60 mL), já o da direita contém ⅛ oz (3,75 mL) a menos.

PRELIMINARES 21

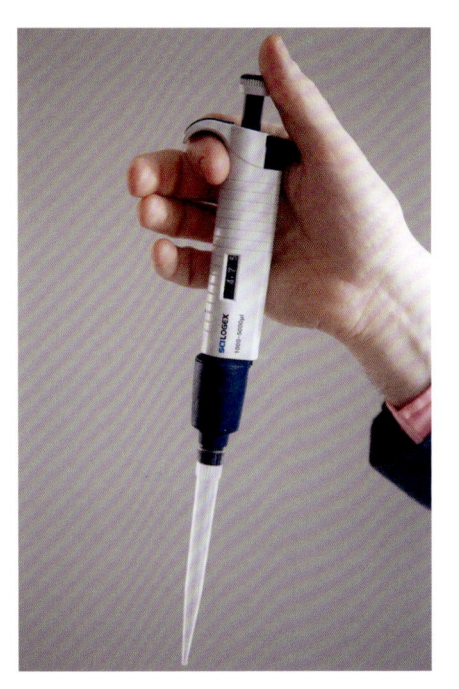

Com esta micropipeta é possível medir e transferir qualquer volume entre 1 mL e 5 mL.

EQUIPAMENTOS MAIS SOFISTICADOS PARA MEDIR DRINQUES

As provetas graduadas são cilindros altos, estreitos e retos com medidas em mililitros nas laterais. Elas variam de minúsculos carinhas de 10 mililitros (cerca de ⅓ de onça) até monstros de 4 litros. As provetas graduadas são muito precisas, e os copos medidores e os béqueres perdem muito em comparação a elas. Eu as uso para desenvolver receitas e preparar grandes quantidades de coquetéis de forma precisa. As que mais uso são as de 50 mL, pouco menos de 2 onças, que são boas substitutas do dosador para ajustar uma receita altamente técnica ou adicionar sabores muito concentrados no preparo de grandes lotes; as de 250 mL, pouco mais de 8 onças, são perfeitas para misturar até quatro coquetéis por vez ou medir ingredientes de menor volume em lotes grandes; e as de 1 litro, pouco mais de 1 quart (946,6 mL), para preparos feitos diretamente na garrafa. Há versões de plástico transparente e inquebrável disponíveis a preços moderados; as de vidro custam mais.

A maioria das pessoas não precisa de uma micropipeta, mas eu adoro a minha. As micropipetas permitem medir um pequeno volume de líquido de forma muito rápida e precisa. A minha é ajustável para medir qualquer quantidade de líquido entre 1 mL e 5 mL e tem precisão de 0,01 mL. Elas são muito rápidas de usar e, diferentemente das balanças digitais, não precisam de bateria. No Booker and Dax, usamos uma todos os dias para clarificar sucos. Eu uso para testar receitas em sabores muito concentrados, como ácido fosfórico concentrado ou solução de sulfato de quinina. Ela me ajuda a descobrir as proporções adequadas da receita, adicionando quantidades pequenas e bem definidas, pouco a pouco.

EQUIPAMENTOS PARA PREPARAR DRINQUES

COPOS MISTURADORES PARA DRINQUES MEXIDOS

Os copos misturadores refletem o estilo pessoal do bartender e podem ter um grande efeito sobre o coquetel final. O copo misturador mais tradicional, que é o copo-padrão de um *pint*, tem muitas vantagens: é barato, bastante robusto, transparente e pode ser usado para agitar. Muitos bartenders profissionais usam copos de *pint* porque já os têm à mão para servir cerveja. Os principais argumentos contra o copo de *pint* são três: (1) eles são feitos de vidro (falarei mais sobre isso a seguir), (2) não são supercharmosos, e (3) têm uma base bastante estreita, portanto são fáceis de derrubar quando se mexe um drinque vigorosamente.

Há muitas alternativas sofisticadas que podem resolver os dois últimos problemas. As duas mais populares são o copo misturador japonês de cristal lapidado, em forma de béquer, e os copos misturadores grandes com haste, que se parecem um pouco com taças de vinho bojudas e grandonas. Muitos de meus bartenders no Booker and Dax usam os copos misturadores de cristal lapidado, que são bonitos e têm bases largas e estáveis, além de bicos que são úteis. Eles também são bem caros e frágeis – qualquer pequeno descuido e eles vão para o lixo.

Uma terceira opção é um béquer de uma loja de materiais científicos, que serve como um bom copo misturador, ainda que meio desajeitado, com uma base larga e marcações de volume úteis e bastante precisas na lateral, que podem ser muito bem aproveitadas pelo bartender doméstico ocasional, que não tem tempo ou disposição para aprender de cor a correspondência entre o volume e a altura servida no copo.

Copos misturadores refinados são um investimento. Se você estiver preparando drinques na frente de convidados, um bom equipamento enriquece a experiência deles e lhes causa uma boa impressão sobre você como bartender, podendo, portanto, aumentar o prazer do drinque. Se você não pretende preparar drinques na frente de seus convidados, não se preocupe em gastar esse dinheiro extra.

Meu recipiente de mistura preferido é acessível e inquebrável: uma coqueteleira de aço inoxidável de 18 onças (540 mL), comumente chamada de mini tin. Eu prefiro o metal por ele ter um calor específico muito menor do que o vidro, ou seja, é preciso menos energia para resfriar ou aquecer um grama de aço inoxidável do que um grama de vidro. A maioria dos copos misturadores de vidro é mais grossa e pesa muito mais do que o mini tin de 540 mL, ou seja, eles representam uma massa térmica significativa, que afetará a temperatura e a diluição de seu drinque. Se você mexesse dois drinques, um em um copo misturador gelado de vidro e outro em um copo misturador, também de vidro, em temperatura ambiente, haveria uma diferença notável entre os dois. Para ser consistente e fazer drinques uniformes (e a uniformidade deve ser um de seus principais objetivos no bar), você deve optar: ou usar copos misturadores gelados *sempre* ou não usá-los *nunca* – ou então ser algum tipo de gênio que consiga corrigir automaticamente um dos dois. Os mini tins requerem tão pouca energia para esfriar ou esquentar que têm muito pouco efeito sobre seu coquetel.

Para mexer drinques, prefiro o copo de metal mini tin. Os recipientes de vidro são lindos, mas têm uma massa térmica alta, o que pode atrapalhar o resfriamento, a menos que você os resfrie previamente.

COQUETELEIRAS (DA ESQUERDA PARA A DIREITA): *Coqueteleira cobbler de três partes; coqueteleira boston de vidro com metal; coqueteleira boston de metal com metal (minha preferida); coqueteleira parisiense de duas partes.*

COQUETELEIRA PARISIENSE

COQUETELEIRA COBBLER

NO MEIO À ESQUERDA: *Essa coqueteleira parisiense tem um ótimo visual, mas não é tão versátil ou barata quanto um conjunto-padrão de copos de metal. Você monta o drinque na parte menor de cima, acrescenta gelo, depois tampa com o copo maior por cima. Ao agitar, o copo vai gelar, se contrair e vedar em volta da borda.*
ABAIXO À ESQUERDA: *A coqueteleira cobbler é boa para quem tem mãos pequenas e gosta de coqueteleiras com um visual sofisticado. Ela não é muito versátil; e eu não gosto do coador integrado.*
À DIREITA: *Para separar um conjunto de copos, dê uma batida no copo maior bem no local em que a emenda entre os dois copos começa a criar um vão.*

COQUETELEIRAS PARA DRINQUES BATIDOS

Qualquer pessoa que esteja minimamente interessada em coquetelaria precisa ter um ou dois conjuntos de coqueteleiras. O principal critério da coqueteleira é que ela deve aguentar uma agitação vigorosa sem espirrar líquidos em cima de você e de seus convidados. Os dois principais tipos de coqueteleira são a de três peças e a de duas peças. Um terceiro tipo, a coqueteleira parisiense, tem um visual lindo, mas é rara.

As coqueteleiras de três partes, ou cobblers, consistem em um copo misturador, uma parte superior com um coador embutido e uma tampinha vedadora em forma de copo. Você monta o drinque no copo misturador, adiciona gelo, coloca a tampa, agita e, em seguida, remove a tampa e, através do coador acoplado, coa dentro do copo em que vai servir. Essas coqueteleiras vêm em uma ampla variedade de tamanhos, desde coqueteleiras para um único drinque até grandes coqueteleiras para festas, com capacidade para um grande volume de líquido. Não usamos coqueteleiras de três partes no Booker and Dax, e não conheço muitos bartenders americanos profissionais que deem preferência a elas. Elas não coam tão rápido quanto um conjunto de duas partes, não oferecem controle sobre a filtragem (falaremos mais sobre isso depois) e podem emperrar após serem agitadas, além de as partes de um conjunto serem incompatíveis com as de outros conjuntos, o que é bem irritante. É impossível se divertir agitando coquetéis para uma festa inteira com um monte de coqueteleiras de três partes de diferentes padrões. Cobblers de três partes malfeitas – e a maioria delas é – também tendem a vazar. Por outro lado, sobretudo as menores, podem ser manipuladas com habilidade e desenvoltura pelos bartenders de mãos pequenas. Alguns bartenders que seguem escolas japonesas específicas acreditam que o formato da cobbler melhora a estrutura dos cristais de gelo produzidos durante a agitação; já eu acho que isso é besteira. Quase todas as coqueteleiras profissionais de três partes são feitas de metal, mas há exceções. Um bartender de um dos bares mais renomados de Tóquio me serviu uma vez um coquetel em uma cobbler de plástico rosa-neon. Um aprendiz da escola japonesa me contou que é porque o plástico, sendo macio, cria menos e diferentes cristais de gelo em comparação com uma coqueteleira de metal. Ainda não testei essa hipótese, mas tenho minhas dúvidas.

As coqueteleiras de duas partes, ou coqueteleiras boston, são a escolha mais popular entre os bartenders profissionais nos Estados Unidos. Eu as uso em casa e no trabalho. Elas consistem em dois copos que se encaixam, criando uma vedação. Na primeira vez que você usa uma coqueteleira boston, é difícil acreditar que elas vedarão bem – parece que a a bebida vai espirrar por todo lado –, mas, acredite, as coqueteleiras de duas partes vedam de forma confiável. Deixemos a física para mais tarde. A de metal com vidro usa uma tin de metal de 28 onças (840 mL) e um *pint* de padrão americano. Você mistura seu coquetel na parte de vidro, depois coloca a tin de metal sobre o vidro e agita. Não gosto da configuração metal sobre vidro porque o copo de vidro pode quebrar, além disso, todo esse vidro tem uma grande massa térmica e ainda é difícil sacudir esse conjunto de metal e vidro com uma mão só (a menos que você tenha mãos imensas). Algumas pessoas gostam do copo misturador de vidro porque permite que elas vejam quanto de líquido adicionaram ao coquetel. Pra mim não faz diferença, porque meço meus coquetéis. Prefiro coqueteleiras de metal com metal, especificamente o tipo de duas partes, que nada mais é do que uma combinação de tins – uma de 840 mL e outra de 540 mL. A mini tin, de 540 mL, é frequentemente chamada de tin coringa pelos profissionais porque, em caso de emergência, pode ter várias utilidades, como coar, bater ou servir de copo misturador. Essas danadas são indestrutíveis, têm baixa massa térmica, são bastante fáceis de manusear e têm um barulho e um visual ótimo durante a agitação. Esse conjunto de tins tem grande volume interno, então, embora o preparo de um drinque por vez seja a norma, não é difícil preparar dois drinques, ou mesmo três, em uma coqueteleira só. Você compõe a bebida na mini tin, adiciona gelo até a borda, coloca a outra tin por cima, pressiona para travar e bate. Depois de bater, você abre as tins. Bons bartenders separam suas tins com muito estilo e um estalo imponente, que me faz salivar como se eu fosse um dos cachorros de Pavlov. Eu mesmo ainda estou trabalhando para dominar a abertura das tins. Esta é uma habilidade que você nunca vai se arrepender de adquirir.

Até bem recentemente, era difícil encontrar as tins de metal com metal em duas peças, como pares. Você precisava vasculhar lojas de suprimentos para cozinha e bar para encontrar dois copos que funcionassem bem juntos. Hoje é fácil encontrar copos que combinem, vedem bem e sejam rígidos o suficiente para dar um bom estalo. Tins de baixa qualidade com a flexibilidade de um macarrão são notoriamente difíceis de abrir, pois deslizam para a frente e para trás uma contra a outra.

COADORES, OU *STRAINERS*

Você precisa de três coadores diferentes para trabalhar no bar: o julep, o hawthorne e o de malha fina.

Coador julep: O coador julep é oval e tem furos grandes, sendo usado para coar drinques mexidos. Os furos grandes permitem uma coagem rápida, e como o coador cabe inteiro dentro do copo misturador, o bico do copo misturador fica desobstruído.

Coador hawthorne: O coador hawthorne tem uma mola na borda que permite seu encaixe dentro de uma tin de metal e de muitos copos misturadores de vidro. No geral, essa mola faz com que o hawthorne seja

COADORES (EM SENTIDO HORÁRIO, A PARTIR DE CIMA): *Peneira de malha fina; coador julep; coador hawthorne.*

melhor do que um coador julep para coar sólidos indesejados, como folhas de hortelã e pedacinhos de gelo. Contudo, quase todas as molas de coadores hawthorne são grandes demais para segurar tudo que preocupa o bartender, então muitos usam o hawthorne em conjunto com uma peneira de malha fina. Eu uso um hawthorne da Cocktail Kingdom com uma mola muito fina, que evita esse problema.

Alguns coadores hawthorne são feitos de forma que o fluxo do coquetel possa se dividir em dois, o que permite que o bartender sirva dois drinques de uma vez, como um barista que serve dois expressos em duas xícaras.

Os coadores hawthorne são mais difíceis de usar do que os coadores julep porque ficam na parte externa do copo e podem pingar e derramar, mas em mãos habilidosas eles fornecem muito mais controle do que o julep. O bartender usa o dedo indicador para deslizar o coador hawthorne para cima e para baixo, alterando a largura do espaço entre ele e o copo. Essa ação é chamada de controle de fluxo. Se você despeja com o coador fechado para baixo, retém os cristais de gelo. Se despeja com ele aberto para cima, permite que mais cristais de gelo flutuem sobre seu drinque. Tenho participado de muitas discussões acaloradas sobre os méritos e deméritos dos cristais de gelo em drinques batidos. Por muitos anos, os cristais foram estritamente proibidos, um sinal de pouca habilidade. Hoje a maré mudou, e muitas pessoas, inclusive eu, proclamam com orgulho seu amor por uma linda e cintilante camada de cristais crocantes. O argumento contra os cristais é que eles derretem rapidamente e acabam formando um excesso de diluição indesejada no topo do drinque. Pois, eu digo, beba mais rápido! Os drinques batidos deterioram-se imediatamente após serem agitados. Assim como as flores de cerejeira, eles morrem antes que você perceba. Devem ser preparados em pequenas porções e consumidos rapidamente.

ACIMA: Este coador hawthorne tem uma mola bem tensionada para capturar pequenos cristais de gelo que passariam por um hawthorne normal. E por que molas no lugar da trama? Porque a mola se ajusta ao formato do copo misturador. *ABAIXO:* Com a prática, você pode usar um hawthorne para servir dois copos simultaneamente. Embora seja mais um truque para noites meio paradas do que uma habilidade útil, é divertido.

Peneira de malha fina: A terceira peneira de que você precisará no bar é a peneira de malha fina para filtrar partículas grandes do seu drinque. Nos tempos anticristais de gelo, o bartender usava a peneira de malha fina para garantir que nenhuma partícula de gelo entrasse no drinque. No Booker and Dax, usamos as peneiras de malha fina para impedir que grandes partículas de ervas entrem em nossos drinques macerados com nitrogênio (ver a seção sobre maceração com nitrogênio líquido, p. 165).

Não aperte aqui! O cabo da colher deve ficar livre para girar

Empurre para a frente com seu dedo anelar

O gelo manterá a parte côncava da colher encostada contra o copo e fará com que ela gire naturalmente

Lembre-se de deixar girar

Puxe de volta com o dedo do meio

A colher vai girar de volta para a posição inicial

O TRUQUE PARA MEXER: empurre a bailarina para a frente e para trás com os dedos de baixo, enquanto a parte de cima da colher gira no espaço entre seu dedão e o indicador. Sua mão nunca gira. Foque sempre em empurrar a colher contra a parede interna do copo – se a parte de trás da bailarina estiver em contato com o copo, a colher vai virar quando você empurrar.

BAILARINA, OU COLHER DE BAR

A bailarina, ou colher de bar, é uma colher longa e fina que geralmente tem uma haste torcida. Antes eu a achava irrelevante e desnecessária, mas agora sei que essas colheres possibilitam que se mexa o drinque de uma maneira elegante, e tornam os resultados mais reproduzíveis. Mexer de um modo desajeitado passa a impressão de imperícia. Acreditem – não sou muito bom em mexer e muitas vezes mexo ao lado de mestres. Uma excelente técnica de mexida parece algo sem esforço, é eficiente e, acima de tudo, reproduzível. A mexida adequada requer repetibilidade precisa. Aqueles que realmente dominam essa técnica conseguem mexer com precisão dois drinques de uma vez. Alguns ninjas conseguem fazer quatro. Esse tipo de alta habilidade não pode ser realizado com uma colher de chá comum. Você precisa de uma bailarina bem desenhada e balanceada, com uma haste que se adapte a seu estilo. Além de mexer, você pode usar sua bailarina para medir. As bailarinas que eu uso têm 4 mL (pouco mais de ⅛ de onça). Meça a sua.

Mais uma dica: use sua bailarina para pescar a cereja ou a azeitona daquele pote irritante. Não use o dedo!

TAPETES DE BAR, OU BAR MATS

Bar mats são uma daquelas coisas simples que mudam a vida e que foram completamente ignoradas pelo mercado doméstico. São baratos e incríveis. Feitos de milhares de pequenas protuberâncias de borracha de pouco menos de 1 cm de altura, eles retêm líquidos derramados e são antiderrapantes, o que evita novos derramamentos. Você pode ser o melhor bartender do mundo, mas vai derramar alguma coisa. Quando você derrama algo sobre a bancada, parece desleixado e sua bancada fica escorregadia. Se derrama algo sobre um bar mat, parece que nada aconteceu. Ele permanece antiderrapante, não importa o que aconteça. Ao final de uma noite (ou depois de um derramamento crítico), pegue cuidadosamente o tapete, jogue-o na pia e enxágue-o. Ficará novinho. Esse tapetes também são excelentes para secar copos e louças. Compre um.

NO BAR MAT: 1) *Socador Bad Ass Muddler (não aceite nenhum outro);* **2)** *descascador em "Y" Kuhn-Rikon (também não aceite nenhum outro – se você não gosta desse utensílio, é porque não está usando do jeito certo);* **3)** *bicos de dash;* **4)** *conta-gotas; e* **5)** *uma faca de legumes.*

MISCELÂNEA

Se você for como eu, vai acabar gastando uma fortuna em pequenos utensílios de bar e bugigangas. A maioria deles tem uso limitado, mas alguns são legais o suficiente e valem a procura.

> **Pilão ou socador:** Arrume um bom socador para esmagar os ingredientes no fundo de um copo misturador. A maioria dos socadores é ruim – eles não têm uma área de esmagamento grande o suficiente, então apenas empurram os ingredientes. Um socador se destaca: o Bad Ass Muddler da Cocktail Kingdom. Esse cilindro grande e sólido faz jus ao nome. Meu segundo favorito é um rolo de massa simples e reto. Se você for macerar com nitrogênio líquido, evite pilões baratos de plástico ou emborrachados; o nitrogênio líquido os torna quebradiços e propensos a estilhaçar (o Bad Ass Muddler é feito de plástico, mas não é afetado pelo nitrogênio líquido).
>
> **Borrifadores:** Às vezes pequenos borrifadores são úteis para aplicar um aroma a um copo antes de servir a bebida. Essa é uma prática com mais precisão e menos desperdício do que a lavagem tradicional. Os borrifadores também são úteis para aplicar óleos aromáticos ou outros ingredientes no topo de um coquetel. Eu, na verdade, não uso a técnica de nebulização, mas muitos dos meus amigos usam.

Facas: Você precisará de uma boa faca de legumes em seu kit. Guarde-a dentro de um protetor de lâmina para que ela não perca o fio entre outros utensílios. Invista também em uma pequena tábua de corte.

Conta-gotas: Arrume alguns frascos de vidro com tampa de conta-gotas. Eu os uso para dosar todo tipo de líquido em pequenas quantidades nos coquetéis: água salgada, bitters, etc. Se você gosta de coisas com um ar sofisticado, arrume algumas garrafas de bitter para acrescentar dashes maiores do que gotas, mas menores do que o conteúdo de bailarinas. Tenha em mente que diferentes bicos de dash têm diferentes tamanhos de dash. No bar, usamos um half-dasher e um full-dasher. Em casa, eu só reutilizo garrafinhas usadas de Tabasco e Angostura. Sou um homem frugal.

Armazenamento de gelo: No bar, nosso gelo é armazenado em cubas de gelo – recipientes grandes e isolados com drenagem embutida. Usamos pás ou tins para pegar o gelo. Em casa, você precisará de um balde de gelo e uma pá ou pinça. Não é uma boa ideia pegar gelo com as mãos na frente de convidados, a menos que sejam familiares próximos. Infelizmente, nunca vi nenhum balde de gelo que me agradasse. Eles precisariam ter uma torneira de drenagem, como um bebedouro, e um escorredor de plástico para evitar que o gelo fique nadando no meio da água do derretimento. Eles também deveriam ser bonitos.

Seladora: Se você pretende fazer drinques engarrafados, compre uma seladora manual de garrafas. Elas são baratas e podem ser encontradas em qualquer loja de insumos para cerveja artesanal.

EQUIPAMENTOS PARA MEDIR, TESTAR E PREPARAR INGREDIENTES

EQUIPAMENTOS DE PESAGEM

Embora os drinques devam ser medidos por volume, é bom ter balanças (duas, na verdade) para trabalhos mais complexos no bar. Os açúcares para o xarope simples, por exemplo, devem ser pesados, assim como os hidrocoloides e outros ingredientes em pó. Não há razão para pesar qualquer coisa em qualquer unidade que não seja o grama, e isso é tudo que você verá neste livro. A água é o único ingrediente líquido que pode ser facilmente convertido de medidas baseadas em volume para peso – 1 grama = 1 mililitro (na temperatura-padrão) – e por isso às vezes peso minha água (veja "Como calcular a diluição", p. 123). Arrume duas balanças digitais: uma que consiga ler décimos de grama e outra que consiga ler medidas em grama. Para as unidades menores, procure uma balança de precisão. Se você pedir apenas uma balança que consiga ler um décimo de grama, as pessoas acabam cometendo o erro de levar uma balança que não é precisa o suficiente. Se você pede uma balança de precisão, todos saberão que você está falando sério quando o assunto é acurácia. Balanças de precisão podem sair por um preço muito bom. Se você quer começar a brincar com hidrocoloides e outros ingredientes novos, ou precisar medir ervas para tinturas e similares, esta balança será útil para você.

Você também vai precisar de uma balança que meça pesos maiores. Compre uma que meça pelo menos 5 mil gramas (5 quilos). Você pode se perguntar por que não consegue encontrar uma balança com grande capacidade e que também meça décimos de grama. A resposta é que você consegue, se tiver muito dinheiro e paciência – elas custam alguns milhares de dólares e são lentas. Balanças que medem grandes pesos têm plataformas grandes, porém elas são suscetíveis a correntes de vento. Mesmo pequenas correntes de vento em uma cozinha podem fazer uma balança de plataforma grande flutuar alguns décimos de grama. Daí a necessidade de duas balanças.

OUTROS EQUIPAMENTOS ANALÍTICOS

O **refratômetro** é um instrumento que mede o índice de refração, ou a quantidade de luz que é desviada ao entrar em uma substância transparente. Como diferentes concentrações de diferentes substâncias dissolvidas na água desviam a luz em quantidades diferentes e específicas, os refratômetros podem informar a concentração de soluções à base de água, como a porcentagem de açúcar em xaropes e sucos de frutas, os níveis de álcool em bebidas destiladas e o teor de sal em salmouras. Você precisa de um desses em casa? Na verdade, não. Mas no bar nós usamos todos os dias, porque prezo pela uniformidade.

Tecnicamente, o refratômetro mede o índice de refração, mas não é isso que nos interessa – para nós, o importante é a forma como o índice de refração se correlaciona com a concentração de tudo o que nos interessa: açúcar, etanol, sal, propilenoglicol, o que quer que seja. Portanto, os refratômetros geralmente têm escalas que leem essas soluções. Você pode comprar um refratômetro para açúcar, um para sal, e assim por diante. A escala mais comum, e a mais útil para os bares, é a Brix, que é a medida do teor de sacarose (açúcar branco) por peso. O xarope simples com Brix 50 contém 50 gramas de açúcar em cada amostra de 100 gramas. Essa proporção específica é o xarope simples padrão 1:1. Nosso xarope rico tem uma proporção de açúcar para água de 2:1 e, portanto, um Brix de 66. Os refratômetros Brix são uma maneira relativamente barata e fácil de padronizar os xaropes que você usa. Quer ter certeza de que seu xarope de mel tem o mesmo teor de açúcar que

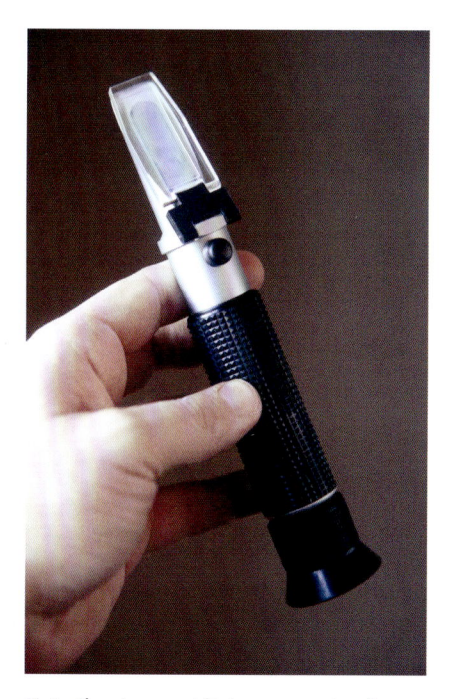

Refratômetros portáteis como este não costumam custar caro. Procure um que meça a faixa de que você precisa.

seu xarope simples? Use um refratômetro. Quer saber quanto de açúcar há no seu suco de fruta? Refratômetro.

Se você tiver condições, recomendo que compre um refratômetro eletrônico que consiga medir entre 0 e 85 Brix. Eles são rápidos de usar, mesmo em um bar escuro, e precisos em toda a sua faixa. Os refratômetros manuais tradicionais, que custam barato, funcionam bem. A questão com os aparelhos não eletrônicos é garantir que o intervalo Brix que medem seja suficiente. A faixa mais comum é de 0 a 32 Brix, o que é adequado para qualquer suco de frutas que você utilize, mas não funciona para xaropes. Você pode comprar uma unidade manual de 0-80 ou 0-90, mas nesse caso é difícil ler números precisos, porque a escala de 0-90 é do mesmo tamanho que a escala de 0-32, tornando a 0-32 quase três vezes mais precisa. Ainda assim, caso seu uso principal seja no bar, compre um aparelho Brix 0 a 80 (certifique-se de que seja uma escala Brix, e não uma escala de álcool). Outro problema com os refratômetros manuais é que você precisa de uma fonte de luz para lê-los. É complicado tentar segurar uma lanterna na ponta de um refratômetro enfiado no seu olho, atrás de um balcão escuro, sob a pressão de um turno movimentado. Se você está em dúvida se compra um, saiba que um refratômetro Brix também é útil fora do bar para padronizar receitas de sorbet e similares quando estiver usando ingredientes como frutas com uma quantidade desconhecida de açúcar (essas aplicações exigem um aparelho 0 a 32 Brix).

Uma ressalva: é extremamente fácil usar errado um refratômetro. As escalas Brix presumem que as únicas substâncias na sua amostra são açúcar e água. Para a maioria dos produtos, como sucos de frutas, essa suposição é correta porque eles não contêm muito sal, etanol ou outros ingredientes que alterem o índice de refração. No entanto, o refratômetro não funciona para medir líquidos que sejam uma mistura de açúcar e etanol. Tanto a concentração de álcool quanto a concentração de açúcar afetam o índice de refração; não há como saber quanto de cada um está presente. Qualquer coisa que você meça com um refratômetro deve ser considerada uma mistura de água e *apenas uma outra substância*.

Os **termômetros** serão úteis nos experimentos de absorção que exploraremos mais adiante neste livro. Qualquer termômetro digital de ação relativamente rápida que consiga medir com segurança temperaturas de até -20 °C serve. Eu tenho um termômetro termopar sofisticado de oito canais, com registro de dados e conectado a um computador. Provavelmente é um pouco demais para uso doméstico normal, mas não é muito caro, então você pode querer testar um.

Os **medidores de pH** raramente são úteis para o preparo de coquetéis, mas as pessoas do ramo costumam me perguntar sobre eles. Um medidor de pH pode medir a acidez de um ingrediente, mas não pode prever o quanto de sabor azedo esse ingrediente terá. Consulte a seção "Ingredientes", p. 50, para obter mais detalhes sobre esse fenômeno.

ESPREMEDORES DE LIMÃO

Para mim, espremer pequenos cítricos é bem importante. Costumo brincar que não respeito pessoas que não sabem espremer frutas rapidamente, mas no fundo estou falando sério. Esqueça aqueles espremedores antigos de mão, que só têm a "castanha" acoplada a um cabo, eles são ruins. Os verticais que funcionam com alavanca são bons para grapefruit, que não cabe nos espremedores menores de prensar, mas eles são lentos. O melhor utensílio para extrair sumo de pequenos cítricos é o humilde espremedor de mão com o qual você prensa a fruta.

Muitos anos atrás, aprendi os segredos desse espremedor com meu amigo bartender de São Francisco Ryan Fitzgerald. Ele ainda é mais rápido do que eu, e o odeio por isso. Primeiro, lave e corte todos os seus cítricos, e deixe-os em uma pilha fácil de alcançar perto de você na bancada. Bem na frente dessa pilha, deixe uma tigela grande para receber o suco. Ao lado dessa tigela

*COMO ESPREMER LIMÕES COMO UMA MÁQUINA: Prepare sua bancada de trabalho como na foto, com um recipiente para o suco próximo de outro para as cascas, de forma que seja possível pegar rapidamente os limões. **1)** Segure o espremedor como na foto, com a face cortada do limão para baixo, **2)** esprema o limão com força e **3)** imediatamente abra e solte o cabo. Com o solavanco do cabo, a casca é lançada para dentro do recipiente de descarte enquanto você pega outro limão e o coloca no espremedor. Repita com os outros limões.*

de suco, deixe um recipiente para jogar as cascas espremidas. Para espremer, segure o espremedor aberto com sua mão não dominante. Rapidamente, pegue uma metade de fruta com sua mão dominante e a coloque com a *face cortada para baixo*, dentro do espremedor. Use sua mão dominante para fechar o espremedor e extrair com força todo o suco em um jato violento para dentro da tigela. Agora abra o espremedor pelo cabo enquanto você leva a parte de baixo do espremedor na direção da tigela de cascas com sua mão não dominante. Quando o cabo vai para trás e para, o movimento que você criou irá ejetar a casca espremida para dentro da tigela de resíduos *sem que você encoste nela*. Isso é muito importante, porque sua mão dominante já deve estar pegando a fruta seguinte. Se fizer do jeito certo, você deve conseguir espremer a uma velocidade de 300 mL de suco por minuto. O truque para essa técnica é escolher o espremedor certo. Os espremedores muito fundos são ruins. O que você precisa para espremer com velocidade é de espremedores rasos que consigam ejetar as cascas. Um cabo que funcione bem também é fundamental. Por fim, o cabo do espremedor deve abrir somente cerca de 120 graus; um espremedor que abra até 180 graus ou mais significa desperdício de movimento e tempo.

Você pode se perguntar por que não usar um espremedor elétrico. Meu espremedor favorito costumava ser o elétrico, estilo Sunkist. Com uma técnica que usa as duas mãos, consigo facilmente chegar a 800 mL por minuto ou mais. O suco flui das minhas mãos como um rio caudaloso no Sunkist, enquanto as metades dos limões chovem para dentro da lata de lixo como a chuva de códigos em *Matrix*. O rendimento é 25% maior do que com o espremedor manual. O problema é que o suco não fica com um sabor tão bom; em testes às cegas, as pessoas sempre preferiram o suco extraído de um utensílio manual, provavelmente porque no espremedor elétrico a castanha extrai o amargor da parte branca da fruta enquanto gira. Se você insistir em usar o Sunkist, faça um favor a si mesmo: dispense as peneiras. Depois de 3 ou 4 litros de suco, elas acabam entupindo e são chatas de limpar.

Se você tiver dinheiro e espaço infinitos, o que não é meu caso, você pode usar o espremedor automático Zumex, que é o favorito do próprio Don Lee, um dos gênios do mundo da coquetelaria e especialista em sucos. De um lado da máquina entra uma caixa de cítricos lavados, mas inteiros, e do outro sai seu suco. Eu passaria facilmente um dia assistindo a esse negócio funcionar. Don a usa para fazer suco de limão para os milhares de drinques servidos diariamente na animada conferência anual da indústria da coquetelaria, Tales of the Cocktail, em Nova Orleans.

Não importa como você espreme seus cítricos, você deve coar o suco com uma peneira de malha fina antes de usá-lo. Aqueles pedaços grandes de polpa na lateral de uma taça deixam o coquetel com um aspecto horrível.

ESPREMEDORES PARA OUTROS CÍTRICOS MAIORES

Para cítricos maiores, como laranjas e grapefruit, o espremedor vertical por alavanca OrangeX, ou um equivalente, é a melhor opção. Ele dá conta de frutas grandes. Invista em um de qualidade, pois os baratos acabam quebrando. Também funciona com romãs.

ESPREMEDORES PARA OUTRAS FRUTAS E VEGETAIS

Para extrair suco de frutas duras como maçãs ou legumes como cenouras, eu uso um Champion Juicer. É um aparelho robusto, que aguenta o tranco e continua funcionando. Uma vez ele me ajudou a extrair suco de seis engradados de maçã seguidos, de forma rápida e sem pausa. A base ficou tão quente que fez a água com a qual tentei resfriá-la ferver – e ele continuou funcionando. Enrolei o Champion com toalhas molhadas para poder continuar trabalhando, e ele continuou funcionando junto comigo, fumegando pelas toalhas o tempo todo. Por fim, acabei derretendo os ímãs na trava de segurança (que estão ali para evitar que você rale sua mão), mas o motor seguiu firme. Essa belezinha vai extrair suco de praticamente qualquer coisa, exceto grama de trigo e cana-de-açúcar. Ele é ótimo com ingredientes que ninguém esperaria que fosse, como raiz-forte e gengibre.

Se eu tivesse um negócio que envolvesse suco fresco, investiria em um espremedor Nutrifaster, daqueles que parecem naves espaciais cromadas dos anos 1960. Eles são incríveis. Não precisam da força do operador para extrair o suco (já o Champion você precisa apertar bem forte para ir rápido), mas em compensação custam dez vezes mais do que um Champion e ocupam o dobro do espaço.

LIQUIDIFICADORES

Eu só uso liquidificadores de alta velocidade Vita-Prep. Eles são parrudos e têm uma interface muito intuitiva: dois interruptores e um botão. Todo mundo adora esses dois interruptores e esse botão. Não conheço ninguém que tenha comprado um desses e se arrependido. O Vitamix é a versão doméstica do Vita-Prep – é a mesma máquina básica, com uma garantia melhor e um preço mais baixo. Quem quer um equipamento para usar em casa deve optar pelo Vitamix. Se você é um profissional, opte pelo Vita-Prep – a garantia do Vitamix será anulada se você usá-lo em um ambiente profissional. Embora eu adore os Vita-Preps, eles não são perfeitos. O copo engasga perto da lâmina, de modo que produtos espessos giram para cima e para longe da lâmina, criando uma câmara de vácuo. Isso obriga você a usar o socador que é vendido com o aparelho para mantê-lo funcionando. Adivinhe o que sempre se perde em um restaurante ou bar? O tal socador. O botão de controle de velocidade, que adoro, vem com um potenciômetro de baixa qualidade, que odeio. Com o passar dos anos, ele fica instável e faz com que a velocidade do liquidificador oscile muito. E não é nada legal quando o conteúdo de um liquidificador espirra em você inesperadamente. Não recomendo o BarBoss, aparelho que a empresa fabrica especificamente para bares. Ele não tem um controle de velocidade real, apenas um temporizador. É bom para um robô que faça smoothies, ruim para todo o resto.

Outro megaliquidificador do mercado, o Blendtec, compete em pé de igualdade com o Vita-Prep e tem um copo com um bom formato e que não precisa de socador (mas as tampas dos Blendtecs que usei são péssimas – elas vazam). Você consegue ver o Blendtec nos vários vídeos de desafio de liquidificador que pipocam na internet. No entanto, não posso recomendar esses liquidificadores porque os controles são ruins. Se você é um robô que quer fazer smoothies uniformes sem prestar atenção, compre um Blendtec. Implorei à Blendtec para desenvolver um aparelho com controles próprios para a atuação de cozinheiros e bartenders, mas sem sucesso.

Se você não quer desembolsar muito dinheiro para comprar um liquidificador, fique tranquilo. Liquidificadores mais baratos são ferramentas dignas e darão conta da maioria das receitas deste livro, mas eu, até encontrar um desses que consiga sugar uma jarra de nitrogênio líquido sem engasgar ou bater meio quilo de bacon até formar uma bela pasta lisinha, não pretendo voltar a eles.

PENEIRAS E COADORES PARA INGREDIENTES

Se você faz sucos ou infusões, precisa coá-los. Os filtros que uso, do mais grosso para o mais fino, são: chinois – furos largos, drenagem rápida; chinois fino – malha fina, lenta; pano de musselina limpo (não gaze); e filtros de café. Não use um filtro mais fino do que o necessário, pois os filtros finos demoram mais para coar. Quando você precisar de uma coagem superfina, como a de um filtro de café, passe primeiro o produto por uma peneira mais grossa, ou o filtro fino entupirá na hora. Para sucos ou xaropes, normalmente coloco um chinois grosso dentro de um chinois fino e despejo o suco em ambos ao mesmo tempo, economizando uma etapa, e então decido se preciso da musselina. Só em último caso eu recorro aos filtros de café, porque eles demoram demais para coar.

No mercado existem sacos de coagem excelentes e muito caros chamados superbags, que vêm em várias

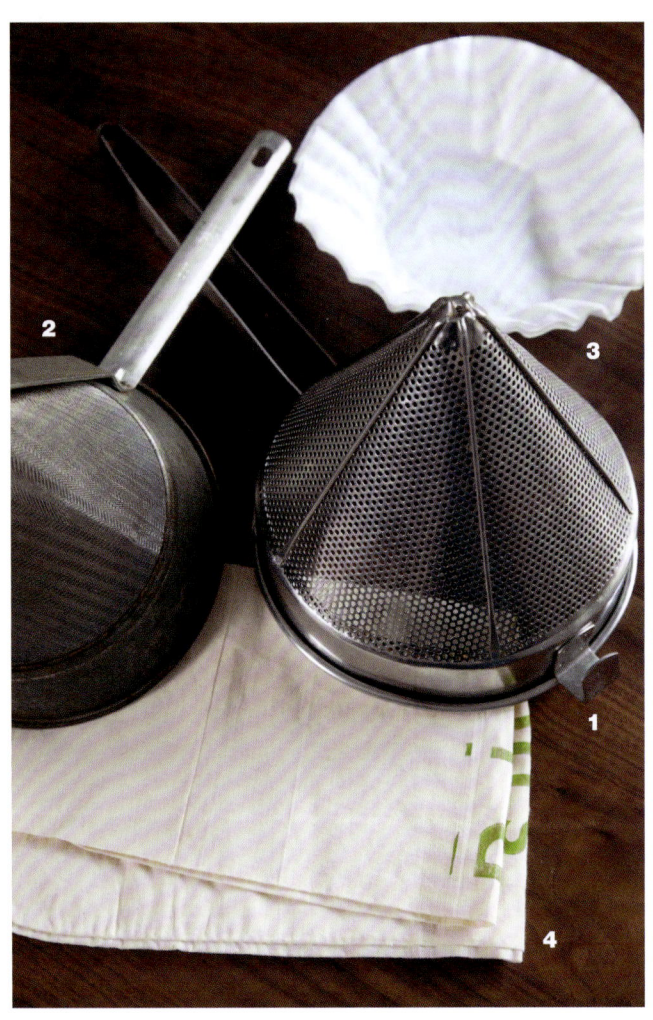

UTENSÍLIOS DE COAR PARA COMPOR SUA MISE-EN-PLACE: *Eu uso um chinois de trama larga (1) e um chinois de trama fina (2), às vezes juntos. São muito úteis, mas não indispensáveis – você também pode usar uma peneira de cozinha comum. Uso também bastante filtro de café (3), mas não os prefiro porque sempre entopem. Quando vou coar grandes quantidades, costumo usar cinco ou seis, um atrás do outro. Um bom meio-termo entre uma peneira de cozinha e um filtro de café é um saco coador (4).*

opções de tamanho, desde os finos até os muito, muito finos. Eles são úteis como uma alternativa ou como um complemento para os coadores normais e os filtros.

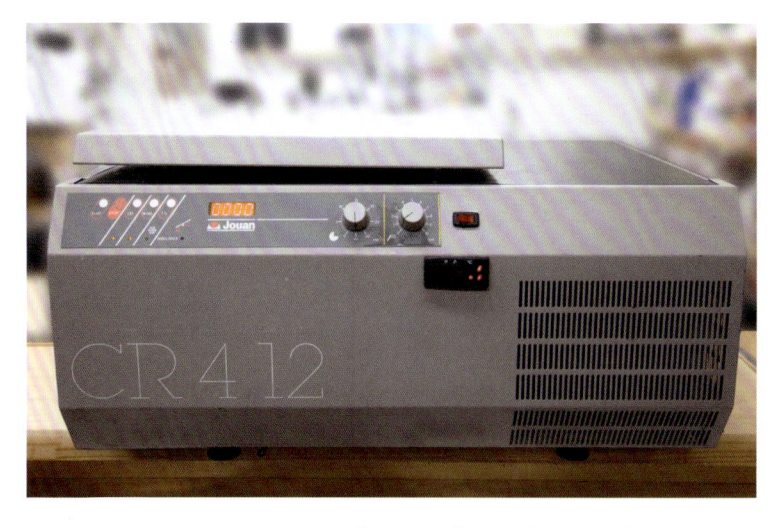

CENTRÍFUGAS

Anos atrás, quando comecei a dizer para as pessoas comprarem uma centrífuga, elas davam risada. Agora, cada vez mais chefs e bartenders as utilizam por um motivo muito simples: economia de tempo e dinheiro. Posso usar a centrífuga para transformar 2,5 quilos de morangos frescos em dois litros de suco de morango puro e límpido em 20 minutos, sem adicionar qualquer calor.

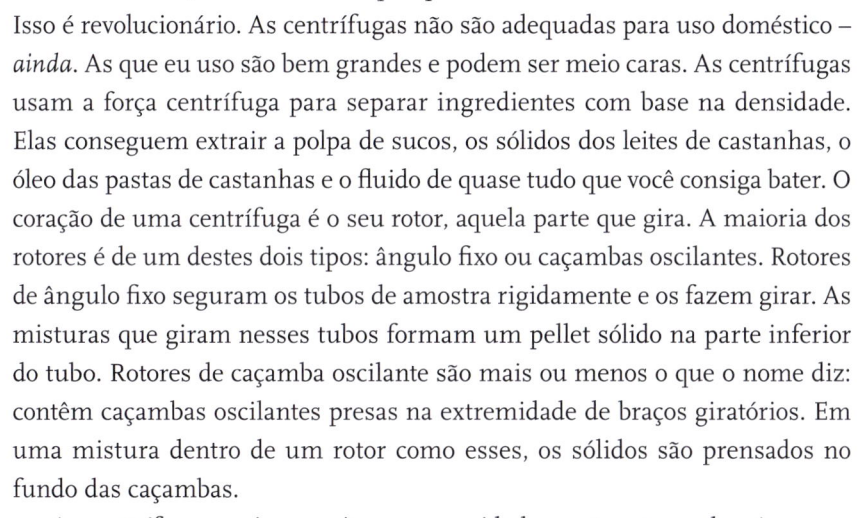

Uma centrífuga de bancada de 3 litros, 4.000 ×g com rotor de caçamba oscilante.

Isso é revolucionário. As centrífugas não são adequadas para uso doméstico – *ainda*. As que eu uso são bem grandes e podem ser meio caras. As centrífugas usam a força centrífuga para separar ingredientes com base na densidade. Elas conseguem extrair a polpa de sucos, os sólidos dos leites de castanhas, o óleo das pastas de castanhas e o fluido de quase tudo que você consiga bater. O coração de uma centrífuga é o seu rotor, aquela parte que gira. A maioria dos rotores é de um destes dois tipos: ângulo fixo ou caçambas oscilantes. Rotores de ângulo fixo seguram os tubos de amostra rigidamente e os fazem girar. As misturas que giram nesses tubos formam um pellet sólido na parte inferior do tubo. Rotores de caçamba oscilante são mais ou menos o que o nome diz: contêm caçambas oscilantes presas na extremidade de braços giratórios. Em uma mistura dentro de um rotor como esses, os sólidos são prensados no fundo das caçambas.

As centrífugas variam muito em capacidade, custo e tamanho. A que eu uso no Booker and Dax é uma centrífuga de bancada de 3 litros com um rotor oscilante que contém quatro caçambas de 750 mL. Ela tem uma geladeira para manter os produtos resfriados (os rotores oscilantes geram calor por fricção, então é bom ter refrigeração, embora não seja necessário) e consegue produzir quatro mil vezes a força da gravidade a uma velocidade de 4.000 rpm. A que temos no bar, se nova, custa 8 mil dólares, mas compramos uma unidade reformada por 3 mil dólares. No meu laboratório de testes, uso uma idêntica que comprei no eBay por 200 dólares, mas tive que fazer uns reparos, e ela pode quebrar novamente a qualquer momento. A de bancada de 3 litros é a ideal entre as centrífugas adequadas para cozinha. Pela capacidade, as unidades menores não valem a pena. Unidades mais lentas não têm força suficiente para serem úteis em uma cozinha movimentada. Unidades maiores são mais volumosas, mais caras e mais perigosas, sem oferecer resultados muito

As caçambas da minha centrífuga têm capacidade de 750 mL cada. Reparem na balança onde elas estão. Caçambas que ficam de frente uma para a outra devem pesar o mesmo para evitar um deus-nos-acuda.

Esta pequena centrífuga custa menos de 200 dólares – e funciona. Com ela você pode preparar um coquetel incrível, do mesmo jeito que faria com a grande, mas em quantidades pequenas.

melhores. Passei anos aperfeiçoando receitas que funcionam com 4.000 ×g ou menos, para que não seja necessário comprar aquele modelo de 48.000 ×g. As centrífugas maiores e mais rápidas produzem tanta força que, se algo der errado, elas podem se despedaçar feito uma bomba.

Nunca compre uma centrífuga de alta ou supervelocidade usada, a menos que realmente saiba o que está fazendo. Esses tipos têm rotores que devem ser inspecionados e aposentados após determinado número de giros, e raramente se pode garantir como um rotor usado foi utilizado ou tratado. A maioria dos rotores é feita de alumínio, que, ano após ano, sofre desgaste após girar, dar partida e parar tantas vezes. Esse desgaste pode fazer com que o rotor quebre e, de repente, se desfaça sem aviso prévio. Certa vez, tive um modelo de centrífuga de rotor oscilante que estava totalmente desprotegido, a centrífuga de supervelocidade SS1 da Sorvall. Feita na década de 1950, quando a segurança nos laboratórios não era lá essas coisas, essa danada conseguia trabalhar com 20.000 ×g e era pouco mais do que um rotor de alumínio montado em um motor com algumas pernas aparafusadas a ele. Colocar aquele rotor de alumínio de cinquenta anos para girar foi a coisa mais idiota que já fiz em uma cozinha, o que não é pouca coisa. Nós a apelidamos de "perigofuga" e imediatamente a aposentamos na minha estante. Mesmo em centrífugas mais lentas, você nunca deve usar rotores ou caçambas que estejam danificados ou corroídos de alguma forma. Um motor ou uma estrutura antiga não é um problema de segurança em uma centrífuga, mas rotores e caçambas antigos são. Considere adquirir um rotor com garantia de segurança.

O segundo problema de segurança com centrífugas usadas é que você não sabe o que passou por elas. Suponha o pior: príons, ebola, e por aí vai. As oscilantes que recebo são, na maioria das vezes, aposentadas de laboratórios que fazem exames de sangue. Quando elas aparecem, eu passo água sanitária em tudo, esterilizo as caçambas sob pressão em um equipamento doméstico de esterilização de conservas e depois passo água sanitária em tudo novamente. Chamo esse procedimento de erradicar a raiva com água sanitária.

Para entusiastas domésticos ambiciosos, é possível encontrar centrífugas decentes sendo vendidas por menos de 200 dólares. Elas suportam apenas 120 mL por vez e giram apenas 1.300 vezes a força da gravidade, mas dão uma boa ideia do que é possível fazer com uma centrífuga, pesam menos de 5 quilos, têm o tamanho de uma torradeira e são seguras.

NITROGÊNIO LÍQUIDO

Eu adoro nitrogênio líquido. É a versão liquefeita do gás nitrogênio (N_2), que compõe três quartos do ar que respiramos. O N_2 não é tóxico de forma alguma. É químico, assim como a H_2O que bebemos também é – isso não quer dizer que você não deva ter cuidado ao usá-lo. Há regras de segurança que devem sempre ser seguidas.

A -196 °C, o nitrogênio líquido pode causar uma terrível queimadura de frio. Se ingerido, os resultados podem ser desastrosos. Nunca sirva ou permita que outra pessoa sirva uma bebida que contenha qualquer material criogênico. Nem pense em servir drinques com nuvens de vapor de nitrogênio líquido. Aliás, também não sirva drinques com pedaços de gelo seco. Os criógenos causam danos permanentes quando ingeridos. Uma jovem na Inglaterra chegou a perder a maior parte do estômago e ficou em estado crítico porque um bartender achou que seria legal servir um drinque com nitrogênio líquido por cima. Não foi. Na prática, é fácil evitar que os clientes entrem em contato com o nitrogênio líquido. Esteja sempre atento.

Quando o nitrogênio líquido encosta em sua mão, ele evapora na hora, formando um escudo de vapor isolante e protetor que a impede de congelar. Esse é o chamado efeito de Leidenfrost.

Nitrogênio líquido nos olhos pode cegar. Seja extremamente cuidadoso para evitar situações em que o produto possa entrar em contato com os olhos de alguém. Nunca o despeje na cabeça de ninguém, por exemplo. Algumas pessoas recomendam o uso de luvas para manuseá-lo. Eu não acho que seja necessário. A única vez que sofri queimaduras graves com nitrogênio líquido foi quando minha luva ficou tão quebradiça por causa do frio que se rompeu e permitiu que o nitrogênio líquido entrasse. Em contrapartida, você pode mergulhar a mão diretamente no nitrogênio líquido sem se queimar. Isso porque uma camada de vapor de nitrogênio se forma imediatamente ao redor de sua mão, e esse vapor se torna uma proteção temporária ao frio extremo. Esse fenômeno é chamado de efeito de Leidenfrost, e você consegue observá-lo se despejar nitrogênio líquido no chão: ele formará pequenas gotas que deslizarão quase sem atrito, protegidas por uma fina camada de vapor de nitrogênio, como quando você joga uma gota de água em uma frigideira tão quente que a água desliza como uma pequena bola de gude, em vez de se espalhar e ferver. Lembre-se de que o efeito de Leidenfrost só atua se um vapor se formar entre sua mão e o nitrogênio. Se você pegar um copo de metal supergelado, por exemplo, você está frito.

Mais um comentário sobre segurança: só porque o nitrogênio líquido não é tóxico não significa que ele não possa asfixiar. Grandes quantidades de nitrogênio vaporizado em um espaço pequeno podem deslocar o oxigênio – aquele gás de que você precisa para sobreviver. Estranhamente, seu corpo não reage negativamente à privação de oxigênio. O pânico que você sente quando não consegue respirar não é por falta dele, mas por excesso de dióxido de carbono (CO_2) no sangue. Tentar respirar em um ambiente de nitrogênio puro não causa excesso de CO_2 no sangue, então você se sente bem – na verdade, meio desorientado. Sem um treinamento extensivo (pelo qual alguns pilotos passam), é muito difícil autodiagnosticar uma falta de oxigênio. Respirar nitrogênio puro é muito, muito pior do que não respirar nada. Seus pulmões não são um sistema unidirecional para colocar oxigênio no sangue. Eles só funcionam corretamente quando o ar contém mais oxigênio do que o sangue. Em um ambiente de nitrogênio puro, o sangue contém mais oxigênio do que o "ar" dos pulmões, e o oxigênio é literalmente sugado do sangue. Com apenas algumas respirações, você apaga. A regra na indústria é: não tente resgatar alguém preso em um ambiente de nitrogênio – ele já está morto. (A boa notícia é que nenhum cozinheiro ou bartender jamais se sufocou com nitrogênio líquido até hoje.) Por isso não ande com grandes quantidades de nitrogênio líquido dentro de um elevador. Nunca. Um elevador é um espaço fechado em que, se seu recipiente de armazenamento de nitrogênio líquido falhar catastroficamente, você ficará preso. Também não carregue nitrogênio líquido com você no carro. Se você sofrer um acidente e ficar inconsciente, pode se asfixiar.

Mais segurança ainda: o nitrogênio líquido nunca deve ser guardado em um recipiente fechado. Nunca. Quando ele ferve em um local em temperatura ambiente, ele se expande quase setecentas vezes. Por isso, uma tremenda pressão se acumulará dentro de um recipiente vedado à medida que o gás se expandir – estamos falando de milhares de psi. O recipiente que você escolheu provavelmente não suportará a pressão e vai explodir. Um jovem cozinheiro na Alemanha ficou permanentemente mutilado e quase morreu em 2009 em um trágico acidente que ocorreu por causa de um erro simples.

Então, por que usar nitrogênio líquido? Porque ele é hipnotizante e fantástico. Ele consegue esfriar os copos quase que instantaneamente. Consegue resfriar e congelar ervas, frutas, bebidas e outros produtos sem contaminá-los ou diluí-los. Como já disse, adoro nitrogênio líquido e não conheço ninguém que o use e que não o adore. Gosto tanto que até me preocupo. Mais uma ressalva: em geral, o nitrogênio líquido não é bom para resfriar drinques individuais – é muito fácil passar do ponto e esfriá-los demais. Um drinque gelado de forma quase excessiva pode não ter um gosto bom, mas uma colherada de uma bebida congelada que você servir a alguém pode estar fria o suficiente para provocar uma queimadura na língua. Já me serviram sorbets de bebida alcoólica supergelados com nitrogênio líquido que arruinaram minhas papilas gustativas pelo resto da noite.

Todo mundo que conheço recebe nitrogênio líquido de alguma loja de materiais de soldagem do bairro. Ele é armazenado em um equipamento chamado Dewar, um recipiente isolado feito para reter fluidos criogênicos por um longo período com perdas mínimas. Os Dewars vêm em tamanhos-padrão de 5, 10, 25, 35, 50, 160, 180 e 240 litros. No Booker and Dax, temos um Dewar de 160 litros que nosso fornecedor reabastece toda semana. Grandes quantidades de nitrogênio líquido são muito mais econômicas do que quantidades menores. Gasto apenas 120 dólares para encher meu Dewar de 160 litros, porém mais de 80 dólares para encher um de 35. A locação de Dewars grandes também sai mais barata; uma pequena taxa mensal e um grande depósito inicial é tudo o que você precisa para começar a usar nitrogênio líquido. Um Dewar de 160 litros que funcione corretamente reterá nitrogênio líquido por um longo tempo antes que todo o líquido evapore. Se você tiver habilidade com um maçarico, evite a mangueira cara que a empresa tentará vender; faça a sua própria com peças de cobre, fáceis de encontrar. Mais uma observação: Dewars grandes de nitrogênio líquido são mantidos sob uma pequena pressão, normalmente 22 psi. Essa pressão fornece a força para remover o líquido do Dewar. Para manter esses 22 psi, o Dewar tem uma válvula de alívio que de vez em quando se abre e alivia o excesso de pressão, emitindo um som sibilante. O sibilo realmente assusta. Eu tranquilizo as pessoas sorrindo e dizendo: "Se não tivesse esse assobio, todo mundo aqui ia explodir".

Também temos Dewars menores, de 5 e 10 litros, que usamos para transportar nitrogênio líquido pelo bar durante o serviço. Eles custam bem caro, na casa das centenas de dólares. O que usamos de fato para colocar nitrogênio líquido nos drinques e copos são garrafas térmicas de café com isolamento a vácuo – sem vedação, claro. Evite térmicas com muito plástico perto do bico – elas não duram muito.

Para liberar nitrogênio líquido do cilindro, não precisa comprar as mangueiras caras que os vendedores vão tentar empurrar. Você pode fazer uma saída com canos e juntas de cobre, fáceis de encontrar, unidos por solda sem chumbo. A pecinha na ponta é um silenciador de bronze sinterizado, que não custa muito. Se vendido pelo nome de "separador de fases", vai custar bem mais.

GELO SECO

O gelo seco, outro material criogênico que se usa na cozinha, feito do dióxido de carbono solidificado, não é tão útil quanto o nitrogênio líquido. Ele parece atraente – embora seja consideravelmente mais quente do que o nitrogênio líquido, a -78,5 °C, ele tem mais poder de resfriamento por quilo. Também é mais fácil de comprar e apresenta menos problemas de segurança do que o nitrogênio líquido, mas perde por ser sólido. Você não consegue mergulhar os alimentos em gelo seco. Misturado com líquidos, ele não desaparece tão rapidamente quanto o nitrogênio líquido. Você também não consegue esfriar muito bem os copos com pedaços de gelo seco. Além disso, o gás dióxido de carbono é solúvel em água. Se você não tomar cuidado, o drinque que você resfria com um pedaço de gelo seco pode ficar um pouco gaseificado. Eu uso gelo seco basicamente para manter a temperatura de grandes quantidades de bebidas em eventos (veja a seção "Resfriamento alternativo", p. 140).

SIFÕES DE CHANTILLY iSi

Adoro meus sifões. Eles têm três usos principais em um bar: fazer espuma (coisa que eu não faço), infundir nitrogênio rapidamente e, em um aperto, carbonatar. Os melhores sifões que já usei são fabricados pela iSi. Sifões mais baratos costumam vazar, e alguns muito ruins não têm as funções de segurança que a iSi oferece.

Sifões são basicamente recipientes de pressão metálicos que permitem pressurizar líquidos com um gás. O gás vem em pequenas cápsulas de 7,5 gramas. Você pode comprar cápsulas de dióxido de carbono (CO_2) ou de óxido nitroso (N_2O). As bolhas de CO_2 dão um sabor gaseificado, como o de água com gás, enquanto as bolhas de N_2O são meio doces e não dão aquela sensação de eferverscência. O N_2O também é conhecido como gás hilariante, por isso algumas pessoas o usam como droga, e nesse caso as cápsulas são conhecidas como *whippets*. O N_2O é o gás que utilizo com mais frequência no bar porque o aplico a infusões nas quais não quero adicionar nenhuma carbonatação residual.

A principal desvantagem dos sifões é o alto custo das cápsulas. Embora cada uma custe menos de um dólar, muitas vezes uso duas ou três por vez, e então começa a ficar caro. Na verdade, empresas como a iSi não ganham muito com o sifão; elas querem que você compre as cápsulas. Uma última observação sobre as cápsulas: não é permitido transportá-las em aviões, mesmo como bagagem despachada, pois são consideradas vasos de pressão. Sempre achei isso engraçado, porque quase todos os assentos de um avião tem um colete salva-vidas movido por – adivinhe? – uma cápsula de gás comprimido da iSi.

DIÓXIDO DE CARBONO E PARAFERNÁLIAS

O dióxido de carbono (CO_2) é o gás usado para carbonatar bebidas. Dez anos atrás, havia duas opções principais disponíveis para carbonatação: sifões de bebidas gaseificadas (que não funcionam bem) e equipamentos comerciais de carbonatação (para fazer refrigerante em bares). Por volta de 2005, fiquei sabendo da tampa de carbonatação fabricada pela empresa Liquid Bread. A Liquid Bread foi fundada por produtores caseiros que queriam dar um jeito de levar amostras de cerveja artesanal para competições e para os amigos sem que perdessem a carbonatação. Eles desenvolveram uma tampa de plástico que encaixa em garrafas de refrigerante comuns e se conecta facilmente a uma linha de CO_2 por meio de um conector ball-lock barato, que você compra em qualquer loja de artigos para fabricação de cerveja artesanal. Comecei a usar essa tampa para carbonatar coquetéis e isso mudou minha vida. Hoje existem inúmeras opções para carbonatar em casa e nos bares, e já usei muitas delas. Nada supera a tampa de carbonatação. Outros sistemas têm um aspecto melhor e usam recipientes mais bonitos, mas nunca consegui bolhas de que realmente gostasse. Como você verá mais tarde na seção "Carbonatação", sou meio fanático por bolhas.

O sistema da tampa de carbonatação é razoavelmente barato. Tudo que você precisa, além da tampa e do conector, é de um pedaço de mangueira de gás, um regulador e um cilindro de CO_2 de 5 ou 20 libras. O de 5 libras (aproximadamente 2,3 quilos) é pequeno e fácil de transportar e, dependendo da sua técnica, carbonata entre 75 e 375 litros. Um cilindro de 20 libras (aproximadamente 9,1 quilos) não é fácil de transportar, mas cabe em um armário doméstico padrão sob a bancada. Um alerta: você deve usar uma corrente ou cinta para impedir que seus cilindros caiam. Os cilindros de CO_2 são fáceis de repor em qualquer loja de soldagem. Na verdade, você pode comprar seus cilindros na loja de soldagem do bairro, mas geralmente é mais barato comprá-los pela internet – eles são enviados vazios. Ao comprar um regulador, certifique-se de comprar um regulador de pressão, e não um regulador de fluxo, pois este não funcionará. Providencie também um regulador que consiga produzir pelo menos 60 e, de preferência, 100 psi (a pressão mais alta será útil se fazer refrigerante virar um hobby seu). Os reguladores de cerveja, de pressão mais baixa, não servem.

UTENSÍLIOS PARA GELO

Gosto muito de fazer drinques batidos com cubos grandes de gelo. Você pode comprar fôrmas de silicone que fazem seis cubos de gelo quadrados de 5 × 5 cm que funcionam muito bem para isso. Mas esses moldes não produzirão o gelo cristalino que uso em meus drinques com gelo; para esses, você precisa de uma caixa térmica retangular ou outro recipiente insulado que caiba no seu freezer. Para trabalhar com gelo, uso dois tipos de picador: um de múltiplas pontas tipo garfo e um de ponta única. Ambos são de altíssima qualidade. Fuja de picadores de gelo de baixa qualidade; eles vão ficar tortos e frustrar você. Eu uso uma faca barata de cozinha não serrilhada junto com meus picadores de gelo para quebrar de maneira controlada blocos grandes de gelo em pedaços menores. Você também precisa de um jeito de triturar gelo. A maneira mais sofisticada é arranjar uma sacola de lona resistente chamada saco Lewis e um martelo de gelo de madeira para esmagar o gelo logo antes de usá-lo. A lona

FERRAMENTAS PARA GELO (SENTIDO HORÁRIO): 1) Martelo de gelo, **2)** garfo picador de gelo e **3)** picador de gelo sobre um **4)** saco de lona (saco Lewis) para gelo. Bata com o martelo em uma faca para cortar blocos grandes de gelo ou triture com o martelo cubos de gelo dentro do saco Lewis. É melhor triturar gelo dentro de um saco de lona do que de plástico, por ser absorvente e resultar em um gelo triturado seco. Você também pode usar um guardanapo de pano, mas o saco evita que o gelo saia voando. O picador de gelo e o garfo picador à direita são de alta qualidade – evite substitutos de qualidade inferior.

absorve a água derretida, e o gelo triturado fica relativamente seco. Eu também uso um triturador de gelo à moda antiga com manivela da Metrokane para fazer o que chamo de cascalhos de gelo, que tem granulação um pouco maior do que o gelo picado de um saco Lewis.

Para drinques com gelo raspado, que eu adoro, uso um raspador de gelo Hatsuyuki de manivela – uma belezinha. A Swan fabrica um modelo semelhante. Para profissionais, recomendo comprar um desses. Gosto apenas de olhar as linhas do meu Hatsuyuki feitas em ferro fundido. Não faz barulho nenhum, algo que prezo atrás do balcão. O barulho de um drinque sendo agitado é convidativo; já o zumbido de máquinas elétricas nem tanto. Esses raspadores permitem um controle muito preciso sobre a textura do gelo raspado. Eles raspam blocos de gelo, não cubinhos. O jeito mais barato de fazer os blocos é congelar água em potes de plástico.

Para quem não pode gastar muito, hoje existem no mercado alguns raspadores de gelo elétricos de tamanho profissional bem baratos e com um desempenho admirável, mas têm uma aparência meio ruim. Valeria a pena comprar um desses para fazer uma festa de frozens em casa, desde que você tenha espaço para guardar a máquina depois. Ninguém vai querer um desses na bancada. Entre os muito baratos, você pode comprar raspadores de gelo manuais que se parecem com pequenas plainas. Eles são difíceis de ajustar adequadamente e em geral são de baixa qualidade. Na minha experiência, dá para trabalhar com eles, mas é uma chatice. No entanto, pelo visto sou eu que não tenho habilidade com eles, porque todo ambulante octogenário que vende raspadinha no meu bairro parece conseguir usá-los sem problemas. Se você realmente tiver paciência, sempre existe a máquina de raspadinha do Snoopy e seus equivalentes modernos.

REFRIGERAÇÃO

No bar, eu uso geladeiras/freezers Randell FX, que são muito precisos e gelam bem meus drinques carbonatados e coquetéis engarrafados. Os FX conseguem manter qualquer temperatura desejada entre -20 °C e 10 °C com uma margem de 1,11 °C. Sou muito exigente quanto à temperatura dos meus drinques. Sem o FX, seria difícil manter a qualidade dos que já deixo prontos. Eu tenho um ajustado para -8 °C, que uso para drinques carbonatados, e outro ajustado para

-5,5 °C, que é a temperatura que me agrada para meus coquetéis engarrafados estilo drinque mexido. Os refrigeradores normais são quentes demais para qualquer um desses usos, e os freezers são frios demais. É realmente muito importante um controle preciso da temperatura dos drinques para o funcionamento de um bar.

RED-HOT POKERS

Eu fabrico *red-hot pokers*, ou bastões incandescentes elétricos, para inflamar e esquentar drinques no meu bar. Falo sobre isso e ensino como fazer na seção "Drinques quentes", p. 177.

SELADORAS A VÁCUO

As seladoras a vácuo são projetadas para selar alimentos em sacos a vácuo para preservá-los ou para utilizá-los em preparos *sous vide*. Eu as uso para infusionar sabores em frutas e legumes para coquetéis. As máquinas boas são caras, chegando a custar bem mais de mil dólares, mas é possível brincar com infusão a vácuo por muito menos.

EVAPORADOR ROTATIVO

O evaporador rotativo é um equipamento de laboratório que realiza uma destilação a vácuo, e não a pressão atmosférica. Isso é bom por vários motivos.

Na destilação, você ferve uma mistura de ingredientes – normalmente água, álcool, sabores e (inevitavelmente) impurezas – e transforma uma parte dessa mistura em vapor. Tudo o que *pode* ferver no líquido estará presente até certo ponto no vapor resultante, mas a concentração de substâncias com pontos de ebulição mais baixos, como o álcool e os aromáticos, será maior no vapor do que no líquido. O vapor enriquecido com álcool e sabor entra em uma área chamada condensador, na qual ele esfria e se condensa novamente em um líquido.

Na *destilação a pressão atmosférica*, esse processo ocorre a temperaturas elevadas na presença de oxigênio. Na *destilação a vácuo*, a ebulição ocorre em temperaturas mais baixas, mesmo em temperatura ambiente ou inferior, porque a redução da pressão reduz o ponto de ebulição. A destilação a vácuo, portanto, é muito suave, pois ocorre em baixas temperaturas e em um ambiente com oxigênio reduzido, o que evita a oxidação dos ingredientes.

Outra coisa bacana do evaporador rotativo é seu balão de destilação giratório. A rotação cria uma enorme área de superfície de líquido fresco, que potencializa a destilação e promove um aquecimento suave e uniforme da mistura. Curiosamente, mesmo que você esteja destilando em temperatura ambiente, será preciso adicionar calor. Sem calor, a mistura esfriará à medida que destila devido ao resfriamento evaporativo. Se você tiver um vácuo bom o suficiente, pode até congelar a mistura dessa maneira.

Um raspador manual de gelo Hatsuyuki – lindo e silencioso.

EVAPORADOR ROTATIVO: *O líquido é colocado no frasco de destilação (em vermelho), o qual é aquecido por banho-maria em outro recipiente, que aparece vazio na ilustração para fins de clareza. O frasco de destilação gira para promover um aquecimento e uma destilação de forma homogênea. O vapor sai do frasco de destilação e vai até a área do condensador (em azul), onde é resfriado e condensado de volta para a forma líquida ou congelado sobre o condensador, dependendo das condições. Esse condensador em especial é resfriado com nitrogênio líquido. Qualquer coisa que permaneça líquida depois de condensar pinga dentro do frasco receptor (em verde). Todo o processo ocorre em baixas temperaturas, porque o sistema é mantido sob vácuo por uma bomba (em amarelo).*

Por que usar um: *O motivo bom:* A evaporação rotativa consegue produzir destilados de produtos frescos com um sabor mais fresco e apurado do que você imagina. Quando usados corretamente, os evaporadores rotativos conseguem recuperar quase todos os sabores da mistura original. Ao contrário dos destiladores atmosféricos, eles conseguem dividir sabores sem alterá-los ou perdê-los. Eu já destilei misturas, recombinei as sobras com o destilado e depois fiz uma prova às cegas com o líquido não destilado: as pessoas não conseguem diferenciá-los. O evaporador rotativo é como um bisturi de sabor. Use-o com habilidade, e ele permitirá que você manipule sabores como nenhum outro equipamento.

O evaporador rotativo me ensinou a pensar nos sabores de novas maneiras. Meus usos favoritos destacam como o cérebro integra informações complexas sobre sabores. O cheiro de uma destilação de pimenta habanero vermelha parece que vai matar você de picância, mas ela não é nada ardida, porque a capsaicina, a substância química que causa o ardor, não destila. Os destilados de cacau têm gosto de chocolate puro, mas não têm o amargor inerente do chocolate sem açúcar porque os princípios amargos não destilam. Fiz destilações de ervas e dividi os sabores em dezenas de frações que posso recombinar como quiser. É mesmo um bisturi de sabores. Adoro meu evaporador rotativo.

Às vezes você não quer o destilado, você quer as sobras. Imagine o frescor e o vigor de um xarope concentrado de morango que nunca foi aquecido. Remova a água do suco de morango fresco clarificado usando o evaporador rotativo. Fica delicioso. Reduções de vinho do Porto feitas em temperatura ambiente? Muito simples (não se esqueça de beber o "brandy" do Porto).

O motivo mau: Infelizmente, os evaporadores rotativos têm alguns problemas que os impedirão de entrar na maioria das casas tão cedo. Em primeiro lugar, eles são caros: totalmente equipados, podem custar bem mais de 10 mil dólares. Os mais baratos são horríveis, muitas vezes vazam e, portanto, são inúteis. Em segundo lugar, são muito frágeis por causa de todos os vidros que os compõem. Quando você quebra um pedaço de vidro em um evaporador – e você vai quebrar –, isso custará algumas centenas de dólares. E, em terceiro lugar, há uma curva de aprendizado acentuada até alcançar bons resultados. Você obterá resultados razoáveis até que rápido, mas um operador novato nunca produzirá produtos tão bons quanto aqueles feitos por alguém que o vem pilotando há anos.

O motivo feio: Por fim, as leis impedem a destilação de álcool em bares nos Estados Unidos. Consequentemente, muitos donos de evaporadores rotativos são obrigados a destilar apenas misturas à base de água – sem álcool. No entanto, as configurações-padrão do equipamento são lamentavelmente inadequadas para produzir resultados decentes sem etanol. A água não retém os sabores da mesma forma que o etanol, e a maioria dos aromas delicados que o evaporador genialmente captura é perdida. Trabalhei muito para produzir bons destilados à base de água. Você precisa usar um condensador cheio de nitrogênio líquido que congele todos os compostos de sabor na forma sólida para que não escapem. Depois que termina a destilação, você derrete seu sabor congelado diretamente em etanol de alta graduação. Uma chatice. A conclusão desse cenário desanimador é que, embora eu quisesse escrever um capítulo inteiro sobre evaporadores rotativos – e eles valem a pena –, o mundo ainda não os entendeu.

Meu evaporador rotativo em ação.

LISTAS DE COMPRAS

As listas de compras a seguir vão ajudar você a navegar pelo labirinto dos equipamentos de coquetelaria. Elas estão organizadas por desejos e necessidades. Não quer fazer drinques carbonatados? Pule a seção sobre bolhas. Quer tentar a carbonatação, mas não quer comprar os equipamentos da lista? Darei outras opções mais adiante. A única lista de compras obrigatória é a primeira. Depois que você tiver seu kit básico, pode acrescentar itens de outras listas conforme sua vontade. (Na p. 49 há fotos de muitos deles.)

Lembre-se, não se deixe desanimar pela natureza meio intimidadora de alguns dos equipamentos. Na seção de técnicas do livro, sempre tento passar uma maneira de testar técnicas bacanas sem ir à falência.

OLHA, EU SÓ QUERO FAZER BONS DRINQUES

1. Dois conjuntos de coqueteleiras
2. Um bom conjunto de dosadores (jiggers)
3. a) Coador hawthorne, b) coador julep e c) peneira de malha fina
4. Socador
5. Faca de legumes
6. Descascador em Y
7. Colher bailarina

QUERO PARECER UM PROFISSIONAL SEM IR À FALÊNCIA

Acrescente:
8. Bar mat
9. Um bom picador de gelo
10. Bico de dash para bitters
11. Faca de lâmina reta (para gelo) (não consta na foto)
12. Balde de gelo e pá (não consta na foto)
13. Formas de gelo de 5 cm × 5 cm
14. Pequena caixa térmica retangular (não consta na foto)
15. Vidrinhos com conta-gotas
16. Espremedor manual de cítricos
17. Saco Lewis ou outro triturador de gelo (não consta na foto)

ISTO É BOM PARA MINHA COZINHA TAMBÉM

Acrescente:
18. Liquidificador de alta velocidade, como um Vita-Prep
19. Sifão de chantilly iSi
20. Se você pretende fazer muito suco, um espremedor Champion ou equivalente

VOU FAZER ALGUMAS RECEITAS QUE REQUEREM PRECISÃO

Acrescente:
21. Balança de precisão: 250 g com precisão de 0,1 g
22. Balança de cozinha: 5 kg com precisão de 1 g
23. Um termômetro digital decente
24. Se o dinheiro permitir, provetas de plástico graduadas de 50 mL, 250 mL e 1.000 mL

BOLHAS

Acrescente:
25. Cilindro de CO_2 de 5 lb (2,3 kg) ou 20 lb (9,1 kg)
26. Regulador, mangueira, conector ball-lock
27. Três tampas de carbonatação Liquid Bread

GOSTO DE EXPERIMENTOS OU SOU PERFECCIONISTA

Acrescente, nesta ordem:
28. Refratômetro
29. Micropipeta

SOU OBCECADO

Acrescente:
30. Raspador de gelo profissional
31. *Red-hot poker*

AINDA NÃO ESTOU FALIDO: VOU COMPRAR UM DE CADA VEZ, TALVEZ

Acrescente, nesta ordem:
32. Nitrogênio líquido
33. Seladora a vácuo
34. Centrífuga (compre-a primeiro se for para um bar profissional)
35. Evaporador rotativo

ACIMA À ESQUERDA: KIT BÁSICO DE BAR: *Tendo tudo o que aparece nesta foto, você consegue executar qualquer coquetel clássico com elegância e estilo.* **ACIMA À DIREITA: É BOM TER (DA ESQUERDA PARA A DIREITA):** *Vita-Prep (Vitamix para uso doméstico) – se couber no seu orçamento, esse é o único liquidificador que você deveria ter; sifão de chantilly iSi de meio litro; espremedor de suco Champion.*

SE QUISER PARECER UM PROFISSIONAL: *Compre um bar mat para conter respingos e derramamentos que podem passar uma impressão ruim; um conjunto de formas de gelo de 5 cm para fazer cubos grandes para usar na coqueteleira (você pode usar esses cubos para drinques com gelo também); picadores de gelo para trabalhar com cubos e pedaços maiores; bicos de dash para fazer suas próprias garrafas de bitter; um vidro com conta-gotas para solução salina ou tinturas; e um espremedor manual de cítricos – não pega bem espremer cítricos com a mão ou um garfo.*

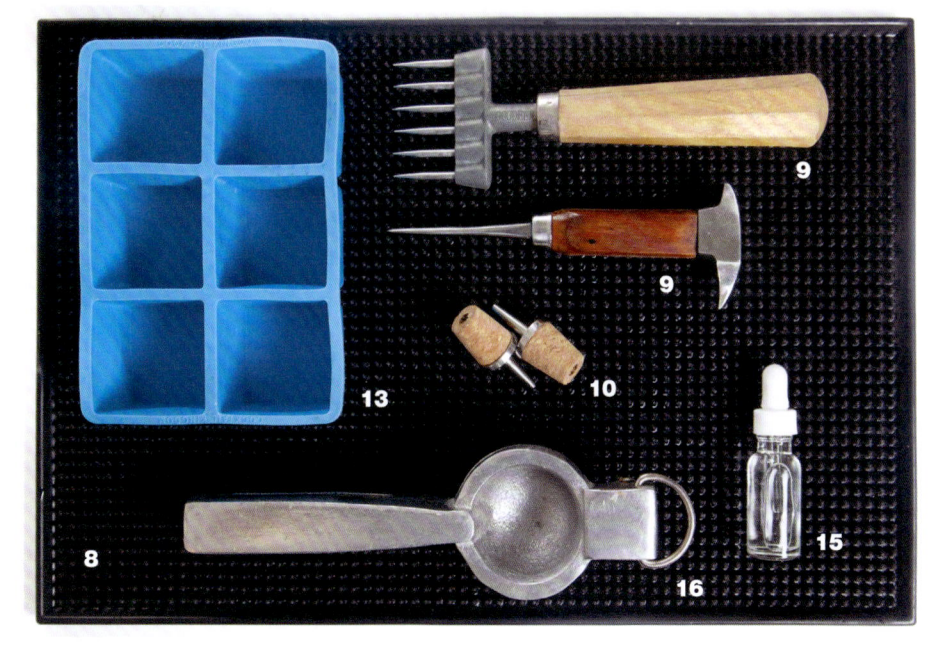

PRELIMINARES 49

Ingredientes

O ingrediente mais importante de um coquetel é o destilado, mas não vou perder muito tempo tratando dele aqui. Existem inúmeros livros sobre destilados, e eu listo alguns dos meus favoritos nas referências. Compre bons destilados, tenha sempre à mão um vermute de alta qualidade (guarde-o em pequenos recipientes na geladeira) e nunca fique sem bitter Angostura. De resto, não posso ajudar, porque prefiro discutir ingredientes que não recebem atenção suficiente em outros lugares – os adoçantes, os ácidos e o sal que usamos para incrementar as bebidas alcoólicas.

O mel (à direita) é viscoso demais, então não flui nem incorpora direito nos coquetéis. Xarope de mel (à esquerda) é a saída.

ADOÇANTES

Quase todo coquetel contém algo doce, seja vermute, licor, suco ou açúcar. O dulçor desses ingredientes vem de um pequeno grupo de açúcares básicos, sendo os mais importantes a sacarose (açúcar branco), a glicose e a frutose. A frutose e a glicose são açúcares simples, enquanto a sacarose é composta de uma molécula de glicose ligada a uma molécula de frutose. É comum ouvirmos a simplificação exagerada de que a frutose é 1,7 vez mais doce do que a sacarose (açúcar branco, lembre-se), enquanto a glicose é apenas 0,6 vez mais doce. Felizmente, poucos adoçantes contêm uma preponderância de glicose ou frutose. Misturas de proporção relativamente igual de glicose e frutose, como as encontradas no mel e na maioria dos sucos de frutas, comportam-se de maneira semelhante à sacarose nos coquetéis, portanto, na maioria das vezes, esses ingredientes podem ser usados de forma intercambiável. O xarope de agave é uma exceção: mais de 70% do açúcar do néctar de agave é frutose, por isso não se comporta como o açúcar branco. Continue lendo para saber como os açúcares se comportam em coquetéis e xaropes.

DULÇOR E TEMPERATURA

Quanto mais frio for o drinque, menos doce ele fica. Portanto, drinques que são servidos gelados – como coquetéis batidos – costumam ter mais adoçantes adicionados do que os que são servidos mais quentes – coquetéis mexidos... e esses drinques batidos parecem ficar mais doces se os deixamos esquentar.

Todos nós já tivemos essa experiência de provar um drinque e considerá-lo bem equilibrado, e prová-lo de novo minutos depois e achá-lo doce demais – esse é um motivo para beber rapidamente, e com moderação, claro.

AÇÚCAR E CONCENTRAÇÃO

Um problema: é muito difícil provar e avaliar os adoçantes quando eles estão em sua forma concentrada, como xaropes simples e licores. Embora a nossa resposta gustativa aos açúcares seja bastante linear até cerca de 20% de concentração, o que inclui as concentrações de 4% a 12% normalmente encontradas em drinques, as concentrações de açúcar muito fracas e muito altas não se comportam da mesma maneira. Depois que você aumenta o teor de açúcar para acima de 20%, sua percepção começa a ficar distorcida e, com 40%, seu paladar se torna praticamente inútil. O xarope simples contém 50% de açúcar e muitos licores contêm de 200 a 260 gramas de açúcar por litro (20-26%). Esses adoçantes devem ser provados na diluição e na temperatura em que serão servidos para serem devidamente avaliados.

FRUTOSE

O dulçor da frutose ataca de forma mais rápida e intensa do que o da sacarose, mas também desaparece mais rápido – atropela e foge –, algo a se prestar atenção ao preparar coquetéis com néctar de agave. Contudo, a coisa mais estranha a respeito da frutose é que ela mantém seu dulçor mesmo quando esfria. A frutose fria é muito mais doce do que a sacarose fria. Por outro lado, aquecer a frutose faz com que ela pareça menos doce do que a sacarose. Conclusão: as bebidas feitas com néctar de agave podem ser equilibradas em temperatura ambiente, mas doces demais quando geladas, e não suficientemente doces quando aquecidas. Por quê? Porque a frutose pode existir em várias configurações com dulçores radicalmente diferentes. A quantidade de cada configuração presente depende da temperatura. Em coquetéis mais frios, predominam as formas doces. Nas bebidas quentes, predominam as configurações menos doces.

AÇÚCAR NO BAR

Na maior parte do tempo usamos açúcares líquidos (xaropes) no bar, porque os açúcares granulados não se dissolvem com a rapidez necessária. Esses xaropes precisam ser medidos e despejados em um dosador e dispersados de forma rápida e fácil com outros ingredientes do coquetel. Eles precisam ser bem líquidos, mas não podem conter tanta água a ponto de estragar facilmente ou diluir demais o drinque. Há dois níveis de açúcar que são o ponto ideal e, portanto, comumente usados em receitas de bar: 50% e 66% de açúcar por peso. Qualquer coisa abaixo de 50% estraga muito rapidamente e dilui demais. Qualquer coisa acima de 66% é difícil de despejar rápido e pode cristalizar na geladeira.

> **Xarope simples:** O xarope simples é o adoçante-padrão para coquetéis, e ele é de fato simples: leva apenas açúcar e água. Ele vem em duas variedades: 1:1 (normal) e 2:1 (rico). O normal leva 1 parte de açúcar para 1 parte de água por peso. O rico leva 2 partes de açúcar para 1 parte de água por peso. Ao contrário do que se esperaria, o rico não é duas vezes mais doce do que o normal. Cada onça de xarope rico fornece o mesmo poder adoçante que 1,5 onça de xarope normal. No bar e neste livro, uso quase que exclusivamente o simples 1:1. Ele flui melhor e mistura mais rápido do que o 2:1. Também é mais tolerante com a má dosagem do que o rico.

O xarope simples normal é fácil de fazer. Coloque medidas iguais (em peso) de açúcar e água no liquidificador e bata em alta velocidade até que o açúcar se dissolva. Se tiver tempo, deixe o xarope descansar por alguns minutos para eliminar as bolhas de ar. Para fazer o xarope simples rico ou normal sem liquidificador, aqueça os ingredientes no fogão até que o xarope fique transparente (indicando a dissolução total) e depois deixe esfriar. As desvantagens do simples feito no fogo são (1) você não pode usar a calda imediatamente por estar quente demais e (2) um pouco de água evapora, prejudicando sua receita. Se você não tiver liquidificador, fogão, balança ou tempo, use açúcar refinado. Os cristais do açúcar refinado são pequenos o suficiente para se dissolverem sem um liquidificador. Basta colocar açúcar refinado e água em igual proporção em um recipiente, tampar e agitar por um minuto e você estará pronto para o sucesso, sem necessidade de pesar.

Muitos bartenders medem o açúcar por volume, prática que eu não recomendo. O açúcar refinado e a água não têm a mesma densidade. Por exemplo, o açúcar branco refinado da marca americana Domino tem uma densidade de 0,84 g/mL quando tirado direto da embalagem, ao passo que a água em temperatura ambiente tem uma densidade de 1 g/mL – uma diferença de 16%. Se você compacta o açúcar dentro do copo medidor, pode chegar a uma densidade muito próxima da densidade da água, mas pouquíssimas pessoas fazem esse processo, e é mais difícil do que pesar.

Tanto o xarope simples quanto o rico podem ficar sem refrigeração por várias horas seguidas, mas com o tempo começam a aparecer partículas de mofo. Armazene o seu na geladeira.

Açúcar mascavo, açúcar demerara e melado: O açúcar mascavo é obtido diretamente do melado da cana-de-açúcar e não passa por nenhum processo de refino. O demerara passa por refinamento leve, mas sem aditivos químicos. Já o melado é açúcar não refinado concentrado, mas não cristalizado. Todos esses adoçantes têm uma nota mais ou menos rica de melaço. Ao usar açúcar mascavo ou demerara, faça um xarope na proporção de 1:1. O melado não tem um dulçor padronizado, mas quase sempre é mais doce do que o xarope 1:1.

Mel: O sabor do mel varia de acordo com a espécie de flor polinizada pelas abelhas. Embora seja divertido experimentar diferentes variedades, a maioria dos bartenders opta por méis relativamente neutros, sendo o mais comum nos Estados Unidos o mel de trevo. Já tentei várias vezes fazer um bom drinque com mel de trigo-sarraceno, que é superescuro e tem um sabor meio pungente, mas não tive sorte.

O mel tem aproximadamente 82% de açúcar e é muito, muito espesso. É difícil usá-lo no bar, a menos que esteja na forma de um xarope mais ralo. Para fazer um xarope de mel que possa substituir o xarope simples em qualquer receita, acrescente 64 gramas de água a cada 100 gramas de mel (note que o mel deve ser pesado; ele é muito mais denso do que a água). Diferentemente de um xarope simples, o mel tem um pouco de proteína. Essa proteína aumentará a espuma de drinques batidos, especialmente aqueles que também tiverem alguma acidez.

Xarope de bordo: O xarope de bordo é fantástico para adoçar drinques. Ele tem cerca de 67% de açúcar por peso, comparável ao xarope rico. Cada onça de xarope de bordo tem o mesmo dulçor que 1,5 onça de xarope simples. Ou seja, para substituir 1 onça de xarope simples, use ⅔ de onça de xarope de bordo; para substituir ¾ de onça de xarope simples, use ½ onça de xarope de bordo (lembre-se de que essas conversões são por volume!). Como o xarope de bordo é caro e queremos uma validade o mais longa possível, eu nunca o diluo até níveis típicos de xarope simples. O xarope de bordo não precisa ser refrigerado para períodos curtos, e não é prejudicial deixá-lo em temperatura ambiente. Pode surgir um mofo desagradável e estragar seu xarope de um dia para outro, então mantenha-o na geladeira para períodos maiores ou ferva-o periodicamente. Esse mofo tem um gosto horrível, de verdade. Sempre cheire o xarope antes de colocá-lo em seu drinque. Uma vez perdi um lote inteiro de drinques por colocar xarope de bordo mofado.

Néctar de agave: É composto principalmente de frutose, com um pouco de glicose misturada. Geralmente tem cerca de 75% de açúcar em peso – entre o xarope de bordo e o mel. O sabor muda de marca para marca. O dulçor da frutose ataca e decai rapidamente, então use agave quando não quiser que o dulçor permaneça. Ao usar néctar de agave puro, use cerca de 60% do volume que você usaria para o xarope simples. Para fazer um néctar de agave que possa substituir o xarope simples, adicione 50 gramas de água a cada 100 gramas de néctar de agave (observe que o agave deve ser pesado; ele é muito mais denso do que a água). O néctar de agave vai bem em Margaritas, mas não porque a tequila seja feita de agave; isso é uma coincidência. O agave vai bem em drinques à base de limão porque a acidez do limão também ataca e decai rápido (veja a seção "Ácidos", p. 58).

Xarope simples de quinino: O quinino é extraído de uma casca de árvore extremamente amarga, e é dele que vem o amargor da água tônica. Use esse xarope simples para fazer água tônica ou sempre que quiser o seu amargor característico. (Veja a receita na p. 367.)

XAROPES EMULSIFICADOS, MANTEIGA E ORGEATS

As gorduras não se misturam sozinhas com os drinques. Óleo e água, como todos sabem, não se misturam. Mas você pode forçá-las a se incorporarem aos drinques fazendo emulsões, normalmente na forma de um xarope adoçado. Para fazer uma emulsão, você precisa de um emulsificante, cuja função é fazer com que o óleo e a água convivam lado a lado. O emulsificante que eu uso tem o terrível nome de Ticaloid 210S, uma mistura de goma-arábica, que é um fantástico emulsificante derivado da seiva de árvores, e goma xantana. A goma-arábica é ótima para aplicações em coquetéis porque suas emulsões não se quebram quando são diluídas repentinamente e são imunes a mudanças de temperatura, acidez e álcool. A xantana é um estabilizador que protege a emulsão da separação. Se você não encontrar o Ticaloid 210S, pode substituí-lo por uma mistura de goma-arábica em pó e goma xantana, na proporção de nove para um.

Em 2009, fiz meu primeiro xarope com Ticaloid, um xarope de manteiga que usei para fazer um rum amanteigado gelado, que eu adoro. Esse xarope leva muita manteiga, então você precisa usar uma quantidade maior dele do que se usasse um xarope simples – 1,5 vez a quantidade.

Xarope de manteiga

INGREDIENTES

200 gramas de água

10 grãos de pimenta-da-jamaica triturados

3 gramas de Ticaloid 210S

150 gramas de manteiga derretida

200 gramas de açúcar cristal

MODO DE PREPARO

Esquente a água e faça uma infusão com os grãos de pimenta-da-jamaica por 5 minutos em fervura branda, depois coe. Hidrate o Ticaloid 210S na água da infusão com um mixer de mão. Acrescente a manteiga derretida e bata até ficar homogêneo. Adicione o açúcar e bata até homogeneizar. Esse xarope pode ser armazenado no bar até a hora do uso. Ele vai se separar com o tempo, mas volta quando mexido à mão.

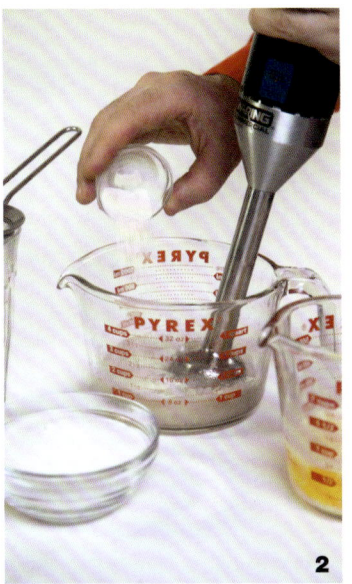

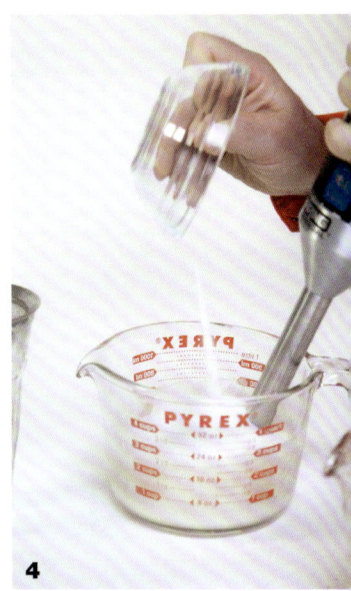

COMO FAZER XAROPE DE MANTEIGA: 1) Coe a água quente da infusão com a pimenta-da-jamaica. **2)** Bata com o emulsificante Ticaloid 210S. **3)** Emulsifique com a manteiga derretida. **4)** Misture o açúcar até dissolver.

Rum amanteigado gelado

RENDE UM DRINQUE DE 168 ML COM 16,4% DE TEOR ALCOÓLICO, 8,6 G/100 ML DE AÇÚCAR E 0,54% DE ACIDEZ

INGREDIENTES

2 onças (60 mL) de rum condimentado, como Sailor Jerry

1 onça gorda (1 ⅛ de onça ou 33,75 mL) de xarope de manteiga

½ onça (15 mL) de suco de limão-taiti espremido e coado na hora

MODO DE PREPARO

Misture os ingredientes, bata tudo com gelo e coe dentro de um copo tipo old-fashioned gelado.

RUM AMANTEIGADO GELADO: Repare que o xarope de manteiga não desanda depois de ter sido diluído em um drinque – essa é a magia da goma-arábica.

Logo depois de desenvolver o xarope de manteiga, comecei a usar a mesma técnica com outros óleos – semente de abóbora, azeite de oliva, entre outros. Meu maior sucesso veio com óleos de castanhas, especificamente noz-pecã, que dá um xarope realmente fantástico, especialmente quando você adiciona alguns sólidos de castanha à mistura. Percebi que poderia usar o Ticaloid para fazer meus próprios orgeats. Tecnicamente, orgeat é um xarope simples de amêndoas misturado com um pouco de água de rosas, mas uso o termo para me referir a qualquer xarope simples com sabor de castanhas feito com leite de castanhas e estabilizado com Ticaloid (não adiciono água de rosas). Eu já fiz orgeat de noz-pecã, de amendoim e de pistache. Qualquer oleaginosa funciona. A seguir, o modo de fazer.

Orgeat de qualquer castanha

PRIMEIRO FAÇA O LEITE DE CASTANHAS

600 gramas de água muito quente (660 gramas se você não tiver uma centrífuga)

200 gramas da castanha de sua preferência

Se as castanhas não forem salgadas, você pode adicionar um pouco de sal se quiser

MODO DE PREPARO

Bata a água com as castanhas em um liquidificador de alta velocidade. Coe e pressione o leite em uma peneira fina ou passe a mistura por uma centrífuga com 4.000 vezes a força da gravidade por 15 minutos (veja a seção de clarificação na p. 235). Se você usar a centrífuga, remova a gordura e o líquido de cima e reserve, descartando os sólidos do fundo, ou guarde-os para fazer biscoitos. Adicione sal se quiser.

Coar leite vegetal pode ser chatinho. No bar, eu uso a centrífuga, mas em casa uso uma peneira superfina. Outra opção é usar um saco coador.

DEPOIS FAÇA O ORGEAT

PARA CADA 500 GRAMAS DE LEITE DE CASTANHAS:

1,75 grama de Ticaloid 210S

0,2 grama de goma xantana

500 gramas de açúcar cristal

MODO DE PREPARO

Em um liquidificador de alta velocidade, misture o leite de castanhas, o Ticaloid e a goma xantana. Depois de misturados, adicione o açúcar e bata até ficar homogêneo.

Orgeat de noz-pecã com um bourbon sour de noz-pecã ao fundo. Se seu leite vegetal contiver sólidos demais, o xarope pode talhar quando você agitar o drinque. Isso pode ser rapidamente resolvido batendo com um mixer.

MEDINDO DULÇOR NO BAR

É muito útil ter uma ideia quantitativa do teor de açúcar dos ingredientes comuns dos drinques. No bar eu uso um refratômetro para medir o teor de açúcar em Brix. Brix é a porcentagem de sacarose (açúcar branco) em uma solução por peso. Cem gramas de uma solução 10 Brix vão conter 10 gramas de açúcar. O problema é que os refratômetros não medem a sacarose diretamente; eles medem o quanto de luz é desviado quando ela passa por uma solução. Ingredientes além do açúcar, como o álcool, também afetam a forma como a luz é distorcida e prejudicam a leitura, então a principal coisa que não se deve fazer com um refratômetro Brix é tentar medir o nível de açúcar de bebidas alcoólicas.

Lembre-se de que índice Brix denota a concentração de açúcar por *peso*, não por volume. Um xarope 50 Brix definitivamente *não* contém 500 gramas de açúcar em um *litro* de xarope. Um xarope 50 Brix (como o xarope simples normal) tem uma densidade de 1,23 grama por mililitro. Um litro de xarope simples pesa, portanto, 1.230 gramas e contém 615 gramas de açúcar. Como os coquetéis normalmente são medidos em volume, é melhor pensar no xarope simples como contendo 615 gramas de açúcar por litro. O xarope rico (66 Brix) tem uma densidade de 1,33 grama por mililitro. Um litro dele pesa 1.330 gramas e contém 887 gramas de açúcar, ou 887 gramas por litro, pouco menos de 50% mais doce do que o simples normal.

O refratômetro é muito útil para medir sucos de frutas frescas, que podem variar muito no teor de açúcar. Não existem dois lotes de frutas exatamente iguais. O nível de açúcar de determinada fruta e de seu suco pode mudar radicalmente de um dia para outro. Se o suco de mirtilo tiver 11 Brix hoje e 15 Brix amanhã, as bebidas feitas com esses sucos serão obviamente diferentes. Em casa, você pode alterar o equilíbrio de uma receita experimentando, com base no suco que você tem, mas em um bar isso é impraticável. Você não pode ter certeza de que essas correções serão feitas adequadamente, dia após dia, por cada pessoa. Então, no bar, escolhemos um nível Brix alguns pontos acima do nível em que o suco normalmente chega, e corrigimos cada lote com base nesse dulçor toda vez que preparamos o suco. Corrigimos alguns sucos com açúcar, alguns com mel e outros com melado – qualquer adoçante que acharmos que irá mostrar as melhores qualidades do suco. Não é bom adicionar muito açúcar ao suco; a ideia não é adicionar dulçor, mas sim padronizar. Ao fazer sucos em casa, você não precisa usar um refratômetro para corrigi-los, mas a ideia da correção por Brix ainda é útil. Versões de sucos de frutas com baixo Brix tendem a ter um sabor ruim: chato, fraco e unidimensional. Às vezes, quando você corrige o Brix adicionando açúcar, ele fica tão saboroso e delicioso quanto seu primo com alto Brix. Não é preciso muito açúcar para realizar esse milagre.

ÁCIDOS

Raro é o coquetel que não contém nenhum ácido. Às vezes a acidez está escondida na forma de vermute ou outros ingredientes à base de vinho, mas quase sempre ela está lá. Você consegue encontrar quase todos os ingredientes ácidos comuns de coquetéis listados a seguir, em sua forma pura, em lojas de produtos para fabricação de cerveja artesanal.

PROVANDO ÁCIDOS

Ácidos são moléculas que produzem íons de hidrogênio livres em solução. Mais íons de hidrogênio significam maior acidez. Quando os cientistas medem a acidez, eles medem o pH, que se correlaciona diretamente com o número de íons de hidrogênio livres. Sua língua não funciona como um medidor de pH, o que significa que os medidores de pH são inúteis para coquetéis. Em vez de sentir o quanto determinada coisa é ácida, você sente muito mais de perto *quantas moléculas de ácido* estão presentes. Quimicamente, essa medida é referida como *acidez titulável*. Esse fato facilita muito a conversão entre diferentes tipos de ácidos, porque a maioria dos ácidos orgânicos tem pesos mais ou menos semelhantes. Você pode trocar um grama de ácido cítrico por um grama de málico ou um grama de tartárico. O sabor será diferente, mas a acidez em si, não. Portanto, no restante deste livro especifico a acidez como a porcentagem de acidez por unidade de volume: 1% de acidez significa que um litro de suco contém 10 gramas de ácido.

LIMÃO-SICILIANO E LIMÃO-TAITI

Suco de limão-siciliano e suco de limão-taiti são os dois ácidos mais comuns no bar. Ambos têm uma acidez aproximada de 6%. A acidez do limão-siciliano é de ácido cítrico quase puro, enquanto a acidez do suco de limão-taiti é de aproximadamente 4% cítrico e 2% málico com um pouquinho de ácido succínico. O ácido succínico sozinho tem um gosto horrível – é amargo, metálico, sangrento. Mas, em pequenas quantidades, realmente melhora o sabor do suco de limão-taiti. É difícil de achar; você tem que pagar preços exorbitantes por ele em casas de produtos químicos.

Como os sucos de limão-siciliano e de limão-taiti são semelhantes em acidez, eles são praticamente intercambiáveis em uma receita do ponto de vista da quantidade, embora o teor de ácido málico do limão-taiti signifique que a acidez perdura por mais tempo do que a do limão-siciliano. Ao contrário dos sucos de grapefruit, laranja e maçã, que podem

O FRESCOR DO SUCO DE LIMÃO-TAITI

Já fiz vários testes de sabor com suco de limão-taiti em diferentes estágios, tanto em coquetéis quanto em limonadas. Nesses testes, os sucos têm 24, 8, 5, 3, 2 horas de extração, além do recém-espremido. Não me surpreendeu que o suco com um dia de idade sempre perdesse, mas me surpreendeu que o suco com várias horas de extração normalmente supere o suco de limão-taiti recém-espremido. Minhas cobaias para esses testes eram em sua maior parte bartenders americanos profissionais. A maioria dos bons bartenders americanos usa suco de limão-taiti espremido logo no começo do turno, que portanto durante o serviço já está com várias horas de extração. Meu compatriota da coquetelaria Don Lee fez esse mesmo teste com vários bartenders europeus, que normalmente espremem seus sucos de limão na hora. Eles tendiam a preferir o suco de limão espremido na hora a qualquer outro suco do teste. Portanto, talvez o melhor seja aquele com o qual você já esteja acostumado.

ÁCIDOS COMUNS EM COQUETÉIS

ÁCIDO CÍTRICO
O ácido cítrico é o principal ácido do suco de limão-siciliano. Sozinho, ele tem gosto de limão-siciliano. O ácido cítrico é limpo, ataca forte e rápido, e desaparece rapidamente.

ÁCIDO MÁLICO
O ácido málico é o principal ácido da maçã. Sozinho, ele tem gosto de bala de maçã-verde. Seu sabor é mais duradouro que o do ácido cítrico.

ÁCIDO TARTÁRICO
O ácido tartárico é o principal ácido da uva. Sozinho, ele tem gosto de bala de uva azedinha.

ÁCIDO ACÉTICO
Ácido acético é o vinagre, o único ácido alimentício comum que é aromático. É usado como um ácido secundário, especialmente em bitters e coquetéis salgados.

ÁCIDO LÁTICO
O ácido lático vem da fermentação. Sozinho, ele lembra chucrute, picles, queijo e salame. Fica agradável em coquetéis, o que pode surpreender.

Ácido ascórbico é o ácido que impede o escurecimento de frutas e sucos. No paladar, a acidez não é muito acentuada.

ÁCIDO FOSFÓRICO
Ácido fosfórico é o único ácido inorgânico deste grupo. É extremamente forte e seco. É o acidulante característico (junto com o cítrico) dos refrigerantes de cola, e era extremamente popular na época dos bares de refrigerantes. Não é vendido em casas de produtos para cervejas artesanais. Eu não o uso com frequência.

ÁCIDO ASCÓRBICO
Ácido ascórbico é a vitamina C. Sozinho, ele não tem muito sabor nem confere muita acidez. É usado principalmente como antioxidante: ele impede o escurecimento de sucos e frutas. Costuma ser confundido com ácido cítrico.

COMBINAÇÕES DE ÁCIDOS
Os diferentes ácidos têm diferentes sabores. Misturas de ácidos têm sabores diferentes de ácidos sozinhos de formas surpreendentes. O ácido cítrico tem gosto de limão-siciliano e o málico tem gosto de maçã, mas uma mistura dos dois parece limão-taiti. O ácido tartárico tem sabor de uva e o ácido lático tem sabor de chucrute, mas uma mistura dos dois é o característico ácido do champanhe.

ser guardados por alguns dias ou até mais, os sucos de limão-siciliano e taiti devem ser usados no dia em que são espremidos. O de limão-taiti é o mais frágil e começa a mudar no momento em que é espremido. Eu gosto mais de suco de limão-taiti depois que ele descansa por algumas horas.

O modo como você espreme um limão-siciliano ou taiti faz diferença. Veja a seção "Espremedores de limão", p. 33.

Com 6% de acidez, os sucos do limão-siciliano e do limão-taiti são razoavelmente concentrados – algo que é bom para coquetéis. Coquetéis sour típicos requerem apenas ¾ de onça (22,5 mL) de suco de limão-siciliano ou taiti para torná-los mais ácidos. A maioria dos outros sucos não é ácida o suficiente, por isso costumo fazer misturas ácidas que imitam a força do suco de limão-taiti para incrementar meus coquetéis. A seguir apresento alguns exemplos.

Ácido de limão-taiti

Ácido de limão-taiti é o que o nome diz: um substituto do suco de limão-taiti. Eu nunca usaria no lugar da fruta, mas ele pode ser usado para reforçar a fruta com um pouco de acidez. Para maior autenticidade, adicione o ácido succínico, embora este possa ser omitido.

INGREDIENTES

94 gramas de água filtrada

4 gramas de ácido cítrico

2 gramas de ácido málico

0,04 grama de ácido succínico

MODO DE PREPARO

Misture todos os ingredientes. Mexa até dissolver.

Laranja com acidez de limão-taiti

O suco de laranja normalmente contém 0,8% de ácido cítrico, o que não é ácido o suficiente para ser usado em um sour. Você pode comprar laranjas-azedas, que são deliciosas, mas muitas vezes me vejo com um monte de laranjas normais, cujas cascas uso como guarnição de coquetéis. Eu corrijo o suco com ácidos para dar o mesmo perfil ácido do suco de limão-taiti. Tenha cuidado ao espremer o suco da laranja; o suco de algumas delas, incluindo muitas variedades de umbigo (como a laranja navelina), fica amargo depois de algum tempo.

INGREDIENTES

1 litro de suco de laranja espremido na hora

32 gramas de ácido cítrico

20 gramas de ácido málico

MODO DE PREPARO

Misture todos os ingredientes. Mexa até dissolver.

O Dr. J (p. 271) é feito com suco de laranja com acidez de limão-taiti, e tem gosto de Orange Julius, uma bebida de laranja cremosa.

Ácido de champanhe

Os ácidos primários das uvas são o tartárico e o málico. Mas esses não são os ácidos primários da maior parte do champanhe, que passa por um processo chamado fermentação malolática, no qual o ácido málico é convertido em ácido lático. Vinhos brancos e champanhes (como o Krug) que não passam pela fermentação malolática apresentam uma nota característica de maçã-verde em sua acidez, ao passo que aqueles que passaram pela fermentação malolática, não. Portanto, meu ácido de champanhe padrão é uma mistura de ácidos tartárico e lático na proporção de 1:1. Essa mistura ácida tende a cristalizar um pouco quando fica parada, mas não tem problema, é só agitá-la. Ela é surpreendentemente versátil, eu a uso em drinques carbonatados ou sempre que quero adicionar um pouco daquela pegada de champanhe a um coquetel. Raramente a uso como única acidez em um drinque.

INGREDIENTES

94 gramas de água morna

3 gramas de ácido tartárico

3 gramas de ácido lático (use em pó)

MODO DE PREPARO

Misture todos os ingredientes. Mexa até dissolver.

SAL

O sal é o ingrediente secreto de quase todos os meus coquetéis. Qualquer coquetel que inclua frutas, chocolate ou café fica melhor com uma pitada de sal. Mas é raro eu querer um drinque com sabor salgado, então o sal deve ser mínimo. Da próxima vez que você fizer um coquetel, divida-o em dois copos e adicione uma pitada de sal em um deles, mas não no outro. Prove a diferença – você nunca mais esquecerá o sal. Em casa, você pode adicionar uma pitada. No bar, temos de ser mais precisos, por isso usamos uma solução salina: 20 gramas de sal para cada 80 mililitros de água (solução a 20%). Basta uma ou duas gotas para dar aquele brilho ao seu coquetel.

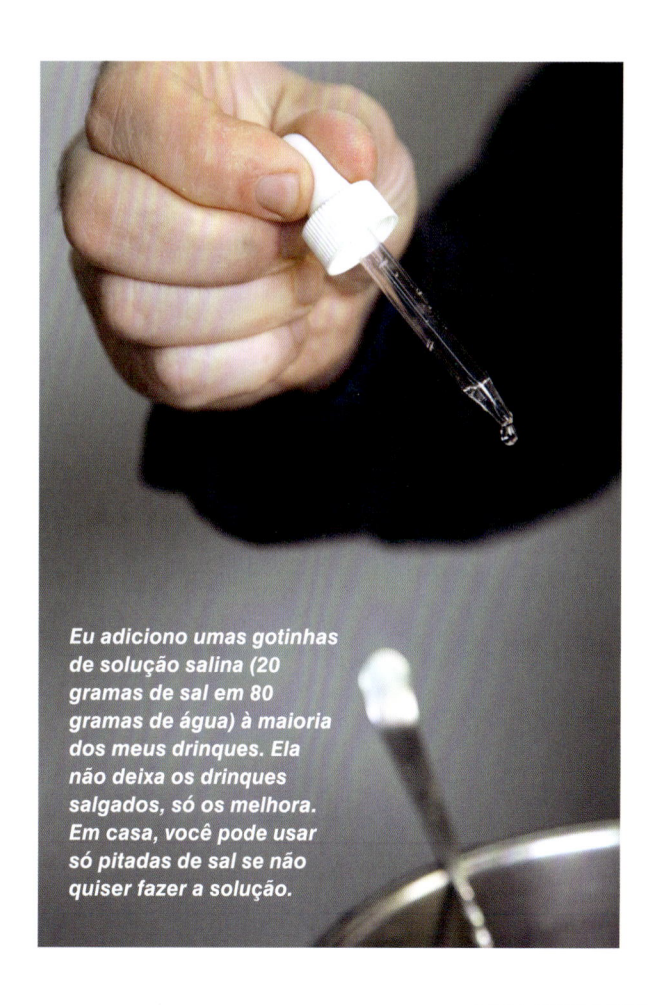

Eu adiciono umas gotinhas de solução salina (20 gramas de sal em 80 gramas de água) à maioria dos meus drinques. Ela não deixa os drinques salgados, só os melhora. Em casa, você pode usar só pitadas de sal se não quiser fazer a solução.

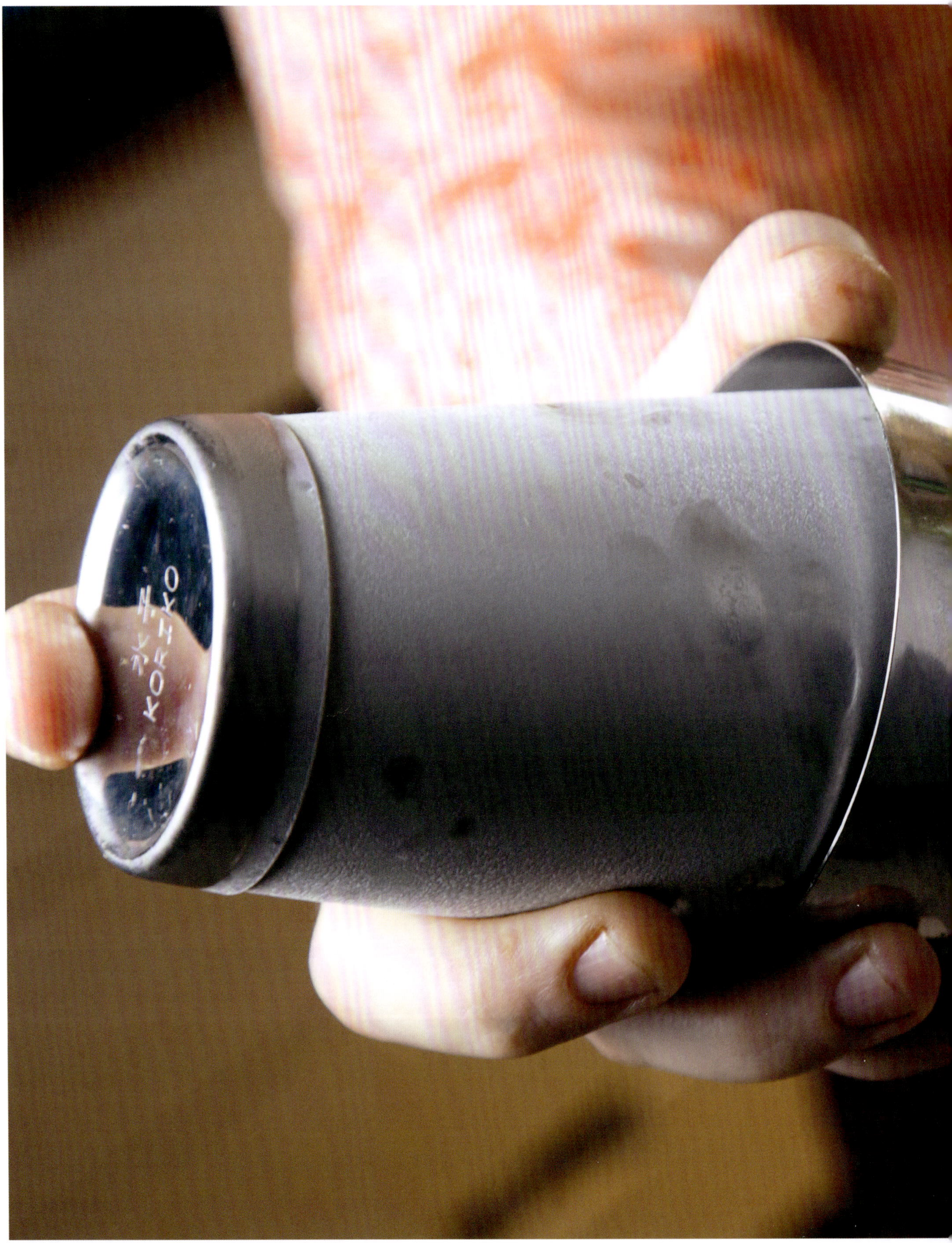
KORIKO

PARTE 2
COQUETÉIS TRADICIONAIS

Nossa investigação sobre coquetéis começa onde deve: com o básico. Quando digo coquetéis tradicionais, não me refiro aos coquetéis clássicos. Refiro-me a coquetéis cuja produção não requer nada além de gelo, bebida alcoólica, mixers e um mínimo de equipamento – coqueteleiras, copos misturadores, colheres e coadores. Gerações de bartenders desenvolveram milhares de coquetéis deliciosos com esses elementos básicos.

A Seção 1 trata da ciência, da produção e do uso do gelo, da forma como o gelo interage com a bebida alcoólica, e da Lei Fundamental dos Coquetéis.

A Seção 2 trata de drinques batidos e mexidos, montados e batidos no liquidificador, com uma palavra final sobre a estrutura por trás de todas as receitas de coquetéis.

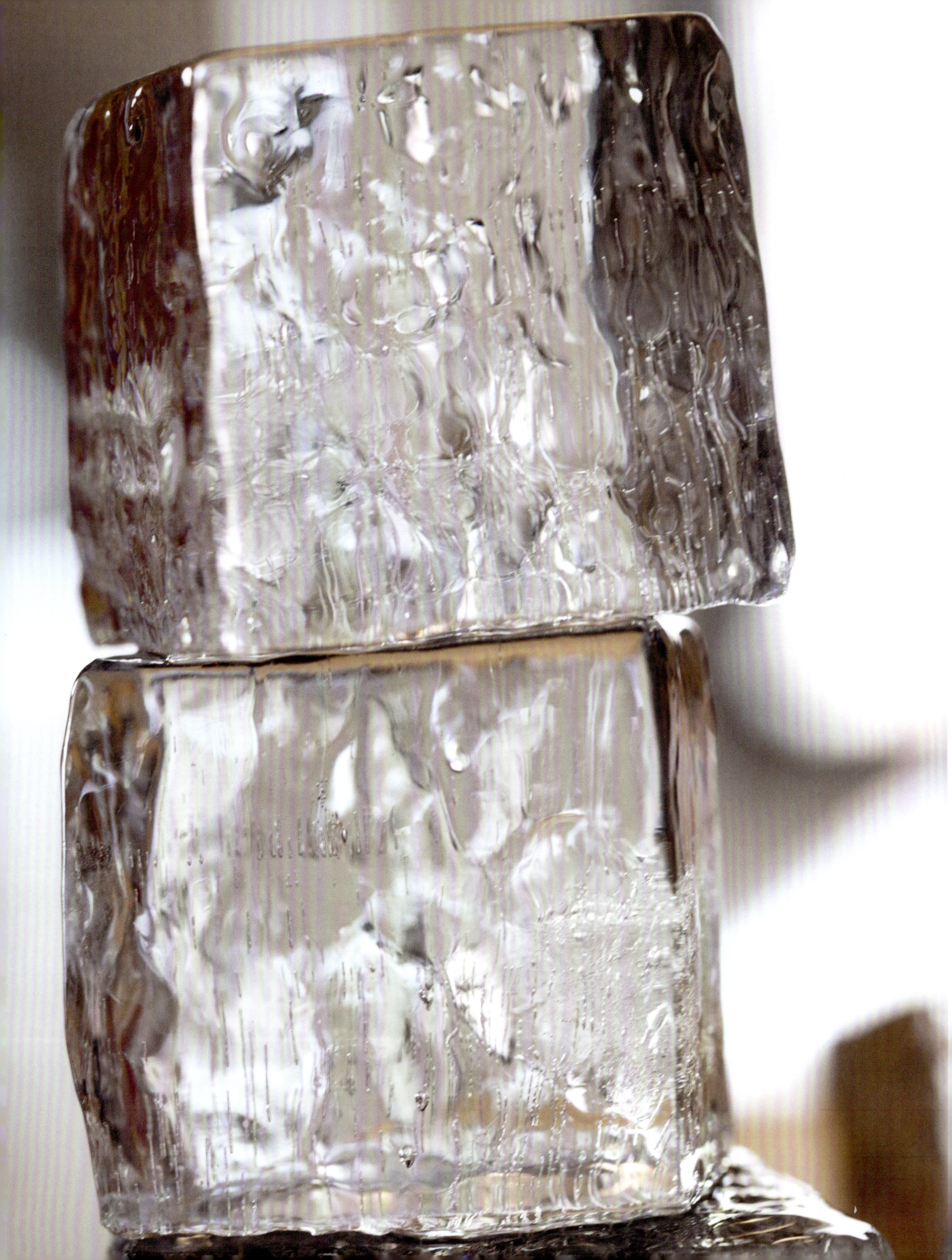

Gelo, gelo e bebida alcoólica e a Lei Fundamental

O gelo em si

Gelo nada mais é que água congelada. Não parece que haveria muito o que dizer sobre isso, basta colocar água no freezer e congelar. Mas, na verdade, fazer gelo pode ser bastante complexo, e os bartenders modernos passam muito tempo tentando recriar um tipo específico de gelo puro e transparente que era a norma nos dias anteriores à refrigeração mecânica. Segue aqui a história do gelo, a ciência por trás dele e por que você deveria se importar.

GELO TRANSPARENTE, GELO TURVO, GELO DE LAGO E GELO DE FREEZER

Antes da refrigeração mecânica, as pessoas coletavam gelo de lagos e rios durante o inverno e o armazenavam em grandes depósitos de gelo para usar durante o ano todo. Em meados de 1800, os mercadores de gelo transportavam gelo de lagos e rios de localidades do norte para pontos do mundo todo, incluindo os trópicos. Começava a era de ouro do coquetel gelado. (Para saber mais sobre os primórdios do comércio de gelo, leia *The Frozen Water Trade*; veja a seção "Para saber mais", p. 378.)

Como o gelo conseguia resistir ao calor sufocante de um navio sem ar-condicionado por várias semanas, aguentando bem o suficiente para que a viagem valesse a pena? A resposta está em uma questão crítica para a preparação de coquetéis, e voltaremos a ela várias vezes: a relação entre área da superfície e volume. A quantidade de gelo que derrete em determinado período é proporcional à quantidade de calor transferida para o gelo. O calor transferido é, por sua vez, diretamente proporcional à área da superfície do gelo exposta ao ambiente. Quando algo fica maior, sua área de superfície aumenta, mas não tão rapidamente quanto o seu volume. Triplicar o tamanho de um cubo aumenta a área da superfície em 9 vezes (a área da superfície é elevada ao quadrado: $3^2 = 9$) e o volume em 27 vezes (o volume é elevado à terceira potência: $3^3 = 27$).

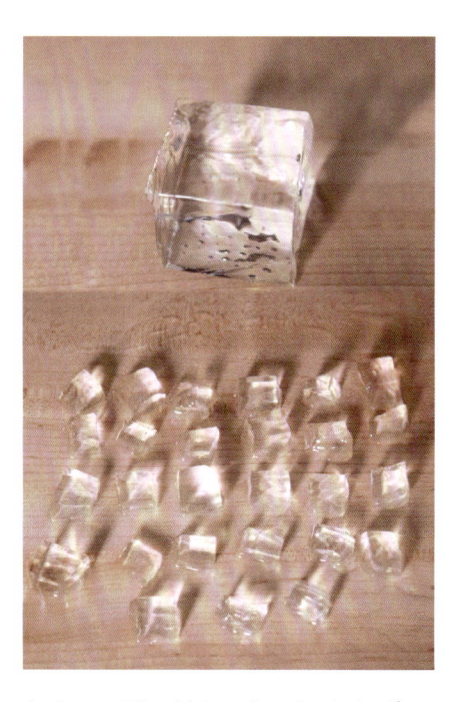

Juntos, os 27 cubinhos de gelo abaixo têm exatamente o mesmo peso e volume que o cubo acima, mas o triplo da área, e portanto o triplo de água de superfície.

Portanto, volumes enormes de gelo derretem muito mais lentamente do que volumes pequenos. Esse fato possibilitou os envios intercontinentais de gelo, e esse mesmo fato é fundamental para entender como funcionam os coquetéis.

Você pode pensar que o gelo retirado de lagos e rios seria inferior ao gelo feito de água filtrada nos freezers modernos, mas não. Ele é cristalino, enquanto o gelo do freezer, normalmente, não é. O gelo turvo gela tão bem quanto o gelo transparente, mas este fica muito mais bonito no seu coquetel e também é mais fácil de esculpi-lo em qualquer formato que você deseje (cubos grandes e lindos de 5,7 cm são meus favoritos). O gelo turvo se estilhaça quando cortado e agitado. Muitos bartenders acreditam que os pequenos fragmentos criados pela quebra do gelo turvo nas coqueteleiras diluem excessivamente os drinques, uma afirmação que é ao mesmo tempo verdadeira e falsa, como veremos quando tratarmos da ciência da agitação. Seja como for, o gelo transparente é atraente e quase todo bartender o deseja. Nada supera a aparência de um Old-Fashioned servido sobre um cubo de gelo cortado à mão e transparente como água. Se você não faz questão de um gelo lindo e transparente, vá em frente e use gelo turvo de fôrma, mas pelo menos leia a seção "Como fazer um bom gelo para o dia a dia", na p. 73. Seus coquetéis ficarão com um sabor gostoso mesmo assim. Mas, se você gosta de coisas boas, continue lendo. A próxima seção conta a estranha história de como o gelo se forma e por que o gelo do lago é transparente. Se tudo o que você quer saber é como fazer seu próprio gelo transparente, vá direto para a seção "Como fazer gelo transparente no freezer", na p. 68.

COMO O GELO SE FORMA

Para entender como fazer gelo transparente, você precisa entender como ele se forma. O gelo do lago é transparente porque é formado camada por camada, de cima para baixo. Os cristais se formam primeiro na superfície da água e depois crescem para baixo, ficando cada vez mais espessos. Mas por que o gelo se forma no topo do lago e por que isso é importante?

Quase tudo fica mais denso e encolhe quando esfria. A água, não. A água líquida, na verdade, fica mais densa em torno dos 4 °C. Resfriá-la abaixo disso fará com que ela se expanda. Essa propriedade é muito rara e ganhou o apropriado nome de "dilatação anômala da água". Essa dilatação é uma sorte, pois significa que a água mais densa – a que afundará no fundo de um lago no inverno – não é a que está prestes a congelar. A água que está prestes a congelar – que está a 0 °C – flutuará no topo. Se a água não se comportasse dessa maneira, nenhuma vida aquática conseguiria sobreviver ao inverno em climas frios, tudo se congelaria.

Mais estranho ainda é que, embora quase tudo se contraia quando se solidifica, a água se expande cerca de 9% quando congela. O gelo flutua porque as moléculas de água líquida, que se movimentam livremente, conseguem se compactar com mais densidade do que as moléculas de água rigidamente alinhadas no gelo. A força da expansão do gelo é imensa, e quebra facilmente pedras e canos de água no inverno e garrafas de cerveja deixadas acidentalmente no freezer. A dilatação anômala da água e a expansão do gelo no congelamento explicam por que o gelo se forma no topo e cresce para baixo. Por causa da dilatação anômala, a parte de cima da água é mais fria, então congela primeiro, e, por causa da expansão do gelo no congelamento, o gelo flutua no topo.

Mas o gelo transparente envolve mais do que isso. Por que o gelo não se forma como massas de minúsculos cristais, como a neve, em vez de grandes camadas transparentes? A resposta tem a ver com um fenômeno conhecido como super-resfriamento.

O ponto de congelamento da água é a 0 °C, mas ela não começa a congelar a 0 °C a menos que já haja gelo presente. A água precisa ser resfriada abaixo de 0 °C para formar cristais de gelo – ou seja, ela precisa ser super-resfriada. Lembre-se de nossa discussão sobre área de superfície e volume: cristais muito pequenos têm uma proporção muito grande entre área de superfície e volume. Grandes áreas de superfície estimulam o derretimento, então, mesmo no ponto de congelamento, pequenos cristais tendem a derreter. Para que os cristais de gelo cresçam a 0 °C, eles precisam de algo onde crescer – seja um cristal de gelo existente ou algo de tamanho e formato semelhantes, como uma partícula de poeira. Sem um local para o crescimento dos cristais, a água continuará a esfriar abaixo de 0 °C sem congelar – em um processo chamado super-resfriamento. À medida que a água super-resfria, fica mais fácil a formação de novos cristais. Por fim, em um processo chamado nucleação, um grupo de cristais se formará na água superfria. Após a nucleação, esses cristais iniciais começarão a crescer e a água voltará a aquecer até 0 °C. Por quê? A água *aquece* conforme o gelo é formado porque o gelo congelado libera calor – um fato contraintuitivo. Isso ocorre porque ela está passando de um estado de energia mais alta – um líquido – para um de energia mais baixa – um sólido.

Você pode pensar que, após a nucleação inicial, os cristais de gelo continuariam se formando em qualquer ponto de um lago gelado. Mas não. Após a nucleação inicial – depois que a água super-resfriou e os cristais de gelo se formaram –, esses cristais crescem e a água ao redor volta a aquecer até 0 °C. Como os cristais de gelo em crescimento mantêm a temperatura da água ao redor em 0 °C ou próxima disso, novos cristais não conseguem se formar. A formação de novos cristais exigiria mais super-resfriamento.

Os cristais perto do topo do lago crescem lentamente e ficam transparentes. A água não purificada contém todos os tipos de resíduos dissolvidos e suspensos: gás, sal, minerais, bactérias, poeira. Mas, conforme a água se congela em um cristal de gelo existente, ela libera e expulsa impurezas como ar preso, poeira, terra, minerais e outros contaminantes; essas coisas não cabem

Esses cubos de gelo estão dispostos do mesmo jeito que estavam dentro da bandeja no freezer. Repare que as partes de fora – que congelaram primeiro – estão bem transparentes. Conforme os cubos continuaram a congelar, o gás saiu da solução e deixou rastros de bolhas de ar. A certa altura, o gelo formou uma capa em torno de todo o cubo, prendendo a água líquida. Quando essa última parte congelou, não havia mais por onde as impurezas saírem, nem espaço para a água em congelamento expandir, e é por isso que surgem fraturas salientes e essa névoa branca.

na treliça cristalina do gelo. Já o congelamento muito rápido tende a produzir muitos pontos de nucleação com cristais menores; esses cristais menores e de formação rápida podem crescer em torno de impurezas, retendo-as, causando rupturas na estrutura cristalina e produzindo um gelo turvo e gasoso.

Agora estamos em condições de entender por que o gelo-padrão do freezer é turvo. As fôrmas de gelo congelam a água de forma relativamente rápida, levando à inclusão de impurezas entre os limites do cristal e, portanto, criando um gelo turvo. O gelo do freezer também tende a se formar a partir de todos os lados do recipiente e a crescer em direção ao centro do cubo, com o centro congelando por último. A água presa no centro de um cubo não tem espaço para liberar gases e outras impurezas, portanto a turvação vai acontecer. Pior ainda, à medida que a água congela dentro de sua prisão de gelo, ela acumula uma força tremenda por meio da expansão do congelamento, estilhaçando as partes externas do cubo de gelo e formando aqueles picos que você costuma ver no gelo doméstico. A solução: faça com que seu freezer funcione como um lago, de modo que congele o gelo lentamente e em uma única direção.

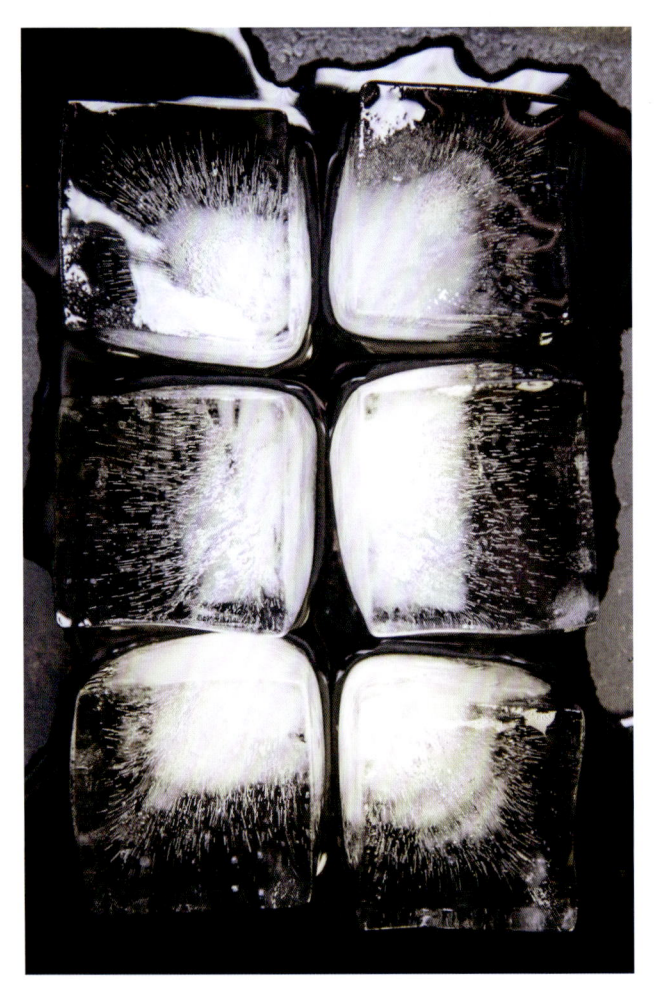

COMO FAZER GELO TRANSPARENTE NO FREEZER

Na produção de grandes blocos de gelo transparente para bartenders e escultores de gelo profissionais, é muito comum o uso de uma máquina chamada freezer Clinebell, que funciona de maneira inversa à natureza. Os Clinebells congelam blocos únicos de gelo, que pesam centenas de quilos, somente a partir do fundo, mexendo constantemente a parte superior da água, para evitar que ela congele, e varrendo a superfície do gelo em formação para evitar a entrada de bolhas de ar. À medida que a água congela, as impurezas concentram-se no líquido restante, que você descarta antes que ele congele. Uma vez construí minha própria versão de um Clinebell e congelei um cilindro de 200 libras de água. A quantidade de água que joguei fora no final estava marrom-escura e nojenta, mas a água dentro parecia cristalina. Com a concentração, as impurezas ficaram bem aparentes.

Você não precisa de um Clinebell para fazer um bom gelo. Em casa, congele grandes blocos de gelo em um recipiente com isolamento aberto, como uma pequena caixa térmica sem a tampa. A água da caixa começará a congelar por cima, porque a parte superior é o único lado que não tem isolamento. À medida que o congelamento avança, a água continuará congelando por cima, porque o calor da água em congelamento é conduzido mais facilmente através do bloco sólido de gelo (um condutor de calor surpreendentemente bom) do que pelos lados isolados. Como a maior parte da água e do gelo é protegida por isolamento, o congelamento é lento, o que promove o crescimento de grandes cristais que excluem gases e impurezas, que vão se concentrar na água líquida restante.

Encha a caixa térmica, mas não a ponto de derramar água ao colocá-la no freezer. Use água quente, que contém menos gases retidos do que água fria; não a coloque diretamente no freezer, deixe-a esfriar primeiro; e não a despeje na caixa depois que esfriar, para não reter mais gases. (A água quente no freezer descongelará parcialmente outros alimentos que estiverem dentro dele, fazendo com que pequenos cristais de gelo derretam. Quando a comida congelar novamente, a água voltará a se cristalizar sobre os cristais grandes restantes, tornando-os ainda maiores e arruinando a textura da comida.) Alguns bons litros de água levarão vários dias para congelar em um freezer-padrão. Retire a caixa térmica do freezer antes que congele completamente para que você consiga drenar as impurezas. Se você bobear e congelar toda a água, não tem problema: simplesmente corte a parte turva do fundo. É muito difícil avaliar a espessura de um cubo de gelo apenas olhando para o topo da caixa. Eu me enganei ao pensar que a água na minha térmica estava quase congelada, só para descobrir que eu tinha uma placa congelada de apenas 5 ou 7 centímetros de espessura.

Ao remover a caixa térmica do freezer, não tente cortar o gelo imediatamente. Deixe descansar e temperar.

Se você tentar fazer gelo transparente com água fria, terá muitas bolhas de ar dos gases presos.

TEMPERANDO UM GELO TRANSPARENTE E TEMPERAMENTAL

Todo gelo está a 0 °C ou menos, mas pode estar muito mais frio ou só um pouco mais frio; e, se você estiver fazendo coquetéis, um pouco mais frio é melhor. O gelo frio se estilhaça e não é divertido de trabalhar, enquanto é um prazer lidar com um gelo que aqueceu até a temperatura de congelamento. É possível perceber a diferença só de olhar. Observe o gelo quando ele sai do freezer: ele vai adquirir uma aparência acetinada conforme a umidade se condensa sobre ele e congela. Pedaços de gelo grandes e excepcionalmente frios podem acumular uma camada de cristais de gelo, e ele não parecerá molhado. Esse é um indicativo visual de que o gelo está frio demais para ser trabalhado. Contudo, à medida que o gelo for esquentando, ele mudará de seco e fosco para úmido e transparente. Quando estiver transparente e brilhante, ele está suficientemente temperado – sua temperatura quase atingiu o ponto de congelamento e está pronto para ser cortado ou usado em drinques.

COMO FAZER GELO TRANSPARENTE EM CASA

Para garantir um gelo sem bolhas, despeje água quente dentro de uma caixa térmica.*

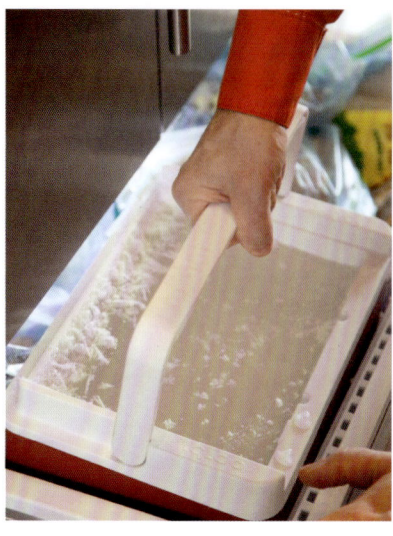

Para uma caixa de 24 litros, o gelo ficará duro o suficiente após 24-48 horas.

Vire a caixa de cabeça para baixo e deixe que o gelo se desenforme sozinho – vai sair um pouco de água junto.

Raspe o excesso de lascas de gelo da parte de baixo do bloco.

---

* Se você tiver um gelo pequeno e sem gás na caixa térmica, você pode jogar água quente diretamente em cima dele, sem mexer, até derreter tudo.

Bloco de gelo sem bolhas depois de polido.

Faça marcas em ambos os lados com uma faca serrilhada de lâmina reta.

Dê leves batidas nas costas da faca por toda a sua extensão com um martelo ou um rolo de massa, de forma que o gelo se divida em colunas perfeitas.

Com o mesmo movimento de batidas, corte as colunas em cubos.

O gelo é um bom condutor de calor, por isso não demora muito para temperar a maior parte do gelo com o qual você vai trabalhar. Dobrar a espessura do bloco de gelo aumenta o tempo de temperagem em 4 vezes; uma placa de 5 centímetros de espessura deve temperar em menos de 15 minutos, já um bloco de 10 centímetros, em menos de uma hora.

Não tente acelerar o processo. O gelo que sai direto do freezer sofre um tremendo estresse conforme aquece em virtude de sua expansão (como acontece com a maioria das substâncias). O gelo do lado de fora esquenta mais rápido do que o do lado de dentro, fazendo com que o lado externo se expanda mais rápido do que o interno. O gelo deixado descansando em uma bancada geralmente resiste bem a esse estresse, porque o ar é um mau condutor de calor; mas tente acelerar o aquecimento e o gelo vai rachar, assim como o gelo racha quando você o joga direto do freezer dentro de um copo d'água.

COMO CORTAR GELO TRANSPARENTE

Depois de fazer gelo transparente e temperado com sucesso, você achará surpreendente a facilidade de se trabalhar com ele e de cortá-lo com ferramentas para trabalhar madeira. Os escultores de gelo profissionais usam motosserras, goivas de madeira, cinzéis e esmerilhadeiras elétricas. No bar, uso principalmente picadores de gelo e uma faca de pão longa, reta e barata. Os picadores de gelo podem ser usados para lascar, esculpir e marcar linhas no gelo para facilitar o corte, mas, na verdade, 99% de todo o trabalho com gelo pode ser feito apenas com uma faca de pão. Com essa faca é possível dividir perfeitamente uma placa ou bloco em cubos perfeitos e moldar um cubo em losangos ou esferas menores. O truque é encostar a lâmina dessa faca na superfície do gelo e serrar cuidadosamente para a frente e para trás. A faca de metal altamente condutora tenderá a derreter uma fenda pequena e fina na superfície do gelo. Essa linha concentra a tensão no bloco de gelo e fornece um local para o início das rachaduras – é parecido com o processo de marcar um ladrilho ou pedaço de vidro antes de cortá-lo. Coloque o gelo em uma superfície antiderrapante (eu uso um bar mat), mantenha a lâmina em contato com o gelo e bata sobre ela com um martelo ou outro objeto pesado, e o bloco se partirá em dois. Cortar gelo dessa maneira é uma das coisas mais fáceis que você pode aprender a fazer, mas sempre atrai a admiração de curiosos. Para manuseios mais complexos, consulte os livros sobre gelo em "Para saber mais", p. 378.

ACIMA: *Este foi um gelo que tentei cortar enquanto estava frio demais. Ele se estilhaçou como vidro.*
ABAIXO: *Este pedaço de gelo está gelado demais para cortar. Sua aparência é seca e congelada.*

COMO FAZER UM BOM GELO PARA O DIA A DIA (QUANDO VOCÊ NÃO PRECISA DE GELO TRANSPARENTE)

Se o gelo for aparecer em um coquetel finalizado ou precisar ser cortado, você deve usar gelo transparente (lembre-se, o gelo turvo se quebra). Ao agitar ou mexer drinques, você não precisa de gelo para apresentação. Mas um gelo superturvo feito aleatoriamente não é bom, pois se quebrará de forma inesperada, quase sem motivo algum. Um gelo quebradiço cria uma mistura imprevisível de cristais de gelo derretidos quando você agita, e isso não é desejável. O gelo superturvo também é muito feio – muito mais feio do que um moderadamente turvo. Portanto, tenha um cuidado extra para fazer apenas gelo moderadamente turvo.

O gelo superturvo pode ser causado pelo congelamento rápido de água contaminada ou gasosa. Se a água contiver muitas impurezas, você pode investir em um sistema de filtração ou osmose reversa. É fácil eliminar gases presos e cloro: basta usar água quente. Se os canos tiverem chumbo, você pode aquecer água fria para eliminar o cloro e outros gases no fogão. Menos gás dissolvido equivale a um gelo menos turvo.

Evite empilhar bandejas de gelo, as do meio produzem cubos inúteis e turvos, porque congelam quase igualmente por todos os lados, retendo a quantidade máxima de sujeira em seu interior.

Este gelo está totalmente temperado e é cortado com facilidade.

QUAL TAMANHO E FORMATO DE GELO FAZER?

Para coquetéis mexidos que não são servidos com pedras de gelo, você pode usar gelo de qualquer tamanho ou formato. Como veremos, talvez seja necessário alterar a técnica de agitação para se adequar ao seu gelo, mas qualquer um funcionará bem. Entretanto, para obter a melhor textura no caso de bebidas batidas, é melhor usar cubos grandes. Cubos de 5 cm de aresta são bons e muito fáceis de fazer. Compre formas flexíveis para cubos de gelo, mas com critério. Meu amigo bartender Eben Freeman descobriu, anos atrás, que algumas formas de silicone deixam um gosto estranho no gelo. As que compro na Cocktail Kingdom são feitas de poliuretano flexível e, após testes minuciosos, estou convencido de que não deixam nenhum gosto estranho. Se não quiser comprar nada, você pode usar fôrmas quadradas de bolo feitas de metal. Parte do gelo da fôrma ficará megaturva e inútil, mas uma boa parte ficará transparente, boa para apresentação, basta cortar a parte turva depois que o gelo for temperado.

Agora que temos nosso gelo, vamos para o gelo com bebida alcoólica.

Gelo e bebida alcoólica

O gelo a 0 °C consegue resfriar um coquetel abaixo de 0 °C. Na verdade, coquetéis gelados costumam chegar a -6 °C. Algumas pessoas acham difícil acreditar nesse fato importante. Elas acreditam que o gelo deve ter começado abaixo de 0 °C para deixar o coquetel tão gelado. Vamos fazer um Martíni para verificar esse fenômeno. Usaremos um pouco mais de lenga-lenga do que o drinque exige para provar o que queremos dizer.

EXPERIMENTO 1

EXPERIMENTO 1
Praticando um Martíni mexido

Jarra

Muito gelo

Água

Termômetro digital

2 onças (60 mL) do seu gim (ou vodca) favorito, em temperatura ambiente

Entre ⅜ e ½ onça (10-14 mL) de vermute seco Dolin (ou seu favorito), em temperatura ambiente

Coqueteleira de metal

Pano de prato

Taça de martíni ou coupe no freezer

Coador

1 ou 3 azeitonas em um palito, ou um twist de limão-siciliano

NOTA SOBRE OS INGREDIENTES: Estou permitindo certa margem na formulação deste coquetel. Metade da diversão de um Martíni é discutir como ele deve ser preparado. (E, a propósito, você nunca deve pedir desculpas por suas preferências. A única gafe é não se importar.) Como este é um experimento com a técnica mexida, deixaremos de lado o debate sobre bater *versus* mexer – por enquanto.

MODO DE PREPARO

Encha a jarra com gelo e complete com água. Mexa a água com o gelo, usando seu termômetro de leitura instantânea, até que a temperatura da água chegue a 0 °C, o que significa que seu gelo também está a 0 °C. Não pule essa etapa: é crucial que você testemunhe que o gelo está de fato a 0 °C. Muitas pessoas acreditam que a capacidade do gelo de resfriar um coquetel abaixo de 0 °C vem do "frio extra" que o gelo armazena no congelador. Caso esteja em dúvida, continue mexendo por alguns minutos para verificar se nada está mudando e se tudo na jarra está a 0 °C.

Coloque o gim e o vermute no copo da coqueteleira e meça a temperatura com o termômetro. O ideal é que estejam em temperatura ambiente, aproximadamente 20 °C. Retire um punhado grande de gelo da jarra de água – mais ou menos 120 gramas –, seque-o um pouco com o pano de prato, retire com a mão qualquer água que houver na superfície e adicione-o à coqueteleira. Comece a mexer com seu termômetro digital e não pare.

Após uns 10 segundos, a bebida deverá estar a cerca de 5 °C. Continue mexendo. Em uns 30 segundos, a bebida deverá estar em torno de 0 °C. A maioria dos bartenders (inclusive eu) já teria parado. Continue mexendo. A temperatura cairá abaixo de 0 °C. Continue mexendo! A temperatura continuará caindo! Após um minuto de agitação constante, seu drinque pode chegar a -4 °C, dependendo do tamanho do gelo e da rapidez com que você estiver mexendo. Se você mexer por até 2 minutos, talvez a bebida chegue a -6,75 °C. Você notará que, depois de cerca de 2 minutos, a temperatura se estabiliza e não cai muito. Você alcançou o equilíbrio, ou perto disso.

Tire sua taça do freezer e coe o Martíni dentro dela. Decore com a(s) azeitona(s) ou com um twist de limão.

Se eu estivesse preparando esse drinque para consumo, e não para um experimento, nunca mexeria por tanto tempo – o Martíni ficaria diluído demais. Se você preferir seu Martíni batido (que geralmente dilui mais do que o mexido), talvez você ache esse Martíni de 2 minutos refrescante.

Agora que você provou que o gelo pode resfriar um coquetel a uma temperatura abaixo do ponto de congelamento do gelo, talvez queira saber por que isso acontece. Como o gelo pode tornar algo mais frio do que ele mesmo? (Isso pode ficar bastante técnico, então, se for demais para você, pule para "Resfriamento e diluição", p. 80, e aceite sem questionar algumas de minhas futuras afirmações.)

ASPECTOS INTERESSANTES DA FÍSICA NA COQUETELARIA QUE VOCÊ PODE IGNORAR SE NÃO SE IMPORTAR

Você pode seguir alguns caminhos diferentes para entender como o gelo esfria abaixo de 0° C (propriedades coligativas e pressão de vapor, para vocês da ciência), mas a melhor abordagem é ver o problema como um cabo de guerra entre a *entalpia* e a *entropia*, dois conceitos difíceis e muitas vezes incompreendidos no cerne da termodinâmica. A termodinâmica é o ramo da ciência que explica por que os motocontínuos não podem existir e como o universo acabará morrendo. Coisas profundas.

Para os nossos propósitos, a entalpia pode ser considerada como energia térmica, porque podemos pensar em uma *variação* na entalpia como a medida do calor absorvido ou liberado durante uma reação ou processo. (Alerta científico: essa afirmação só é verdadeira quando as nossas reações ocorrem a uma pressão constante.) A entropia é um conceito muito mais singular. Na maioria das vezes, ela é explicada como uma medida de como um sistema é desordenado, mas a entropia é muito mais do que isso. A explicação a seguir pode ser um pouco demais para alguns leitores, mas prometo que, além da palavra *entropia*, não há muito jargão envolvido. Lembre-se, estamos tentando descobrir por que o gelo consegue resfriar uma bebida alcoólica abaixo de 0 °C.

O CABO DE GUERRA ENTRE O CALOR E A ENTROPIA: AS COISAS SÃO PREGUIÇOSAS, MAS QUEREM SER LIVRES

O cabo de guerra funciona assim: a energia térmica sempre quer congelar o cubo de gelo; e a entropia sempre quer derretê-lo. O poder relativo desses dois competidores é determinado pela temperatura. Quando você está preparando um coquetel, o cabo de guerra sempre termina em empate, mas o ponto que ele termina – a temperatura de congelamento – pode mudar.

Calor – o preguiçoso: Quando eu digo calor, não quero dizer temperatura. Calor não é o mesmo que temperatura. Para derreter gelo, você adiciona calor, mas não altera sua temperatura. O gelo começa a derreter a 0 °C e permanece em 0 °C até derreter completamente, mesmo que você esteja constantemente adicionando energia térmica para liberar as moléculas de água de suas prisões de cristal de gelo. O calor é uma forma de energia, ao passo que a temperatura é apenas uma medida da velocidade média das moléculas dentro de uma substância. As pessoas muitas vezes confundem esses termos porque para aumentar a velocidade das moléculas – para aumentar a temperatura – você adiciona calor.

Quando a água congela, ela *libera* calor. O calor liberado pelo gelo é o que seu freezer absorve. Como o gelo libera calor à medida que congela, a energia interna do gelo é menor do que a energia interna da água na mesma temperatura. É superimportante lembrar desse ponto: a água libera calor durante o congelamento. O gelo em derretimento absorve energia – ele precisa de calor para derreter. Em geral, sob condições normais, as reações que liberam calor e resultam em uma energia interna mais baixa são favorecidas na natureza, porque normalmente as coisas tendem a ir para um estado de energia mais baixa. As coisas são preguiçosas. Fazer gelo libera calor, então *a mudança no calor favorece a transformação da água em gelo.*

A entropia anseia por ser livre: A entropia é outra história. Se você considerar a entropia como uma medida de desordem, o aumento da entropia aumenta a desordem. Um princípio fundamental da termodinâmica é que a entropia do universo está sempre aumentando, portanto, o universo está constantemente se tornando mais desordenado (eba!). Uma maneira melhor de definir entropia é dizer que se trata da medida de em quantos estados diferentes algo pode estar. Os cientistas chamam isso de microestados. As coisas tendem a maximizar o número de microestados disponíveis e então começam a ocupar esses microestados de forma aleatória. As coisas tendem a aumentar em entropia. As coisas querem ser livres.

Em qualquer temperatura, há mais posições, velocidades e configurações disponíveis – microestados – em um líquido do que em um sólido. As moléculas de água, por exemplo, são livres para girar e encontrar novos vizinhos, enquanto as moléculas de gelo estão presas em um cristal. Estar em um sólido é mais restritivo do que estar em um líquido, por isso *as mudanças na entropia favorecem o derretimento do gelo em água.*

Então quem vence, a entalpia ou a entropia? Depende da temperatura. Lembre-se, a temperatura mede a velocidade média com que as moléculas de uma substância se movem. Quanto mais alta a temperatura, mais rápido as moléculas se movem. Moléculas mais rápidas podem causar mais desordem do que as mais lentas, portanto, quanto mais alta for a temperatura, maior será a probabilidade de a entropia vencer o cabo de

CALOR ESPECÍFICO, CALOR DE FUSÃO E CALORIAS

Diferentes substâncias requerem diferentes quantidades de calor para elevar e baixar a temperatura. A medida dessa propriedade é chamada de **calor específico**. Em calorias, calor específico é a quantidade de energia necessária para elevar a temperatura de 1 grama de algo em 1 °C. Embora a caloria seja uma unidade científica ultrapassada (prefere-se o joule), ela é útil para cozinheiros e bartenders porque se relaciona com temperatura e peso, que conseguimos compreender facilmente (nota: as calorias nos alimentos são, na verdade, quilocalorias – 1.000 calorias). Para a água, o calor específico é o valor muito conveniente de 1 caloria por grama por grau. O gelo tem um calor específico menor que a água: 0,5 caloria por grama por grau. Assim, para aquecer ou resfriar o gelo, é preciso apenas metade da energia necessária para resfriar a mesma quantidade de água e que, a menos que o gelo esteja derretendo ou congelando, ele consegue fornecer apenas metade da energia de aquecimento ou resfriamento que a água. O álcool puro tem um calor específico de 0,6 caloria por grama por grau. Os calores específicos de misturas de água com álcool (coquetéis) são, infelizmente, não lineares. Na verdade, os coquetéis requerem mais energia para aquecer ou esfriar do que apenas água ou apenas álcool. É esquisito.

Há uma segunda propriedade importante relacionada ao calor. Para derreter gelo, você precisa adicionar calor. A quantidade de calor necessária para derreter o gelo é chamada de **calor de fusão** (ou entalpia de fusão), que funciona nos dois sentidos, ou seja, é necessária a mesma quantidade de calor para congelar e derreter algo. O calor de fusão da água é de cerca de 80 calorias por grama. Pensar em calorias permite visualizar como o gelo realmente é potente: 80 calorias por grama significa que o calor necessário para derreter 1 grama de gelo é suficiente para aquecer 1 grama de água de 0 °C a 80 °C! Mais precisamente, derreter 1 grama de gelo é suficiente para resfriar 4 gramas de água da temperatura ambiente (20 °C) até 0 °C. Não damos muita importância para o gelo, mas ele é uma substância milagrosa. Grama por grama, o nitrogênio líquido, gelado a -196 °C, tem apenas 15% mais poder de resfriamento do que o gelo a 0 °C. Apenas 15%! Esse fato surpreendente explica por que os neófitos da tecnologia sempre subestimam o quanto de nitrogênio líquido precisarão para determinado projeto.

guerra e derreter seu gelo. À medida que a temperatura cai, a liberação de energia do congelamento tende a dominar e a água congela. O ponto de congelamento da água (0 °C) é o ponto em que o ganho de entropia do derretimento do gelo em água é equilibrado exatamente pela quantidade de calor liberada pelo congelamento da água.

A superfície de um cubo de gelo na água não é estática. As moléculas de água estão constantemente congelando e derretendo na superfície. Se mais moléculas aderirem ao gelo do que saírem dele, dizemos que o gelo está congelando. Se mais moléculas estão saindo do que aderindo, dizemos que o gelo está derretendo. No ponto de congelamento, as moléculas de água congelam constantemente em gelo e derretem em água na mesma proporção – elas estão em equilíbrio.

Se você baixar a temperatura, o ganho de entropia resultante do derretimento torna-se insignificante e a água congela. Se você aumentar a temperatura, a entropia obtida com o derretimento supera a entalpia e o gelo derrete. Simples, não?

E O MEU MARTÍNI? O QUE ACONTECEU QUANDO ACRESCENTEI ÁLCOOL?

Vejamos o ponto em que você mexeu seu Martíni e ele acabou de atingir 0 °C. Você tem gelo a 0 °C e uma mistura de água com bebida alcoólica também a 0 °C. Quando as moléculas de gelo derretem em seu coquetel, elas absorvem calor. A quantidade de calor absorvida é a mesma que se o gelo estivesse derretendo em água pura. A quantidade de calor absorvido pelo derretimento – a mudança de *calor* – não foi alterada pela colocação do gelo no álcool, porque o gelo ainda é gelo puro. Contudo, a mudança de *entropia* associada com o derretimento no álcool é diferente. Se uma molécula de água em nosso gelo derrete no gim, o ganho de entropia é maior do que seria na situação de água pura. Por quê? Uma mistura de água e álcool é mais desordenada do que uma mistura só de água. Um cientista poderia dizer que existem mais maneiras de organizar um grupo de moléculas de água e de moléculas de álcool de forma única do que de organizar *o mesmo número de moléculas de água idênticas*. Mais desordem, mais microestados disponíveis. A entropia está vencendo novamente. Quando a entropia vence, o gelo derrete. Então o que acontece? O gelo começa a derreter. E o que acontece quando o gelo derrete? Ocorre o resfriamento. O derretimento do gelo absorve o calor e resfria nossa bebida abaixo de 0 °C. Não há nenhuma fonte externa de calor para fornecer o calor necessário para derreter o gelo, então o calor é retirado do próprio sistema e, como consequência, todo o sistema esfria. *A bebida e o próprio gelo* ficam abaixo de 0 °C.

Conforme o gelo derrete e o gim fica mais diluído, o tamanho da entropia ganha pela perda de calor a partir do momento em que o derretimento diminui. O derretimento continua a acontecer até que um novo equilíbrio seja alcançado, quando a entropia e o calor se equilibram novamente. Esse ponto de equilíbrio é a nova temperatura de congelamento do nosso Martíni.

Aliás, esse mesmo argumento explica por que o sal adicionado ao gelo pode baixar a temperatura do gelo o suficiente para congelar sorvete. Infelizmente, em vez de receberem a explicação de verdade, a maioria das crianças apenas aprende que o truque do gelo e do sal funciona porque "o sal reduz o ponto de congelamento da água". Fraco. Agora que você é adulto, pode saber a verdade.

Resfriamento e diluição

Cada grama de gelo derretido fornece 80 calorias de poder de resfriamento. Para colocar esse poder em perspectiva, um Daiquiri médio de 90 mL derrete entre 55 e 65 gramas de gelo quando você o agita por 10 segundos. Isso equivale a uma média de 2.000 watts de poder de resfriamento... por drinque. Agite quatro desses danados de uma vez e você estará liberando 8.000 watts de poder de resfriamento.

Todo gelo tem as mesmas 80 calorias por grama de poder de resfriamento, seja qual for seu tamanho ou sofisticação, mas a forma como esse poder de resfriamento é fornecido depende de seu tamanho e formato. A diferença entre cubos de gelo grandes e pequenos é a área da superfície. Pedaços menores de gelo têm mais área de superfície para determinado peso do que pedaços maiores. Esses pedaços menores podem, portanto, arrefecer mais rapidamente, o que é bom, mas também têm mais água líquida presa nas suas superfícies, o que muitas vezes é ruim. A superfície do gelo também pode reter parte de seu coquetel, fazendo com que ele nunca chegue ao copo. Olhemos para essas três questões – área da superfície e taxa de resfriamento, área da superfície e água retida, área da superfície e coquetel retido – uma de cada vez.

ÁREA DE SUPERFÍCIE E TAXA DE RESFRIAMENTO

O gelo derrete em sua superfície, por isso aumentar a área de superfície aumenta a área de derretimento e, portanto, a taxa em que o gelo pode derreter. Aumentar a taxa de derretimento do gelo aumenta a taxa de resfriamento. Mas a área de superfície do gelo não é o único fator. A área de superfície do coquetel também é importante. Um bloco de gelo parado dentro de um coquetel não derrete muito rápido. Mexer ou agitar um coquetel coloca o líquido fresco em contato com o gelo, basicamente aumentando a área de superfície do coquetel e, portanto, a taxa de resfriamento. Quanto mais rápido o drinque se move, mais rápido ele pode esfriar.

Tão importante quanto a taxa em que o coquetel flui sobre o gelo é a *taxa em que a água derretida deixa a superfície do gelo*. A mistura rápida de água fria derretida é o principal jeito de resfriar rapidamente um coquetel. Sacos plásticos cheios de cubos de gelo e aqueles pacotes de gel azul que você armazena no freezer não conseguem resfriar um drinque tão rápido quanto um bom e velho cubo de gelo, porque a água derretida deles não se mistura com o coquetel. Tampouco os cubos de gelo em sacos plásticos conseguem resfriar coquetéis abaixo de 0 °C – não se obtém o ganho da entropia do derretimento no álcool. Mesmo coisas extremamente frias, como blocos de aço armazenados em nitrogênio líquido, não esfriam tão rápido quanto cubos de gelo em derretimento.

Gelo é um negócio fantástico.

ÁREA DA SUPERFÍCIE E ÁGUA DE SUPERFÍCIE

Conforme o gelo se aproxima do ponto de fusão, ele se parece com uma joia, com água líquida fervilhando na superfície. Quanto maior a área de superfície do gelo, mais água superficial ele carrega e mais água você adicionará ao coquetel. Embora a água líquida presa ao gelo esteja a 0 °C, ela não é um resfriador eficaz, porque já derreteu e abandonou a maior parte do seu poder de resfriamento. Alterar a quantidade de gelo que você usa altera a área da superfície do gelo em contato com o coquetel e, portanto, a quantidade de água que você adiciona antes mesmo de o derretimento começar. Na prática, é difícil controlar a quantidade de gelo que você usa, o que significa que seus drinques terão quantidades inconsistentes de diluição. Esse efeito é ampliado quando você usa gelo com uma alta proporção entre área de superfície e volume. Quando os bartenders reclamam que variedades pequenas ou finas de gelo diluem demais suas bebidas, suspeito que eles estejam se referindo à diluição inicial que obtém da água superficial do gelo.

Para testar essa ideia, fiz gelo triturado com uma proporção superfície-volume muito alta e depois passei por uma centrífuga para eliminar o excesso de água. Nos coquetéis feitos com esse gelo, minhas diluições finais foram iguais às feitas com cubos de gelo maiores, quando todos os drinques foram resfriados à mesma temperatura.

GELO SUPERGELADO

Um fato contraintuitivo: o gelo mais frio resfria mais lentamente do que o gelo mais quente. Se você agitar o drinque com um gelo que esteja bem abaixo do ponto de congelamento, ele na verdade esfriará mais lentamente do que o gelo a 0 °C. A superfície do gelo muito frio não derrete imediatamente. Em vez disso, a energia que o gelo absorve da bebida é usada para aquecer o cubo de gelo até o ponto de congelamento. Depois que o gelo aquece e começa a derreter, a taxa de resfriamento aumenta. O gelo superfrio acabará por deixar seu drinque mais frio com menos diluição do que o gelo temperado, mas, a menos que o gelo superfrio esteja realmente frio, a diferença será pequena. Digamos que você comece com um gelo a -1 °C. Aquecer um grama de gelo de -1 °C até 0 °C requer menos de meia caloria – menos da metade da quantidade necessária para resfriar um grama de água a 1 °C e menos de um 160 avos da quantidade necessária para derreter 1 grama de gelo. Em outras palavras, a quantidade de excesso de energia de resfriamento armazenada em 160 gramas de gelo a -1 °C seria fornecida pelo derretimento de apenas mais um grama de gelo a 0 °C, o que é uma diferença insignificante. O gelo super-resfriado reduzirá drasticamente a diluição. Isso não é bom. É muito raro que você queira uma diluição drasticamente reduzida em um drinque batido.

O mais provável é que você não precise se preocupar que o gelo esteja frio demais. O gelo é um bom condutor de calor – cerca de três vezes e meia mais eficiente do que a água (desde que a água não trapaceie se misturando e se movimentando). Sua boa condutividade combinada com a pequena quantidade de energia necessária para aquecê-lo significa que o gelo esquenta até o ponto de congelamento muito rapidamente. Se o gelo ficou fora do congelador por algum tempo, provavelmente chegou muito perto do 0 °C, e você pode ignorar sua temperatura real.

Conclusão: um gelo menor com uma grande área de superfície em relação à área de volume pode diluir demais seus drinques ou torná-los inconsistentes. Para remediar esse problema, sacuda o gelo antes de usá-lo, colocando uma peneira sobre a coqueteleira ou o copo misturador e tirando a água do gelo. Não vou fazer você eliminar a água com uma centrífuga de salada, mas talvez eu devesse. Se tiver acesso a um gelo grande, faça pedaços menores e de resfriamento mais rápido quebrando os pedaços grandes. A superfície do gelo recém-rachado não contém tanta água quanto um gelo que foi quebrado anteriormente.

ÁREA DA SUPERFÍCIE E *HOLDBACK*

O lado negativo da água presa na superfície do gelo antes do resfriamento é o coquetel que fica grudado no gelo depois do resfriamento. Eu chamo essa partezinha de coquetel roubado de *holdback*, ou retenção, e ela pode ser bastante substancial. Mais gelo, gelo menor e gelo com rebarbas aumentarão a retenção. Para minimizá-la em seu drinque, dê uma sacudida forte no recipiente de resfriamento com a mão depois de despejar a última gota. Endireite o recipiente novamente e coe uma última vez. Com base em testes que fiz com a técnica indiferente de despejo, mexer com gelo picado pode reter entre 12% e 25% de seu drinque. Mexer com gelo pequeno de máquina pode reter entre 7% e 9% de seu drinque. Mesmo com uma péssima técnica de serviço, mexer com blocos de gelo cortados em grandes retângulos proporciona um *holdback* de apenas 1% a 4% do seu coquetel. Escorrer, sacudir, endireitar e escorrer novamente pode reduzir todos esses números para a área dos 1% a 4%, independentemente do gelo que você usar. Uma técnica adequada para servir o coquetel é importante.

Muita gente acredita que o gelo nunca deve ser usado duas vezes. Bobagem. Se você estiver mexendo um drinque e pretende servi-lo com gelo, use o gelo com o qual mexeu, desde que esteja com um bom aspecto, pois é mais frio do que o gelo novo (se você tiver mexido o drinque abaixo de 0 °C), e o gelo usado não vai conter água, mas sim coquetel.

COMO MEDIR O *HOLDBACK*

Para quantificar o *holdback*, eu medi o fenômeno em misturas de açúcar, água e gelo; não tenho o equipamento analítico necessário para medir esses ingredientes acrescidos do álcool. Fiz soluções com 10%, 20% e 40% de açúcar em peso, diluí amostras de 90 gramas misturando com gelo triturado, gelo de máquina e bloco de gelo cortado, depois medi o peso do líquido coado em uma balança e a concentração final de açúcar do líquido com um refratômetro. Com esses dados, consegui calcular a quantidade de líquido restante.

Seria de se esperar que o *holdback* fosse principalmente uma função da área da superfície do gelo que você usa, assim como a taxa de diluição, mas ele é mais complicado. Ele é fortemente afetado pela forma da superfície do gelo e pela área da superfície. O gelo em bloco com lados lisos tem menos área de superfície por grama do que o gelo de máquina, e se dilui e resfria mais lentamente do que o gelo de máquina, mas retém muito menos coquetel do que você poderia prever apenas pela área de superfície.

Surpreendentemente, o teor de açúcar não teve um papel substancial e replicável no *holdback* dos drinques.

RESFRIAMENTO, EQUILÍBRIO E TEMPERATURA FINAL

Quando mexemos nosso Martíni experimental, a temperatura inicialmente caiu muito rápido. Depois de um tempo, ela estabilizou e o resfriamento ficou muito mais lento. Conforme o resfriamento desacelerava, o mesmo acontecia com a diluição e, depois de alguns minutos, a bebida não mudava muito, embora continuássemos mexendo constantemente. O drinque estava se aproximando do seu ponto de equilíbrio de resfriamento, o de congelamento do coquetel: o ponto em que o ganho de entropia do derretimento é equilibrado pela necessidade de calor para o derretimento. Você nunca chegará realmente ao ponto de equilíbrio porque suas técnicas de resfriamento não são rápidas ou eficientes o suficiente, mas pode chegar perto. Os drinques batidos no liquidificador são os que mais se aproximam; eles ficam muito gelados porque seu resfriamento é extremamente rápido e extremamente eficiente.

Antes de atingir o equilíbrio, ou você para de resfriar removendo o gelo do drinque, ou sua taxa de resfriamento cai abaixo da taxa com que o calor do ambiente entra no coquetel, porque seu resfriamento não é eficiente o bastante. Nesse ponto, seu drinque não vai mais esfriar; na verdade, ele vai começar a esquentar. O quanto você se aproxima da temperatura teórica de congelamento de sua bebida depende da sua técnica de resfriamento. As diferentes técnicas que usamos para coquetéis tradicionais – mexer, agitar, montar e bater no liquidificador – têm parâmetros de resfriamento inerentes, e esses parâmetros determinam a estrutura de cada estilo de drinque.

Antes que você adicione gelo molhado ao seu drinque, drene a água dele. Essa técnica evitará que a água da superfície do gelo dilua em excesso seu drinque se você não tiver acesso a cubos grandes de gelo.

A Lei Fundamental dos Coquetéis Tradicionais

Lembre-se da nossa definição de coquetel tradicional: os únicos ingredientes são destilado, mixers e gelo a 0 °C. O único resfriamento vem do gelo. Vamos presumir que quaisquer copos ou coqueteleiras que usarmos não afetam a diluição e estão isolados do resto do universo – nenhum calor entra ou sai. Esse tipo de suposição, embora não seja estritamente verdadeira, nos dá resultados úteis. Com esses dados, você tem o que chamo de **Lei Fundamental dos Coquetéis Tradicionais:**

NÃO HÁ RESFRIAMENTO SEM DILUIÇÃO, E NÃO HÁ DILUIÇÃO SEM RESFRIAMENTO.

Os dois estão inextricavelmente ligados.

A única razão pela qual se dilui um coquetel é que o gelo derrete e vira água. Por outro lado, a única maneira de o gelo derreter é resfriando sua bebida. Estupidamente simples, mas as ramificações são profundas. A lei explica, por exemplo, por que os drinques mexidos são mais quentes e menos diluídos do que os drinques batidos, e por que as proporções tradicionais dos coquetéis funcionam tão bem.

PREPARANDO UM DRINQUE DO JEITO CIENTÍFICO: O MANHATTAN

Mexer um coquetel é uma proposta suave, na qual as *únicas* coisas que acontecem são o resfriamento e a diluição, diferentemente de agitar, que também adiciona textura. A Lei Fundamental dos Coquetéis Tradicionais afirma que o resfriamento e a diluição estão inextricavelmente ligados. Aqui, como diz meu filho Booker, é onde você deve se preparar para se surpreender. Conclusão dessa lei: desde que dois drinques com a mesma receita atinjam a mesma temperatura, eles serão diluídos na mesma quantidade. Qualquer combinação de tamanho do gelo, ritmo de agitação e tempo que termine com a mesma temperatura produzirá drinques *exatamente idênticos*! Quando você está mexendo, não importa como você chega lá – apenas que você sabe quando chegou. Eu vou provar isso. Vamos fazer alguns Manhattans.

Como estamos fazendo drinques pela ciência, você precisará do mesmo equipamento utilizado para o experimento do Martíni e talvez queira contar com a ajuda de um amigo. Caramba, por que não dar uma festa em que a estrela seja o Manhattan? Você vai preparar pelo menos dois drinques para o primeiro experimento e três para o segundo. Pode fazer qualquer variação de Manhattan que desejar – ou qualquer receita de drinque mexido de sua escolha, caso, de alguma forma, esteja enjoado de Manhattans.

O MANHATTAN

O Manhattan é meu drinque mexido favorito. Embora eu ainda goste de um Manhattan feito com bourbon, meu Manhattan-padrão é feito com rye Rittenhouse, um uísque de centeio. Há algo na mistura de rye, vermute doce e bitters que a torna sempre apropriada. Quinze anos atrás, quando o uísque de centeio não era tão comum como é hoje, a maioria dos Manhattans era feita com bourbon em vez de rye e usava-se muito menos vermute. Foi o esforço constante dos conhecedores de coquetéis tradicionais que trouxe o rye de volta ao seu lugar de destaque no bar.

Os níveis de vermute costumavam ser mais baixos, em parte porque as pessoas usavam bourbon em vez de rye para o drinque, mas principalmente porque as pessoas usavam vermute ruim, ou pior – vermute velho e oxidado. As receitas comuns no início da década de 1990 recomendavam três ou quatro partes de bourbon para uma parte de vermute. Hoje em dia, há uma infinidade de vermutes deliciosos disponível, e muitos de nós os armazenamos de maneira adequada: refrigerados com rolha a vácuo. Eu uso o vermute Carpano Antica Formula no Manhattan, na proporção de 2,25 partes de rye para 1 parte de vermute. É claro que os bitters são necessários para o drinque, e aqui só o Angostura serve – 2 dashes por drinque. A guarnição-padrão do Manhattan é uma cereja maraschino. Infelizmente, eu mesmo preciso omitir essa etapa: tornei-me mortalmente alérgico a cerejas quando fiz trinta e um anos e agora estou restrito a twists de laranja.

EXPERIMENTO 2
Gelo diferente, mexida diferente, mesmo Manhattan

RENDE DOIS DRINQUES DE 129 ML COM 27% DE TEOR ALCOÓLICO, 3,3 G/100 ML DE AÇÚCAR E 0,12% DE ACIDEZ

INGREDIENTES PARA 2 DRINQUES

- 4 onças (120 mL) de rye Rittenhouse (50% de teor alcoólico)
- 1 ¾ de onça gorda (53 mL) de vermute Carpano Antica Formula (16,5% de teor alcoólico)
- 4 dashes de bitter Angostura
- 2 pilhas de gelo de dois tamanhos diferentes (o jeito mais fácil de fazer isso é juntar uma pilha do seu gelo-padrão e depois fazer outra pilha desse mesmo gelo quebrando os cubos na metade)
- 2 cerejas maraschino ou twists de laranja

EQUIPAMENTOS

- 2 copos de metal
- 2 coadores hawthorne ou julep
- 2 termômetros digitais
- 2 taças coupe

MODO DE PREPARO

Misture o rye, o vermute e o bitter, e divida a mistura em dois volumes iguais. Misture de uma só vez para que a mistura fique igual nas duas bebidas. Coloque a pilha do gelo maior em um dos copos e o gelo pequeno no outro. Usando os coadores como tampa dos copos, escorra o excesso de água do gelo. Coloque o coquetel misturado nos copos e mexa com os termômetros digitais (é mais fácil se você fizer um e seu amigo fizer o outro). Mexa as bebidas até que os termômetros digitais indiquem -2 °C e imediatamente coe as bebidas nas taças coupe e decore com as cerejas ou com os twists de laranja. Tente tirar toda a bebida dos copos. Não importa a rapidez ou o tempo que se leva para mexer, desde que a temperatura seja a mesma nos dois drinques. Surpreendentemente, eles terão o mesmo sabor, a mesma aparência e a mesma wash-line (nas taças, a linha do topo da bebida). As duas bebidas serão essencialmente idênticas. Na primeira vez que fiz esse experimento, fiquei surpreso ao ver que funcionou, embora soubesse que a física da situação era a garantia de que funcionaria.

Feito de acordo com essas instruções, cada Manhattan deve conter entre 1 ¼ de onça (38 mL) e 1 ½ onça (45 mL) de água e ter um teor alcoólico final entre 27% e 26%.

Esse experimento é um bom truque para se usar em casa. Os bartenders preparam drinques noite após noite, e aperfeiçoam sua técnica como jogadores de golfe aperfeiçoam seu swing. Enquanto você aprende, sua técnica pode não ser tão precisa. Se quiser que seus drinques mexidos saiam sempre exatamente iguais, basta mexê-los com um termômetro, como fez no experimento. Pare de mexer sempre que atingir a temperatura preferida, e a diluição – e, portanto, o seu drinque – será sempre a mesma.

Nas fotos 1-3, são usados copos misturadores de vidro para fins demonstrativos. Você deve usar os de metal. **1)** *Despeje o mesmo Manhattan sobre gelos de dois tamanhos diferentes.* **2)** *Use o termômetro digital para mexer ambos os drinques.* **3)** *Quando o primeiro drinque alcançar -2 °C, pare de mexê-lo; continue mexendo o outro até chegar aos -2 °C.* **4)** *Os resultados são idênticos.*

MAIS UMA PROVA DA LEI FUNDAMENTAL

Quando os bartenders estão preparando uma grande rodada de drinques, eles querem servir todos ao mesmo tempo. Alguns drinques podem ser batidos, alguns podem ser mexidos, mas todos precisam ser servidos juntos. O misturador experiente não vai preparar cada drinque do início ao fim, porque a primeira leva de drinques estaria morrendo no copo esperando que os drinques seguintes fossem terminados. Em vez disso, as técnicas de linha de montagem são a norma. Os drinques são deixados no copo de mistura com gelo antes de serem mexidos ou depois de mexidos esperando para serem coados. Felizmente e surpreendentemente, esse tempo extra de contato com o gelo não prejudica seu drinque, desde que o tempo seja razoavelmente curto (alguns minutos) e o gelo que você está usando seja razoavelmente grande (não raspado). Como mencionei, o gelo parado não é muito eficaz no resfriamento, por isso não dilui muito e não esfria muito. Eu sei que você provavelmente não acredita em mim, então tente você mesmo. Dessa vez, faremos três drinques: aquele que fica parado com o gelo antes de ser mexido ("parado antes"), aquele que tem gelo depois de ser mexido ("parado depois") e aquele que é mexido e servido imediatamente ("normal").

EXPERIMENTO 3

Manhattans do gelo parado

INGREDIENTES PARA 3 DRINQUES

6 onças (180 mL) de rye Rittenhouse

2 ¾ de onças (79 mL) de vermute Carpano Antica Formula

6 dashes de bitter Angostura

3 pilhas de gelo do mesmo tipo e tamanho

3 cerejas maraschino ou twists de laranja

EQUIPAMENTOS

3 copos de metal

3 taças coupe

Cronômetro

Colher bailarina

Coador hawthorne ou julep

MODO DE PREPARO

Misture o uísque, o vermute e o bitter, depois divida a mistura em três volumes iguais e coloque dentro dos copos. Rotule os copos como "antes", "depois" e "normal". Coloque uma taça coupe atrás de cada copo. Depois que se começa a experimentar com três amostras diferentes, é muito fácil misturá-las acidentalmente, então não tenha preguiça: etiquete tudo com clareza.

Despeje uma pilha de gelo na mistura dentro do copo "depois" e uma pilha de gelo na mistura do copo "antes". Dispare o cronômetro. Com a colher bailarina, mexa imediatamente o copo "depois" por 15 segundos. Tente mexer de forma consistente – você precisará replicar essa etapa mais duas vezes. Depois de terminar, aguarde 90 segundos. Seu cronômetro deve marcar pouco mais de 1 minuto e 45 segundos. Despeje a última pilha de gelo no copo "normal", mexa este e o copo "antes" por 15 segundos e, em seguida, coe os três drinques em suas taças coupe. Decore com as guarnições.

Os três drinques devem estar quase idênticos. Se você fizer o teste apenas uma vez, poderá se convencer de que gosta mais de um do que dos outros, mas, se fizer o teste várias vezes, como eu fiz, verá que quaisquer diferenças entre as bebidas são aleatórias e impossíveis de replicar.

Esse experimento ainda me choca. Intuitivamente, não parece razoável que deixar o gelo no drinque por mais de 2 minutos não vá estragá-lo, mas é verdade. Há um pouco mais de diluição nos drinques que contêm gelo por mais tempo, mas a diferença é notavelmente insignificante.

Mesmo com esse conhecimento – que deveria me libertar da preocupação com minhas rodadas de drinques mexidos – ainda me sinto fisicamente desconfortável quando vejo gelo parado dentro de um drinque mexido sem fazer nada. Meu coração me diz que o drinque está morrendo, ainda que meu cérebro saiba que não. Livrar-se de antigos preconceitos pode levar tempo.

Embora as instruções digam para usar copos de metal, estou usando de vidro para fins demonstrativos.

Comece com 3 Manhattans idênticos não diluídos e rotulados como na foto.

Tempo = 0 segundo.
Adicione gelo aos Manhattans "antes" (onde se lê "before") e "depois" ("after") e mexa o "depois" por 15 segundos.

Tempo = 15 segundos.
Pare de mexer. Você vai deixar o drinque "antes" parado com o gelo antes de mexer e vai deixar que o drinque "depois" fique parado com o gelo depois de tê-lo mexido.

Espere 90 segundos.

Tempo = 105 segundos.
Adicione gelo ao Manhattan "normal" e mexa esse e o Manhattan "antes" simultaneamente.

Mexa por 15 segundos.

Tempo = 120 segundos.
Pare de mexer e coe os três drinques. Eles devem estar idênticos, ainda que o drinque "depois" tenha ficado parado por cerca de 105 segundos depois de mexido, o drinque "antes" tenha recebido gelo 105 segundos antes de ser mexido, e o drinque "normal" tenha sido mexido e servido na hora.

COQUETÉIS TRADICIONAIS

DAIQUIRI

Batidos e mexidos, montados e batidos no liquidificador

Drinques batidos: o Daiquiri

O Daiquiri é um dos meus drinques favoritos. Sua reputação foi caluniada por gerações de pessoas descuidadas que preparavam uma lavagem com sabor de suco em pó e a chamavam de Daiquiri. O original é uma coisa linda. Ao final deste capítulo, espero que você se converta, caso ainda não seja um crente. Vejamos a agitação e o gelo antes de entrarmos nos detalhes do drinque.

Alguns neófitos na coquetelaria foram levados a acreditar que agitar é uma arte estilo kung fu, cujas alturas só podem ser escaladas após anos de treinamento. Não é verdade. Eles também podem acreditar, ao observar alguns bartenders agitando sua coqueteleira, que a técnica adequada envolve exercícios aeróbicos. Também não é verdade. E podem ainda ter a impressão de que os melhores coquetéis só podem ser obtidos com o melhor gelo. Não é (totalmente) verdade.

Trago boas notícias! Qualquer técnica razoável de agitação que dure pelo menos 10 segundos, usando praticamente qualquer tipo de gelo, pode fazer um coquetel batido delicioso e consistente.

A agitação do coquetel é violenta. Bater gelo rapidamente dentro de um copo de coqueteleira é a técnica manual de resfriamento/diluição mais turbulenta, eficiente e eficaz que nós, os fazedores de drinques, usamos. A agitação é tão eficiente que os coquetéis rapidamente se aproximam do equilíbrio térmico dentro da coqueteleira. Uma vez alcançado o equilíbrio, ocorrerá muito pouco resfriamento ou diluição, seja com gelo grande ou pequeno, quer você continue a agitar ou não. Os drinques batidos ficam mais frios e mais diluídos do que os Manhattans mexidos que testamos anteriormente.

Além de diluir e resfriar, a agitação confere textura ao drinque na forma de pequenas bolhas de ar. Às vezes você consegue ver essas bolhas em forma de espuma no topo de seu

MINHAS PRIMEIRAS REFLEXÕES SOBRE A CIÊNCIA DO RESFRIAMENTO DE COQUETÉIS

No início deste século, o mundo da coquetelaria estava hiperfocado nas técnicas de agitação e no gelo usado nas coqueteleiras. De forma geral, eu mesmo sou um defensor desse tipo de hiperfoco, porque acredito que, quando você presta bastante atenção ao que está fazendo, seus resultados provavelmente vão ser melhores, mesmo quando descobre que suas suposições estavam erradas. Contudo, no despontar do milênio, a turma dos bares passou a fazer afirmações totalmente absurdas a favor de técnicas de agitação e cubos de gelo específicos. Em 2009, Eben Klemm, um amigo bartender um tanto danado, me convenceu a ser coanfitrião de um seminário desmistificador no Tales of the Cocktail, o evento anual do setor de bares, em Nova Orleans. A preparação que fizemos para esse seminário, e para o dos dois anos seguintes, me ajudou a formar os princípios apresentados nesta seção.

drinque; outras vezes você só consegue ver as bolhas quando olha ao microscópio. Mas uma coisa é certa: sem as bolhas de ar, você não tem um coquetel batido de verdade. Como essas bolhas de ar não duram muito, a textura de um coquetel batido é efêmera. Um coquetel batido atinge seu auge no momento em que é coado e morre um pouco a cada momento em que fica esperando para ser consumido – um forte argumento para não servir drinques batidos em grandes porções. Mantenha seus convidados felizes e sirva pequenos coquetéis batidos para que eles possam bebê-los em seu auge.

ESCOLHA OS INGREDIENTES CERTOS PARA A TEXTURA CERTA

Você não consegue fazer um drinque batido adequado apenas com bebida alcoólica e gelo. O álcool não mantém a textura quando agitado. Os texturizantes mais comuns que usamos podem surpreender: sucos cítricos – limão-siciliano e limão-taiti. Você pode não pensar nos sucos de limão-siciliano e limão-taiti como geradores de espuma, mas esprema um pouco de suco de limão em um copo e despeje água com gás por cima para testemunhar a espuma persistente que ele forma. Na verdade, se você agitar um drinque com suco de limão clarificado, o resultado terá um sabor morto e sem graça comparado com seu irmão não clarificado, porque a clarificação remove as propriedades formadoras de espuma do suco. A maioria dos sucos não clarificados contém muitos pedaços de paredes celulares vegetais e outros polissacarídeos vegetais, como a pectina, que conferem textura a um drinque batido. Você não precisa começar com suco gosmento ou cheio de polpa – é só melhor que ele não seja clarificado. O suco cítrico coado, por exemplo, funciona tão bem quanto o não coado e tem uma aparência muito melhor. Alguns sucos espumam bem mesmo quando clarificados, como o de repolho e o de pepino. Cada vez que você adotar um novo suco, agite-o para ver se ele segura bem a espuma. Ou coloque um pouco em um copo e faça o teste da água com gás; se espumar, você pode ter um bom candidato para coquetéis batidos.

Eu agitei o coquetel da esquerda com suco de limão normal e o coquetel da direita com suco de limão clarificado. Repare na falta de textura no da direita.

Leite e creme – e bebidas alcoólicas que os contenham – são bons texturizantes, especialmente em coquetéis como o Brandy Alexander, que não contém ácido. Costumo usar leite clarificado (soro do leite) como texturizador no milk washing de bebidas alcoólicas (se isso não quer dizer nada para você agora, terá de ler depois a seção sobre washing, p. 263). Whey é um ingrediente versátil para coquetéis porque contém proteínas espumantes potentes, mas não tem aparência nem sabor leitoso. Ao contrário do leite, combina bem com ingredientes ácidos. O xarope de mel também contém proteínas que promovem a formação de espuma em coquetéis ácidos. Mas o favorito da coquetelaria tradicional para espumar coquetéis, acima de qualquer uma dessas opções, é a clara de ovo. Ela é uma fonte potente de proteína e, se usada corretamente, pode produzir espumas robustas e deliciosas em coquetéis. Para saber mais, leia o quadro sobre a clara de ovo mais adiante.

CONCLUSÃO: Sempre inclua ingredientes que melhorem a espuma em drinques batidos.

O GELO QUE VOCÊ USA PARA AGITAR

Ao longo dos anos, fiz muitos testes agitando diferentes coquetéis com diferentes tipos de gelo. Medi a diluição analiticamente e fiz degustações comparativas. Os resultados são quase sempre os mesmos: desde que você siga algumas regras simples, o tipo de gelo usado quase nunca afeta a diluição. Qualquer gelo, desde cubos ocos de 20 mm a cubos sólidos de 30 mm de uma máquina industrial, irá diluir seu drinque na mesma quantidade, mesmo que esses cubos tenham áreas de superfície totalmente diferentes. O truque é eliminar a água da superfície dos cubos antes de agitar: misture seu coquetel em uma mini tin, depois coloque o gelo no copo de metal maior, tampe-o com um coador e sacuda-o vigorosamente para baixo para eliminar o excesso de água. Coloque o gelo na mini tin e agite.

O gelo com medidas maiores ou menores que as mencionadas anteriormente irá diluir de forma diferente. Agitar com gelo picado produz uma bebida muito gelada, mas diluída demais. Agitar com um único cubo de gelo de 5 cm não dilui tanto quanto agitar com o mesmo peso em vários cubos menores, mas produz um drinque com textura melhor do que os cubos menores produziriam – um fato que neguei por anos, antes de provar isso definitivamente para mim mesmo. Durante anos, zombei dos vários bartenders que falavam poeticamente sobre as virtudes de se agitar com um único cubo grande. Teve um ano em que, diante de uma grande plateia, fiz um teste com o objetivo de provar que cubos grandes eram algo supérfluo.

CLARA DE OVO

Tem algumas coisas que você precisa saber a respeito da clara de ovo antes de usá-la em coquetéis.

Ela não vai deixar seu coquetel com um gosto estranho de ovo.

Quando você usa clara de ovo em um coquetel, o álcool *não* mata as bactérias dela. Dependendo do teor alcoólico do coquetel, pode levar dias ou até semanas para que morra qualquer salmonela que esteja presente em um ovo contaminado. Se tiver preocupações com segurança sanitária ou tiver um sistema imunológico comprometido, use ovos pasteurizados com casca, caso estejam disponíveis na sua localidade. Aqueles ovos pasteurizados vendidos em caixinha são horríveis. Nos meus testes comparativos de coquetéis feitos com clara de ovo, os ovos frescos ganham em preferência, seguidos de perto por ovos pasteurizados na casca e bem de longe por claras de ovo pasteurizadas de caixinha. Por favor, alerte as pessoas antes de servir ovo cru a elas – não é uma escolha que você deva fazer pelo outro.

A clara de um ovo quebrado na hora não tem nenhum cheiro estranho. Algumas claras podem acabar ficando com um odor estranho e desagradável (que me lembra cachorro molhado) 10 ou 15 minutos depois de abertas, algo que fica especialmente evidente em coquetéis e estraga seu aroma. Felizmente, ele se dissipa algumas horas depois. Então ou você quebra os ovos logo antes de preparar seu drinque, que deve ser servido e bebido na hora, ou você os quebra várias horas antes e os armazena descobertos na geladeira até o cheiro sair.

Alguns ovos nunca ficam com esse cheiro de cachorro molhado, não sei por quê.

Muitos bartenders quebram seus ovos com antecedência e armazena as claras em bisnagas – uma boa para bares muito movimentados.

Para usar a clara de ovo, primeiro misture todos os demais ingredientes do coquetel – base alcoólica, açúcar, ácido, suco – e só depois adicione a clara de ovo. Nunca faça o contrário, porque níveis muito altos de ácido ou álcool podem talhar a clara do ovo antes da agitação, e uma clara coagulada é horrível. O limite máximo de teor alcoólico de uma mistura de coquetel antes da inclusão do ovo é de 26%. Mais do que isso, é quase certeza de que vai talhar. Em seguida, faça a agitação a seco, assim chamada por não levar gelo. Feche a coqueteleira e agite vigorosamente por 10 segundos para dispersar a clara de ovo e pré-espumar o coquetel. Sim, essa etapa é necessária; já fiz testes comparativos para que você não precise fazer! Tome cuidado quando for fazer a agitação a seco, pois a coqueteleira pode tender a se separar, já que um conteúdo sem gelo não cria sucção nos copos como conteúdos gelados. Depois de agitar a seco, abra a coqueteleira, adicione gelo e agite novamente. Não se esqueça de coar os drinques que contêm ovo com uma peneira fina. Essa etapa vai matar uma parte de sua suada espuma, mas é importante remover qualquer coágulo de clara e a chalaza, aquele fio que suspende a gema do ovo dentro da casca.

Além da espumação, a clara de ovo suaviza os sabores de drinques com muito tanino e carvalho, e é por isso que ela funciona tão bem em Whisky Sours.

TESTANDO O EFEITO DA CLARA DE OVO SOBRE OS WHISKY SOURS

Vamos fazer um Whisky Sour com clara de ovo e outro sem. Vamos adicionar um pouquinho de água ao Whisky Sour sem ovo, para que a diluição dos dois drinques fique mais ou menos parecida. Mas fique à vontade para omitir a água, os resultados do teste continuarão valendo.

WHISKY SOUR SEM OVO

RENDE UM DRINQUE DE 185 ML COM 16,2% DE TEOR ALCOÓLICO, 7,6 G/100 ML DE AÇÚCAR E 0,57% DE ACIDEZ

INGREDIENTES

- 2 onças (60 mL) de bourbon ou rye (50% de teor alcoólico)
- ½ onça gorda (17,5 mL) de suco de limão-siciliano espremido e coado na hora
- ¾ de onça (22,5 mL) de xarope simples
- ¾ de onça curta (20 mL) de água filtrada
- Pitada de sal

MODO DE PREPARO

Misture os ingredientes em uma coqueteleira e agite com gelo. Coe dentro de uma taça coupe gelada. Agora vá correndo fazer a próxima receita.

WHISKY SOUR COM CLARA DE OVO

RENDE UM DRINQUE DE 197 ML COM 15,2% DE TEOR ALCOÓLICO, 7,1 G/100 ML DE AÇÚCAR E 0,53% DE ACIDEZ

INGREDIENTES

- 2 onças (60 mL) de bourbon ou rye (50% de teor alcoólico)
- ½ onça gorda (17,5 mL) de suco de limão-siciliano espremido e coado na hora
- ¾ de onça (22,5 mL) de xarope simples
- Pitada de sal
- 1 clara de ovo grande (1 onça ou 30 mL)

MODO DE PREPARO

Misture todos os ingredientes, exceto a clara de ovo, em uma coqueteleira até que estejam bem incorporados. Adicione a clara à mistura, tampe a coqueteleira e agite vigorosamente por 8 a 10 segundos, segurando bem os copos para não derramar. Abra a coqueteleira, adicione bastante gelo e agite novamente por 10 segundos. Coe imediatamente com uma peneira fina dentro de uma taça coupe gelada. Observe a espuma incrível desse drinque, e admire como ela se assenta em uma camada densa e cremosa.

Depois de se deleitar bastante com a perfeição da espuma e curtir sua textura incrivelmente macia, tente ignorá-la e foque somente na diferença de sabor entre os coquetéis com e sem ovo. O coquetel com a clara terá menos gosto de carvalho e estará menos áspero.

CONTINUA

COMO USAR CLARA DE OVO: *1) Depois de misturar o restante dos ingredientes, acrescente a clara de ovo. 2) Agite freneticamente sem o gelo. Isso se chama agitação a seco. Cuidado, pois, quando se agita sem gelo, os copos não ficam vedados.*

3) Abra a coqueteleira; a mistura deverá ter esse aspecto. **4)** Acrescente gelo e agite. **5)** Sirva e observe. Estou usando um coador hawthorne co mola fina. Se você não tiver um, coe com uma peneira fina. **ABAIXO:** A progressão de um Whisky Sour com clara de ovo depois de servido.

Bati com diferentes tipos de gelo e despejei os drinques em provetas graduadas para medir a quantidade de espuma produzida pela agitação. Para minha surpresa – e constrangimento – o cubo grande teve um efeito positivo e replicável quanto à quantidade de espuma. Eu não sei *por que* o cubo grande faz um trabalho melhor; simplesmente acontece. Mudei imediatamente de discurso e insisti que todos os drinques batidos no meu bar passassem a ser feitos com cubos grandes. Mas, lembre-se, um cubo grande não dilui tanto quanto os cubos menores, o que não é bom. A solução é adicionar alguns cubos de gelo menores ao copo junto com o cubo grande antes de agitar. Os cubos extras não parecem atrapalhar os incríveis efeitos de texturização do cubo grande e fornecem toda a diluição extra necessária.

CONCLUSÃO: A menos que você tenha cubos de gelo de 5 cm à mão, não importa que tipo de gelo você usa. Tire o excesso de água. Se você tiver cubos grandes, agite o drinque com um cubo grande e dois pequenos.

A TÉCNICA DE AGITAÇÃO

Do ponto de vista técnico, a técnica de agitação não importa em nada. É possível agitar tão languidamente a ponto de faltar diluição, mas quase nunca vi isso acontecer. Por outro lado, meus testes de agitação frenética, que apelidei de "macaco descontrolado", revelam que isso não diminui a temperatura final nem aumenta a diluição. Contanto que você agite por 8 a 12 segundos, seus coquetéis serão praticamente os mesmos, não importa o que você faça. Se você agitar por menos de 8, talvez falte diluição. Se você agitar por mais de 12, quase nada a mais acontece – você só estará desperdiçando tempo e energia. Da mesma forma, em testes comparativos com diferentes bartenders usando os mesmos ingredientes e o mesmo gelo, não consegui detectar nenhuma diferença apreciável na textura dos drinques batidos com estilos diferentes. Nada disso importa do ponto de vista técnico. A técnica de agitação, no entanto, importa consideravelmente em questões de estilo – e o estilo não deve ser ignorado no mundo da coquetelaria.

Cada um desses coquetéis foi agitado com um tipo de gelo diferente. Veja como fica lindo o drinque da esquerda. Um cubo grandão é melhor para agitar.

Gelos diferentes, estilos de agitação diferentes, pouquíssimo impacto

Eu adaptei um jogo de coqueteleira com um termopar para medir as temperaturas durante a agitação do coquetel. Usei dois estilos de agitação ("normal" em azul e "frenética" em vermelho) e dois tipos de gelo (cubos de 3,17 cm nas linhas contínuas e gelo triturado em tracejado). Testei cada combinação duas vezes, em um total de oito agitações.

Em geral, o gelo menor resfria e dilui um pouco mais rápido do que o gelo maior, e agitar freneticamente resfria e dilui um pouco mais rápido do que uma agitação normal, mas as diferenças são mínimas e nem sempre são previsíveis. Erros de tempo, medidas e – mais importante – a quantidade de água na superfície do gelo antes do início da agitação podem facilmente superar os efeitos do estilo de agitação e do tipo de gelo.

Aos 8 segundos, a variação de temperatura entre todas as oito agitações é de somente 2,7 °C. Aos 10 segundos, somente 2,3 °C. Quando chegamos a 14 segundos, a diferença é de somente 1,2 °C.

Repare como a curva de resfriamento fica achatada após 12 segundos. Praticamente não acontece nenhum resfriamento ou diluição adicional.

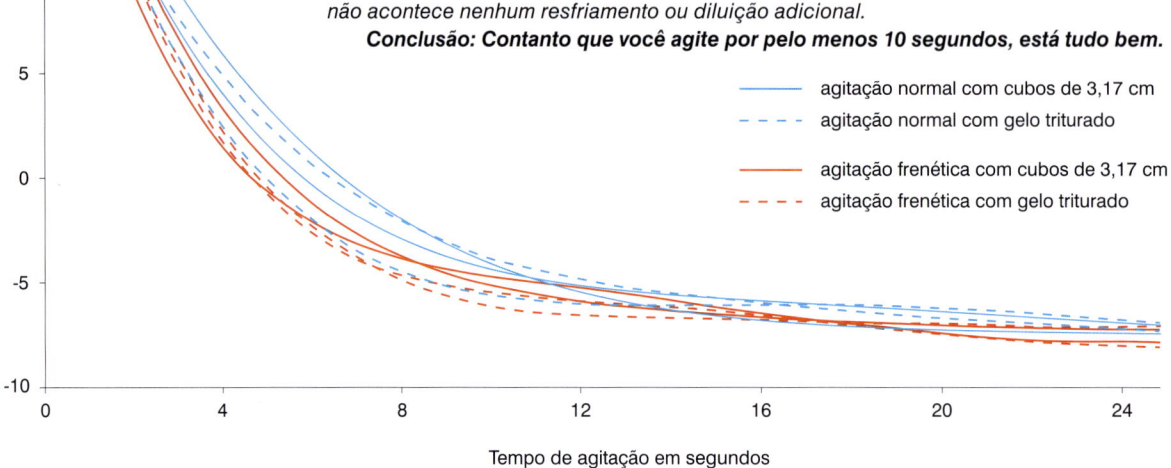

***Conclusão:** Contanto que você agite por pelo menos 10 segundos, está tudo bem.*

— agitação normal com cubos de 3,17 cm
--- agitação normal com gelo triturado
— agitação frenética com cubos de 3,17 cm
--- agitação frenética com gelo triturado

Temperatura em graus Celsius
Tempo de agitação em segundos

EVITE OS RESPINGOS

Quando se adiciona o gelo à bebida na mini tin, como recomendo, o coquetel pode respingar se você não tomar cuidado. Em casa, você pode evitar respingos usando os dedos para colocar o gelo, mas no bar isso não é possível. Então prefiro fazer a mistura na mini tin, colocar o gelo na tin e despejar a mistura sobre o gelo. Quando não estou em casa, normalmente só preparo um ou dois drinques de cada vez na coqueteleira, por isso encher demais não é um grande risco.

Eu não vou dar sugestões sobre estilo – algo que você deve desenvolver por si –, mas darei alguns conselhos sobre como usar a coqueteleira. Sempre meça os ingredientes na mini tin e, em seguida, adicione o gelo nela. Faça isso e você nunca passará a vergonha de encher uma coqueteleira com mais do que ela consegue conter e derramar coquetel por toda parte. Depois que o gelo estiver na mini tin, coloque a tin sobre ela em um leve ângulo e dê uma batidinha para firmar e vedar a coqueteleira. O ângulo tornará mais fácil abri-la posteriormente. À medida que você agita, os copos se prendem por sucção e não vão se separar... mas sempre agite com a mini tin apontada para você, só para garantir. Se a vedação falhar e chover coquetel em você, será cômico. Se chover bebida no seu convidado, será trágico. Para abrir a coqueteleira, empurre a mini tin em direção ao espaço entre as tins enquanto bate com a palma da mão na tin maior no início desse espaço (isso soa mais difícil do que é).

CONCLUSÃO: Agite como quiser.

COANDO E SERVINDO O DRINQUE

Embora a técnica de agitação não seja tão importante, a técnica de coagem é. São produzidos muitos cristaizinhos de gelo quando se agita um drinque. Se você usar gelo grande e transparente, esses cristais tendem a parecer pedrinhas um tanto regulares. Se você usar gelo que se estilhaça ou tem muitas bordas finas e pequenas, você provavelmente terá cristais de tamanhos muito variados, com algumas lascas no meio. Enquanto estão na coqueteleira, esses cristais não afetam muito a diluição, mas, se eles entram no drinque, derretem relativamente rápido e acabam atrapalhando. Muitos bartenders odeiam cristais em cima de seus drinques. Eu até gosto deles, com moderação. Você pode controlar quantos cristais vão parar no drinque por meio da coagem. Os drinques batidos são coados com um coador hawthorne, que é uma chapinha com uma mola presa a ela. A parte de baixo do hawthorne tem uma abertura, e a forma como você posiciona essa abertura em relação à borda do copo misturador determina quantos cristais você deixa passar. Eu defendo que se feche totalmente essa abertura, o que ainda deixa passar alguns cristais. Os verdadeiros odiadores de cristais passarão seu coquetel por uma peneira fina depois de usar o hawthorne. Um bom meio-termo entre o hawthorne-padrão e o hawthorne junto com a peneira fina é o coador hawthorne de mola fina da Cocktail Kingdom.

CONCLUSÃO: Fique atento à abertura!

POR QUE AS TINS PRENDEM POR SUCÇÃO QUANDO VOCÊ AS AGITA

Inicialmente, as tins que compõem a coqueteleira são mantidas juntas graças à vedação criada ao uni-las. A batidinha dada para juntá-las força a saída de um pouco do ar e deixa um vácuo parcial. A verdadeira sucção, porém, acontece quando você agita.

Lembre-se de que o gelo se expande à medida que congela, assim como se contrai ao derreter. Quando se agita um coquetel, muito gelo é derretido. O ar dentro da coqueteleira, que começa em temperatura ambiente, é rapidamente resfriado durante a agitação e também se contrai, assim como o conteúdo líquido do drinque. Essas três contrações causam um vácuo parcial bastante forte dentro da coqueteleira, evitando que as tins se separem enquanto você as agita.

Juntando tudo: fazendo uns Daiquiris

Finalmente, é hora de aprender enquanto prepara alguns Daiquiris. Esse drinque clássico apresenta baixo teor de álcool e alto teor de açúcar, e se situa em uma das extremidades do espectro do drinque batido. Já o Daiquiri Hemingway é uma variação com alto teor de álcool e baixo teor de açúcar (Hemingway era diabético e bebia muito), portanto, esse coquetel fica no extremo oposto desse espectro. Se você fixar esses dois drinques na mente, será capaz de julgar todos os outros sour batidos que estiverem entre eles.

INGREDIENTES DO DAIQUIRI CLÁSSICO
RENDE UM DRINQUE DE 159 ML COM 15% DE TEOR ALCOÓLICO, 8,9 G/100 ML DE AÇÚCAR E 0,85% DE ACIDEZ

- 2 onças (60 mL) de rum de corpo leve (40% de teor alcoólico)
- ¾ de onça (22,5 mL) de xarope simples
- ¾ de onça (22,5 mL) de suco de limão-taiti espremido e coado na hora
- 2 gotas de solução salina ou uma pitada de sal

Antes da diluição, esse drinque tem um volume de 105 mL, 22% de teor alcoólico, 13,5 gramas de açúcar por 100 mL de líquido e 1,29% de acidez.

CONTINUA

INGREDIENTES DO DAIQUIRI HEMINGWAY

RENDE UM DRINQUE DE 174 ML COM 16,5% DE TEOR ALCOÓLICO, 4,2 G/100 ML DE AÇÚCAR E 0,98% DE ACIDEZ

- 2 onças (60 mL) de rum de corpo leve (40% de teor alcoólico)
- ¾ de onça (22,5 mL) de suco de limão-taiti espremido e coado na hora
- ½ onça (15 mL) de Luxardo Maraschino (32% teor alcoólico)
- ½ onça (15 mL) de suco de grapefruit espremido e coado na hora
- 2 gotas de solução salina ou uma pitada de sal

Antes da diluição, esse drinque tem um volume de 112 mL, 25,6% de teor alcóolico, minúsculos 6,4 g/100 mL de açúcar e uma enorme acidez de 1,52%.

MODO DE PREPARO

Agite os ingredientes dos dois drinques separadamente, conforme já descrito, por 10 segundos, usando gelo normal, e coe-os em taças coupe geladas. O Daiquiri clássico deve ter captado cerca de 55 mL de água e agora apresenta 15% de teor alcoólico com 8,9 gramas de açúcar por 100 mL e 0,84% de acidez. O Hemingway deve ter captado cerca de 60 mL de água e teor alcoólico final de 16,7% com 4,2 gramas de açúcar por 100 mL e 0,99% de acidez. Analisando os números, ambos os drinques foram diluídos em uma quantidade semelhante em termos percentuais. Fiz testes que mostram que, em geral, os drinques com alto teor alcoólico diluem mais em termos percentuais e ficam mais gelados do que os com baixo teor alcoólico, embora um drinque com alto teor alcoólico batido comparado com um com baixo teor alcoólico sempre terá álcool mais alto em volume no final. Realizei também testes que mostram que as bebidas com alto teor de açúcar diluem mais do que as com baixo teor de açúcar em uma base percentual. No caso do Daiquiri clássico *versus* o Hemingway, esses dois fatores de diluição praticamente se anulam.

Prove-os. Veja o que você acha. Gosto bem mais do Daiquiri clássico, embora seja um pouco doce demais. Quando eu o preparo, só reduzo um pouco o xarope simples – use ¾ de onça rasa ou curta de xarope simples e ¾ de onça cheia de limão.

Para um segundo experimento, prepare os dois drinques novamente com as mesmas especificações. Dessa vez, agite por apenas 5 ou 6 segundos. Os resultados devem ser totalmente diferentes. O tempo de agitação não foi longo o suficiente, e seus drinques ficarão pouco diluídos. O clássico deve ficar quase intragavelmente doce. O Hemingway ficará azedo demais, mas aceitável. A lição é a seguinte: à medida que o açúcar é diluído, seu sabor atenua mais rapidamente do que o ácido, portanto, a alta diluição favorece a adição de mais açúcar, ou menos ácido, para um perfil de sabor específico.

Para um terceiro experimento, agite os dois drinques por 20 segundos, em vez de 10. Eles ficarão um pouco mais diluídos, mas não tanto quanto seria de se esperar – os últimos 10 segundos de agitação ocorreram na parte rasa da curva de resfriamento e teve muito pouca diluição. Se houver alguma diferença no sabor, o Hemingway deve ficar um pouco ralo, pois o pouco açúcar que ele tem diminui ainda mais.

À direita, um Daiquiri Hemingway. À esquerda, a variedade-padrão.

Drinques mexidos: Manhattan *versus* Negroni

Mexer um drinque pode parecer uma tarefa simples. Na verdade, é mais difícil fazer um coquetel mexido consistente do que quase qualquer outro tipo de coquetel. Essa é uma técnica de resfriamento relativamente ineficiente. É necessário um longo período mexendo constantemente para que seu drinque se aproxime da mínima temperatura possível. Em nosso experimento com o Martíni, foram necessários mais de 2 minutos mexendo para que a temperatura e a diluição estabilizassem – muito mais tempo do que qualquer pessoa deveria mexer um drinque. As principais variáveis são o tamanho dos cubos de gelo que você usa, e a rapidez e o tempo de mexida. O gelo menor tem uma grande área de superfície e resfria e dilui rapidamente. Um gelo raspado bem fino pode resfriar e diluir muito depressa, chegando quase ao equilíbrio em poucos segundos mexendo suavemente (veja a seção sobre drinques batidos no liquidificador, p. 114) – não é ideal para a maioria dos drinques mexidos, que não são pensados para estar altamente diluídos ou supergelados. Por outro lado, um drinque mexido feito com cubos de gelo gigantes de 5 cm dilui e esfria muito devagar, resultando, de forma geral, em um drinque excessivamente quente e pouco diluído. Alguns bartenders gostam desse estilo, mas eu não. Se eu quiser uma bebida de baixa diluição, apenas fria, peço um drinque montado (ver p. 107). Os drinques mexidos devem ficar em algum lugar entre estes e os drinques batidos. O melhor gelo para os drinques mexidos, portanto, é de tamanho médio e relativamente seco: cubos grandes que você quebra em cubos menores com as costas de uma bailarina ou gelo comum de máquina do qual você remove o excesso de água. O tamanho não é tão importante, porque você pode ajustar a diluição e a temperatura do drinque de acordo com o tempo e a rapidez com que você mexe. Se o gelo for grande, você mexerá por mais tempo ou mais rápido para obter o mesmo resultado que obteria com um gelo menor. Tem gelo pequeno? Mexa menos ou mais devagar.

Na vida real, muitas vezes você não pode escolher com qual gelo trabalhará em determinado momento, então deve estar preparado para ajustar a forma como mexe de acordo com o gelo que tiver à mão. Não é uma boa ideia mudar sua técnica; apenas ajuste por quanto tempo você mexe. Pratique a mexida para poder mexer dois drinques ao mesmo tempo com as duas mãos e no mesmo ritmo. Tente deixar uniforme seu estilo de mexida. Se você for consistente, poderá provar os primeiros coquetéis que preparar em uma noite e ajustar o tempo de mexida com base no gelo que tiver.

Prefiro sempre mexer em copos de aço inoxidável, porque eles têm uma massa térmica muito baixa. Não é preciso muito gelo em derretimento para resfriá-los. Eles não afetam a temperatura ou a diluição do seu drinque. Grandes recipientes de vidro podem ser lindos, mas têm uma enorme massa térmica e podem alterar a temperatura final do drinque em vários graus – o suficiente para fazer com que os drinques pareçam muito quentes quando servidos. Você pode contornar esse problema gelando previamente todos os recipientes de mistura com gelo e água, mas não se preocupe. A maioria dos meus bartenders quer usar vidro. Eu digo a eles que não tem problema, desde que eles se comprometam a pré-resfriar cada copo com gelo e água toda vez que mexerem um drinque, sem exceção. O metal tende a vencer.

Muitos bartenders adicionam um monte de gelo em seus recipientes de mistura quando estão mexendo. Mas, se o gelo não encostar no líquido, não adianta. Um pouco de gelo em excesso pode ser útil se achar que o gelo vai assentar muito enquanto você mexe, mas a maioria dos bartenders usa muito mais do que o necessário. Na melhor das hipóteses, o gelo extra será inútil; na pior das hipóteses, a água extra contida na superfície diluirá demais a bebida. Gelo de menos também é ruim. Pequenas quantidades de gelo não têm poder de resfriamento suficiente para cumprir a tarefa e não conseguem fornecer o pouco poder que têm com rapidez suficiente. O ideal é que o gelo entre em contato com a bebida que você está resfriando, do fundo do recipiente ao topo do líquido. Para garantir que isso aconteça, você precisa adicionar mais gelo do que o estritamente necessário, porque o gelo flutua e você precisa de um pouco mais em cima para forçar a maior parte do gelo para dentro de sua bebida. Qualquer quantidade a mais de gelo do que isso será contraproducente, e um problema se você estiver preparando drinques em casa, onde seu suprimento de gelo geralmente é limitado.

Lembre-se: mexer drinques é um jogo de replicabilidade. Desenvolva um estilo de mexida e seja consistente, assim seus drinques serão consistentes. A essência da mexida é pura diluição e resfriamento – sem desenvolvimento de textura, sem aeração. Como os drinques mexidos não são aerados, eles podem ter um aspecto incrivelmente transparente. Adoro essa transparência e não quero acrescentar nada aos meus coquetéis mexidos que possa estragá-los. Drinques mexidos têm um teor relativamente alto de álcool (nosso Manhattan tinha 26% de álcool). O alto teor alcoólico dos coquetéis finalizados é o motivo pelo qual a maioria dos drinques mexidos tende a ser muito puxada para o destilado, e não leves e refrescantes. É difícil ter refrescância com 26% de álcool por volume.

SERVINDO DRINQUES MEXIDOS: GELADO OU COM GELO(S)? O NEGRONI

Anos atrás, quando eu via alguém pedir um Negroni, podia presumir com segurança que essa pessoa trabalhava na indústria alimentícia. Chefs e bartenders sempre o adoraram. Agora todo mundo parece saber como os Negronis são bons. A receita clássica que eu sigo consiste em partes iguais de gim, Campari e vermute doce. Os bartenders modernos muitas vezes mudam a proporção de gim para cima, deixando intacta a correspondência de um para um entre o vermute e o Campari. Isso produz um Negroni aceitável. Algumas pessoas trocam Campari por Aperol. Isso também dá um Negroni decente. Outras adicionam um pouco de suco cítrico ou um pouco de água com gás à bebida clássica – não é a minha praia, mas não fica ruim. O Negroni fica gostoso tanto com diluição normal quanto com diluição extra. Fica bom gaseificado. Embora os sabores de um Negroni sejam distintos, ricos e complexos, sua estrutura básica pode ser contorcida e distorcida em dezenas de variações que têm um sabor agradável e retêm a essência do drinque.

Mesmo seguindo a receita clássica do Negroni, que recomendo totalmente, você ainda tem uma decisão final a tomar: servir gelado ou com gelo?

Existem dois motivos para servir um drinque gelado, mas sem gelo. Um: os drinques gelados sem gelo são muito elegantes. Dois: você pode não querer que um drinque mexido se dilua à medida que o gelo derrete. O Martíni, por exemplo, deve ser sempre servido gelado, mas esquenta se não for bebido com rapidez, e ele não fica bom quente. Existem duas soluções que não envolvem pedra de gelo para o problema do aquecimento: beber mais rápido ou servir porções menores. A responsabilidade determina que eu recomende o último. Anos atrás, era moda, lamentavelmente, fazer coquetéis grandes porque as pessoas associavam drinques pequenos à enganação. Pois eu associo Martínis quentes à tristeza.

Há quatro bons motivos para servir um drinque com pedras de gelo: você espera que o drinque

A eterna dúvida: Você quer seu Negroni gelado ou com gelo?

mude com o tempo, à medida que vai diluindo; você acha que o drinque provavelmente permanecerá um tempo no copo e ficará quente demais para ser apreciado; você acha o drinque muito alcoólico e prefere a diluição instantânea extra que o gelo recém-temperado traz da água grudada em sua superfície (embora baste mexer mais para resolver esse problema); ou você gosta da aparência de um drinque com gelo. Use esses motivos como guia e dificilmente vai errar. Negronis e outras bebidas que toleram uma ampla variedade de diluições funcionam bem com pedras de gelo. Muitas pessoas não toleram um Negroni depois que ele começa a esquentar. Se um drinque não tolera diluição, como um Martíni, sirva porções menores e não as deixe paradas.

Quando sirvo um drinque com gelo, na verdade sirvo com um gelo – um único cubo grande, ineficiente o bastante para não diluir meu drinque muito rápido, mas eficiente o bastante para mantê-lo em um nível agradável de frio.

QUANDO O GELADO É GELADO DEMAIS? MANHATTANS *VERSUS* NEGRONIS

A temperatura afeta drasticamente o sabor de um drinque. Alguns drinques desmoronam por completo quando são gelados demais, incluindo a maioria dos drinques que levam destilados envelhecidos e em carvalho, como o Manhattan. Outros drinques podem ser bem gelados sem perder o encanto, mas se desalinham quando ficam muito quentes, como o Negroni. Neste último experimento com drinques mexidos, você vai preparar dois Negronis e dois Manhattans em temperaturas iniciais diferentes e compará-los à medida que esquentam.

INGREDIENTES PARA 2 DRINQUES DE CADA TIPO

MANHATTANS

RENDE DOIS DRINQUES DE 129 ML COM 27% DE TEOR ALCOÓLICO, 3,4 G/100 ML DE AÇÚCAR E 0,12% DE ACIDEZ

- 4 onças (120 mL) de rye Rittenhouse (50% de teor alcoólico)
- 1 ¾ de onça gorda (53 mL) de um bom vermute doce (16,5% de teor alcoólico)
- 4 dashes de bitter Angostura
- 2 cerejas maraschino ou twists de laranja

NEGRONIS

RENDE DOIS DRINQUES DE 127 ML COM 20,7% DE TEOR ALCOÓLICO, 9,4 G/100 ML DE AÇÚCAR E 0,14% DE ACIDEZ

- 2 onças (60 mL) de gim
- 2 onças (60 mL) de Campari
- 2 onças (60 mL) de vermute doce
- 2 twists de laranja

EQUIPAMENTOS

4 copos de metal

4 pilhas de gelo

2 coadores hawthorne ou julep

4 taças coupe

Freezer

MODO DE PREPARO

Misture o rye, o vermute e o bitter e divida a mistura em dois volumes iguais. Faça o mesmo com o gim, o Campari e o vermute. Mexa um dos Manhattans e um dos Negronis por cerca de 15 segundos com quantidades semelhantes de gelo, coe-os em recipientes cobertos e coloque-os cuidadosamente junto com as taças coupe no freezer por 1 a 2 horas, período em que a temperatura deve cair de 5 °C a 10 °C. Agora mexa o segundo Manhattan e o segundo Negroni, coe-os em taças coupe, sirva os dois drinques que estavam no freezer nas coupes geladas, e coloque as guarnições nos quatro drinques. Prove-os. Nesse ponto, os dois Negronis devem estar com um sabor excelente, ambos no auge. O caso dos Manhattans deve ser diferente. O feito na hora deve estar arredondado e convidativo. Já o do freezer deve estar com um sabor plano e fechado, com muito carvalho. Continue degustando durante os próximos 20 minutos ou mais. Você notará que, à medida que esquentam, o Manhattan do freezer se torna seu favorito, enquanto o feito na hora continua sendo um drinque de sabor decente. O Negroni do freezer continuará sendo um bom drinque, enquanto o feito na hora ficará cada vez mais difícil de beber.

CONCLUSÃO: A temperatura é um ingrediente importante nos drinques, e mais gelado não é necessariamente melhor. Quase todos os drinques mexidos estão no seu auge entre -5 °C e -1 °C; alguns drinques conseguem se manter bons mesmo estando mais quentes, e outros, mais frios.

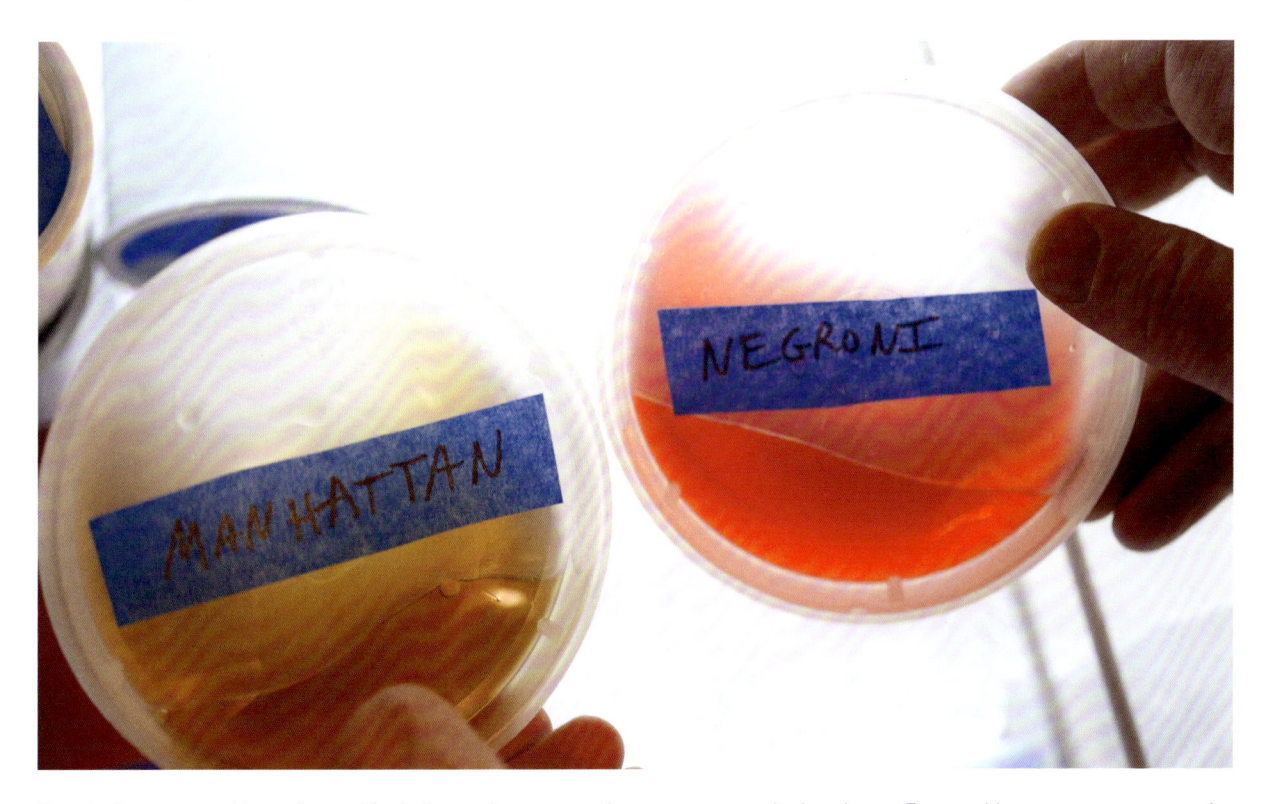

Depois de mexer um Negroni e um Manhattan, coloque-os no freezer por cerca de duas horas. Em seguida, prove-os comparando com os mesmos drinques que só tenham sido mexidos. Continue provando os quatro drinques conforme eles esquentam. Isso dá uma ideia de como eles respondem de forma diferente a mudanças de temperatura.

OLD-FASHIONED CLIFF

Drinques montados: o Old-Fashioned

Você faz um drinque montado despejando-o sobre o gelo em seu copo de serviço e mexendo rapidamente. Estes são os coquetéis menos diluídos. O Old-Fashioned é o drinque montado prototípico, uma mistura simples de uísque, bitter e açúcar guarnecida com um twist. Assim como muitas coisas simples, o Old-Fashioned é um estudo de nuances. Com tão poucos ingredientes, cada um deles causa um grande impacto. Peça um Old-Fashioned e você terá uma boa indicação das sensibilidades do seu bartender. (Para uma história do Old-Fashioned e algumas longas discussões sobre qual seriam seus componentes certos, consulte a seção "Para saber mais", p. 378.)

A melhor maneira de fazer um Old-Fashioned não é necessariamente a mais original ou "autêntica", mas sim a maneira como você mais gosta de fazer. Eu uso xarope simples em vez de açúcar cristal – algo abominável para muitos. A única regra para o Old-Fashioned que você deve seguir: produzir uma bebida minimamente diluída que não seja muito doce e que tenha um sabor forte de seu destilado base. Embora eu seja totalmente a favor de fazer o que deixa você feliz, não coloque frutas amassadas no fundo do seu drinque dizendo que é um Old-Fashioned. Esmague sua fruta e dê outro nome ao drinque! Vamos prosseguir com uma variação que particularmente me agrada.

Como montar o Old-Fashioned Cliff

O Old-Fashioned Cliff ganhou esse nome em homenagem a meu amigo Clifford Guilibert. Cliff e eu fizemos refrigerante de semente de coentro para um evento. O refrigerante de semente de coentro lembra um ginger ale, com sua refrescância picante, e dá um calorzinho no fundo da garganta. Depois de fazer uma leva de xarope para o refrigerante, Cliff sugeriu que o usássemos em um Old-Fashioned. Uma ideia brilhante!

MONTANDO UM OLD-FASHIONED: 1) *Se o gelo não couber no copo, gire-o lá dentro.* **2)** *Uma pedra de gelo dentro de um copo não resfriado.* **3)** *Coloque o bitter.* **4)** *Adicione a base alcoólica.* **5)** *Adicione o xarope.* **6)** *Mexa rapidamente.* **7)** *Esprema a casca de laranja sobre o drinque.* **8)** *Segure a casca contra a borda interna do copo e, então, gire suavemente o copo contra a casca e solte.*

O DRINQUE

INGREDIENTES

RENDE UM DRINQUE DE 90 ML COM 32% DE TEOR ALCOÓLICO, 7,7 G/100 ML DE AÇÚCAR E 0% DE ACIDEZ

Um cubo de gelo transparente de 5 cm

2 dashes de bitter Angostura

2 onças (60 mL) de bourbon 12 anos Elijah Craig (47% de teor alcoólico). Você pode usar o bourbon de sua escolha, mas precisa ser um com bastante estrutura e que não seja caro demais. Se tiver dinheiro sobrando, use o que quiser. O melhor Old-Fashioned Cliff que já fiz foi para um evento beneficente, no qual usei um uísque japonês 12 anos Hibiki. Fizemos duzentos dele naquela noite. A US$ 70 por uma garrafa de 750 mL, aqueles drinques saíram caro, mas não fui eu que paguei.

⅜ de onça (11 mL) de xarope de semente de coentro (receita a seguir). O xarope é o aspecto não tradicional desse Old-Fashioned. Você pode usar um xarope simples normal 1:1 para uma versão mais típica. Muitos puristas amassam açúcar cristal ou em cubos junto com o bitter – eles gostam da granulosidade e do fato de que o nível de açúcar sobe com o tempo. Eu não gosto.

Twist de laranja

EQUIPAMENTOS

Um copo duplo tipo old-fashioned, em temperatura ambiente

Canudo ou mexedor curto (opcional)

MODO DE PREPARO ULTRADETALHADO PARA UM DRINQUE SIMPLES

Não monto Old-Fashioneds em copos gelados. Um vidro não resfriado representa uma massa térmica relativamente grande em temperatura ambiente. Quando você prepara um drinque em um copo em temperatura ambiente, é necessário derreter uma boa porção de gelo para resfriar o copo até a temperatura do drinque. Esse derretimento extra aumenta a diluição inicial do drinque, o que me agrada. Você pode resolver isso mexendo mais o drinque depois de montá-lo, mas o drinque inicial ficará mais gelado, o que não me agrada. Além disso, embora os copos gelados fiquem ótimos no começo, eles atraem condensação e não ficam bem em um drinque como o Old-Fashioned, que é feito para ser bebericado.

CONTINUA

Detalhes como esses – se o copo deve ser gelado ou não – são questão de preferência pessoal, mas entenda as consequências.

Alguns bartenders montam o drinque diretamente no copo antes de adicionar o gelo, o que lhes permite misturar os ingredientes com uma colher sem diluí-lo. Se você trabalha assim, sempre comece pelos ingredientes mais baratos, deixando o mais caro por último. Com essa prática consagrada, você não jogará fora o material mais valioso se cometer um erro ao medir. Quase todos os profissionais trabalham dessa forma, embora raramente cometam erros durante a dosagem.

A desvantagem de adicionar o gelo por último: você precisa colocar uma pedra grande e desengonçada no copo devagar, sem respingar, e saber com antecedência se ela é uma boa parceira para o copo. Prefiro adicionar a pedra ao copo antes do líquido para ter certeza de que ela fica bonita no copo. Seu grande cubo de gelo cortado à mão precisa receber o devido respeito. Coloque-o dentro do copo duplo tipo old-fashioned, e certifique-se de que ele caiba no copo e chegue até o fundo. Uma pedra que não toca o fundo do copo é uma abominação. Se o gelo não couber direito, gire-o com uma colher para derreter os cantos, permitindo que o gelo alcance o fundo. Se o cubo for grande demais, primeiro apare os cantos com uma faca.

Trabalhando desse modo – com o gelo primeiro –, você terá duas opções de preparação do drinque: monte o drinque em um copo misturador e mexa para incorporar os ingredientes antes de despejá-los sobre a pedra de gelo, ou monte o drinque diretamente sobre a pedra. Embora o copo misturador seja sem dúvida superior do ponto de vista técnico, na verdade, prefiro montar sobre o gelo – apenas por ser um processo esteticamente agradável. Cuidado para não respingar os ingredientes na pedra de gelo, pois não pega bem. Trabalhe nesta ordem: 2 dashes de bitter, bourbon e então o xarope de semente de coentro; coloque o ingrediente menos denso primeiro, para que os mais densos se misturem automaticamente quando passarem por eles. Mexa o drinque por cerca de 5 segundos, depois acrescente o twist de laranja por cima da bebida e esfregue a casca na borda do copo. Deixe a casca no drinque se quiser continuar adicionando aroma enquanto bebe. É chocante a diferença que faz adicionar a casca em vez de descartá-la; faça uma prova comparativa e veja por si mesmo. Não subestime o efeito da casca. Tente deixar todas as cascas idênticas e tente apertá-las da mesma forma para que os drinques fiquem uniformes.

ESTA É A RECEITA DO XAROPE DE SEMENTE DE COENTRO:

INGREDIENTES

125 gramas de sementes de coentro, de preferência com um aroma cítrico e fresco (para usar em refrigerantes, reduza para 100 gramas)

550 gramas de água filtrada

500 gramas de açúcar cristal

5 gramas de sal

10 gramas de pimenta calabresa

MODO DE PREPARO

Bata as sementes de coentro com a água no liquidificador por alguns segundos até que fiquem bem trituradas. Transfira a mistura para uma panela, acrescente o açúcar e o sal e leve ao fogo médio até ferver. Junte a pimenta calabresa. Desligue o fogo e continue provando até que a picância da pimenta fique aparente no fundo da garganta ao provar o xarope. (É impossível quantificar esta parte da receita, porque os lotes de pimenta calabresa variam muito.) Passe rapidamente a mistura por uma peneira grossa para interromper a infusão e, em seguida, passe-a por um pano de musselina ou chinois fino.

Para usar em refrigerantes, faça com um pouco menos de semente de coentro (a menos que você queira uma versão com tanto impacto quanto uma ginger beer) e use 1 parte de xarope para 4 partes de água antes de carbonatar (ou 4 partes de água com gás). Decore com limão-taiti ou, de preferência, suco de limão clarificado (ver p. 372).

Feito corretamente, esse xarope deve ter um Brix 50, ou seja, 50% de açúcar em peso, o mesmo que o xarope simples normal. Os 50 gramas extras de água da receita são absorvidos pela semente de coentro. No bar, usamos um refratômetro para corrigir o nível de açúcar.

COMO FAZER XAROPE DE SEMENTE DE COENTRO: 1) Bata as sementes de coentro com água no liquidificador. **2)** Coloque essa mistura em uma panela com o açúcar e **3)** aqueça até chegar a uma fervura branda. **4)** Coloque pimenta calabresa e prove até chegar a uma picância adequada. **5)** Coe rapidamente o xarope. Eu uso duas peneiras, uma grossa dentro de uma fina. **6)** O produto final.

COQUETÉIS TRADICIONAIS

A última decisão que você precisa tomar é se coloca ou não um mexedor no drinque. O mexedor permite que seu convidado adicione alguma diluição extra rapidamente, se desejar. Os bares costumam usar canudos como mexedores porque são baratos, não porque querem que você os use para beber. Se optar pelo mexedor, evite canudos! Eles ficam se mexendo e são um perigo para os olhos. Use a variedade de vidro ou de metal, e sempre dê ao seu convidado um guardanapo para apoiar o mexedor depois de usá-lo.

Feito de acordo com minhas instruções, o Old-Fashioned Cliff deve ter um volume de 3 onças (90 mL). Dessas 3 onças, ⅝ de onça (19 mL ou 20%) serão água da diluição do gelo derretido. O volume de álcool servido será de cerca de 31% – em outras palavras, uma bebida forte.

Tome um gole. O drinque deve estar frio, mas não gelado. Um Old-Fashioned gelado demais perde seu caráter. Deixe o drinque descansar e observe-o sem tocá-lo. Depois de um tempo, você deverá ver uma camada aquosa se formando ao redor do grande cubo de gelo. Observe que há muito pouca mistura da água derretida com o drinque, e todas as mudanças acontecem bem aos poucos. Gire levemente o copo para misturar a água derretida com o coquetel e beba de novo para sentir a diferença. O Cliff deverá estar mais frio agora e não tão intenso por causa da diluição adicionada, mas ainda assim estará equilibrado. Se você girar o copo constantemente, o gelo derreterá muito mais rápido, pois uma nova água derretida é transportada para longe do cubo e uma nova camada de álcool é apresentada ao cubo. Não gire demais: você quer mudanças lentas, e é por isso que precisa de um cubo grande de gelo e de muito tempo. Deixe o drinque descansar alguns minutos entre os goles para ver como ele evolui com o tempo. Esse é o objetivo do experimento (que você provavelmente vai querer repetir): ver como um drinque pode permanecer equilibrado por muito tempo em uma variedade de temperaturas e diluições. Um bom Old-Fashioned feito com um cubo grande de gelo ficará agradável por pelo menos 20 minutos à medida que vai diluindo lentamente.

Lembre-se de que a essência de qualquer drinque montado é a mudança lenta ao longo do tempo. Os drinques montados devem começar bem alcoólicos – são drinques para serem bebidos aos poucos, diferentemente da cerveja. Depois de assentarem um pouco e ficarem mais aguados, ficam mais refrescantes e aguçam o paladar para mais uma rodada. Tendo em mente que os drinques montados devem permanecer equilibrados em uma ampla gama de diluições, podemos estabelecer algumas regras simples que podem ajudar a avaliar receitas e a elaborar as suas próprias:

- Escolha destilados que fiquem com um sabor bom em uma ampla variedade de diluições. Alguns são ásperos demais para funcionar bem quando não muito diluídos; esses não são bons candidatos para drinques montados. Outros ficam ótimos puros, mas desmoronam quando diluídos além de certo ponto; evite-os.
- Evite ácidos. Os sabores e a acidez de ingredientes ácidos, como limão-siciliano e limão-taiti, não mantêm o equilíbrio quando diluídos. Uma mistura bem equilibrada de etanol e açúcar pode permanecer em harmonia com a adição ou a retirada de água, mas o ácido não funciona assim. Os ácidos usados para dar acidez só podem ser usados adequadamente em drinques com uma diluição fixa.
- Para dar brilho a um drinque montado, prefira os óleos essenciais. Twists de limão, laranja e grapefruit funcionam bem.
- Explore os bitters. Bitters são feitos para ficarem gostosos em uma gama absurda de diluições e para unir os demais sabores do coquetel sem dominá-los.
- Invista um tempo para fazer cubos grandes de gelo. Se tiver muito tempo e energia, faça ou compre aqueles elegantes cubos transparentes de apresentação.

Drinques batidos no liquidificador e drinques de gelo raspado: a Margarita

Eu sei, eu sei. Uma Margarita de verdade é um coquetel batido servido em uma taça coupe com ou sem borda de sal... mas muita gente gosta de uma Margarita de liquidificador, inclusive eu. Um drinque de liquidificador bem feito é algo maravilhoso. E, sim, existe um truque para eles.

Um liquidificador cheio de gelo é uma máquina de resfriamento extremamente eficiente. Ele gela e dilui sua bebida mais rápido do que praticamente qualquer outra tecnologia. Os liquidificadores quebram o gelo em partículas muito finas, aumentando tremendamente a área de superfície, e giram muito rápido, fazendo com que o coquetel se movimente muito através do gelo. Não uso liquidificador no bar porque eles fazem muito barulho, mas uso algo melhor: um raspador de gelo. Assim como o liquidificador, um raspador de gelo produz cristais de gelo muito finos. Diferentemente de um liquidificador, o raspador de gelo não agita seu drinque. Quando um pouco mexidos, os drinques com gelo raspado ficam quase idênticos aos drinques de liquidificador em termos de diluição e resfriamento. Enquanto os liquidificadores, especialmente os baratos, tendem a deixar pedaços inteiros de gelo em seu drinque, o raspador de gelo produz pedaços lindamente uniformes. Raspadores manuais de ferro fundido, como o que uso, são supersilenciosos e agradáveis de se olhar. Dito isso, os liquidificadores funcionam bem em casa, então não se sinta obrigado a abrir mão de espaço na bancada para um raspador, a menos que tenha sobrando. Receitas que usem gelo raspado servem para o liquidificador e vice-versa.

Receitas de drinques batidos não podem ser usadas diretamente no liquidificador. Se você bate no liquidificador uma receita-padrão de drinque batido, o resultado será desequilibrado – ácido demais, doce de menos e diluído demais. Você pode equilibrar uma receita de drinque para o liquidificador adicionando mais açúcar e menos ácido, mas corrigir a diluição é mais difícil. A maioria das receitas de drinques batidos contém líquido demais para misturar bem no liquidificador; então, o que fazer? Reduza o líquido!

A MARGARITA BATIDA, A MARGARITA DE LIQUIDIFICADOR E O SOUR GENÉRICO DE LIQUIDIFICADOR

A Margarita batida

RENDE UM DRINQUE DE 178 ML COM 18,5% DE TEOR ALCOÓLICO, 6,0 G/100 ML DE AÇÚCAR E 0,76% DE ACIDEZ

INGREDIENTES

- 2 onças (60 mL) de tequila (40% de teor alcoólico)
- ¾ de onça (22,5 mL) de Cointreau
- ¾ de onça (22,5 mL) de suco de limão-taiti espremido e coado na hora
- ¼ de onça (7,5 mL) de xarope simples
- 5 gotas de solução salina ou uma pitada generosa de sal

MODO DE PREPARO

Bata os ingredientes na coqueteleira, coe em uma taça com ou sem borda de sal, de acordo com sua preferência, e beba.

A quantidade de líquido nesta receita é de 112,5 mL. Quando você agita essa Margarita, ela provavelmente vai coletar um total de cerca de 60 mL de água para fazer um drinque com um pouco menos de 178 mL e um teor alcoólico de aproximadamente 19%. Se você batesse esse drinque no liquidificador e conseguisse remover os cristais de gelo, veria que ele teria absorvido cerca de 90 mL de água, o que é demais. Faça uma no liquidificador combinando os ingredientes acima com cerca de 150 gramas de gelo e você verá o que quero dizer. Aqui está uma variação simples de liquidificador.

LIQUIDIFICADORES: POR TRÁS DA CURVA DE POTÊNCIA

Mesmo sem bebida alcoólica, as lâminas giratórias do liquidificador derretem o gelo por fricção. (Na verdade, uso meu liquidificador como aquecedor quando estou clarificando sucos.) A quantidade de gelo derretida depende da potência do liquidificador e do volume do coquetel que se está batendo. Abaixo de determinado volume, o liquidificador não consegue adicionar energia ao coquetel de maneira eficaz. O acréscimo de mais volume nesse estágio aumenta a quantidade de gelo que você derrete por mililitro de coquetel por segundo. A certa altura, o liquidificador está adicionando a quantidade máxima possível de energia de fricção por mililitro de coquetel. O aumento do volume diminui ainda mais a quantidade de gelo que as lâminas derretem por mililitro de coquetel por segundo. Eu uso o Vita-Prep, que é um liquidificador muito potente. Na potência máxima, com uma carga de 180 gramas de gelo e coquetel, ele derreterá 0,0007 grama de gelo por segundo por grama de carga, ou 1,9 mililitro de diluição extra no coquetel após 15 segundos de processamento, o que é mínimo. Por outro lado, o Vita-Prep na potência máxima com uma carga de 500 gramas derrete 0,029 g/g/s – ou seja, quatro vezes mais. Isso soma quase 8 mililitros de diluição extra por coquetel para um processamento de 15 segundos, o que já não é mais um mínimo. Quando a carga batida chega a um litro cheio, o Vita-Prep está derretendo 0,0016 g/g/s, ou 4,3 mililitros por coquetel por processamento de 15 segundos. Conclusão? Não bata por muito tempo, apenas o tempo suficiente para obter uma boa textura.

USANDO O RASPADOR DE GELO

Há diferentes tipos de raspadores de gelo. Qualquer coisa que produza gelo raspado com uma boa textura serve, incluindo a máquina de raspadinhas do Snoopy dos meus filhos. Prefiro máquinas que raspem o gelo de um grande bloco; elas oferecem um produto muito consistente e fácil de usar. Quando preparamos drinques com gelo raspado no bar, raspamos o gelo na hora dentro de taças coupe de 150 mL. Para obter a diluição correta de forma consistente, faça o seguinte:

- Divida a receita do seu drinque em dois volumes aproximadamente iguais. Coloque metade dentro da taça coupe. Você precisa derreter um pouco do gelo assim que ele cair dentro da bebida alcoólica para que a apresentação funcione corretamente.

- Raspe o gelo dentro da coupe até que uma bela montanha de gelo se acumule no topo da taça. Você vai adicionar cerca de 70 gramas.

- Coloque a coupe na frente do cliente e despeje a metade restante do drinque sobre o gelo. O gelo deve derreter quase instantaneamente, e o nível do drinque deve ficar quase na borda da coupe.

- Mexa suavemente o drinque com uma bailarina para finalizar o resfriamento e misturar bem os ingredientes. Ainda haverá algum gelo presente, mas a maior parte estará derretida.

Raspando gelo dentro de uma taça coupe. Repare que já há um pouco de líquido na taça, o que derrete o gelo imediatamente. Uma coupe seca não conseguiria segurar o suficiente de gelo raspado para fazer o drinque.

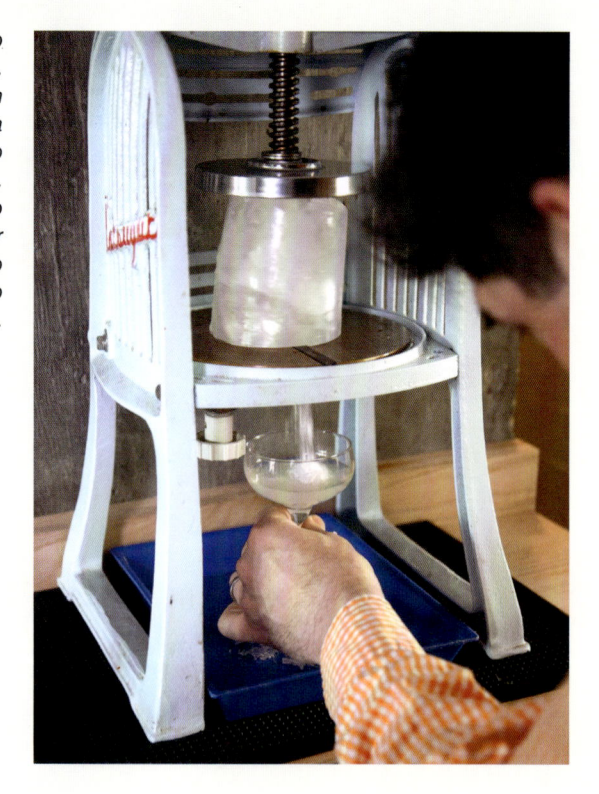

SERVINDO UM DRINQUE DE GELO RASPADO: A MARGARITA

Margarita de liquidificador

RENDE UM DRINQUE DE 158 ML COM 17,2% DE TEOR ALCOÓLICO, 7,9 G/100 ML DE AÇÚCAR E 0,57% DE ACIDEZ

INGREDIENTES

- 1 onça (30 mL) de Cointreau (Sim, você leu certo: mais Cointreau do que mescal.)
- ¾ de onça (22,5 mL) de mescal La Puritita. (Um mescal blanco robusto é necessário para este drinque porque se usa muito pouco. A tequila se perderia. Usei um blanco porque não queria nada de carvalho neste drinque.)
- ½ onça (15 mL) de Chartreuse amarelo (Nada tradicional e muito bom.)
- ½ onça (15 mL) de suco de limão-taiti espremido e coado na hora
- 10 gotas de bitter Hellfire ou qualquer coisa picante e sem acidez à sua escolha
- 5 gotas de solução salina ou uma pitada generosa de sal
- Cerca de 4 onças (120 gramas) de gelo

MODO DE PREPARO

Jogue tudo no liquidificador, bata até o gelo ficar totalmente triturado e beba. Deve sobrar um pouco de gelo. Se não houver, você bateu por tempo demais e a fricção das lâminas levou você a diluir em excesso seu drinque.

Essa Margarita de liquidificador tem um volume de receita inicial de 82,5 mL em vez dos 112,5 mL da receita batida. Ela irá captar cerca de 75 mL de água ao ser processada no liquidificador, produzindo um drinque com um teor alcoólico final de cerca de 17,2%. Essa receita funciona porque tanto o Cointreau quanto o Chartreuse amarelo têm alto teor de álcool e alto teor de açúcar, então a quantidade de líquido na receita é menor, embora o teor alcoólico seja o mesmo. A receita do liquidificador, portanto, contém 67,5 mL de bebida com 40% de álcool por volume e cerca de 12,75 gramas de açúcar – o equivalente a um pouco menos de 21 mL de xarope simples – tudo com um volume total de líquido de apenas 82,5 mL!

A beleza dessa receita é que ela pode ser generalizada. Basta manter a proporção de volume entre álcool, açúcar e ácido razoavelmente constante. As especificações de um sour genérico de liquidificador são apresentadas a seguir.

MARGARITA DE LIQUIDIFICADOR

Sour genérico de liquidificador

INGREDIENTES GERAIS

- 2 ¼ de onças (67,5 mL) de líquido que contenha cerca de 27 mL de etanol puro e 12,75 gramas de açúcar
- ½ onça (30 mL) de suco de limão-siciliano, limão-taiti ou qualquer outro suco ácido coado na hora
- 4 onças (120 mL) de gelo
- 2-5 gotas de solução salina ou uma pitada generosa de sal

INGREDIENTES ESPECÍFICOS

O truque para fazer receitas de liquidificador é encontrar ou fazer uma mistura de licores, destilados e sabores que se somem para fornecer a proporção adequada entre o volume de etanol e açúcar. Os destilados com 40% de teor alcoólico contêm a quantidade necessária de álcool por unidade de volume, mas não contêm açúcar. Adicionar xarope simples prejudica o equilíbrio do líquido. Para obter o açúcar, você pode usar licores com alto teor de álcool, como fizemos na Margarita, ou destilados de alto teor alcoólico, como o rum Lemon Hart de 151 provas (que contém 75,5% de teor alcoólico), ou você pode adoçar seu destilado.

INGREDIENTES DO DESTILADO AÇUCARADO

RENDE 1.140 ML DE DESTILADO COM 44% OU 35% DE TEOR ALCOÓLICO

- 212 gramas de açúcar refinado (pode usar açúcar cristal, mas ele demora mais para dissolver)
- 1 litro de destilado de 80 a 100 provas (40% ou 50% de teor alcoólico)

MODO DE PREPARO

Adicione o açúcar ao destilado em um recipiente coberto e agite até que o açúcar esteja completamente dissolvido. Esse processo demora um pouco. Você pode aquecer o destilado, desde que esteja coberto para não evaporar o álcool. Não ferva, ou seu recipiente ficará pressurizado e poderá explodir. Espere a bebida esfriar. Você terá no final cerca de 1.120 mL de destilado açucarado. Se estiver usando destilados em garrafas de 750 mL, use 159 gramas de açúcar refinado.

- Se você começou com destilados de 50% de teor alcoólico, use 2 onças (60 mL) por drinque. Você pode precisar de uma bailarina de xarope simples, pois o açúcar em 2 onças será um pouco menor do que o da Margarita. Agora adicione ¼ de onça (7,5 mL) de líquido de sua escolha – suco de laranja, suco de romã, água, tanto faz –, apenas se certifique de que não seja muito açucarado ou alcoólico.

- Se você começou com destilados de 40% de teor alcoólico, adicione 2 ¼ de onças (67,5 mL) da bebida açucarada ao ácido e sal. O nível de álcool será ligeiramente baixo, mas funcionará bem. Com 40% de teor alcoólico, não há espaço para ingredientes extras.

EXEMPLO 1:
Rittenhouse Sour de liquidificador

RENDE UM DRINQUE DE 157 ML COM 16,7% DE TEOR ALCOÓLICO, 7,8 G/100 ML DE AÇÚCAR E 0,61% DE ACIDEZ

INGREDIENTES

- 2 onças (60 mL) de rye Rittenhouse açucarado (44% de teor alcoólico; veja sobre destilado açucarado na página anterior)
- ½ onça (15 mL) de suco de limão-siciliano espremido e coado na hora
- ¼ de onça (7,5 mL) de suco de laranja espremido e coado na hora
- 4 gotas de solução salina ou uma pitada generosa de sal
- 4 onças (120 gramas) de gelo

MODO DE PREPARO

É só bater no liquidificador e beber, meus queridos!

EXEMPLO 2:
Daiquiri de liquidificador

RENDE UM DRINQUE DE 157 ML COM 15% DE TEOR ALCOÓLICO, 8,1 G/100 ML DE AÇÚCAR E 0,57% DE ACIDEZ

INGREDIENTES

- 2 ¼ de onças (67,5 mL) de rum branco Flor de Caña açucarado (35% de teor alcoólico, ver "destilado açucarado")
- ½ onça (15 mL) de suco de limão-taiti espremido e coado na hora
- 4 gotas de solução salina ou uma pitada generosa de sal
- 4 onças (120 gramas) de gelo

MODO DE PREPARO

Bata, beba, repita.

RITTENHOUSE SOUR DE LIQUIDIFICADOR

Os cálculos dos coquetéis: os mecanismos internos das receitas

Recentemente montei um banco de dados com receitas de coquetéis, incluindo as clássicas e as minhas próprias, para poder analisar o teor de etanol, o teor de açúcar, a acidez e a diluição de cada uma delas. As categorias de drinque – montado, mexido, batido, batido no liquidificador e carbonatado (que discutiremos mais tarde) – têm relações claras e bem definidas entre as características, sem levar em conta os sabores de uma receita específica. Isso pode parecer óbvio, mas as implicações não são. Descobri que, com um conjunto de ingredientes e um estilo de drinque, consigo escrever uma receita razoável sem ter de provar nada. Testei esse processo dezenas de vezes e fiquei chocado com o fato de conseguir chegar perto do resultado desejado apenas aplicando a matemática. O amargor é meio que um fator imprevisível – muito difícil de quantificar. Graças a Deus, pelo menos uma coisa!

Não estou falando de trocar rum por gim ou limão-siciliano por limão-taiti. Estou falando do seguinte: com suco de maçã, bourbon, Cointreau e limão-siciliano, posso fazer uma receita com o mesmo perfil básico de um Daiquiri, mudando alguns números? Sim, eu posso. Não terá gosto de Daiquiri, mas terá a mesma pegada. Desenvolvi matematicamente várias receitas neste livro, mas não vou dizer quais para que você não tenha preconceito contra elas.

Realmente não sei como me sinto a respeito dessa habilidade. É um pouco desconcertante. Digo a mim mesmo que ainda preciso entender como os sabores funcionam juntos, ainda preciso de cérebro e paladar – e isso é verdade. Nem toda a matemática do mundo vai ajudar se você não conseguir juntar bons sabores, e também nem sempre ela está certa. Alguns drinques ficam melhores com mais açúcar ou ácido do que a média, outros, com menos. A matemática só lhe dará a estrutura principal do drinque. A alma do drinque serão os aromas e os sabores que você escolher. Mas a matemática tem sido extremamente útil para julgar receitas de coquetéis existentes e para desenvolver as minhas próprias.

É fácil replicar, em um novo drinque, o perfil básico de uma receita que lhe agrada, desde que você conheça o teor de álcool, açúcar e ácido de seus ingredientes e queira chegar aos números de álcool, açúcar, ácido e diluição para o perfil de receita que deseja emular. Para isso, minhas receitas especificam o teor alcoólico, o teor de açúcar, a acidez e o tamanho final do drinque. Para calcular suas próprias receitas com base em meus números, você precisará estar munido de uma lista do teor de álcool, açúcar e ácido dos ingredientes básicos que forneço nas pp. 136-137.

- O etanol é medido em porcentagem de álcool por volume, ou seja, em teor alcoólico.
- O açúcar é medido em gramas por 100 mililitros, abreviado como g/100 mL, o que equivale aproximadamente à "porcentagem". Essa pode parecer uma medida bizarra, mas medições de peso em volume como g/100 mL são a única maneira de lidar com sólidos dissolvidos, como o açúcar, que deve ser medido volumetricamente.
- A acidez é citada como uma porcentagem simples. Embora exista o mesmo problema sólido-líquido para o componente ácido e para o açúcar, a diferença entre a porcentagem real e os gramas por 100 mL é muito pequena nas baixas concentrações de ácido presentes nas bebidas (em geral, aproximadamente uma ordem de grandeza inferior à concentração de açúcar) e é mais fácil pensar em números percentuais.
- Volumes são medidos em mililitros.
- A diluição é medida em porcentagem. Se eu citar uma diluição de 50%, isso significa que cada 100 mL da receita original do coquetel será diluído com 50 mL de água de gelo derretido para um drinque final de 150 mL. Se eu citar uma diluição de 25%, isso significa que cada receita original de coquetel de 100 mL produz 25 mL de diluição de gelo derretido para um drinque final de 125 mL.

COMO A TEMPERATURA, A DILUIÇÃO E OS INGREDIENTES TRABALHAM JUNTOS

Etanol: Os estilos de coquetéis ordenados por teor de álcool, do mais alcoólico para o menos, fornecem esta lista: montado, mexido, batido, batido com clara de ovo, e, empatados por último, batido em liquidificador e carbonatado. Essa mesma ordem, com exceção dos drinques carbonatados e com clara de ovo, classifica os coquetéis do mais quente para o mais frio. Talvez você esperasse o contrário – bebidas com muito etanol parecem ser servidas mais frias em vez de mais quentes, uma vez que o resfriamento costuma ser usado como uma forma de mitigar o alto teor de álcool. Quando você bebe doses puras de vodca,

COMO CALCULAR A DILUIÇÃO

Depois de muitos testes, eu criei uma equação para estimar a diluição resultante ao mexer e ao agitar um drinque, a qual leva em consideração apenas o teor inicial de álcool. Ela funciona bem para a variação dos teores alcoólicos em coquetéis. Descobri que poderia ignorar com segurança o teor de açúcar. Nessas equações, o teor alcoólico (*alcohol by volume*, ABV) deve ser inserido como decimal (22% seria 0,22) e a diluição retorna como percentual decimal. Obtive essas equações medindo uma série de coquetéis e usando o Excel para encaixar uma curva em meus dados.

Diluição de um drinque mexido rapidamente com 120 gramas de cubos de 3,17 cm por 15 segundos:

$$\text{Proporção da diluição} = -1{,}21 \times ABV^2 + 1{,}246 \times ABV + 0{,}145$$

Diluição de um drinque batido com 120 gramas de cubos de 3,17 cm por 10 segundos:

$$\text{Proporção da diluição} = 1{,}567 \times ABV^2 + 1{,}742 \times ABV + 0{,}203$$

elas são resfriadas a temperaturas extremamente baixas – bem abaixo de qualquer temperatura de coquetel – para matar a ardência do álcool. Mas no caso das receitas de coquetéis é o contrário. Por quê? Por causa da Lei Fundamental dos Coquetéis Tradicionais (ver p. 84). Fazer um drinque com alto teor de etanol significa ter menos diluição. Como a diluição e o resfriamento estão vinculados pela Lei Fundamental, essa baixa diluição corresponde a temperaturas mais altas. A natureza dos diferentes estilos de drinque está incorporada na física do resfriamento com gelo. Achamos que os drinques montados e mexidos com alto teor alcoólico ficam melhores mais quentes, e os sabores dos destilados finos nessas bebidas seriam arruinados por temperaturas mais baixas, mas é difícil saber o que veio primeiro, nossas preferências ou a física.

Os drinques com maior teor alcoólico inicial diluirão mais por unidade de volume do que drinques com um menor teor alcoólico inicial (e também ficarão mais frios pela Lei Fundamental). O caso-limite é tentar resfriar um suco com gelo (que não fica muito diluído) e tentar resfriar etanol puro com gelo (que fica muito, muito diluído).

Açúcar: Lembrando que a nossa percepção de dulçor é radicalmente influenciada pelo frio, então seria esperado que os níveis de açúcar fossem mais elevados em drinques batidos mais frios do que em drinques mexidos mais quentes para alcançar o mesmo dulçor no nosso paladar – e são. Os drinques montados, que são mais quentes, têm menos adição de açúcar, mas, por terem tão pouca diluição, muitas vezes acabam com mais açúcar por unidade de volume do que os drinques mexidos.

Ácido: A percepção do ácido não é tão afetada pela temperatura quanto a percepção do açúcar, e o sabor ácido não atenua tão rapidamente quanto o açúcar durante a diluição. Drinques gelados altamente diluídos, como os drinques batidos em liquidificador, terão menos ácido por unidade de açúcar do que drinques batidos mais quentes e menos diluídos. Os drinques mexidos normalmente contêm menos ácido do que os drinques batidos, de liquidificador ou carbonatados, não por causa de sua temperatura ou teor de açúcar, mas porque geralmente não é para eles serem ácidos. Os drinques montados contêm muito pouco ou nenhum ácido.

Concentração de sabor e proporção açúcar-ácido: A concentração de sabor é uma medida da quantidade de açúcar e ácido presentes em um drinque em relação à sua diluição. É difícil de quantificá-la, porque ela lida com dois ingredientes diferentes, o açúcar e o ácido. Normalmente, drinques mais diluídos, como drinques carbonatados e batidos no liquidificador, têm uma concentração geral de sabor mais baixa do que drinques com alto teor alcoólico. A proporção de açúcar para ácido que alcançará o equilíbrio específico que você deseja em uma receita vai mudar, conforme mencionado anteriormente, dependendo da temperatura de serviço do drinque e de sua diluição.

A ESTRUTURA DOS DIFERENTES TIPOS DE DRINQUES

Essas diretrizes para estilos específicos de drinque são baseadas em minha análise de quarenta e cinco coquetéis clássicos – montados, mexidos, batidos e batidos com clara de ovo – e dez receitas de minha autoria com gás e batidas em liquidificador. No gráfico das pp. 128 e 129 e na lista de receitas das pp. 130 a 135, você pode ver todos esses valores. Todos os números representam intervalos típicos, não regras rígidas, e ignoro valores atípicos nos intervalos que apresento.

DRINQUES MONTADOS: Os drinques montados em geral são quase inteiramente alcoólicos, portanto, o volume de álcool depende muito da intensidade do destilado-base. Por serem drinques servidos sobre uma pedra de gelo e bebidos lentamente, os drinques montados precisam ficar gostosos em diferentes diluições. Essa faixa torna impossível uma boa proporção de açúcar para ácido – a proporção adequada mudaria constantemente à medida que a diluição mudasse. Como resultado, os drinques montados normalmente contêm pouco ou nenhum ácido.

    Volume da receita: 70-75 mL
    Volume alcoólico inicial: 34-40%
    Teor inicial de açúcar e ácido: cerca de 9,5 g/100 mL de açúcar; nenhuma acidez
    Diluição: cerca de 24%
    Volume final do drinque: 88-93 mL
    Volume alcoólico final: 27-32%
    Teor final de açúcar e ácido: cerca de 7,6 g/100 mL de açúcar; nenhuma acidez

DRINQUES MEXIDOS: Os drinques mexidos geralmente têm alguma acidez, mas não são azedos. Eles têm uma gama mais ampla de níveis de álcool do que outros drinques. Os dezesseis drinques que analisei variam entre 21% e 29%, com exceção do Widow's Kiss, com 32%. O Negroni é o drinque mexido com menor teor alcoólico. Talvez por isso seja tão versátil, tolerante a muitos níveis de diluição. Os números a seguir pressupõem que você use uma agitação vigorosa de 15 segundos e 120 gramas de gelo com 3,17 cm de aresta.

    Volume da receita: 90-97 mL
    Volume alcoólico inicial: 29-43%
    Teor inicial de açúcar e ácido: 5,3-8,0 g/100 mL de açúcar; 0,15-0,20% de acidez
    Diluição: 41-49%
    Volume final do drinque: 130-142 mL
    Volume alcoólico final: 21-29%
    Teor final de açúcar e ácido: 3,7-5,6 g/100 mL de açúcar; 0,10-0,14% de acidez

DRINQUES BATIDOS: Os drinques batidos costumam ser drinques azedinhos, que contêm partes aproximadamente iguais de xarope simples (ou equivalente) e suco de limão-siciliano ou limão-taiti (ou equivalente). O xarope simples contém dez vezes mais açúcar por volume do que o suco de limão-siciliano ou limão-taiti contém de ácido por volume, então a maioria dos drinques batidos contém cerca de 10 vezes mais açúcar do que ácido. O volume alcoólico final para drinques batidos oscila principalmente entre 15% e 20%. Os volumes de receitas citados aqui são grandes demais para caber em uma taça coupe em alguns casos. Lembre-se de que esses números fornecem o tamanho real do drinque que você cria, não o que é servido no copo. Depois que se leva em consideração o *holdback* e a perda ao servir, o drinque em seu copo pode ficar com uns 7 mL a menos – às vezes, até menos. Minhas suposições são baseadas em uma agitação de 10 segundos com 120 gramas de cubos de gelo de 3,17 cm.

    Volume da receita: 98-112 mL
    Volume alcoólico inicial: 23,0-31,5%
    Teor inicial de açúcar e ácido: 8,0-13,5 g/100 mL de açúcar; 1,20-1,40% de acidez
    Diluição: 51-60%
    Volume final do drinque: 156-178 mL
    Volume alcoólico final: 15,0-19,7%
    Teor final de açúcar e ácido: 5,0-8,9 g/100 mL de açúcar; 0,76-0,94% de acidez

DRINQUES BATIDOS COM CLARA DE OVO: Uma clara de ovo grande tem cerca de 30 mL, então os drinques batidos com clara de ovo começam 30 mL mais diluídos do que seus irmãos batidos. Por serem mais diluídos, os drinques com clara de ovo costumam ter uma proporção maior de açúcar para ácido do que outros drinques batidos, embora os níveis gerais de ácido e açúcar tendam a ser mais baixos porque os drinques são mais diluídos. Minhas suposições aqui são uma agitação seca de 10 segundos para misturar e espumar a clara de ovo no coquetel, seguida por uma agitação de 10 segundos com 120 gramas de cubos de gelo de 3,17 cm.

> **Volume da receita:** 130-143 mL
> **Volume alcoólico inicial:** 18-23%
> **Teor inicial de açúcar e ácido:** 10,0-13,2 g/100 mL de açúcar; 0,73-1,00% de acidez
> **Diluição:** 46-49%. Note que essas taxas de diluição são muito mais baixas do que a de drinques batidos normais por causa do teor alcoólico inicial mais baixo.
> **Volume final do drinque:** 198-209 mL
> **Volume alcoólico final:** 12,1-15,2%
> **Teor final de açúcar e ácido:** 6,7-9,0 g/100 mL de açúcar; 0,49-0,68% de acidez

DRINQUES BATIDOS NO LIQUIDIFICADOR: Analisei os drinques batidos em liquidificador da seção anterior deste livro. Lembre-se de que eu trapaceei um pouco nas leis da diluição ao dissolver o açúcar diretamente no destilado para manter o nível de álcool relativamente alto, apesar da grande diluição. Como os drinques batidos em liquidificador são muito diluídos, eles têm um pouco menos de ácido por unidade de açúcar do que você encontraria em um drinque batido. Os volumes indicados aqui são apenas para a parte líquida da bebida, não para os cristais de gelo não derretidos. Os drinques conterão 45 mL extra de cristais de gelo não derretidos quando forem servidos.

> **Volume da receita:** 82,5 mL
> **Volume alcoólico inicial:** 28,6-32,8%
> **Teor inicial de açúcar e ácido:** 15,0-15,4 g/100 mL de açúcar; 1,08-1,09% de acidez
> **Diluição:** 90%!
> **Volume final do drinque:** 157,5 mL mais um adicional de 45 mL de cristais de gelo
> **Volume alcoólico final:** 15,0-17,2%
> **Teor final de açúcar e ácido:** 7,9-8,1 g/100 mL de açúcar; 0,57% de acidez

DRINQUES CARBONATADOS: Ainda não discutimos a carbonatação, então deixarei os detalhes para mais tarde. Analisei sete de minhas receitas carbonatadas para fornecer uma amostra dos tipos de drinques carbonatados. Desenvolvi todas as receitas com alto teor de álcool (acima de 16%) anos atrás. Minhas receitas mais recentes e mais evoluídas tendem a oscilar entre 14% e 15%. Coquetéis carbonatados tendem a ter proporções de açúcar para ácido ligeiramente mais baixas do que os drinques batidos, os de liquidificador e os com clara de ovo. Assim como outros drinques altamente diluídos, eles também reduzem o teor geral de açúcar e ácido. Os drinques carbonatados são diluídos antes de serem resfriados, então você não tem os números de antes e depois para considerar.

> **Volume da receita:** 150 mL
> **Volume alcoólico:** 14-16%
> **Teor de açúcar e ácido:** 5,0-7,5 g/100 mL de açúcar; 0,38-0,51% de acidez

NEGRONI

AS PROPORÇÕES DE EQUILÍBRIO DE CADA COQUETEL

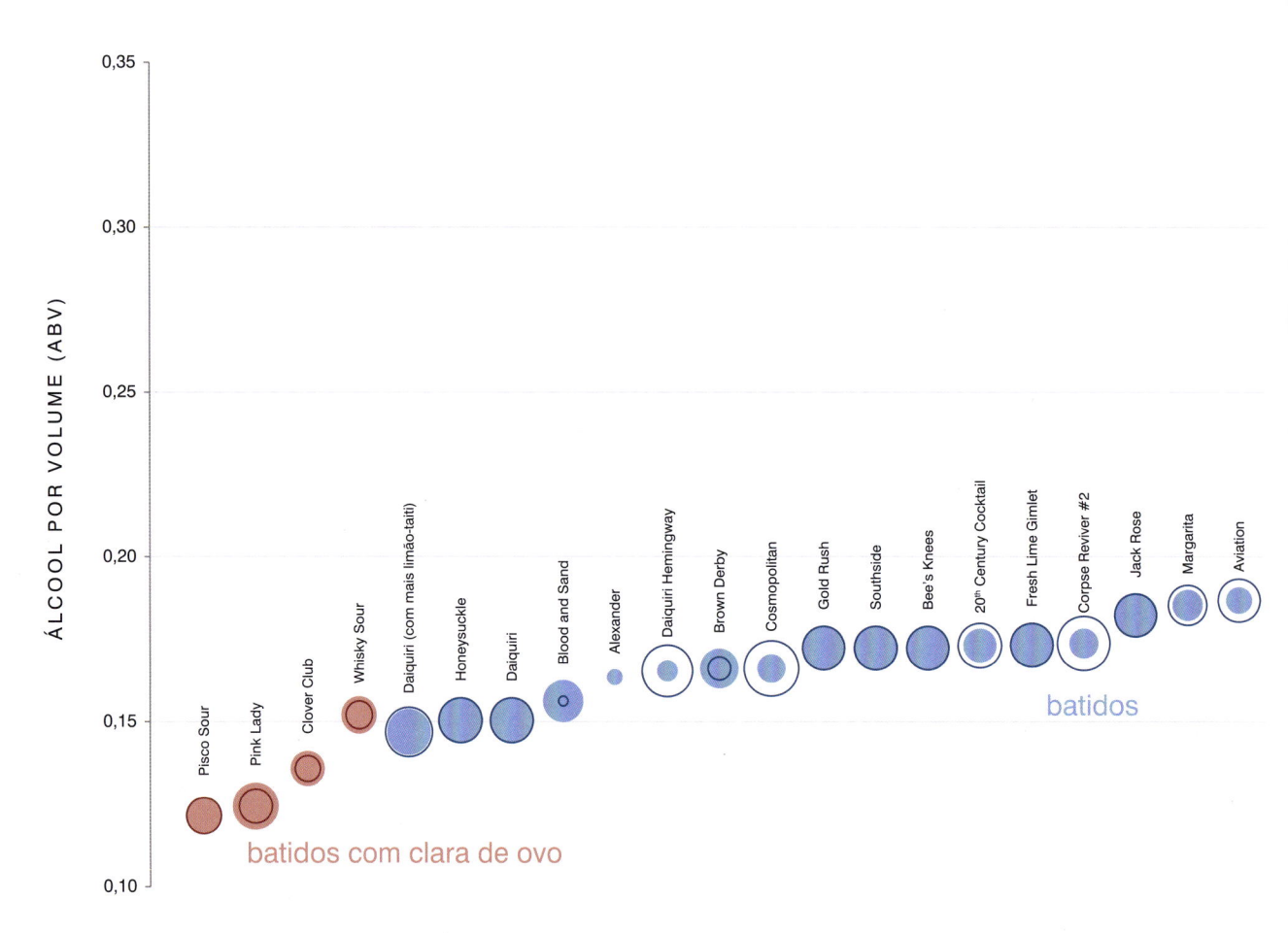

ÁLCOOL POR VOLUME (ABV)

Cocktails (em ordem no eixo x): Pisco Sour, Pink Lady, Clover Club, Whisky Sour, Daiquiri (com mais limão-taiti), Honeysuckle, Daiquiri, Blood and Sand, Alexander, Daiquiri Hemingway, Brown Derby, Cosmopolitan, Gold Rush, Southside, Bee's Knees, 20th Century Cocktail, Fresh Lime Gimlet, Corpse Reviver #2, Jack Rose, Margarita, Aviation.

batidos com clara de ovo

batidos

Coquetéis agrupados por tipo de drinque, apresentados em ordem de teor alcoólico, distribuídos igualmente pelo eixo x para fins de demonstração. Os círculos preenchidos representam o teor de açúcar em gramas por 100 mL. Os círculos vazados representam a acidez em porcentagem.

○ O círculo vazado deste tamanho representa 1% de acidez

● O círculo preenchido deste tamanho representa 10 g/100 mL de açúcar

mexidos

Sidecar · Champs-Elysées · Last Word · Between the Sheets · Brandy Crusta · Blinker · Pegu Club · Negroni · Blackthorn · Hanky Panky · Martinez · Manhattan com bourbon 45% abv · Bobby burns · Rob Roy · Old Pal · Vieux Carré · Brooklyn · Bijou · Manhattan com Rye 50% abv · Rusty Nail · Coquetel melhorado de uísque · De La Louisiane

montados

Widow's Kiss · Old-Fashioned

batidos no liquidificador

Daiquiri de liquidificador · Margarita de liquidificador · Whisky Sour de liquidificador

carbonatados

Margarita carbonatada · Whisky Sour carbonatado · Gim-Tônica (dry) · Negroni carbonatado · Gin & Juice na centrífuga · Gin & Juice no ágar-ágar · Chartruth

COQUETÉIS TRADICIONAIS

ESPECIFICAÇÕES PARA AS PROPORÇÕES DE EQUILÍBRIO DE CADA COQUETEL DO GRÁFICO (PP. 128-129)

MONTADO

OLD-FASHIONED
Volume da mistura: 72,6 mL
Volume final: 90 mL
Início: 39,8% ABV, 9,4 g/100 mL de açúcar, 0% de acidez
Final: 32,1% ABV, 7,6 g/100 mL de açúcar, 0% de acidez
2 oz (60 mL) de bourbon (47% ABV)
⅜ oz (11 mL) de xarope simples
2 dashes de bitter Angostura
Monte sobre uma grande pedra de gelo dentro de um copo tipo old-fashioned com um twist de laranja.

MEXIDOS

WIDOW'S KISS
Volume da mistura: 76,6 mL
Volume final: 113,8 mL
Início: 47,9% ABV, 5,5 g/100 mL de açúcar, 0% de acidez
Final: 32,3% ABV, 3,7 g/100 mL de açúcar, 0% de acidez
2 oz (60 mL) de brandy de maçã (50% ABV)
¼ oz (7,5 mL) de Bénédictine
¼ oz (7,5 mL) de Chartreuse amarelo
2 dashes de bitter Angostura
Mexa e sirva em uma taça coupe.

DE LA LOUISIANE
Volume da mistura: 97,4 mL
Volume final: 143,6 mL
Início: 43,2% ABV, 6,6 g/100 mL de açúcar, 0,09% de acidez
Final: 29,3% ABV, 4,5 g/100 mL de açúcar, 0,06% de acidez
2 oz (60 mL) de rye (50% ABV)
½ oz (15 mL) de Bénédictine
½ oz (15 mL) de vermute doce
3 dashes de bitter Peychaud's
3 dashes de bitter Angostura
3 dashes de absinto
Mexa e sirva em uma taça coupe com uma cereja.

COQUETEL MELHORADO DE UÍSQUE
Volume da mistura: 76,6 mL
Volume final: 113 mL
Início: 43,2% ABV, 9,5 g/100 mL de açúcar, 0% de acidez
Final: 29,3% ABV, 6,5 g/100 mL de açúcar, 0% de acidez
2 oz (60 mL) de rye (50% ABV)
¼ oz (7,5 mL) de Luxardo Maraschino
¼ oz (7,5 mL) de xarope simples
2 dashes de bitter Angostura
Mexa e sirva sobre uma grande pedra de gelo dentro de um copo tipo old-fashioned enxaguado com absinto, com um twist de limão-siciliano.

RUSTY NAIL
Volume da mistura: 75 mL
Volume final: 110,4 mL
Início: 42,4% ABV, 6 g/100 mL de açúcar, 0% de acidez
Final: 28,8% ABV, 4,1 g/100 mL de açúcar, 0% de acidez
2 oz (60 mL) de scotch (43% ABV)
½ oz (15 mL) de Drambuie
Mexa e sirva sobre uma grande pedra de gelo dentro de um copo tipo old-fashioned com uma casca de limão-siciliano.

MANHATTAN COM RYE
Volume da mistura: 88,3 mL
Volume final: 129,2 mL
Início: 39,8% ABV, 4,9 g/100 mL de açúcar, 0,18% de acidez
Final: 27,2% ABV, 3,4 g/100 mL de açúcar, 0,12% de acidez
2 oz (60 mL) de rye (50% ABV)
0,875 oz (26,66 mL) de vermute doce
2 dashes de bitter Angostura
Mexa e sirva dentro de uma taça coupe com uma cereja ou um twist de laranja.

BIJOU
Volume da mistura: 90,8 mL
Volume final: 132,9 mL
Início: 39,6% ABV, 13,6 g/100 mL de açúcar, 0,2% de acidez
Final: 27,1% ABV, 9,3 g/100 mL de açúcar, 0,14% de acidez
1 oz (30 mL) de gim (47,3% ABV)
1 oz (30 mL) de vermute doce
1 oz (30 mL) de Chartreuse verde
1 dash de bitter de laranja
Mexa e sirva em uma taça coupe com uma cereja e um twist de limão-siciliano.

BROOKLYN
Volume da mistura: 97,6 mL
Volume final: 142,3 mL
Início: 38,3% ABV, 6,1 g/100 mL de açúcar, 0,09% de acidez
Final: 26,3% ABV, 4,2 g/100 mL de açúcar, 0,06% de acidez
2 oz (60 mL) de rye (50% ABV)
½ oz (15,75 mL) de Amer Picon
½ oz (14,25 mL) de vermute seco
¼ oz (6,75 mL) de Luxardo Maraschino
1 dash de bitter Angostura
Mexa e sirva em uma taça coupe com uma cereja.

VIEUX CARRÉ
Volume da mistura: 91,6 mL
Volume final: 133,4 mL
Início: 37,6% ABV, 5,9 g/100 mL de açúcar, 0,15% de acidez
Final: 25,9% ABV, 4,1 g/100 mL de açúcar, 0,1% de acidez
1 oz (30 mL) de rye (50% ABV)
1 oz (30 mL) de cognac (41% ABV)
¾ oz (23,25 mL) de vermute doce
¼ oz (6,75 mL) de Bénédictine
1 dash de bitter Angostura
1 dash de bitter Peychaud's
Mexa e sirva sobre uma grande pedra de gelo em um copo tipo old-fashioned.

OLD PAL
Volume da mistura: 105 mL
Volume final: 152,8 mL
Início: 37,5% ABV, 5,8 g/100 mL de açúcar, 0,13% de acidez
Final: 25,7% ABV, 4 g/100 mL de açúcar, 0,09% de acidez
2 oz (60 mL) de rye (50% ABV)
¾ oz (22,5 mL) de Campari
¾ oz (22,5 mL) de vermute seco
Mexa e sirva em uma taça coupe.

ROB ROY
Volume da mistura: 99,1 mL
Volume final: 144,1 mL
Início: 37% ABV, 3,7 g/100 mL de açúcar, 0,14% de acidez
Final: 25,5% ABV, 2,5 g/100 mL de açúcar, 0,09% de acidez
2,5 oz (75 mL) de scotch (43% ABV)
¾ oz (22,5 mL) de vermute doce
2 dashes de bitter Angostura
Mexa e sirva em uma taça coupe com um twist de limão-siciliano.

BOBBY BURNS
Volume da mistura: 90 mL
Volume final: 130,4 mL
Início: 36,1% ABV, 6 g/100 mL de açúcar, 0,15% de acidez
Final: 24,9% ABV, 4,2 g/100 mL açúcar, 0,1% de acidez
2 oz (60 mL) de scotch (43% ABV)
¾ oz (22,5 mL) de vermute doce
¼ oz (7,5 mL) de Bénédictine
Mexa e sirva em uma taça coupe com um twist de limão-siciliano.

MANHATTAN COM BOURBON
Volume da mistura: 91,6 mL
Volume final: 132,6 mL
Início: 35,7% ABV, 5,3 g/100 mL de açúcar, 0,2% de acidez
Final: 24,6% ABV, 3,7 g/100 mL de açúcar, 0,14% de acidez
2 oz (60 mL) de bourbon (45% ABV)
1 oz (30 mL) de vermute doce
2 dashes de bitter Angostura
Mexa e sirva em uma taça coupe com uma cereja ou um twist de laranja.

MARTINEZ
Volume da mistura: 98,4 mL
Volume final: 140,8 mL
Início: 32,2% ABV, 9,5 g/100 mL de açúcar, 0,18% de acidez
Final: 22,5% ABV, 6,6 g/100 mL de açúcar, 0,13% de acidez
2 oz (60 mL) de gim Old Tom (40% ABV)
1 oz (30 mL) de vermute doce
¼ oz (6,75 mL) de Luxardo Maraschino
1 dash de bitter Angostura
1 dash de bitter de laranja
Mexa e sirva em uma taça coupe com um twist de limão-siciliano.

HANKY PANKY
Volume da mistura: 94 mL
Volume final: 134,4 mL
Início: 32,1% ABV, 8 g/100 mL de açúcar, 0,29% de acidez
Final: 22,4% ABV, 5,6 g/100 mL de açúcar, 0,2% de acidez
1 ½ oz (45 mL) de vermute doce
1 ½ oz (45 mL) de gim (47% ABV)
1 colher bailarina de Fernet-Branca
Mexa e sirva em uma taça coupe com um twist de laranja.

BLACKTHORN
Volume da mistura: 91,6 mL
Volume final: 130 mL
Início: 30% ABV, 8,9 g/100 mL de açúcar, 0,15% de acidez
Final: 21,1% ABV, 6,3 g/100 mL de açúcar, 0,1% de acidez
1 ½ oz (45 mL) de gim Plymouth
¾ oz (22,5 mL) de vermute doce
¾ oz (22,5 mL) de sloe gim
2 dashes de bitter de laranja
Mexa e sirva em uma taça coupe com um twist de laranja.

NEGRONI
Volume da mistura: 90 mL
Volume final: 127,3 mL
Início: 29,3% ABV, 13,3 g/100 mL de açúcar, 0,2% de acidez
Final: 20,7% ABV, 9,4 g/100 mL de açúcar, 0,14% de acidez
1 oz (30 mL) de vermute doce
1 oz (30 mL) de gim (47,3% ABV)
1 oz (30 mL) de Campari
Mexa e sirva em uma taça coupe ou sobre uma pedra grande de gelo em um copo tipo old-fashioned com um twist de laranja ou de grapefruit.

BATIDOS

PEGU CLUB
Volume da mistura: 106,6 mL
Volume final: 172 mL
Início: 33,8% ABV, 6,7 g/100 mL de açúcar, 1,27% de acidez
Final: 21% ABV, 4,2 g/100 mL de açúcar, 0,78% de acidez
2 oz (60 mL) de gim (47,3% ABV)
¾ oz (22,5 mL) de suco de limão-taiti
¾ oz (22,5 mL) de Curaçao
1 dash de bitter de laranja
1 dash de bitter Angostura
Agite e sirva em uma taça coupe com uma rodela de limão-taiti.

BLINKER
Volume da mistura: 86,5 mL
Volume final: 140 mL
Início: 34,7% ABV, 6,7 g/100 mL de açúcar, 0,62% de acidez
Final: 21,4% ABV, 4,1 g/100 mL de açúcar, 0,39% de acidez
2 oz (60 mL) de rye (50% ABV)
¾ oz (22,5 mL) de suco de grapefruit
1 colher bailarina de xarope de framboesa
Agite e sirva em uma taça coupe.

BRANDY CRUSTA
Volume da mistura: 97,5 mL
Volume final: 156,3 mL
Início: 32,5% ABV, 7,6 g/100 mL de açúcar, 0,92% de acidez
Final: 20,2% ABV, 4,7 g/100 mL de açúcar, 0,58% de acidez
2 oz (60 mL) de cognac (41% ABV)
½ oz (15 mL) de Curaçao
½ oz (15 mL) de suco de limão-siciliano
¼ oz (7,5 mL) de Luxardo Maraschino
Agite e sirva em uma taça coupe com açúcar na borda, com uma grande espiral de limão-siciliano.

BETWEEN THE SHEETS
Volume da mistura: 97,5 mL
Volume final: 156,2 mL
Início: 32,2% ABV, 7,2 g/100 mL de açúcar, 0,92% de acidez

CONTINUA

Final: 20,1% ABV, 4,5 g/100 mL de açúcar, 0,58% de acidez
1 ½ oz (45 mL) de cognac (41% ABV)
¾ oz (22,5 mL) de Curaçao
½ oz (15 mL) de rum branco (40% ABV)
½ oz (15 mL) de suco de limão-siciliano
Agite e sirva em uma taça coupe com um twist de limão-siciliano (não acrescente a casca ao drinque).

LAST WORD
Volume da mistura: 90,1 mL
Volume final: 144,2 mL
Início: 32% ABV, 15,4 g/100 mL de açúcar, 1,50% de acidez
Final: 20% ABV, 9,6 g/100 mL de açúcar, 0,94% de acidez
¾ oz (22,5 mL) de suco de limão-taiti
¾ oz (22,5 mL) de Chartreuse verde
¾ oz (22,5 mL) de Luxardo Maraschino
¾ oz (22,5 mL) de gim Plymouth
2 gotas de solução salina
Agite e sirva em uma taça coupe.

CHAMPS-ÉLYSÉES
Volume da mistura: 105,8 mL
Volume final: 168,8 mL
Início: 31,4% ABV, 8,3 g/100 mL de açúcar, 1,28% de acidez
Final: 19,7% ABV, 5,2 g/100 mL de açúcar, 0,8% de acidez
2 oz (60 mL) de cognac (41% ABV)
¾ oz (22,5 mL) de suco de limão-siciliano
½ oz (15 mL) de Chartreuse verde
¼ oz (7,5 mL) de xarope simples
1 dash de bitter Angostura
Agite e sirva em uma taça coupe com um twist de limão-siciliano (não acrescente a casca ao drinque).

SIDECAR
Volume da mistura: 112,5 mL
Volume final: 178,2 mL
Início: 29,9% ABV, 9,4 g/100 mL de açúcar, 1,2% de acidez
Final: 18,9% ABV, 6 g/100 mL de açúcar, 0,76% de acidez
2 oz (60 mL) de cognac (41% ABV)
¾ oz (22,5 mL) de Cointreau
¾ oz (22,5 mL) de suco de limão-siciliano
¼ oz (7,5 mL) de xarope simples
Agite e sirva em uma taça coupe com um twist de laranja (não acrescente a casca ao drinque).

AVIATION
Volume da mistura: 105 mL
Volume final: 166 mL
Início: 29,5% ABV, 8 g/100 mL de açúcar, 1,29% de acidez
Final: 18,7% ABV, 5,1 g/100 mL de açúcar, 0,81% de acidez
2 oz (60 mL) de gim Plymouth
¾ oz (22,5 mL) de suco de limão-siciliano
½ oz (15 mL) de Luxardo Maraschino
¼ oz (7,5 mL) de crème de violette
Agite e sirva em uma taça coupe.

MARGARITA
Volume da mistura: 112,8 mL
Volume final: 178 mL
Início: 29,3% ABV, 9,4 g/100 mL de açúcar, 1,2% de acidez
Final: 18,5% ABV, 6 g/100 mL de açúcar, 0,76% de acidez
2 oz (60 mL) de tequila blanco (40% ABV)
¾ oz (22,5 mL) de suco de limão-taiti
¾ oz (22,5 mL) de Cointreau
¼ oz (7,5 mL) de xarope simples
5 gotas de solução salina
Agite e sirva em uma taça coupe (borda com sal opcional).

JACK ROSE
Volume da mistura: 105,8 mL
Volume final: 166,6 mL
Início: 28,7% ABV, 13,5 g/100 mL de açúcar, 1,28% de acidez
Final: 18,2% ABV, 8,5 g/100 mL de açúcar, 0,81% de acidez
2 oz (60 mL) de brandy de maçã (50% ABV)
¾ oz (22,5 mL) de grenadine
¾ oz (22,5 mL) de suco de limão-siciliano
1 dash de bitter Angostura
Agite e sirva em uma taça coupe.

CORPSE REVIVER #2
Volume da mistura: 92,5 mL
Volume final: 144,3 mL
Início: 27,1% ABV, 8,9 g/100 mL de açúcar, 1,61% de acidez
Final: 17,4% ABV, 5,7 g/100 mL de açúcar, 1,03% de acidez
¾ oz (22,5 mL) de suco de limão-siciliano
¾ oz (22,5 mL) de gim (47% ABV)
¾ oz (22,5 mL) de Cointreau
¾ oz (22,5 mL) de Lillet Blanc
3 dashes de absinto ou Pernod
Agite e sirva em uma taça coupe com um twist de laranja (não acrescente a casca ao drinque).

FRESH LIME GIMLET
Volume da mistura: 105 mL
Volume final: 163,7 mL
Início: 27% ABV, 13,5 g/100 mL de açúcar, 1,29% de acidez
Final: 17,3% ABV, 8,7 g/100 mL de açúcar, 0,82% de acidez
2 oz (60 mL) de gim (47,3% ABV)
¾ oz (22,5 mL) de suco de limão-taiti
¾ oz (22,5 mL) de xarope simples
Agite e sirva em uma taça coupe com uma rodela de limão-taiti.

20TH CENTURY COCKTAIL
Volume da mistura: 112,5 mL
Volume final: 175,4 mL
Início: 27% ABV, 10,1 g/100 mL de açúcar, 1,32% de acidez
Final: 17,3% ABV, 6,5 g/100 mL de açúcar, 0,85% de acidez
1 ½ oz (45 mL) de gim (47% ABV)
¾ oz (22,5 mL) de suco de limão-siciliano
¾ oz (22,5 mL) de crème de cacao branco
¾ oz (22,5 mL) de Lillet Blanc
Agite e sirva em uma taça coupe.

BEE'S KNEES
Volume da mistura: 105 mL

Volume final: 163,6 mL
Início: 26,9% ABV, 13,5 g/100 mL de açúcar, 1,29% de acidez
Final: 17,2% ABV, 8,7 g/100 mL de açúcar, 0,83% de acidez
2 oz (60 mL) de gim (47% ABV)
¾ oz (22,5 mL) de xarope de mel
¾ oz (22,5 mL) de suco de limão--siciliano
Agite e sirva em uma taça coupe com uma rodela de limão--siciliano.

SOUTHSIDE
Volume da mistura: 105 mL
Volume final: 163,6 mL
Início: 26,9% ABV, 13,5 g/100 mL de açúcar, 1,29% de acidez
Final: 17,2% ABV, 8,7 g/100 mL de açúcar, 0,83% de acidez
2 oz (60 mL) de gim (47% ABV)
¾ oz (22,5 mL) de suco de limão--siciliano
¾ oz (22,5 mL) de xarope simples
Agite com um punhado de folhas de hortelã e sirva em uma taça coupe com hortelã.

GOLD RUSH
Volume da mistura: 105 mL
Volume final: 163,6 mL
Início: 26,9% ABV, 13,5 g/100 mL de açúcar, 1,29% de acidez
Final: 17,2% ABV, 8,7 g/100 mL de açúcar, 0,83% de acidez
2 oz (60 mL) de bourbon (47% ABV)
¾ oz (22,5 mL) de suco de limão--siciliano
¾ oz (22,5 mL) de xarope de mel
Agite e sirva sobre um cubo de gelo grande em um copo tipo old-fashioned.

COSMOPOLITAN
Volume da mistura: 105 mL
Volume final: 162,5 mL
Início: 25,7% ABV, 8,4 g/100 mL de açúcar, 1,63% de acidez
Final: 16,6% ABV, 5,5 g/100 mL de açúcar, 1,05% de acidez
1 ½ oz (45 mL) de vodca Absolut Citron
¾ oz (22,5 mL) de Cointreau
¾ oz (22,5 mL) de suco de cranberry
½ oz (15 mL) de suco de limão--taiti
Agite e sirva em uma taça coupe com um twist de laranja (flambado, se desejar)(não acrescente a casca ao drinque).
Nota: Toby Cecchini, inventor do Cosmo, me contou que esta receita é uma farsa. Segundo ele, a receita verdadeira é esta versão ainda mais ácida:

COSMOPOLITAN TC (NÃO CONSTA NO GRÁFICO)
Volume da mistura: 139 mL
Volume final: 215 mL
Início: 25,9% ABV, 7,2 g/100 mL de açúcar, 1,85% de acidez
Final: 16,7% ABV, 4,7 g/100 mL de açúcar, 1,19% de acidez
2 oz (60 mL) de vodca Absolut Citron
1 oz (30 mL) de Cointreau
¾ oz (22,5 mL) de suco de limão--taiti
½ oz (15 mL) de suco de cranberry
Agite e sirva em uma taça coupe com um twist de laranja.

BROWN DERBY
Volume da mistura: 105 mL
Volume final: 162,5 mL
Início: 25,7% ABV, 11,8 g/100 mL de açúcar, 0,69% de acidez
Final: 16,6% ABV, 7,6 g/100 mL de açúcar, 0,44% de acidez
2 oz (60 mL) de bourbon (45% ABV)
1 oz (30 mL) de suco de grapefruit
½ oz (15 mL) de xarope de mel
Agite e sirva em uma taça coupe com um twist de grapefruit (não acrescente a casca ao drinque).

DAIQUIRI HEMINGWAY
Volume da mistura: 112,6 mL
Volume final: 174,1 mL
Início: 25,6% ABV, 6,4 g/100 mL de açúcar, 1,52% de acidez
Final: 16,5% ABV, 4,1 g/100 mL de açúcar, 0,98% de acidez
2 oz (60 mL) de rum branco (40% ABV)
¾ oz (22,5 mL) de suco de limão--taiti
½ oz (15 mL) de suco de grapefruit
½ oz (15 mL) de Luxardo Maraschino
2 gotas de solução salina
Agite e sirva em uma taça coupe com uma rodela de limão.

ALEXANDER
Volume da mistura: 97,5 mL
Volume final: 150,4 mL
Início: 25,2% ABV, 4,7 g/100 mL de açúcar, 0% de acidez
Final: 16,4% ABV, 3,1 g/100 mL de açúcar, 0% de acidez
2 oz (60 mL) de cognac (41% ABV)
1 oz (30 mL) de creme de leite fresco
¼ oz (7,5 mL) de xarope de açúcar demerara
Agite e sirva em uma taça coupe com noz-moscada ralada.

BLOOD AND SAND
Volume da mistura: 90 mL
Volume final: 137,7 mL
Início: 23,9% ABV, 12,3 g/100 mL de açúcar, 0,28% de acidez
Final: 15,6% ABV, 8 g/100 mL de açúcar, 0,19% de acidez
1 oz (30 mL) de scotch (43% ABV)
¾ oz (22,5 mL) de licor de cereja Heering
¾ oz (22,5 mL) de vermute doce
½ oz (15 mL) de suco de laranja
Agite e sirva em uma taça coupe com um twist de laranja (flambado, se desejar).

DAIQUIRI CLÁSSICO
Volume da mistura: 105 mL
Volume final: 159,5 mL
Início: 22,9% ABV, 13,5 g/100 mL de açúcar, 1,29% de acidez
Final: 15% ABV, 8,9 g/100 mL de açúcar, 0,85% de acidez
2 oz (60 mL) de rum branco (40% ABV)
¾ oz (22,5 mL) de suco de limão--taiti
¾ oz (22,5 mL) de xarope simples
Agite e sirva em uma taça coupe.

CONTINUA

HONEYSUCKLE
Volume da mistura: 105 mL
Volume final: 159,5 mL
Início: 22,9% ABV, 13,5 g/100 mL de açúcar, 1,29% de acidez
Final: 15% ABV, 8,9 g/100 mL de açúcar, 0,85% de acidez
2 oz (60 mL) de rum branco (40% ABV)
¾ oz (22,5 mL) de suco de limão-taiti
¾ oz (22,5 mL) de xarope de mel
Agite e sirva em uma taça coupe com uma rodela de limão-taiti.

DAIQUIRI (COM MAIS LIMÃO-TAITI)
Volume da mistura: 108 mL
Volume final: 163,4 mL
Início: 22,2% ABV, 13,2 g/100 mL de açúcar, 1,42% de acidez
Final: 14,7% ABV, 8,7 g/100 mL de açúcar, 0,94% de acidez
2 oz (60 mL) de rum branco (40% ABV)
0,875 oz (25,5 mL) de suco de limão-taiti
¾ oz (22,5 mL) de xarope simples
Agite e sirva em uma taça coupe.

COM CLARA DE OVO
WHISKY SOUR
Volume da mistura: 130,1 mL
Volume final: 197,9 mL
Início: 23,1% ABV, 10,9 g/100 mL de açúcar, 0,81% de acidez
Final: 15,2% ABV, 7,1 g/100 mL de açúcar, 0,53% de acidez
2 oz (60 mL) de rye (50% ABV)
¾ oz (22,5 mL) de xarope simples
0,625 oz (17,5 mL) de suco de limão-siciliano
2 gotas de solução salina
1 oz (30 mL) de clara de ovo
Agite sem gelo para misturar e espumar a clara de ovo, depois agite com gelo e sirva em uma taça coupe.

CLOVER CLUB
Volume da mistura: 135 mL
Volume final: 201,4 mL
Início: 20,3% ABV, 10 g/100 mL de açúcar, 0,73% de acidez
Final: 13,6% ABV, 6,7 g/100 mL de açúcar, 0,49% de acidez
2 oz (60 mL) de gim Plymouth
1 oz (30 mL) de clara de ovo
½ oz (15 mL) de vermute seco Dolin
½ oz (15 mL) de xarope de framboesa
½ oz (15 mL) de suco de limão-siciliano
1 oz (30 mL) de clara de ovo
Agite sem gelo para misturar e espumar a clara de ovo, depois agite com gelo e sirva em uma taça coupe. Decore com uma framboesa.

PINK LADY
Volume da mistura: 142,5 mL
Volume final: 209,4 mL
Início: 18,3% ABV, 13,2 g/100 mL de açúcar, 0,95% de acidez
Final: 12,4% ABV, 9 g/100 mL de açúcar, 0,64% de acidez
1 ½ oz (45 mL) de gim Plymouth
1 oz (30 mL) de clara de ovo
¾ oz (22,5 mL) de suco de limão-siciliano
½ oz (15 mL) de grenadine
½ oz (15 mL) de xarope simples
½ oz (15 mL) de Laird's Applejack Bottled in Bond
Agite sem gelo para misturar e espumar a clara de ovo, depois agite com gelo e sirva em uma taça coupe.

PISCO SOUR
Volume da mistura: 135 mL
Volume final: 197,5 mL
Início: 17,8% ABV, 11/2 g/100 mL de açúcar, 1,00% de acidez
Final: 12,1% ABV, 7,2 g/100 mL de açúcar, 0,68% de acidez
2 oz (60 mL) de pisco (40% ABV)
1 oz (30 mL) de clara de ovo
¾ oz (22,5 mL) de suco de limão-taiti
¾ oz (22,5 mL) de xarope simples
Agite sem gelo para misturar e espumar a clara de ovo, depois agite com gelo e sirva em uma taça coupe com 3 gotas de bitter Angostura ou Amargo Chuncho por cima.

BATIDOS NO LIQUIDIFICADOR
WHISKY SOUR DE LIQUIDIFICADOR
Volume da mistura: 157,7 mL
Volume final: 157,7 mL
Início: 16,7% ABV, 7,8 g/100 mL de açúcar, 0,61% de acidez
Final: 16,7% ABV, 7,8 g/100 mL de açúcar, 0,61% de acidez
2 ½ oz (75 mL) de água
2 oz (60 mL) de rye de 100 provas açucarado (44% ABV)
½ oz (15 mL) de suco de limão-siciliano
¼ oz (7,5 mL) de suco de laranja
4 gotas de solução salina
Bata no liquidificador com 120 gramas de gelo, coe os pedaços grandes e sirva em uma taça coupe.

MARGARITA DE LIQUIDIFICADOR
Volume da mistura: 158 mL
Volume final: 158 mL
Início: 17,2% ABV, 7,9 g/100 mL de açúcar, 1,27% de acidez
Final: 17,2% ABV, 7,9 g/100 mL de açúcar, 1,27% de acidez
2 ½ oz (75 mL) de água
1 oz (30 mL) de Cointreau
¾ oz (22,5 mL) de mescal branco (40% ABV)
½ oz (15 mL) de Chartreuse amarelo
½ oz (15 mL) de suco de limão-taiti
10 gotas de bitter Hellfire
Bata no liquidificador com 120 gramas de gelo, coe os pedaços grandes e sirva em uma taça coupe.

DAIQUIRI DE LIQUIDIFICADOR
Volume da mistura: 157,7 mL
Volume final: 157,7 mL
Início: 15% ABV, 8,1 g/100 mL de açúcar, 1,27% de acidez
Final: 15% ABV, 8,1 g/100 mL de açúcar, 1,27% de acidez
2 ½ oz (75 mL) de água
2 ¼ oz (67,5 mL) de rum de 80 provas açucarado (35% ABV)
½ oz (15 mL) de suco de limão-taiti
4 gotas de solução salina

Bata no liquidificador com 120 gramas de gelo, coe os pedaços grandes e sirva em uma taça coupe.

CARBONATADOS

CHARTRUTH
Volume da mistura: 165 mL
Volume final: 165 mL
Início: 18% ABV, 8,3 g/100 mL de açúcar, 1,21% de acidez
Final: 18% ABV, 8,3 g/100 mL de açúcar, 1,21% de acidez
3 ¼ oz (97 mL) de água
1 ¾ oz (54 mL) de Chartreuse verde
½ oz (14 mL) de suco de limão-taiti clarificado
Resfrie e carbonate.

GIN & JUICE CLARIFICADO COM ÁGAR-ÁGAR
Volume da mistura: 165,1 mL
Volume final: 165,1 mL
Início: 16,9% ABV, 5 g/100 mL de açúcar, 1,16% de acidez
Final: 16,9% ABV, 5 g/100 mL de açúcar, 1,16% de acidez
2 ⅝ oz (80 mL) de suco de grapefruit clarificado com ágar-ágar
2 oz (59 mL) de gim (47,3% ABV)
⅞ oz (26 mL) de água
2 gotas de solução salina
Resfrie e carbonate.

GIN & JUICE CLARIFICADO NA CENTRÍFUGA
Volume da mistura: 165 mL
Volume final: 165 mL
Início: 15,8% ABV, 7,2 g/100 mL de açúcar, 0,91% de acidez
Final: 15,8% ABV, 7,2 g/100 mL de açúcar, 0,91% de acidez
1 ⅞ oz (55 mL) de gim (47,3% ABV)
1 ⅞ oz (55 mL) de suco de grapefruit clarificado na centrífuga
1 ⅜ oz (42 mL) de água
⅜ oz (10 mL) de xarope simples
4 dashes de ácido de champanhe
Resfrie e carbonate.

NEGRONI CARBONATADO
Volume da mistura: 165,1 mL
Volume final: 165,1 mL
Início: 16% ABV, 7,3 g/100 mL de açúcar, 0,38% de acidez
Final: 16% ABV, 7,3 g/100 mL de açúcar, 0,38% de acidez
2 ¼ oz (67,5 mL) de água
1 oz (30 mL) de vermute doce
1 oz (30 mL) de gim (47,3% ABV)
1 oz (30 mL) de Campari
¼ oz (7,5 mL) de suco de limão-taiti clarificado ou ácido de champanhe
2 gotas de solução salina
Resfrie e carbonate. Sirva com um twist de grapefruit (não acrescente a casca ao drinque).

GIM-TÔNICA (DRY)
Volume da mistura: 164,6 mL
Volume final: 164,6 mL
Início: 15,4% ABV, 4,9 g/100 mL de açúcar, 0,41% de acidez
Final: 15,4% ABV, 4,9 g/100 mL de açúcar, 0,41% de acidez
2 ⅞ oz (87 mL) de água
1 ¾ oz (53,5 mL) de gim (47,3% ABV)
⅜ oz (12,8 mL) de xarope simples de quinino
⅜ oz (12 mL) de suco de limão-taiti clarificado
2 gotas de solução salina
Resfrie e carbonate.

WHISKY SOUR CARBONATADO
Volume da mistura: 162 mL
Volume final: 162 mL
Início: 15,2% ABV, 7,2 g/100 mL de açúcar, 0,44% de acidez
Final: 15,2% ABV, 7,2 g/100 mL de açúcar, 0,44% de acidez
2 ⅝ oz (78,75 mL) de água
1 ¾ oz (52,5 mL) de bourbon (47% ABV)
⅝ oz (18,75 mL) de xarope simples
⅜ oz (12 mL) de suco de limão-siciliano clarificado
2 gotas de solução salina
Resfrie e carbonate.

MARGARITA CARBONATADA
Volume da mistura: 165,2 mL
Volume final: 165,2 mL
Início: 14,2% ABV, 7,1 g/100 mL de açúcar, 0,44% de acidez
Final: 14,2% ABV, 7,1 g/100 mL de açúcar, 0,44% de acidez
2 ½ oz (76 mL) de água
2 oz (58,5 mL) de tequila blanco (40% ABV)
⅝ oz (18,75 mL) de xarope simples
⅜ oz (12 mL) de suco de limão-taiti clarificado
4 gotas de solução salina
Resfrie e carbonate.

PORCENTAGEM DOS INGREDIENTES DOS COQUETÉIS

NOTA: Os níveis de álcool que listei para destilados comerciais são precisos. Como é difícil medir os níveis de açúcar em qualquer bebida alcoólica que contenha açúcar e álcool (como a Chartreuse), confiei em fontes publicadas e em suposições fundamentadas para fornecer os níveis de açúcar. Os números para o ácido em licores à base de vinho também são aproximações fundamentadas. Os níveis de açúcar e ácido para os sucos de frutas são valores médios fornecidos pelo governo dos Estados Unidos e por produtores comerciais para sucos integrais (e não os concentrados); para a maçã wickson, usei minhas próprias medições de refratômetro. É claro que o açúcar e a acidez das frutas variam muito. Os níveis de álcool dos destilados modificados são as estimativas mais próximas que consegui obter.

Não há nenhum destilado puro incluído nessa lista. Seus níveis de álcool estão listados nas garrafas e normalmente não contêm açúcar e apresentam um mínimo de ácido titulável, mesmo quando envelhecidos em carvalho.

TIPO	INGREDIENTE	ETANOL	DULÇOR	ÁCIDO TITULÁVEL
Vermutes	Carpano Antica Formula	16,5%	16,0%	0,60%
	Dolin Blanc	16,0%	13,0%	0,60%
	Dolin Dry	17,5%	3,0%	0,60%
	Dolin Rouge	16,0%	13,0%	0,60%
	Vermute seco genérico	17,5%	3,0%	0,60%
	Vermute doce genérico	16,5%	16,0%	0,60%
	Lillet Blanc	17,0%	9,5%	0,60%
	Martinelli	16,0%	16,0%	0,60%
Licores	Amaro CioCiaro	30,0%	16,0%	0,00%
	Amer Picon	15,0%	20,0%	0,00%
	Aperol	11,0%	24,0%	0,00%
	Bénédictine	40,0%	24,5%	0,00%
	Campari	24,0%	24,0%	0,00%
	Chartreuse verde	55,0%	25,0%	0,00%
	Chartreuse amarelo	40,0%	31,2%	0,00%
	Cointreau	40,0%	25,0%	0,00%
	Crème de cacao branco	24,0%	39,5%	0,00%
	Crème de violette	20,0%	37,5%	0,00%
	Drambuie	40,0%	30,0%	0,00%
	Fernet-Branca	39,0%	8,0%	0,00%
	Luxardo Maraschino	32,0%	35,0%	0,00%
Bitters	Angostura	44,7%	4,2%	0,00%
	Peychauds	35,0%	5,0%	0,00%
Sucos	Maçã ashmead's kernel	0,0%	14,7%	1,25%
	Uva concord	0,0%	18,0%	0,50%
	Cranberry	0,0%	13,3%	3,60%
	Maçã granny smith	0,0%	13,0%	0,93%

TIPO	INGREDIENTE	ETANOL	DULÇOR	ÁCIDO TITULÁVEL
	Grapefruit	0,0%	10,4%	2,40%
	Maçã honeycrisp	0,0%	13,8%	0,66%
	Laranja	0,0%	12,4%	0,80%
	Morango	0,0%	8%	1,50%
	Maçã wickson	0,0%	14,7%	1,25%
Ácidos	Ácido de champanhe	0,0%	0,0%	6,00%
	Suco de limão-siciliano	0,0%	1,6%	6,00%
	Laranja com acidez de limão-taiti	0,0%	0,0%	6,00%
	Suco de limão-taiti	0,0%	1,6%	6,00%
	Suco de laranja, com acidez de limão	0,0%	12,4%	6,00%
Adoçantes	Xarope de caramelo 70 Brix (tem baixo nível de dulçor por causa da quebra do açúcar durante a caramelização – um palpite)	0,0%	61,5%	0,00%
	Xarope de manteiga	0,0%	42,1%	0,00%
	Xarope de semente de coentro	0,0%	61,5%	0,00%
	Xarope de açúcar demerara	0,0%	61,5%	0,00%
	Xarope de grãos de selim	0,0%	61,5%	0,00%
	Xarope de mel	0,0%	61,5%	0,00%
	Xarope de bordo	0,0%	87,5%	0,00%
	Orgeat de qualquer castanha	0,0%	61,5%	0,00%
	Orgeat industrializado	0,0%	85,5%	0,00%
	Xarope simples de quinino	0,0%	61,5%	0,00%
	Xarope simples	0,0%	61,5%	0,00%
Outros	Cabernet sauvignon	14,5%	0,2%	0,55%
	Água de coco	0,0%	6,0%	0,00%
	Expresso	0,0%	0,0%	1,50%
	Suco de laranja-azeda	0,0%	12,3%	4,50%
Destilados modificados	Café Zacapa	31,0%	0,0%	0,75%
	Vodca de chocolate	40,0%	0,0%	0,00%
	Tequila de jalapeño	40,0%	0,0%	0,00%
	Vodca de capim-limão	40,0%	0,0%	0,00%
	Rum clarificado com leite	34,0%	0,0%	0,00%
	Vodca de geleia e manteiga de amendoim	32,5%	16,5%	0,25%
	Açucarado 100 provas	44,0%	18,5%	0,00%
	Açucarado 80 provas	35,0%	18,5%	0,00%
	Vodca de chá	34,0%	0,0%	0,00%
	Gim de cúrcuma	41,2%	0,0%	0,00%

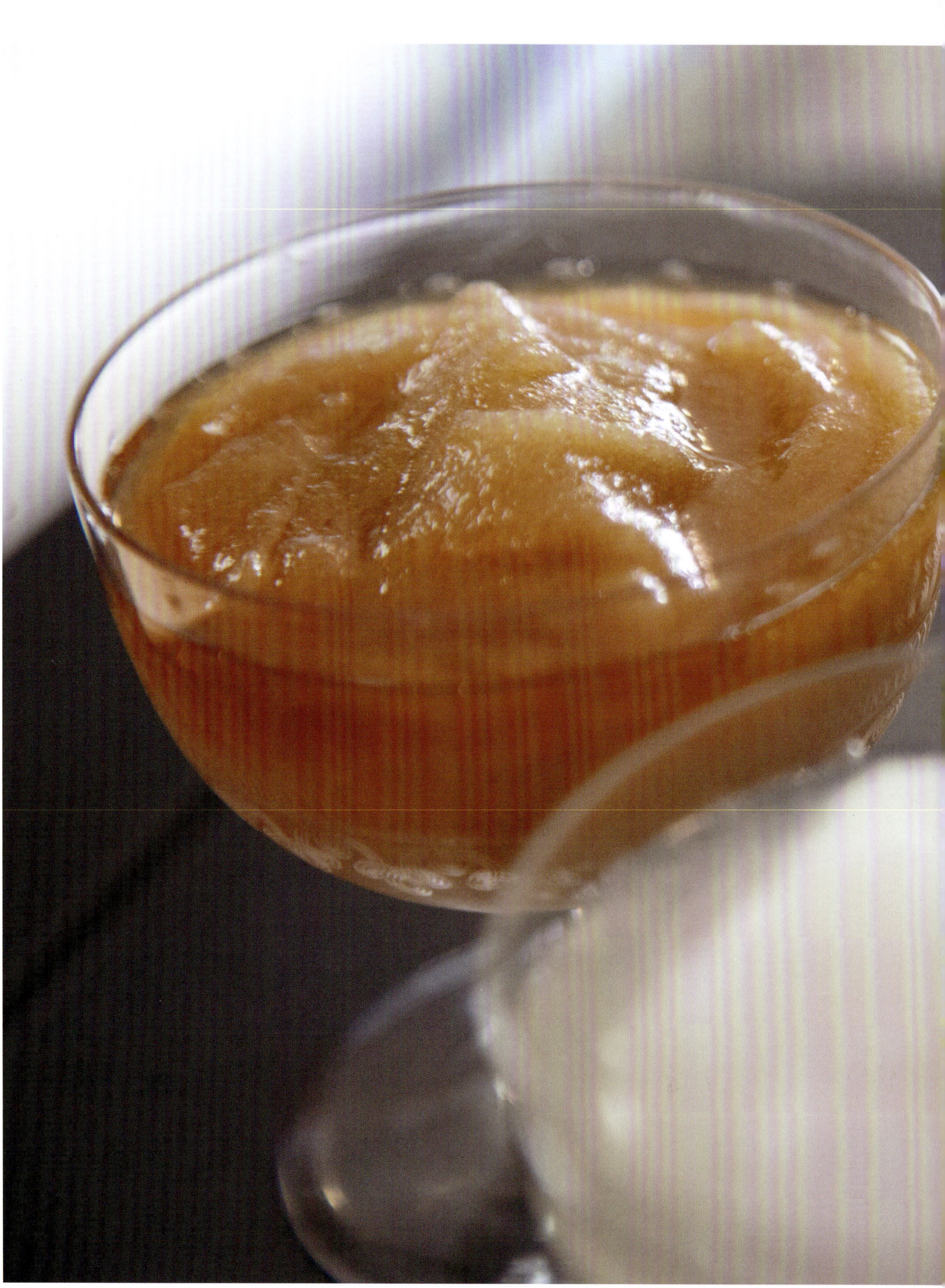

PARTE 3

Novas TÉCNICAS
e novas IDEIAS

Resfriamento alternativo

Pronto para ir além da água congelada nas técnicas de resfriamento de coquetéis? Vamos começar com o que você pode fazer no freezer de casa, e depois passaremos para o nitrogênio líquido e o gelo seco.

USANDO O FREEZER DA SUA CASA COMO UM NINJA DOS COQUETÉIS

Meu freezer em casa oscila em torno dos -23,5 °C, uma temperatura fantástica para a maioria dos meus truques. Tenho outro que, na configuração mais fria, fica entre -20 °C e -18 °C, pouco adequado para as receitas propostas nesta seção. Alguns graus fazem uma grande diferença no congelamento de misturas de álcool, açúcar e água. Por isso você precisa determinar quanto seu freezer esfria. Para isso, basta deixar uma garrafa de destilado puro com mais de 40% de teor alcoólico no freezer durante a noite. Ela não vai congelar. Meça a temperatura do líquido com um termômetro digital e pronto, essa é a temperatura média do seu freezer. Se ele estiver muito quente, em -18 °C, provavelmente você configurou a temperatura muito alta. Abaixe, pois mais frio é melhor – seus sorvetes e alimentos congelados vão agradecer. Li várias fontes recomendando manter a temperatura do freezer quente para economizar energia. Aparentemente, os autores não fizeram pesquisas sobre os efeitos perniciosos de temperaturas acima de -18 °C na durabilidade e na qualidade dos alimentos congelados. Manter o freezer quente é uma economia de dinheiro que não vale a pena.

SLUSHIES, OU FROZENS

Na seção de coquetéis tradicionais, descrevo como fazer drinques batidos no liquidificador com gelo – são líquidos, mas com alguns cristais de gelo. Aqui, faremos slushies, isto é, frozens. Se você quiser replicar um frozen no estilo do 7-Eleven, congele todo o seu coquetel com antecedência em um recipiente reutilizável (eu uso recipientes de plástico ou sacos Ziploc, dependendo da receita), sem ingredientes hiperperecíveis, como suco de limão, mas incluindo água de diluição, e bata no liquidificador na hora de servir. Os liquidificadores geralmente não são a melhor escolha para drinques individuais, então você vai querer fazer pelo menos dois de cada vez. O truque aqui é acertar a diluição. O teor alcoólico final desejado é abaixo de 15,5%. Mire em 14%, menos do que a maioria dos drinques batidos. É preciso diminuir o teor alcoólico para que o freezer possa fazer seu próprio trabalho e congelar a mistura. O açúcar também reduz o ponto de congelamento dos drinques, por isso não deixe que ele ultrapasse os 9 gramas por 100 mililitros. Para uma receita com base em 2 onças (60 mL) de destilado com 40% de teor alcoólico, você precisará adicionar cerca de 3 ½ onças (105 mL) de ingredientes à base de água com não mais do que o equivalente a ¾ de onça (22,5 mL) de xarope simples (cerca de 14 gramas de açúcar).

Congelar esses drinques de forma adequada leva algum tempo, então prepare seu lote na noite anterior. Ao acordar de manhã, olhe o coquetel. Se não parecer que está congelando bem, seu freezer provavelmente não está frio o suficiente – -20 °C ou mais. Não se desespere. Você só precisará ajustar um pouco a técnica. De três a seis horas antes de preparar os drinques, adicione o suco de limão. Depois que a mistura estiver um pouco mais diluída, ela deverá congelar adequadamente.

É possível aplicar esse mesmo procedimento do frozen a vários drinques. Você pode começar com este Daiquiri simples, por exemplo:

O SLURPEE LEGÍTIMO

Frozen Daiquiri

**RENDE DOIS DRINQUES DE 169 ML COM 14,2% DE TEOR ALCOÓLICO,
8,4 G/100 ML DE AÇÚCAR E 0,93% DE ACIDEZ**

INGREDIENTES

- 4 onças (120 mL) de rum branco (40% de teor alcoólico), de preferência barato e de sabor limpo, como o Flor de Caña
- 4 onças (120 mL) de água filtrada
- 1 ½ onça (45 mL) de xarope simples
- 4 gotas de solução salina ou 2 pitadas de sal
- 1 ¾ de onça (52,5 mL) de suco de limão-taiti espremido e coado na hora

MODO DE PREPARO

Na véspera do preparo dos drinques, misture o rum, a água, o xarope simples e a solução salina ou o sal. Despeje a mistura em um recipiente plástico de boca larga ou saco Ziploc e congele. Na hora de servir o drinque, coloque aÀ mistura de Daiquiri do freezer direto no liquidificador, acrescente o suco de limão, bata até ficar com textura de neve derretida e sirva. Universitários vão me agradecer. Mas peguem leve!

À ESQUERDA: *Essa é a textura correta para um drinque batido no liquidificador quando a mistura for retirada do freezer.*
À DIREITA: *Frozen Daiquiri.*

EBONY E IVORY

Dois drinques – um escuro e outro claro – servidos lado a lado, convivendo em perfeita harmonia. Ambos também são bons para serem servidos sozinhos.

São basicamente um vermute congelado. O Ebony é uma mistura de vermute doce Carpano (se não encontrar o Carpano, use outro vermute doce fino) com um pouquinho de vodca, para suavizar o dulçor, mais um tiquinho de suco de limão-siciliano (você não vai precisar de muito limão; o vermute é à base de vinho e já contém acidez). Gosto muito desse drinque. Mesmo sendo gelado, o sabor do vermute transparece puro, sem ser enjoativo.

O Ivory tem como base o Dolin Blanc, um vermute branco doce. Ele também é suavizado por um toque de vodca, mas é acidificado com limão-taiti. É muito mais refrescante e vibrante do que seria de se esperar de um drinque de vermute.

O vermute oxida rapidamente depois de diluído, por isso esses drinques devem ser congelados em sacos Ziploc com todo o ar retirado, e não em recipientes grandes no qual fiquem expostos a muito ar. Despeje as misturas em sacos e feche 90% da parte superior deles. Deite os sacos e retire todo o ar, depois feche a parte que falta.

EBONY E IVORY

Ebony

RENDE DOIS DRINQUES DE 145,5 ML COM 14,4 % DE TEOR ALCOÓLICO, 8,4 G/100 ML DE AÇÚCAR E 0,74% DE ACIDEZ

INGREDIENTES

- 5 onças (150 mL) de vermute Carpano (16% de teor alcoólico, cerca de 16 g/100 mL de açúcar, cerca de 0,6% de acidez)
- 1 ½ onça (45 mL) de vodca (40% de teor alcoólico)
- 2 ½ onças (75 mL) de água filtrada
- 4 gotas de solução salina ou 2 pitadas de sal
- ¾ de onça rasa (21 mL) de suco de limão-siciliano espremido e coado na hora

MODO DE PREPARO

Um dia antes de servir os drinques, misture o vermute, a vodca, a água e a solução salina ou sal. Despeje a mistura em um saco Ziploc, retire todo o ar do saco e congele. Na hora de servir o drinque, leve a mistura direto do freezer para o liquidificador, acrescente o suco de limão-siciliano, bata até ficar com textura de neve derretida e sirva sozinho ou com o Ivory.

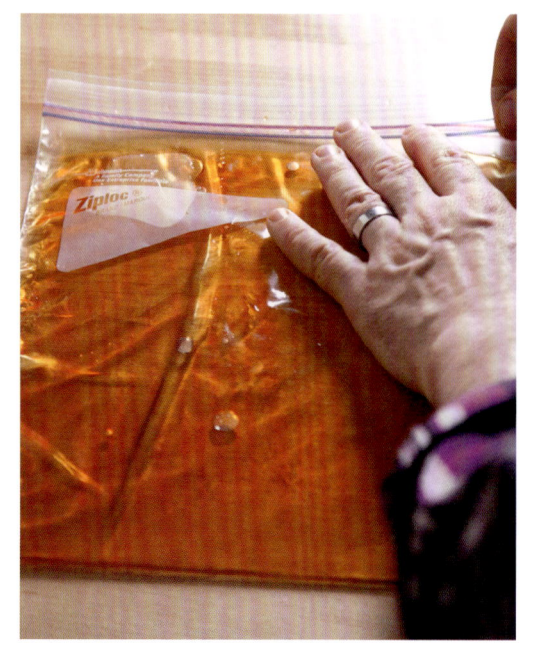

Removendo ar do Ziploc. O ar é indesejado porque oxida o vermute diluído.

Ivory

RENDE DOIS DRINQUES DE 138 ML COM 13,9% DE TEOR ALCOÓLICO, 7,9 G/100 ML DE AÇÚCAR E 0,81% DE ACIDEZ

INGREDIENTES

- 5 ½ onças (165 mL) de vermute Dolin Blanc (16% de teor alcoólico, cerca de 13 g/100 mL de açúcar, cerca de 0,6% de acidez)
- 1 onça (30 mL) de vodca (40% de teor alcoólico)
- 2 onças (60 mL) de água filtrada
- 4 gotas de solução salina ou 2 pitadas de sal
- ¾ de onça rasa (21 mL) de suco de limão-taiti espremido e coado na hora

MODO DE PREPARO

Um dia antes de servir os drinques, misture o vermute, a vodca, a água e a solução salina ou sal. Despeje a mistura em um saco Ziploc, retire todo o ar do saco e congele. Na hora de servir o drinque, leve a mistura direto do freezer para o liquidificador, acrescente o suco de limão-taiti, bata até ficar com textura de neve derretida e sirva sozinho ou com o Ebony.

AGITANDO COM SUCO

Esse é outro truque de baixa tecnologia que você pode realizar com seu freezer doméstico: a agitação com suco. Quando alguém me pede para desenvolver uma receita que as pessoas consigam fazer em casa sem equipamentos sofisticados, essa é uma das minhas técnicas favoritas.

É difícil fazer coquetéis equilibrados com a maioria dos sucos, pois eles não são concentrados o bastante. Depois de adicionar a quantidade de suco suficiente para obter o sabor certo, não se pode pôr tudo a perder diluindo ainda mais o drinque com gelo. Os sucos de maçã, de grapefruit, de morango e de melancia contêm água demais para serem usados em um coquetel com gelo. Mas há uma solução simples para resfriá-los: faça cubos de gelo de suco e agite.

À primeira vista, a agitação com suco parece a coisa mais fácil do mundo. Pegue um monte de fôrmas de gelo, coloque o suco nelas e congele. Quando chegar a hora de preparar o drinque, misture o álcool e os demais mixers em uma coqueteleira, adicione cubos de suco e agite. Mas tem um probleminha.

Quando você agita com gelo normal, não importa quanto gelo você adicione, a agitação vai derreter mais ou menos a mesma quantidade de água (consulte a seção "Coquetéis tradicionais", p. 63, se você esquecer por que isso é verdade). Com os sucos não funciona assim. O gelo feito de suco é uma combinação de açúcares, ácidos, sabores e água. Conforme você agita, a primeira parte a derreter é mais rica em açúcar, ácido e sabor do que a parte que derrete depois, portanto, o acréscimo de muitos cubos de suco desequilibra o drinque.

Na agitação com suco, você precisa adicionar o número exato de cubos para obter o sabor desejado. A seguir, praticaremos uma técnica que chamo de "agitar até o fim": agite o drinque até que os cubos de suco se desintegrem completamente. Você ouvirá os cubos se quebrando na coqueteleira e saberá que terminou quando o drinque soar lamacento e os copos estiverem absurdamente frios. Embora esse processo seja mais cansativo do que uma agitação típica, não é tão difícil quanto você imagina, porque suco congelado é muito mais macio do que água congelada.

A agitação com suco deixa sua coqueteleira geladíssima.

Eu uso a agitação com suco para fazer drinques batidos do tipo sour (pense em Daiquiris, Whisky Sours, Margaritas). Na maioria das vezes, esses drinques têm um sabor melhor com um nível final de álcool de 15,5% a 20%, um teor de açúcar de 6,5%

a 9% e uma acidez total de 0,84% a 0,88%. Dependendo da receita que você estiver fazendo e do tipo de suco, você pode não querer que toda a diluição venha do suco, pois o drinque pode ficar com um sabor muito forte. Nesse caso, basta adicionar um pouco de gelo comum também. Contanto que você não adicione gelo demais, a quantidade exata que você usa não é importante, porque, enquanto você agita, o gelo de suco vai derreter muito antes do gelo normal. Alguns mililitros a mais ou a menos não são um problema.

Você pode tentar reproduzir a agitação com suco recorrendo a um liquidificador e usando frutas congeladas em vez de suco de fruta congelado. A técnica do liquidificador é supersimples, e devo admitir que esses drinques costumam ser gostosos, mas a pectina e outros sólidos das frutas conferem uma textura semelhante a um smoothie que considero insatisfatória. Não estou dizendo que você não possa bater frutas inteiras congeladas, embora isso me doa um pouco. Mas vai ser preciso adicionar um pouco mais de frutas congeladas do que de suco por causa dos sólidos – e também vai ser preciso adicionar um pouco de gelo para soltar a textura e deixar os drinques mais... bebíveis.

A agitação com suco deixa os drinques mais gelados do que a agitação com gelo normal. Todo mundo gosta e qualquer um pode fazer! Aí vão algumas sugestões.

Emulando a agitação com suco usando um liquidificador para bater frutas congeladas.

Bandito de morango

Vocês acham que tequila com morango é falta de imaginação? Que seja! É uma delícia. Os morangos podem variar muito em dulçor e acidez. Então será preciso ajustar as proporções a seguir se os seus morangos (ou o suco, se for comprar já pronto) forem diferentes dos meus. Caso deseje uma bebida com mais textura de neve derretida, deixe a tequila no congelador antes de agitar o drinque. Eu faço o meu usando tequila infusionada com jalapeño, mas também fica gostoso com tequila blanco comum.

RENDE UM DRINQUE DE 140 ML COM 17,1% DE TEOR ALCOÓLICO, 9 G/100 ML DE AÇÚCAR E 0,96% DE ACIDEZ

ACIMA: Cubos de suco de morango.

INGREDIENTES

- 2 onças (60 mL) de suco de morango (8 g/100 mL de açúcar, 1,5% de acidez) (ou você pode usar 2 ½ onças [75 gramas] de morango congelado e 15 gramas de gelo, mas que fique entre nós)
- 2 onças (60 mL) de tequila de jalapeño (p. 207) (40% de teor alcoólico)
- ¼ de onça (7,5 mL) de suco de limão-taiti espremido e coado na hora
- ½ onça curta (12,5 mL) de xarope simples
- 2 gotas de solução salina ou uma pitada de sal

MODO DE PREPARO

Horas antes do preparo, meça duas doses de 30 mL de suco de morango para cada drinque que você for preparar e coloque para congelar em forminhas de gelo individuais com 30 mL cada. Esse drinque tem muitos ingredientes não congelados, portanto, para um drinque mais gelado, leve a tequila, o suco de limão e o xarope simples à geladeira antes do preparo. Na hora de servir, misture a tequila, o suco de limão, o xarope simples e a solução salina ou o sal em uma coqueteleira, adicione 2 cubos de gelo de morango e agite até que os cubos de gelo derretam completamente e não restem partículas grandes. Coe usando um hawthorne em uma taça coupe gelada. Aproveite!

BANDITO DE MORANGO

SHAKEN DRAKE

Shaken Drake

Esse drinque é uma mistura de suco de grapefruit não clarificado e kümmel, a versão alemã do licor de cominho. O kümmel é mais doce do que seu primo escandinavo mais famoso, o aquavit, mas não é doce demais. O grapefruit e o cominho nasceram um para o outro. Uma bailarina de xarope de bordo atenua o amargor da fruta. Embora todos os três ingredientes contenham açúcar, o resultado não tem um sabor excessivamente doce. Neste coquetel, o amargor do grapefruit requer um pouco mais de sal do que a média. Se você gosta de sal na borda da taça, aqui funciona. Se não conseguir encontrar kümmel, substitua por aquavit e aumente um pouco a quantidade de xarope de bordo.

RENDE UM DRINQUE DE 139 ML COM 15,6% DE TEOR ALCOÓLICO, 10,2 G/100 ML DE AÇÚCAR E 1,03% DE ACIDEZ

INGREDIENTES

- 2 onças (60 mL) de suco de grapefruit espremido e coado na hora (10,4 g/100 mL de açúcar, 2,4% de acidez)
- 1 ½ onça (45 mL) de licor Helbing Kümmel (35% de teor alcoólico)
- ½ onça (15 mL) de vodca (40% de teor alcoólico)
- 1 bailarina (4 mL) de xarope de bordo grau B (87,5 g/100 mL de açúcar)
- 5 gotas de solução salina ou uma pitada generosa de sal

MODO DE PREPARO

Horas antes do preparo, meça duas doses de 30 mL de suco de grapefruit coado para cada drinque que você for preparar e coloque para congelar em forminhas de gelo individuais com 30 mL cada. Na hora de servir, misture o kümmel, a vodca, o xarope de bordo e a solução salina ou sal em uma coqueteleira, adicione 2 cubos de gelo de grapefruit e agite loucamente até que eles fiquem com textura de neve derretida e não reste nenhuma partícula grande (isso leva 30 segundos pelo menos). A coqueteleira ficará superfria. Coe com uma peneira hawthorne em uma taça coupe gelada.

AO LADO: Shaken Drake e cubos de suco de grapefruit em primeiro plano.

Scotch com água de coco

Meu amigo chef Nils Noren adora a combinação de água de coco com scotch. Roubei a combinação dele para este inusitado drinque batido. Eu uso Ardbeg 10 nesta receita, porque quero o sabor defumado de um Islay Scotch turfoso para acompanhar a água de coco. A água de coco por si só é um pouco almiscarada e precisa de alguns sabores de frutas para complementá-la, então adiciono Cointreau, que traz dulçor e sabor de laranja sem adicionar acidez. Raramente gosto de ácidos de frutas com scotch. Mesmo assim, descobri que este drinque precisava de apenas um pouco de ácido, então adicionei uma pequena quantidade de suco de limão. Depois de preparado, o drinque recebe um twist de laranja – os óleos trazem brilho sem trazer uma acidez extra – e anis-estrelado. Embora eu normalmente odeie coisas não comestíveis flutuando nos meus drinques, o aroma do anis-estrelado combina tão bem com a água de coco que abro uma exceção aqui.

A escolha da água de coco é importante, pois a maior parte do que se encontra no mercado é muito ruim. Tente comprar uma que não tenha sido pasteurizada em alta temperatura. O ideal é usá-la in natura. Vá a um mercado municipal ou a uma feira de rua e procure cocos verdes. Faça dois furos no topo do coco – um para despejar e outro para deixar entrar ar – e despeje a água. Coe antes de usar para retirar pedaços de casca.

RENDE UM DRINQUE DE 142 ML COM 18,6% DE TEOR ALCOÓLICO, 5,9 G/100 ML DE AÇÚCAR E 0,32% DE ACIDEZ

INGREDIENTES

- 2 ½ onças (75 mL) de água de coco fresca (6 g/100 mL de açúcar)
- 1 ½ onça (45 mL) de uísque 10 anos Ardbeg (46% de teor alcoólico)
- ½ onça (15 mL) de Cointreau (40% de teor alcoólico, 25 g/100 mL de açúcar)
- ¼ de onça (7,5 mL) de suco de limão-siciliano espremido e coado na hora
- 2 gotas de solução salina ou uma pitada de sal
- 1 baga de anis-estrelado
- 1 twist de laranja

MODO DE PREPARO

Horas antes do preparo, meça duas doses de 1 ¼ de onça (37,5 mL) de água de coco fresca coada para cada drinque que você for preparar e coloque para congelar em forminhas de gelo individuais com 37,5 mL cada. Na hora de servir, misture o scotch, o Cointreau, o suco de limão e a solução salina ou o sal em uma coqueteleira, adicione 2 cubos de gelo de água de coco e agite até que eles fiquem com textura de neve derretida e não reste nenhuma partícula grande. A coqueteleira ficará geladíssima. Coe com uma peneira hawthorne em uma taça coupe gelada. Esprema a casca de laranja por cima do drinque e esfregue o lado de fora da casca na borda do copo antes de descartá-la. Coloque o anis-estrelado por cima.

AO LADO: COMO FAZER O SCOTCH COM ÁGUA DE COCO: 1) Faça dois furos no coco, um para deixar escorrer a água e outro para entrar ar. 2) Coe a água de coco. 3) Coloque a água de coco em fôrmas de gelo e congele. 4) O drinque pronto para a finalização.

1

2

3

4

DRINQUES MEXIDOS EM GRANDES QUANTIDADES

Muitos drinques que você mexe em vez de agitar podem ser preparados em grandes quantidades com antecedência, sem perda de qualidade. Na verdade, você provavelmente pode deixá-los melhores. Já os drinques batidos não podem ser preparados com antecedência, porque na verdade é necessário agitá-los para obter sua textura característica. Da seção de coquetéis tradicionais, você deve se lembrar que mexer um coquetel faz apenas duas coisas: resfriar e diluir. Com o freezer, você pode separar facilmente essas duas ações. Pode escolher a diluição exata desejada e resfriá-la na temperatura exata desejada. Preparar drinques com antecedência e resfriá-los no freezer também permite que você prepare uma grande quantidade de drinques muito bons muito rápido. No bar, faço coquetéis totalmente diluídos e os resfrio em temperaturas precisas em um freezer mais sofisticado. Infelizmente, os freezers normais são frios demais para armazenar coquetéis mexidos diluídos. Primeiro, o freezer fará com que seus drinques cristalizem e, segundo, os drinques mexidos não ficam gostosos quando gelados demais. A solução: colocar apenas a bebida alcoólica no freezer e diluir com água gelada no último minuto.

Vamos revisitar o Manhattan. Quero que você saiba como preparar um montão de Manhattans com desenvoltura. Certa noite, anos atrás, minha esposa e eu paramos no Howard Johnson da Times Square. Quer saber por quê? Não porque soubéssemos que Jacques Pépin havia inventado sua receita de marisco empanado depois de uma temporada como chef pessoal de Charles de Gaulle. Não, fomos atraídos por uma placa vintage escrita à mão na vitrine que perguntava: "Podemos sugerir uma jarra de Manhattans?". Sim, podem! Infelizmente, a garçonete olhou para nós sem expressão; a placa era uma relíquia da época de ouro anterior do HoJo, e os coquetéis em jarra já não existiam mais em 1995. Se ao menos eles tivessem a receita a seguir...

COMO FAZER MANHATTAN EM JARRA: 1) Coloque a mistura em uma garrafa de plástico e aperte para remover o ar antes de tampar, evitando a oxidação. Coloque a garrafa no freezer. **2)** O mix de Manhattan gelado. **3)** Meça a água gelada. **4)** Despeje o mix gelado e a água gelada dentro de uma jarra resfriada. **5)** Mexa. **6)** Sirva.

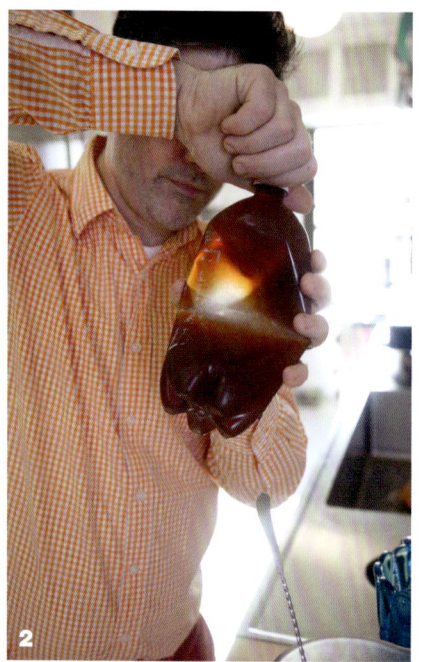

Manhattans em jarra

RENDE SETE DRINQUES DE 132 ML (OU QUALQUER NÚMERO QUE VOCÊ DESEJAR) COM 26% DE TEOR ALCOÓLICO, 3,2 G/100 ML DE AÇÚCAR E 0,12% DE ACIDEZ

INGREDIENTES

14 onças (420 mL) de rye Rittenhouse (50% de teor alcoólico)

6 ¼ de onças (187,5 mL) de vermute Carpano Antica Formula (16,5% de teor alcoólico, cerca de 16% de açúcar, 0,6% de acidez)

¼ de onça (7,5 mL) de bitter Angostura

10 ½ onças (315 mL) de água gelada (água resfriada com gelo; não adicione o gelo)

Guarnição à escolha

EQUIPAMENTO

1 garrafa plástica de refrigerante de um litro

Jarra gelada

Taças coupe geladas

MODO DE PREPARO

Misture o rye, o vermute e o bitter Angostura na garrafa de refrigerante. Aperte a garrafa para expulsar o excesso de ar, tampe e leve ao freezer por no mínimo 2 horas. A ideia é usar a garrafa de refrigerante para expelir o ar, assim o vermute não se altera enquanto você armazena o drinque. Além disso, embora eu não goste de armazenar bebidas alcoólicas em plástico, esse tipo de material não explodirá no freezer como o vidro se você cometer um erro e encher demais o recipiente.

Na hora de servir o drinque, misture a base do coquetel do freezer com a água gelada na jarra gelada e mexa rapidamente. Se o freezer estiver em aproximadamente -20 °C, o drinque finalizado deve ficar em torno de -3,3 °C, apenas um pouco mais frio do que você conseguiria mexendo. Encha e decore as coupes e sirva o quanto quiser de Manhattans.

154 INTELIGÊNCIA LÍQUIDA

COQUETÉIS ENGARRAFADOS PRONTOS PARA BEBER, ESTILO PROFISSIONAL

Se você tiver um freezer preciso o suficiente, poderá preparar com antecedência coquetéis mexidos, engarrafá-los e servi-los quando quiser. No bar sempre temos drinques mexidos engarrafados e prontos para levar, e o Manhattan é aquele que não pode faltar. Fazemos lotes de trinta drinques usando uma receita muito parecida com a receita do Manhattan em jarra, mas ainda mais simples:

RENDE TRINTA DRINQUES DE 136 ML COM 26% DE TEOR ALCOÓLICO, 3,2 G/100 ML DE AÇÚCAR E 0,12% DE ACIDEZ

INGREDIENTES

3 garrafas de 750 mL de rye Rittenhouse

1 garrafa de 1 litro de vermute Carpano Antica Formula

1 onça (30 mL) de bitter Angostura

1.700 mL de água filtrada

Misture os ingredientes e divida o conteúdo em trinta garrafas estilo champanhe de 187 mL. Agora vem a parte difícil. Você não pode simplesmente tampar os Manhattans, gelá-los e torcer para tudo dar certo. O oxigênio no espaço livre da garrafa é suficiente para alterar o sabor do vermute em poucas horas, já que o vermute em um coquetel diluído é muito instável. Para contornar esse problema, adicionamos uma pequena quantidade de nitrogênio líquido à garrafa depois de enchê-la com o coquetel. Se você não conseguir obter nitrogênio líquido, tudo bem, seus coquetéis só irão oxidar um pouco.

As garrafas que usamos têm tampas tipo coroa, como garrafas de cerveja, então, enquanto o nitrogênio está borbulhando e deslocando o ar pelas bolhas, colocamos uma tampa levemente na borda da garrafa. Quando o nitrogênio líquido para de fumegar, sabemos que ele evaporou por completo e selamos a garrafa com um selador de tampa (que você pode comprar em qualquer loja de cervejas artesanais por quase nada). Feito isso, seu conteúdo durará indefinidamente.

E aqui está a segunda parte difícil: resfriar com precisão. No bar, usamos um freezer Randall FX muito preciso, ajustado para -5,5 °C. As temperaturas típicas de refrigerador (4,4 °C) produzem um drinque quente demais, e as temperaturas típicas do freezer (-20 °C) congelarão esses drinques completamente. Mesmo que os drinques não congelem, qualquer temperatura abaixo de -6,7 °C irá degradar o sabor e o aroma de um Manhattan até que ele volte a esquentar um pouco. Se estou levando Manhattans para uma festa, uso gelo e sal para resfriá-los. Cuidado: as misturas de sal e gelo podem ficar frias demais. Comece adicionando 10% de sal, em peso, ao gelo e misture bem. Meça a temperatura da pasta. Se estiver muito fria, adicione gelo ou água. Quente demais? Adicione sal. Leve mais sal com você para continuar adicionando à medida que o gelo derrete. Lembre-se de tirar o sal antes de servir! (Veja fotos na próxima página.)

As vantagens do coquetel engarrafado são muitas. Os drinques podem ser preparados de forma muito rápida; você pode fazer um drinque mais frio do que se o fizesse mexendo, e sem diluir demais; os drinques são consistentes 100% do tempo; nenhum coquetel se perde para o gelo na forma de *holdback* proveniente da agitação; e, o mais importante, as pessoas podem servir coquetéis em coupes geladas em seu próprio ritmo, em vez de tentar levar um copo cheio demais aos lábios sem derramar.

CONTINUA

AO LADO: ENGARRAFANDO MANHATTANS COMO UM PROFISSIONAL: 1) *Pré-dilua os Manhattans e coloque em garrafas com um pouco de nitrogênio líquido para retirar o oxigênio.* **2)** *Espere o nitrogênio parar de soltar fumaça, sinal de que tudo foi evaporado.* **3)** *Tampe.*

SERVINDO DRINQUES ENGARRAFADOS: 1) Coloque bastante sal sobre o gelo com um pouco de água. Ajeite as garrafas dentro do gelo salgado e deixe os drinques gelarem. 2) Resfrie e decore as taças coupe. 3) Sirva. 4) Aproveite.

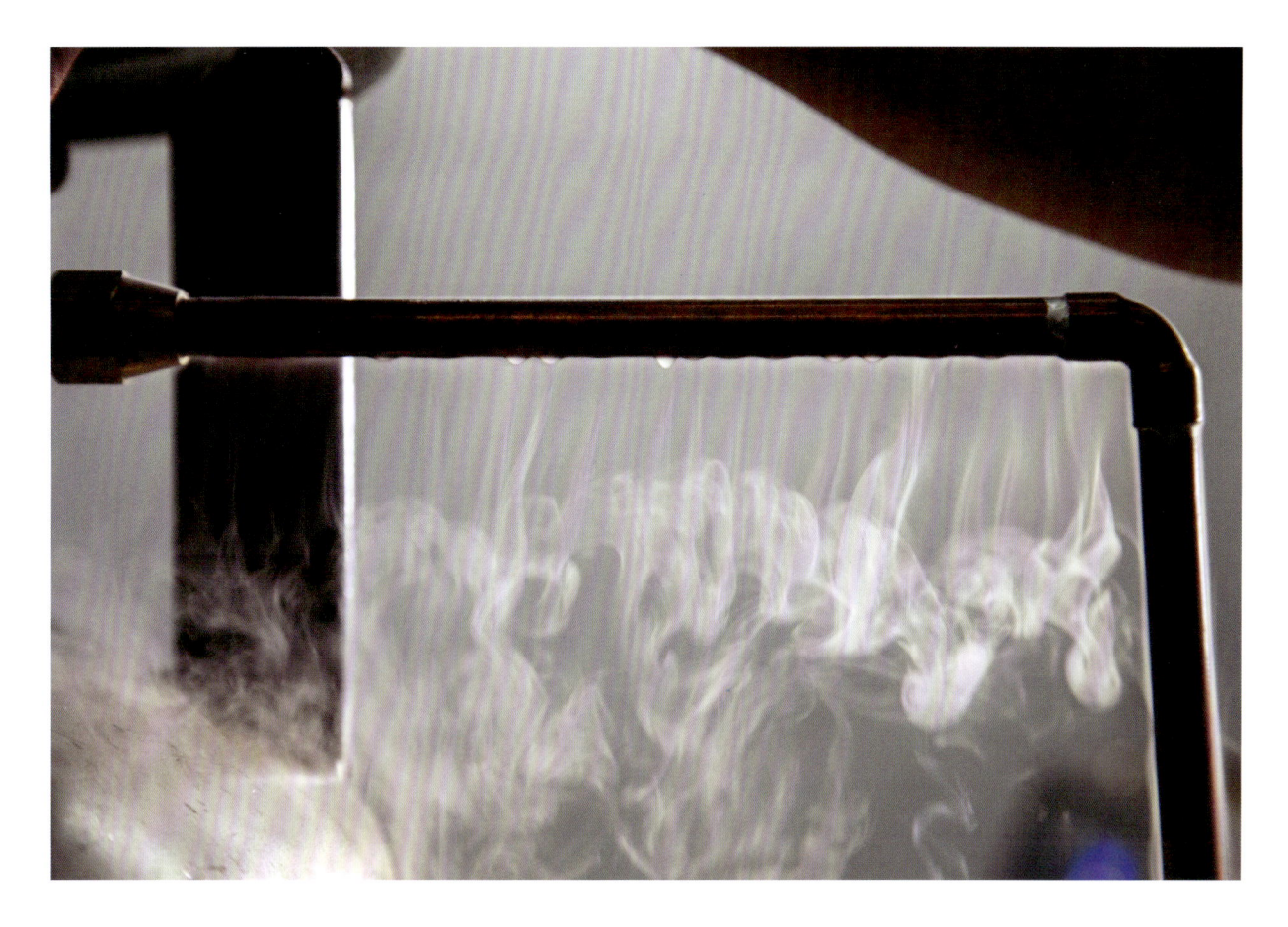

GELANDO COM CRIÓGENOS: NITROGÊNIO LÍQUIDO E GELO SECO

Agora vamos falar de algumas coisas que um freezer não consegue fazer. Estamos entrando no terreno da tecnologia.

Para obter informações básicas sobre nitrogênio líquido e gelo seco, incluindo alguns procedimentos essenciais de segurança, consulte a seção sobre equipamentos, p. 21. Não use esses materiais a menos que você saiba o que está fazendo, ou seja, que tenha sido treinado por alguém com experiência prática, e que você se sinta muito à vontade com os materiais – a leitura deste livro não constitui um treinamento adequado. Nunca, jamais, sirva um agente criogênico como nitrogênio líquido ou gelo seco para alguém. Quando você prepara um drinque com um criógeno, no momento de servir, este não deve mais estar presente – apenas seu efeito gelado. Erros de segurança podem acabar com a sua vida ou com a vida de alguém ao seu redor, e os erros nem sempre são óbvios.

Gelando drinques com nitrogênio líquido (método rock and roll).

NITROGÊNIO LÍQUIDO

O nitrogênio líquido é o que o nome diz: nitrogênio liquefeito, com uma temperatura de -196 °C à pressão atmosférica. O nitrogênio líquido está constantemente evaporando e mudando para a forma de nitrogênio gasoso, que se junta à atmosfera – da qual o nitrogênio já é o principal componente. Você até pode gelar um coquetel com nitrogênio líquido, pois é bem fácil saber quando todo o nitrogênio evaporou e não há mais o risco de servir nitrogênio líquido a alguém por engano. Mas adotar essa técnica é problemático.

Embora o nitrogênio líquido seja absurdamente frio, cada grama tem apenas o poder de resfriamento que 1,15 grama de gelo tem: é necessário mais nitrogênio líquido do que o esperado para realizar qualquer resfriamento real. Por outro lado, se você adicionar nitrogênio líquido demais, tornará as coisas perigosamente frias muito rápido. O nitrogênio líquido flutua, então você não pode simplesmente despejá-lo em cima de um drinque e esperar que esfrie. O nitrogênio líquido flutuará até o topo e criará uma crosta congelada sobre o líquido, deixando o fundo inalterado: não é isso que você quer. A agitação é ineficaz para misturar o nitrogênio líquido, a menos que você mexa com força, o que é difícil, porque, conforme você mistura o nitrogênio líquido com líquidos relativamente quentes, ele ferve de forma violenta, espirrando o drinque por toda a parte, espalhando nitrogênio líquido sobre seus braços e criando tanta névoa que você não consegue ver o que raios está acontecendo. Por todos esses motivos, não recomendo resfriar coquetéis individuais com nitrogênio líquido. O nitrogênio líquido é útil para resfriar grandes lotes de coquetéis com uma técnica que chamo de rock and roll.

Rock and roll: Pegue dois recipientes grandes, maiores do que você acha que precisa. Em cada um deles deve caber mais de quatro vezes a quantidade total de coquetel que você vai resfriar – de preferência, umas seis vezes. Se os recipientes forem feitos de aço inoxidável, nunca toque neles com as mãos desprotegidas enquanto estiver resfriando, ou você corre o risco de se queimar. Se for usar recipientes de plástico, tome cuidado para não deixar o nitrogênio líquido parado neles por muito tempo, ou eles racharão com o frio. Nunca use vidro, pois pode quebrar. Costumo usar plástico e correr o risco das rachaduras.

Despeje o coquetel em um dos recipientes grandes e, por cima, cerca de dois terços do volume do coquetel em nitrogênio líquido. Rapidamente (lembre-se: não queremos que os recipientes de plástico fiquem quebradiços e rachem), pegue o recipiente e despeje o conteúdo dentro do segundo recipiente a partir de certa altura. Uma névoa de nitrogênio vai se espalhar. Despeje rapidamente a mistura de volta no primeiro recipiente. Continue passando a mistura de um recipiente para o outro até que a névoa se dissipe, o que é uma indicação de que o nitrogênio líquido evaporou. Se você tiver adicionado nitrogênio líquido de menos, o drinque ficará quente demais; adicione mais e repita. Se o drinque estiver gelado demais (ou seja, se ele tiver solidificado), deixe correr água da torneira pela parte externa do recipiente enquanto mexe o conteúdo. Ele vai derreter rapidamente.

Se o rock and roll espalhou a bebida para todo lado, fazendo muita sujeira, ou você tem uma mira terrível ou seus recipientes não eram grandes o suficiente. Eu avisei para arrumar recipientes maiores do que você achava necessário! Truque: se você sentir que o coquetel está prestes a transbordar e fazer bagunça – e você vai começar a desenvolver um feeling para isso –, simplesmente pare no meio e comece a despejar apenas metade do conteúdo de um lado para o outro de cada vez, até que a fervura acalme. Dessa forma, reduz-se a quantidade de mistura e, portanto, a força da ebulição.

Se você não agitar o nitrogênio líquido, ele ficará boiando sobre seu coquetel, criando uma crosta congelada sem gelar a maior parte do drinque.

GUIA VISUAL PARA DRINQUES GELADOS (DA ESQUERDA PARA A DIREITA): 1) *Esse coquetel está tão gelado que provavelmente será doloroso tomá-lo.* **2)** *Esse coquetel não vai machucar (a menos que seja bebido rapidamente), mas está gelado demais para ter um sabor equilibrado.* **3)** *Esse coquetel ainda está gelado demais para um drinque com destilado envelhecido em carvalho, mas está bom se você ainda for demorar alguns minutos para servir.* **4)** *Pronto para beber.*

Geralmente faço o resfriamento dessa maneira para o preparo de um drinque específico, que não pode ser feito com técnicas típicas de agitação, em grande quantidade. Para lotes de drinques carbonatados, por exemplo, costumo usar o rock and roll. O mesmo vale para os drinques para os quais, em casa, você usaria a agitação com suco. Cuidado para não resfriar demais seus drinques; eles ficam com um gosto ruim e você vai queimar a língua de alguém. Se o drinque ficar sólido, está frio demais. Se o drinque estiver apenas com textura de neve derretida, não fará mal, porém estará mais frio do que o ideal.

Nitrogênio líquido para copos: Não tem jeito melhor de resfriar copos do que com nitrogênio líquido. Ele passa uma sensação incrível, a aparência é linda e só esfria a parte do copo onde ficará o drinque, evitando a base e a haste e, portanto, a marca molhada na sua mesa. Mantenha uma garrafa térmica a vácuo cheia de nitrogênio líquido aberta atrás do bar. Vai durar horas. Despeje um pouco de nitrogênio líquido da garrafa térmica em um copo e gire-o, como se estivesse observando um bom vinho. Em alguns

À ESQUERDA: *Quando for gelar um copo com nitrogênio líquido, escolha um que não vá espalhar líquido enquanto você gira.* **À DIREITA:** *Um copo gelado à perfeição.*

segundos, o copo estará frio. Despeje o nitrogênio líquido extra de volta na garrafa térmica, no chão ou no próximo copo que você precisa resfriar. Em alguns segundos, o copo irá resfriar de uma forma bem atraente.

Mas lembre-se: isso é nitrogênio líquido, e existem algumas regras de segurança nada óbvias a serem observadas. Nunca resfrie um copo na frente do rosto de uma pessoa. Se você derramar nitrogênio líquido sem querer ou o copo rachar, a pessoa pode se ferir. Nunca resfrie os copos sobre ingredientes abertos ou sobre uma caixa de gelo, pois o copo pode quebrar e estragar seus produtos.

Escolha copos apropriados. Use apenas taças que curvam na direção da borda, como taças de champanhe, taças de vinho e coupes. Não tente com taças de martíni: quando você gira, o nitrogênio líquido espirra para fora da taça e pode entrar nos seus olhos. Alguns copos – mesmo aqueles com as bordas curvadas para dentro – racham quando expostos ao nitrogênio líquido devido à tensão criada pelo resfriamento rápido. Copos com espessura uniforme, fundo plano ou cantos ou paredes finas e base grossa tendem a rachar. Copos de cerveja e de uísque não são boas opções. Muitas taças com pé e a maioria das taças de champanhe não quebram com o nitrogênio líquido, mas teste-as primeiro. Teste dois ou três copos de um padrão específico. Se nenhum dos seus copos de teste quebrar, compre mais desses e você ficará bem. Minha experiência mostra que qualquer padrão de vidro específico irá quebrar de forma consistente ou quase nunca. A qualidade não é um indicador de resfriabilidade.

Em um bar profissional, se você resfria copos com nitrogênio líquido significa que não precisa de um freezer exclusivamente para resfriar copos. Em casa, pode ser mais fácil resfriar seus copos no freezer, mas, no bar, o nitrogênio líquido nos ajuda a maximizar nosso espaço de serviço.

GELO SECO

Gelo seco é dióxido de carbono solidificado. É chamado de seco porque o dióxido de carbono não existe como líquido à pressão atmosférica normal; ele passa diretamente do estado sólido para o gasoso por meio de um processo chamado sublimação. O gelo seco parece ser o criógeno mais amigável – é mais fácil de obter, tem menos chance de causar queimaduras criogênicas e, como sólido, é mais fácil de manusear do que o nitrogênio líquido. Além disso, embora o gelo seco – cuja amena temperatura é de -78,5 °C – seja muito mais quente do que o nitrogênio líquido, não se deixe enganar. Em quantidades iguais, o gelo seco tem quase o dobro do poder de resfriamento do nitrogênio líquido, porque é necessária muita energia para transformar o CO_2 diretamente de um sólido em gás (136,5 calorias por grama), enquanto o nitrogênio líquido precisa de míseras 47,5 calorias por grama para vaporizar.

Conforme o gelo seco esfria, ele carbonata de leve qualquer líquido que o contenha, por isso uso principalmente gelo seco em eventos para pré-resfriar drinques que vou carbonatar.

O problema do gelo seco é que é difícil usar seu poder de resfriamento de maneira eficaz. Ao contrário do nitrogênio líquido, que consegue envolver e revestir sólidos ou se misturar com outros líquidos para criar uma grande área de superfície para um resfriamento rápido e eficaz, o gelo seco é um sólido, por isso é difícil fazer com que ele resfrie os drinques rapidamente. Coloque um pedaço de gelo seco em um copo com líquido. Inicialmente ele borbulha e espuma, com uma bela névoa de dióxido de carbono. No entanto, o líquido logo se acalma e o ritmo de resfriamento diminui radicalmente. Olhe para o líquido: ainda há gelo seco ali, mas uma camada de líquido congelou sobre o gelo seco, isolando-o. Bata na pedrinha com alguma coisa para romper a camada congelada e o resfriamento acelera novamente.

Regra de segurança: nunca use gelo seco para carbonatar bebidas em um recipiente vedado, a menos que você seja um engenheiro qualificado para projetar vasos de pressão com válvulas de segurança contra sobrepressão. Se procurar na internet, vai achar fotos de desavisados que jogaram gelo seco dentro de uma garrafa de refrigerante e a fecharam, apenas para que ela explodisse em suas mãos. Pense bem e não faça isso.

Um uso desconhecido do gelo seco, mas bem divertido, é para manter gelados grandes lotes de bebidas em eventos. Você vai precisar de um circulador de imersão (um dispositivo com aquecedor que mantém os líquidos em temperaturas muito precisas) que possa ser ajustado abaixo de zero, de uma grande banheira de plástico, de um monte de vodca barata e de um pouco de gelo seco. Encha a banheira com a vodca, que tem um ponto de congelamento muito baixo, instale o circulador de imersão nela e depois adicione gelo seco. Uma bomba no circulador manterá a vodca em movimento; ela agita o banho para você, garantindo um resfriamento uniforme. Se a temperatura cair abaixo de -16 °C, o aquecedor no circulador será acionado e evitará o resfriamento excessivo.

Digamos que você esteja servindo um destilado altamente alcoólico em forma de shot e queira servi-lo a -16 °C. Coloque as garrafas de destilado na banheira, acrescente a vodca barata e coloque o circulador de imersão. Ligue o circulador e ajuste-o para -16 °C. Agora jogue alguns pedaços de gelo seco. Pronto! Basta olhar a banheira de vez em quando para ver se precisa colocar mais alguns pedaços de gelo seco. Já servi milhares de shots e drinques bem gelados em eventos dessa maneira. Essa técnica também pode ser usada para manter coquetéis carbonatados gelados durante um evento.

Mais uma dica de segurança: certifique-se de que não haja como alguém ingerir o gelo seco acidentalmente.

CONGELAMENTO EUTÉTICO

Se você tem mais tempo do que dinheiro e quer manter uma grande quantidade de coquetéis na temperatura exata para um evento como um casamento, considere o congelamento eutético. Você já sabe que adicionar sal à água diminui seu ponto de congelamento. O que talvez você não saiba é que, em determinada concentração, uma mistura de sal e água congela e derrete a uma única temperatura, chamada de ponto eutético. Essas soluções eutéticas podem ser usadas para manter uma temperatura constante da mesma forma que o gelo normal pode manter 0 °C. (Em outras concentrações de sal, a temperatura da solução continuará aumentando à medida que derrete sem qualquer platô.)

Diferentes soluções salinas têm diferentes pontos eutéticos. O ponto eutético para o sal de cozinha, NaCl, é uma solução com porcentagem em massa de 23,3% de sal a -21,2 °C, uma temperatura baixa demais para a maioria dos coquetéis. O sal mágico para esse truque é o KCl, cloreto de potássio. Uma mistura contendo uma porcentagem em massa de 20% de KCl e 80% de água tem um ponto eutético de -11 °C. A melhor parte é que o KCl é muito, muito barato. Em lugares frios, por exemplo, ele é usado para derreter a neve nas estradas, e por isso muitas vezes nesses locais é possível encontrar sacos grandes em lojas de materiais de construção.

Para manter grandes quantidades de coquetéis um pouco abaixo da temperatura ideal para servir, faça essa mistura de 20% de KCl e 80% de água. Dissolva completamente o KCl e congele-o no freezer. Quando chegar a hora de manter suas bebidas geladas, jogue o gelo de KCl em uma caixa térmica com seus drinques (dentro de garrafas, é claro; o KCl mataria o sabor), e suas bebidas permanecerão na temperatura por horas. Uma alternativa é congelar o KCl em garrafas plásticas de refrigerante e colocá-lo diretamente dentro de seu drinque na caixa térmica. Essas garrafas vão demorar um pouco para esfriar, e você terá que movimentá-las um pouco de vez em quando para manter uma temperatura constante.

DAIQUIRI DE MANJERICÃO-TAILANDÊS

Maceração com nitrogênio e maceração no liquidificador

A maceração é o processo de esmagar ingredientes com um bastão antes de fazer um coquetel. Você macera para liberar sabores frescos logo antes de preparar um drinque. O problema é que a maceração quebra as ervas, ativando polifenoloxidases (PPOs), enzimas malvadas que fazem com que frutas e ervas escureçam e fiquem com um sabor oxidado. É por isso que as ervas maceradas não têm um sabor tão fresco. Quando você esmaga um pedaço de hortelã e ele fica preto e com gosto de pântano, as PPOs são as principais culpadas.

A maceração com nitrogênio e a maceração com liquidificador são técnicas que desenvolvi para combater as PPOs. Digamos que eu queira macerar manjericão fresco dentro do gim. Para macerar com nitrogênio, congelo o manjericão com nitrogênio líquido até solidificar, trituro-o com um socador e depois o descongelo despejando o gim por cima. O manjericão finamente esmigalhado e embebido em gim não fica marrom, ele permanece de um verde lindo e chocante, além de manter um sabor incrivelmente fresco e potente. Se eu não tiver nitrogênio líquido em mãos, posso simplesmente bater o manjericão com gim no liquidificador e coar. Meu gim ficará verde e fresco, embora não tão fresco quanto a versão com nitrogênio.

A erva à direita foi esmagada com um socador. As enzimas polifenoloxidase já começaram a fazer o "trabalho sujo".

COMO A NITROMACERAÇÃO E A MACERAÇÃO COM LIQUIDIFICADOR COMBATEM AS PPOS

O inimigo de seu inimigo é seu amigo, e as PPOs têm dois inimigos principais. O primeiro é o álcool. Uma bebida com 40% de teor alcoólico desabilitará total e permanentemente as PPOs. O outro é o ácido ascórbico (vitamina C), presente no suco de limão-siciliano e taiti, um antioxidante que retarda a ação dessas enzimas.

No entanto, o álcool e a vitamina C, seus dois aliados, não são suficientes para salvá-lo com uma maceração comum. Você não consegue macerar de forma eficaz quando suas ervas estão boiando em uma bebida. Mesmo que conseguisse, a maceração comum não leva o álcool para dentro das folhas antes que as PPOs consigam fazer seu trabalho. Você precisa de uma arma secreta: nitrogênio líquido ou liquidificador.

O nitrogênio líquido congela as ervas rapidamente, e as PPOs não conseguem fazer suas maldades quando estão congeladas. As ervas também se tornam tão quebradiças em nitrogênio líquido que podem ser finamente pulverizadas com um socador comum até quase virar pó. Eu chamo isso de nitromaceração (notem que os freezers normais não congelam nem rápido nem frio o suficiente para esse truque funcionar). Depois de nitromacerar, você descongela as ervas com bebida alcoólica. O álcool inativa as PPOs conforme as ervas descongelam, e estas permanecem verdinhas. Se você nitromacera uma erva como manjericão ou hortelã e a deixa descongelar sem adicionar álcool, ela fica preta quase instantaneamente. Depois que você descongela a erva no álcool e adiciona suco cítrico antioxidante, sua vitória contra as PPOs estará completa.

Já os liquidificadores transformam as ervas em purê tão rapidamente que o álcool faz seu trabalho de eliminar as PPOs antes que as enzimas tenham chance de agir.

Macerando com nitrogênio ou no liquidificador, você finalizará seu drinque adicionando os outros ingredientes, agitando como de costume e coando o drinque com uma peneira fina em um copo gelado. Coar é importante. Ninguém vai querer que pedaços de ervas em purê ou pulverizadas fiquem grudados nas laterais do copo ou nos dentes. Se você macerar com nitrogênio, coe o drinque *depois* de agitar. O processo de sacudir as ervas na coqueteleira com gelo extrai mais sabor. Se usar o liquidificador, pode coar antes de bater, pois o liquidificador já fez todo o trabalho de extração de sabor.

Os drinques macerados com nitrogênio e liquidificador ficam com cores deslumbrantes e sabores de ervas frescas absurdamente fortes. Como essas técnicas extraem muito bem o sabor, às vezes eu as uso mesmo quando as PPOs não são um grande problema. As rosas não oxidam rapidamente, por exemplo, mas já macerei com nitrogênio uma rosa fresca em gim e carbonatei. O drinque saiu cor-de-rosa, fresco e, claro, cheirando a rosa.

ACIMA: *O nitrogênio líquido deixa essa erva tão quebradiça que ela se despedaça.*
ABAIXO: *À direita, manjericão-tailandês macerado com nitrogênio, com a textura desejada.*

QUAL É A MELHOR: MACERAÇÃO COM NITROGÊNIO OU LIQUIDIFICADOR?

A maceração com nitrogênio é sem dúvida a técnica superior, o que é lamentável, porque a maioria das pessoas não tem acesso a nitrogênio líquido. Acho que, no liquidificador, o ar que é incorporado à mistura de ervas e álcool torna esse método um pouco menos eficaz na prevenção da oxidação do que a maceração com nitrogênio. Se eu tivesse que colocar um número nisso, diria que a maceração com o liquidificador tem cerca de 90% da eficácia da maceração com nitrogênio. A boa notícia é que a maceração com o liquidificador, que está ao alcance da maioria das pessoas, ainda é uma técnica eficiente. Se eu nunca tivesse provado um drinque macerado com nitrogênio, não estaria reclamando da maceração com liquidificador. Como a maioria dos leitores vai usar um liquidificador, primeiro darei dicas sobre essa técnica.

DICAS PARA MACERAÇÃO COM LIQUIDIFICADOR

Não é possível macerar apenas um drinque no liquidificador, pois o álcool precisa cobrir completamente as lâminas do aparelho ou as ervas ficarão expostas ao oxigênio, tornando-se marrons e lodosas. Dependendo do liquidificador, recomendo um mínimo de dois drinques. Certifique-se apenas de que as lâminas estejam cobertas. Se o nível do líquido estiver um pouco baixo, você também pode adicionar o ácido antes de misturar, mas acrescente os outros ingredientes *depois* de bater no liquidificador (isso mantém o teor alcoólico alto). No início, bata lentamente por alguns segundos para rasgar as ervas e, em seguida, bata em alta velocidade também por alguns segundos. Quando se bate em excesso, incorpora-se muito ar, o que é contraproducente.

Você não precisa agitar seus drinques logo depois de macerar no liquidificador. Se desejar, pode esperar para bater, acrescentar o restante dos ingredientes e agitar. Na verdade, o tempo entre bater no liquidificador e agitar depende da erva que você estiver usando. A hortelã não dura mais que 15 minutos antes de começar a manifestar mudanças. O manjericão dura cerca de 45 minutos antes de começar a manifestar grandes mudanças. Ervas que não escurecem, como o levístico, duram mais.

Ao macerar no liquidificador, você também pode coar seu drinque com um chinois fino *antes* de agitá-lo. Coar com antecedência torna os drinques mais fáceis de servir (você pode usar apenas um coador hawthorne comum depois de agitar).

Quase todas as receitas que podem ser maceradas com nitrogênio podem ser maceradas no liquidificador. As exceções são os ingredientes com alto teor de água e baixa intensidade de sabor, como a alface. Ela macera bem com o

ACIMA: *Congelando uma rosa.*
ABAIXO: *Coquetel com uma rosa macerada em nitrogênio.*

nitrogênio, mas requer uma quantidade tão grande para produzir um drinque com sabor pronunciado que, ao ser macerada no liquidificador, se torna uma sopa impossível de coar.

DICAS PARA MACERAÇÃO COM NITROGÊNIO

Muito importante: só utilize nitrogênio líquido se tiver treinamento e estiver ciente de todos os riscos envolvidos (ver a seção sobre equipamentos, p. 21, e a seção "Resfriamento alternativo", p. 140).

Eu sempre macero com nitrogênio em coqueteleiras de aço inoxidável, material que pode ficar frio a ponto de machucar quando você adiciona nitrogênio líquido a ele. Manuseie o copo apenas pela borda, perto do topo, onde ele não tenha congelado. É possível ver onde o copo está frio demais para segurar. Não dê uma de herói.

Adicione ervas à coqueteleira antes de juntar o nitrogênio líquido. Despeje uma pequena quantidade de nitrogênio líquido. Gire cuidadosamente o copo e espere alguns segundos para que as ervas fiquem crocantes (lembre-se: não toque no fundo frio do copo). O nitrogênio líquido estará fervendo furiosamente. Se você não tiver adicionado nitrogênio líquido suficiente, ele irá evaporar antes que as ervas congelem totalmente. Adicione um pouco mais.

Se você tiver adicionado demais, o nitrogênio irá parar de ferver violentamente – ele vai se acalmar – quando ainda houver uma grande poça de nitrogênio líquido no fundo do copo. Não é bom macerar dessa maneira. Primeiro, você terá problemas com respingos – e não é uma boa ideia respingar nitrogênio líquido. Segundo, se houver muito líquido no fundo do copo, será difícil conseguir usar direito o socador. Terceiro, os ingredientes e o copo ficarão tão frios com o nitrogênio líquido que a diluição do coquetel será prejudicada quando você agitar, pois o gelo não vai derreter o suficiente. Se você adicionar nitrogênio líquido em excesso, não se preocupe; apenas descarte o extra antes de começar a macerar. O que você quer é que o nitrogênio líquido se acalme quando restarem apenas alguns milímetros (3/16 de polegada) no fundo do copo. Então você pode triturar as ervas até virarem um pó congelado.

Use um bom socador. Ele deve caber no fundo do copo e ser grande o suficiente para criar uma boa ação de moagem. Não use um socadorzinho de ¾ de polegada; um diâmetro de 1 ½ polegada (38 mm) é o ideal. O material também é importante. Não use vidro, pois ele fica quebradiço e vai rachar. O mesmo vale para muitos tipos de plásticos e borracha. Os de madeira funcionam bem – eu macerei muitos drinques no nitrogênio com rolos de massa estilo "francês" tradicionais –, mas meu favorito é o Bad Ass Muddler (BAM), do Cocktail Kingdom. Embora seja feito de plástico, o BAM nunca lascou ou rachou, e eu fiz milhares de drinques macerados em nitrogênio com ele.

Quando estiver macerando com nitrogênio, não segure o copo de mistura, só encoste em cima, e use um socador inquebrável.

Quando você for macerar, macere com força, usando bastante o punho. Não brinque em serviço. Ervas mal maceradas resultam em drinques de cor fraca. É preciso um pouco de prática, mas com o tempo seus drinques terão as mesmas cores que você vê nessas fotos. Depois que as ervas estiverem maceradas, ainda deve haver um fio de nitrogênio líquido no copo. Adicione sua bebida alcoólica imediatamente. Você deverá ouvir um barulhinho enquanto o restinho do nitrogênio líquido evapora. Vou repetir: o nitrogênio líquido precisa desaparecer completamente antes que você prossiga. Mexa com uma bailarina por alguns segundos, adicione o ingrediente ácido (se a receita contiver acidez) e os demais. A mistura não deve estar muito gelada. Se estiver, deixe correr água fria da torneira na parte externa do copo para aquecê-lo um pouco, ou a diluição após a agitação será baixa demais. Adicione gelo e agite como um desesperado. Passe por uma peneira fina para reter todo o restinho das ervas. Pronto.

Observe que o procedimento correto de maceração com nitrogênio garante que você nunca sirva nitrogênio líquido a alguém. Antes de agitar, é preciso verificar se já não há mais nenhum nitrogênio líquido; caso de alguma forma você faça confusão com isso (coisa que praticamente não tem como acontecer), se for tentar agitar a coqueteleira contendo nitrogênio líquido, ele irá ferver e explodir os copos. (Não tente. Estou falando sério. Não queira nitrogênio líquido voando por aí.)

A maceração com liquidificador é quase tão boa quanto a maceração com nitrogênio. Com o liquidificador, você precisa coar as partículas (como na foto acima à direita) antes de agitar. O mix pré-agitação aparece aqui em um copo de vidro para visualização.

170 INTELIGÊNCIA LÍQUIDA

DICAS GERAIS

A maceração em liquidificador e a maceração em nitrogênio compartilham uma desvantagem: a sujeira no seu equipamento de bar, com pedacinhos de ervas grudando em tudo. Em casa, isso não é um grande problema. Em um bar profissional, recomendo que mantenha um conjunto de coqueteleiras, uma peneira fina e um coador hawthorne separados apenas para as macerações com nitrogênio. Eu odeio, odeio, odeio quando um pedacinho de erva contamina um drinque; e, mesmo com um enxágue cuidadoso, você pode cometer um deslize de vez em quando.

RECEITAS

Nota: nas receitas a seguir, dou as proporções para um único drinque. Essas receitas funcionarão para maceração com nitrogênio. Se você for macerar no liquidificador, deverá preparar pelo menos dois. Três ou mais é melhor. Mantenha as lâminas do liquidificador sempre cobertas.

MACERAÇÃO COM NITROGÊNIO, PASSO A PASSO:
1) Desfolhe as ervas e coloque no copo. 2) Acrescente um pouco de nitrogênio líquido para congelar as ervas. 3) Isso é nitrogênio líquido em excesso. Com esse volume de líquido, você não consegue macerar bem, e seu drinque não ficará diluído o suficiente. 4) Assim está bom. 5) Macere. 6) O aspecto deve ser esse. 7) Adicione a base alcoólica, deixe derreter, depois adicione ácidos e xaropes e agite com gelo. 8) Coe o drinque com uma peneira fina em uma taça coupe gelada.

TBD: Thai Basil Daiquiri, ou Daiquiri de manjericão-tailandês

Esse é o drinque para o qual desenvolvi as técnicas anteriores. O TBD é um típico Daiquiri, só que com manjericão-tailandês. O sabor desse manjericão é diferente do sabor do manjericão-italiano; tem uma nota fantástica de anis que adoro. Mesmo as pessoas que odeiam anis costumam gostar dele. Esse é o drinque mais verde e mais fresquinho que eu poderia fazer.

RENDE UM DRINQUE DE 160 ML COM 15% DE TEOR ALCOÓLICO, 8,9 G/100 ML DE AÇÚCAR E 0,85% DE ACIDEZ

INGREDIENTES

- 5 gramas de manjericão-tailandês (cerca de 7 folhas)
- 2 onças (60 mL) de rum branco Flor de Caña (40% teor alcoólico) ou outro rum branco
- ¾ de onça (22,5 mL) de suco de limão-taiti espremido e coado na hora
- ¾ de onça curta (20 mL) de xarope simples
- 2 gotas de solução salina ou uma pitada de sal

MODO DE PREPARO

Macere o manjericão-tailandês com nitrogênio em uma coqueteleira. Em seguida, adicione o rum e mexa. Acrescente o suco de limão, o xarope simples e a solução salina ou o sal. Verifique se a mistura não está gelada demais. Agite com gelo e coe com uma peneira fina em uma taça coupe gelada.

Você pode também fazer uma receita dobrada e macerar o manjericão-tailandês no liquidificador com o rum e o suco de limão, mexer com xarope simples e a solução salina ou o sal, depois coar com uma peneira fina, agitar com gelo e coar novamente em duas taças coupe geladas.

DAIQUIRI DE MANJERICÃO-TAILANDÊS

Spanish Chris

Mescal e estragão vão muito bem juntos, mas sozinhos não satisfazem. Eles precisam de um pouco de licor maraschino. Os três juntos formam uma *troika* formidável. A propósito, Spanish Chris é um cara que se esconde no porão do laboratório de desenvolvimento do Booker and Dax.

RENDE UM DRINQUE DE 149 ML COM 15,3% DE TEOR ALCOÓLICO, 10 G/100 ML DE AÇÚCAR E 0,91% DE ACIDEZ

INGREDIENTES

- 3,5 gramas (um punhado pequeno) de folhas de estragão fresco
- 1 ½ onça (45 mL) de mescal La Puritita ou qualquer mescal blanco razoavelmente neutro (40% de teor alcoólico)
- ½ onça (15 mL) de maraschino Luxardo (32% teor alcoólico)
- ¾ de onça (22,5 mL) de suco de limão-taiti espremido e coado na hora
- ½ onça (15 mL) de xarope simples
- 3 gotas de solução salina ou uma pitada generosa de sal

MODO DE PREPARO

Macere o estragão com nitrogênio em uma coqueteleira. Adicione o mescal e o maraschino e mexa. Acrescente o suco de limão, o xarope simples e a solução salina ou o sal. Verifique se a mistura não está quase congelando. Agite com gelo e coe com uma peneira fina em uma taça coupe gelada.

Você também pode fazer uma receita dupla e macerar o estragão no liquidificador com o mescal, o maraschino e o suco de limão. Junte a calda simples e a solução salina ou o sal, depois passe por uma peneira fina, agite com gelo e coe em duas coupes geladas.

O Flat Leaf

Quem pensa que a salsa não pode dar um drinque delicioso está enganado. Esse drinque é intensamente verde e fresco sem ser salgado. Tem gosto de primavera, mas agrada também no inverno.

O elemento cítrico desse drinque é a laranja-amarga, uma variedade da *Citrus aurantium*. A laranja-amarga também é conhecida como laranja-azeda – e como ela é azeda! Esse drinque não pede a versão sofisticada da laranja-azeda conhecida como sevilha – aquela com casca bonita e suco relativamente não amargo. Ele pede laranja-amarga, com casca feia e verdadeiro amargor, algumas vezes chamada de "*arancia*". Eu me apaixonei por essa laranja há mais de vinte anos, quando estava namorando aquela que seria minha futura esposa. Comecei a fazer laranjada azeda/amarga com os frutos das árvores que cresciam perto da casa dos pais dela em Phoenix, Arizona. As ruas eram repletas de árvores de laranja-amarga e ninguém usava a fruta. Pena. Se você não conseguir encontrar esse tipo de laranja, substitua por suco de limão-taiti.

Faça uma variação maravilhosa desse drinque com levístico. Eu amo levístico – seu sabor é como se a salsa e o salsão tivessem tido um bebê amargo. A nota de salsão tem um pouco de semente de salsão, e acho que é por isso que gosto tanto dele.

RENDE UM DRINQUE DE 164 ML COM 17,7% DE TEOR ALCOÓLICO, 7,9 G/100 ML DE AÇÚCAR E 0,82% DE ACIDEZ

INGREDIENTES

- 4 gramas de salsa fresca ou de folhas de levístico fresco (ou um punhado pequeno)
- 2 onças (60 mL) de gim (47,3% de teor alcoólico)
- 1 onça (30 mL) de suco de laranja-amarga espremido e coado na hora ou ¾ de onça (27,5 mL) de suco de limão-taiti espremido e coado na hora
- ½ onça (15 mL) de xarope simples
- 3 gotas de solução salina ou uma pitada generosa de sal

MODO DE PREPARO

Macere a salsinha ou o levístico com nitrogênio em uma coqueteleira. Em seguida, adicione o gim e mexa. Acrescente o suco de fruta, o xarope simples e a solução salina ou o sal. Verifique se a mistura não está quase congelando. Agite com gelo e coe em uma taça coupe gelada com uma peneira fina.

Você pode também fazer uma receita dupla e macerar no liquidificador a salsa ou o levístico com o gim e o suco de fruta azeda. Junte o xarope simples e a solução salina ou o sal, depois coe com uma peneira fina, agite com gelo e coe em duas taças coupe geladas.

NOVAS TÉCNICAS E NOVAS IDEIAS

O Carvone

Esse drinque combina o aquavit, bebida sueca cujo sabor principal é a semente de cominho, com a hortelã. É um estudo de quiralidade. Na química, uma molécula quiral é aquela que pode ser composta de duas maneiras que compartilham a mesma estrutura, mas são imagens espelhadas uma da outra – elas não são idênticas, assim como nossas mãos não o são. A carvona é o principal composto aromatizante tanto do cominho quanto da hortelã, mas ela é quiral. R(–)carvona é o aroma predominante da hortelã. Sua imagem espelhada, S(+)carvona, é o aroma predominante do cominho (e também do endro, outra obsessão sueca). Geralmente sou resistente a combinar sabores por terem semelhanças químicas. Por que ingredientes quimicamente semelhantes ficariam gostosos juntos? Este caso é diferente. Eu estava assistindo a uma palestra sobre química orgânica quando aprendi a história da carvona quiral. Na hora eu pensei: a história é boa, e a combinação de sabores é melhor ainda.

 Esse drinque é diferente dos outros do grupo dos macerados em nitrogênio por não conter nenhum ácido, por isso a hortelã não dura tanto.

RENDE UM DRINQUE DE 117 ML COM 20,4% DE TEOR ALCOÓLICO, 6,8 G/100 ML DE AÇÚCAR E 0% DE ACIDEZ

INGREDIENTES

6 gramas (um punhado cheio) de folhas de hortelã fresca

2 onças (60 mL) de aquavit Linie (40% de teor alcoólico)

½ onça curta (13 mL) de xarope simples

3 gotas de solução salina ou uma pitada generosa de sal

1 twist de limão-siciliano

MODO DE PREPARO

Macere a hortelã com nitrogênio em uma coqueteleira. Em seguida, adicione o aquavit e mexa. Acrescente o xarope simples e a solução salina ou o sal. Verifique se a mistura não está quase congelando. Agite com gelo, passe por uma peneira fina em uma taça coupe gelada e finalize com o twist de limão.

Você pode fazer também uma receita dupla e macerar no liquidificador a hortelã com o aquavit. Junte o xarope simples e a solução salina ou o sal, coe com uma peneira fina, agite com gelo e depois coe dentro de duas taças coupe geladas. Finalize com 2 rodelas de limão.

Drinques quentes

Se em uma noite fria nos Estados Unidos dos tempos coloniais você entrasse em uma taverna e pedisse uma bebida quente, o proprietário faria um Flip para você: uma mistura de cerveja ou sidra com algum destilado e açúcar, aquecida com um atiçador de ferro em brasa puxado direto da lareira. Em algum momento na época da Guerra Civil, esse drinque começou a mudar. Entrou ovo na mistura e os Flips passaram a ser servidos quentes e frios. O Flip quente era feito com a adição de água fervente em vez do ferro em brasa, e algo crucial foi perdido. Há alguns anos, decidi que era hora de trazer o ferro em brasa para o século XXI para que pudéssemos provar o que estávamos perdendo.

Veja bem: o ferro em brasa não é apenas um instrumento de aquecimento, como uma panela. Colocado diretamente em um drinque, ele cria sabores em altas temperaturas, produz sabores incríveis de tostado, queimado e caramelado que são difíceis de obter em líquidos. Compare dois drinques quentes, um feito aquecendo água em uma frigideira e outro feito com um ferro em brasa; você nunca mais vai querer a versão da panela. O cheiro de um drinque feito com um ferro em brasa é encantador, ele enche o ambiente como nenhum outro aroma em um bar. Quando alguém está preparando um drinque com ferro em brasa, todos se animam um pouco, especialmente quando está frio do lado de fora.

A JORNADA INCANDESCENTE: INSTRUMENTOS TRADICIONAIS

Para meu primeiro experimento com a brasa, comprei um instrumento de soldagem que consiste em uma ponteira de cobre pesada, pontiaguda e octogonal na extremidade de uma haste de ferro. Não foi caro nem difícil de encontrar. A ponta é aquecida com um maçarico ou deixada por dez minutos na boca do fogão, em fogo alto, até ficar de um vermelho opaco; mergulhada em um drinque, pode render resultados espetaculares.

O cobre tende a passar sabor às bebidas que aquece. Às vezes, esse sabor não é perceptível e, às vezes, é benéfico. Durante anos fiz *glögg*, um vinho quente sueco de Natal, com meu amigo chef Nils Noren, usando essa ferramenta,

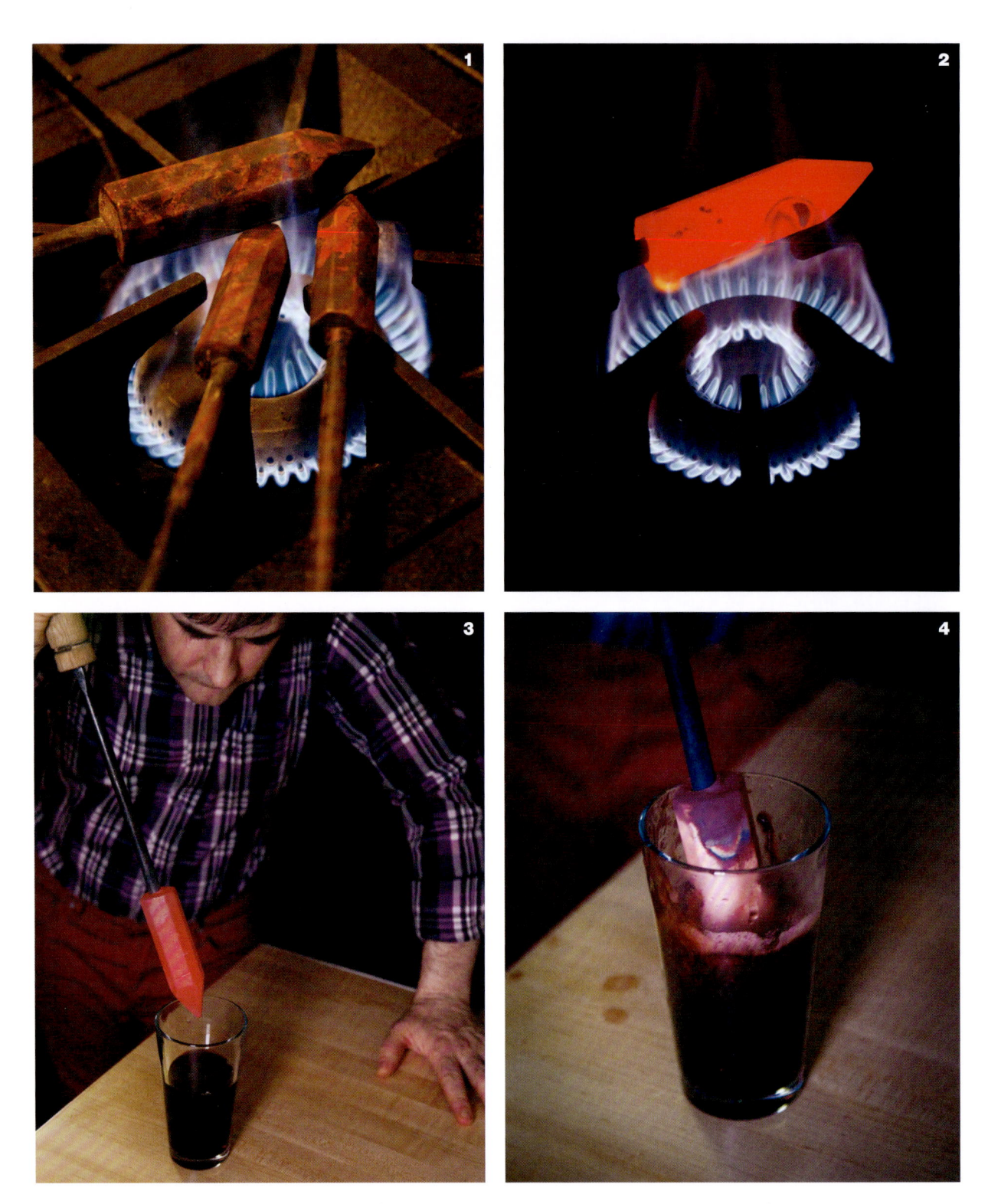

Usando barras de cobre para solda para esquentar um drinque. **1)** Esquente as barras em fogo alto até... **2)** Ficarem em brasa. **3)** Mergulhe a barra no drinque. **4)** Por um momento, vai parecer que não está acontecendo nada – o efeito leidenfrost evitará um borbulhamento rápido, mas depois o drinque vai se agitar.

e acho que o *glögg* ficou melhor dessa forma. Em outros casos, o cobre faz os drinques parecerem que você está chupando uma moeda. Tentei mudar para ferro fundido, que provavelmente era o material original do atiçador, mas ele passava um gosto horrível aos drinques, como um suplemento de ferro, e não era tão eficiente no aquecimento quanto o cobre. (Eu me pergunto o que faziam na época da colonização para que os ferros não tivessem um gosto tão ruim. Ou talvez tenham se acostumado com o gosto ruim?) Tentei usar pedaços de aço inoxidável, mas não deu muito certo: o aço inoxidável é um condutor relativamente ruim, e relativamente ruim para armazenar calor.

PEDRAS QUENTES

Em seguida, tentei usar pedras quentes. Um amigo meu cortou alguns *dolsots*, as famosas tigelas de pedra coreanas usadas para fazer *gobdol bibimbap*. (Todo mundo deveria ter algumas dessas tigelas fantásticas.) Eu colocava um suporte de wok em volta da boca do fogão, enchia-o com pedaços de *dolsot* e os aquecia até que ficassem com um brilho fraco e opaco – cerca de 430 °C. Coloquei algumas pedras quentes dentro de um drinque, que ferveu e borbulhou bem. O procedimento funcionou satisfatoriamente, e considerei criar uma categoria de drinques chamada "com gelo quente", mas pensei melhor e vi que não era uma boa ideia servir às pessoas drinques contendo nacos de pedra a 430 °C.

Colocando uma pedra quente dentro de um drinque: no início, a fervura é moderada – de novo o efeito de Leidenfrost –, depois o drinque se agita e então se acalma novamente.

Se você for tolo o suficiente para tentar o truque da pedra quente, cuidado: a maioria das pedras explode quando aquecida, lançando pequenos estilhaços de rocha para todo lado. Você deve usar pedras que sejam resistentes ao calor, como os *dolsots* e algumas pedras-sabão.

AUTOIMOLAÇÃO

Depois de aceitar as limitações da técnica das pedras quentes, comecei a fazer bastões autoaquecidos usando diferentes aquecedores de imersão. Construí meus primeiros a partir de resistências de aquecimento (muito parecidas com uma resistência de fogão elétrico) que dobrei em pequenas espirais. Assim como as resistências de fogão, eles brilhavam em um vermelho reluzente quando colocados no máximo. Eles eram bem mais quentes do que os atiçadores e as pedras que eu tinha testado antes. Um deles ficou especialmente quente e, quando o mergulhei nos coquetéis, eles pegaram fogo na hora.

Na primeira vez que um red-hot poker é ligado, ele esquenta de um jeito que nunca mais esquentará e, como ainda não oxidou, torna-se incandescente e reluzente.

Usar fogo em um drinque tem dois efeitos pronunciados: deixar o drinque mais incrível e reduzir seu teor alcoólico de forma mais rápida que a fervura o faria. Eu tinha um dilema agora: deveria fazer bastões que incendiassem coquetéis ou voltar para uma tecnologia de aquecimento mais ameno? Eu precisava escolher uma das duas. Eu não poderia ter um bastão que só inflamasse os drinques de vez em quando, porque a flambagem altera o teor alcoólico. Então, para produzir um drinque equilibrado, eu precisava saber de antemão se ele pegaria fogo ou não. Caso contrário, teria que adicionar mais água, ou ferver muito mais tempo, para atingir o mesmo nível de álcool. Se fosse pegar fogo, eu poderia aquecer por menos tempo ou adicionar mais bebida alcoólica – o que significaria mais do sabor do destilado-base, sem aumentar o teor alcoólico final do drinque.

A maioria das pessoas se surpreende com o fato de que realmente se *queira* reduzir o teor de álcool de uma bebida quente. Mas quando uma bebida quente com muito álcool é levada para perto do rosto, ela arde o nariz de um jeito muito desagradável.

É melhor nunca usar fogo ou sempre usar fogo? Você deve ter adivinhado que eu prefiro sempre. Não só por gostar de fogo, mas porque ele me permite intensificar o sabor do drinque final.

Para garantir que qualquer coquetel aquecido com brasa inflame instantaneamente, você precisa atingir temperaturas bastante altas – de cerca de 870 °C a 899 °C. Temperaturas altas assim se aproximam de modo perigoso das temperaturas de fusão

Usando o poker.

automática dos aquecedores de imersão que você pode comprar. Some a isso o problema de que os bastões em brasa passam por ciclos térmicos viciosos à medida que são mergulhados em vários drinques um atrás do outro, o que enfraquece rapidamente sua liga metálica e seu isolamento, e eu me deparei com um grande problema de projeto.

Acabei deixando de lado os bastões de espirais dobradas, que pareciam saídos de um filme de Frankenstein, nada higiênicos e profissionais. Em vez disso, arrumei um cartucho aquecedor de alta temperatura. Esses dispositivos são projetados para aquecer furos em matrizes e moldes metálicos industriais. Os cartuchos aquecedores que uso são bastões ocos de uma liga de aço-níquel resistente à corrosão em altas temperaturas, chamada Incoloy, em volta de um aquecedor de resistência de fio longo e fino enrolado em uma pequena espiral, que por sua vez é enrolada em uma espiral maior (para aumentar o comprimento da resistência de aquecimento contida em um pequeno volume). O isolamento de óxido de magnésio é colocado no cilindro ao redor do fio de resistência para evitar curtos-circuitos.

Depois de muitas dezenas de testes, descobri que um cartucho aquecedor de ¾ de polegada de diâmetro e 4 polegadas de comprimento com 500 watts de potência é o ideal. Com menos energia, o aquecedor não atinge as temperaturas necessárias. Com mais energia, o aquecedor derrete – às vezes de forma espetacular, em uma chuva de faíscas. Originalmente, usei aquecedores de maior potência – 1.500 watts – e termômetros termopares para controlar a temperatura, para que os aquecedores não se destruíssem. Com tanta potência, os bastões preparam um drinque a cada 30 segundos; os de 500 watts levam 90 segundos para ficar no ponto novamente. O problema: os de 1.500 watts sempre quebravam rápido e de modo dramático, em um espetáculo flamejante que assustava os espectadores. Os termômetros termopares sempre falhavam e levavam ao derretimento do aquecedor. Comecei a testar diferentes tamanhos e potências de aquecedores para encontrar um que não exigisse regulação térmica, mas que ainda fizesse seu trabalho. O de 500 watts com ¾ de polegada de diâmetro e 4 polegadas de comprimento foi a resposta.

Contudo, o resultado final de toda essa experimentação não foi muito animador, porque mesmo os de 500 watts sempre acabam quebrando; eles somente duram muito mais tempo. Pode acontecer de o isolamento dentro do aquecedor rachar e falhar devido ao ciclo térmico incessante, o que leva a arcos e faíscas. Isso é raro em um bastão de 500 watts e não é perigoso como um cenário de arco com um atiçador de 1.500 watts, mas assusta. A falha mais comum é a perda de capacidade. Com o tempo, o fio de resistência dentro do aquecedor vai oxidando. À medida que oxida, a resistência aumenta, a quantidade de energia produzida diminui e os drinques não acendem mais. O bastão simplesmente vai pifando. Um bastão que more em um bar movimentado e fique ligado sete dias por semana, das 18h às 2h da manhã, tem uma vida útil de cerca de um mês antes de pifar. Em casa, durariam muito mais, porém nunca vou vendê-los. Imagine o seguro. Também não vou contar como fazê--los, porque não posso recomendar que o façam.

TÉCNICA DA BRASA

Eu sempre uso pints comuns para fazer drinques com o bastão incandescente. Durante anos, nunca tive nenhum estouro – eles rachavam se você fizesse drinque atrás de drinque sem deixá-los esfriar, mas nunca estouraram –, até que um dia aconteceu. Agora recomendo segurar o copo em um suporte de arame de metal para que você não se queime, caso ele quebre.

O tempo de queima da bebida é uma questão de preferência. É difícil descrever uma boa técnica de aplicação de brasa. Cada bartender tem que descobrir isso por si mesmo. Quase todos os bartenders que usam o bastão gostam – dá a eles a sensação de que estão realmente controlando algo primordial e criando novos sabores, em vez de misturar sabores preexistentes.

COMO SERVIR UMA BEBIDA ALCOÓLICA QUENTE

Sirva bebidas quentes em xícaras de boca larga, como xícaras de chá e de café, e não em recipientes com paredes altas, como uma caneca. Fuja de copos altos: eles concentram os vapores do álcool e atrapalham a percepção do drinque. Uma xícara de chá com uma superfície larga tende a ajudar o vapor do álcool a se dissipar por uma área ampla, tornando-o menos concentrado em qualquer ponto.

Um drinque pode ficar com um cheiro fantástico em uma xícara de chá, mas, se servido em um copo de paredes altas, até chegar perto dele pode ser insuportável.

PERFIS DE SABOR PARA DRINQUES AQUECIDOS COM BRASA

Não importa que tipo de técnica de aplicação de brasa você use – há alguns pontos em relação ao sabor que você deve ter em mente. Ao usar a técnica, adicione um pouco mais de açúcar do que você faria para um drinque quente normal. Embora em geral os drinques quentes exijam menos açúcar (sacarose) do que os frios, porque a sua percepção da sacarose aumenta conforme a temperatura aumenta, a brasa carameliza parte do açúcar do drinque, adicionando um sabor agradável, mas reduzindo o dulçor. Se você estiver usando um adoçante com muita frutose, como o agave, o dulçor diminuirá conforme a temperatura for subindo, mesmo que você não queime nada. Use uma maior quantidade dele.

Algumas notas amargas, como a do lúpulo da cerveja, são intensificadas pela aplicação de brasa. Quando uso cerveja, tendo a usar um tipo menos amargo e com algum sabor frutado – geralmente uma cerveja de abadia – e raramente uso lagers. Bitters como Angostura funcionam muito bem em drinques feitos com brasa.

A maioria dos drinques aquecidos com brasa fica bom com destilados envelhecidos – raramente um drinque desses contém apenas destilados brancos. Uísque, rum escuro, conhaque, brandy e aguardente de maçã são as bebidas mais comuns nesse tipo de drinque. Muitos licores e amaros também são excelentes modificadores ou até protagonistas nos drinques quentes. A Fernet Branca, um digestivo pelo qual quase todo bartender tem um amor perverso, mas que eu odeio, fica gostosa quente. A Jägermeister pode recomendar que seu produto seja servido bem gelado, mas já fiz vários bons Jägers flamejantes na minha época.

Quando a receita pedir algum ácido, use com moderação. Muitos não ficam gostosos quando quentes. O ácido mais comum usado nos drinques feitos com brasa é o suco de limão-siciliano. Estamos acostumados a bebê-lo no chá quente, então parece funcionar para muitos dos drinques. A laranja-azeda vai bem também. Ocasionalmente uso limão-taiti, mas o calor intensifica seu amargor, que pode ser desagradável.

DUAS RECEITAS

Se for usar um bastão incandescente que ateie fogo, queime essas receitas por 7 a 10 segundos. Se for usar um que não ateie fogo, ferva por 15 a 20 segundos. As receitas feitas com brasa são seguidas pelas receitas feitas usando frigideira.

OUTRAS OPÇÕES PARA DRINQUES QUENTES

Supondo que você (a) não vá fazer seu próprio "bastão incandescente elétrico" e (b) não vá comprar um cobre de solda, quais são as opções? A melhor técnica que desenvolvi para emular o ferro em brasa funciona apenas em receitas que contêm xarope simples e envolve trocá-lo pelo açúcar, que você queima em uma frigideira antes de flambar o álcool (veja as receitas). Se você não se importa com chamas na cozinha, essa técnica sempre impressiona.

Queimando açúcar em uma frigideira. Deixe escurecer, mas não muito. Na terceira foto, está bom; na quarta, queimado.

5) Adicione a base alcoólica e ateie fogo – atenção às chamas que vão subir. **6)** Adicione rapidamente os líquidos com menor teor alcoólico. **7)** Retire do fogo e mexa até dissolver o açúcar caramelizado, que estará grudado no fundo da frigideira. **8)** Sirva.

RED-HOT ALE, COM BRASA

Red-Hot Ale

Esse é um drinque old-school feito com um instrumento incandescente, como seus tataravós faziam.

COM BRASA

RENDE UM DRINQUE DE 138 ML COM 15,3% DE TEOR ALCOÓLICO, 3,5 G/100 ML DE AÇÚCAR E 0,33% DE ACIDEZ. O VOLUME E O TEOR ALCOÓLICO FINAIS VARIAM COM O TEMPO DE BRASA

INGREDIENTES

1 onça (30 mL) de cognac

3 onças (90 mL) de cerveja de abadia com sabor de malte, mas não de lúpulo (gosto da Ommegang Abbey Ale para esta receita)

¼ de onça (7,5 mL) de xarope simples

¼ de onça (7,5 mL) de suco de limão-siciliano espremido e coado na hora

3 dashes de bitter rápido de laranja (p. 211) ou de bitter de laranja industrializado

2 gotas de solução salina ou uma pitada de sal

1 twist de laranja

MODO DE PREPARO

Misture tudo, exceto o twist de laranja, e esquente com o instrumento incandescente. Sirva em uma xícara de chá e torça a casca de laranja por cima.

COM A FRIGIDEIRA

RENDE UM DRINQUE DE 138 ML COM 15,3% DE TEOR ALCOÓLICO, AÇÚCAR INCALCULÁVEL E 0,33% DE ACIDEZ. O VOLUME E O TEOR ALCOÓLICO FINAIS VARIAM COM O TEMPO DE QUEIMA

INGREDIENTES

2 ½ colheres de chá (12 g) de açúcar cristal

1 onça (30 mL) de cognac

3 dashes de bitter rápido de laranja (p. 211) ou de bitter de laranja industrializado

3 onças (90 mL) de cerveja de abadia

¼ de onça (7,5 mL) de suco de limão-siciliano espremido e coado na hora

2 gotas de solução salina ou uma pitada de sal

1 twist de laranja

MODO DE PREPARO

Primeiro coloque o açúcar em uma frigideira. Aqueça em fogo alto até o açúcar começar a caramelizar. A ideia é chegar a um tom específico de marrom-escuro – escuro, mas ainda não queimado. Adicione imediatamente o cognac e deixe inflamar inclinando a frigideira em direção ao fogo ou acendendo-a com um isqueiro de butano de cabo longo, caso esteja usando o fogão elétrico. Tome cuidado porque vai subir uma grande chama! Deixe o cognac queimar por alguns segundos e adicione o bitter enquanto as chamas ainda se mantiverem na frigideira. Em seguida, adicione a cerveja e deixe a chama se apagar. Por fim, adicione o suco de limão e a solução salina ou o sal e retire a frigideira do fogo. Mexa com uma colher para dissolver o caramelo (cuidado para não se queimar com o vapor). Sirva em uma xícara de chá e torça a casca da laranja por cima.

Red-Hot Cider

Mais um coquetel old-school, dessa vez com sidra.

COM BRASA

RENDE UM DRINQUE DE 138 ML COM 15,3% DE TEOR ALCOÓLICO, 6,5 G/100 ML DE AÇÚCAR E 0,31% DE ACIDEZ. O VOLUME E O TEOR ALCOÓLICO FINAIS VARIAM DE ACORDO COM O TEMPO DE BRASA

INGREDIENTES

- 1 onça (30 mL) de brandy de maçã (50% de teor alcoólico. Eu uso o Laird's Bottled in Bond)
- 3 onças (90 mL) de sidra de maçã alcoólica (use uma sidra razoável; geralmente eu uso uma sidra do tipo normando)
- ½ onça (15 mL) de xarope simples
- ¼ de onça (7,5 mL) de suco de limão-siciliano espremido e coado na hora
- 2 dashes de bitter rápido de laranja (p. 211) ou de bitter de laranja industrializado
- 2 gotas de solução salina ou uma pitada de sal
- Canela em pau

MODO DE PREPARO

Misture os ingredientes líquidos e, com a canela em pau dentro do copo, esquente a mistura com o instrumento incandescente. Sirva em uma xícara de chá com a canela em pau.

COM A FRIGIDEIRA

RENDE UM DRINQUE DE 138 ML COM 15,3% DE TEOR ALCOÓLICO, AÇÚCAR INCALCULÁVEL E 0,31% DE ACIDEZ. O VOLUME E O TEOR ALCOÓLICO FINAIS VARIAM COM O TEMPO DE QUEIMA

INGREDIENTES

- 3 colheres de chá (12,5 gramas) de açúcar cristal
- 1 onça (30 mL) de brandy de maçã (50% de teor alcoólico)
- Canela em pau
- 2 dashes de bitter rápido de laranja (p. 211) ou de bitter de laranja industrializado
- 3 onças (90 mL) de sidra alcoólica
- ¼ de onça (7,5 mL) de suco de limão-siciliano espremido e coado na hora
- 2 gotas de solução salina ou uma pitada de sal
- 1 twist de laranja

MODO DE PREPARO

Coloque o açúcar em uma frigideira em fogo alto. Aqueça até o açúcar ficar marrom, mas não deixe queimar. Acrescente o brandy e a canela em pau e ateie fogo. Deixe queimar por alguns segundos (cuidado!). Adicione o bitter enquanto ainda estiver queimando, depois a sidra. Por fim, adicione o suco de limão e a solução salina ou o sal. Retire do fogo. Mexa com uma colher para dissolver o caramelo (cuidado para não se queimar com o vapor). Sirva em uma xícara de chá e torça a casca de laranja por cima.

Infusões rápidas com manipulação de pressão

A infusão refere-se a dois processos interligados. Pode significar extrair o sabor de um sólido e passar para um líquido ou impregnar um sólido com o sabor de um líquido – ou ambos. Quando você faz café, o processo é unidirecional e consiste em extrair o sabor do pó para o líquido: o líquido do café é bom, a borra usada, não. Já quando você coloca cerejas em um brandy, você obtém dois produtos deliciosos: cerejas com sabor de brandy e brandy com sabor de cereja.

SIFÕES iSi

Ao fazer a infusão, você basicamente está criando uma nova bebida alcoólica com um sabor distinto. Gosto de usar infusões em drinques simples, descomplicados e que realcem esse sabor.

O processo de infusão pode levar segundos ou minutos, ou ainda dias ou semanas, dependendo de como é feito. A maioria das infusões tradicionais no mundo da coquetelaria leva dias ou semanas para ser concluída. Muitos livros foram escritos sobre técnicas tradicionais de infusão, e recomendo alguns deles na seção de referências ao final do livro. Aqui vamos nos concentrar na infusão rápida, que leva segundos ou minutos para ser concluída.

A infusão rápida consiste em um par de técnicas modernas que funcionam por meio da manipulação de pressão e geralmente contam com um destes equipamentos de cozinha: o sifão de chantilly iSi e a seladora de câmara a vácuo. Esses dispositivos funcionam de maneiras opostas; são como imagens espelhadas. O sifão iSi aumenta a pressão e a faz retornar à pressão atmosférica; já a seladora a vácuo reduz a pressão e a faz retornar à pressão atmosférica. Qualquer uma das ferramentas consegue fazer qualquer tipo de infusão, mas o iSi é o campeão para fazer infusões líquidas, e a seladora a vácuo brilha na criação de sólidos infusionados.

Vou falar primeiro do iSi, porque no bar as infusões líquidas são muito mais importantes do que os sólidos infusionados. Destilados e bitters feitos por infusão podem ser as estrelas de um coquetel. Os sólidos infusionados normalmente são relegados ao status de guarnição.

Infusão nitrosa rápida com o sifão iSi

INFUSÃO NITROSA RÁPIDA

A infusão nitrosa é uma técnica que desenvolvi usando o sifão e o óxido nitroso, um gás anestésico solúvel em água/etanol/gordura e de sabor adocicado. Talvez você o conheça como gás hilariante ou N_2O. Na infusão rápida, o óxido nitroso se dissolve em líquido e força esse líquido para dentro de um sólido sob pressão, conseguindo extrair os sabores do sólido. Pouco depois você libera a pressão e o óxido nitroso ferve, empurrando o líquido saborizado para fora do sólido.

INFUSÕES NITROSAS RÁPIDAS *VERSUS* INFUSÕES TRADICIONAIS

A infusão rápida não é nem melhor nem pior do que a infusão tradicional de longo prazo, apenas diferente. A infusão rápida tende a extrair menos componentes amargos, picantes e tânicos do que a infusão lenta. Se você tem um produto que seja amargo, picante ou tânico demais para você, escolha o método rápido. O destilado infusionado rapidamente com nibs de cacau terá menos amargor do que aquele embebido por semanas e precisará de menos açúcar. A tequila infusionada rapidamente com jalapeño terá mais sabor de jalapeño e menos picância do que a tequila infusionada lentamente com jalapeño. Uma consequência dessa diferença de sabor é que a infusão rápida tende a extrair menos sabor total de determinada quantidade de ingrediente sólido, de modo que as infusões rápidas requerem maiores quantidades de ingredientes sólidos do que as tradicionais.

Antes de começar, tenho algo a falar sobre o principal equipamento que usaremos nesta seção, o sifão.

O SIFÃO DE CHANTILLY iSi: SEU DESIGN E USOS

A empresa austríaca iSi foi a pioneira dos sifões de chantilly. São recipientes de aço inoxidável com uma tampa rosqueada que você pode pressurizar com cartuchos de gás (cápsulas), por meio de uma válvula unidirecional na parte superior, e liberar a pressão – ou servir chantilly – usando uma válvula de gatilho e bico, também na parte superior. Você pode usar cápsulas de dióxido de carbono ou óxido nitroso no sifão, mas, para chantilly e infusões, é necessário apenas óxido nitroso (o dióxido de carbono deixa tudo com um sabor carbonatado). Para fazer chantilly, coloque o creme no sifão, feche a tampa e pressurize com N_2O. O gás se dissolverá no creme sob alta pressão. Quando quiser servir chantilly, segure o sifão de cabeça para baixo e aperte a válvula de gatilho para borrifar o creme carregado de nitrogênio para fora. Quando o creme sai do recipiente pressurizado, o nitrogênio se expande, formando chantilly. Os sifões são dimensionados de acordo com a quantidade de creme. Os dois tamanhos mais comuns são o sifão de meio litro (volume real de 772 mL) e o sifão de litro (1.262 mL).

A importância culinária do sifão de chantilly recebeu um grande impulso no final dos anos 1990, quando o chef catalão Ferran Adrià começou a usá-lo em seu restaurante El Bulli para fazer todo tipo de espuma – um dos primeiros indícios do movimento da culinária moderna. Logo todo cozinheiro moderno de respeito passou a ter um sifão, um dos poucos utensílios de cozinha

Certifique-se de que o cabeçote do sifão esteja limpo.

tecnológicos acessíveis. Eu tinha alguns, mas raramente os usava. Descobri que eu de fato não gostava da maioria das espumas, pois elas normalmente são pouco saborosas e mal aplicadas. Feitas da maneira certa, as espumas são ótimas – mas quase nunca são feitas assim.

Meus sifões ficaram encostados juntando pó até o dia em que minha vida mudou, alguns anos atrás, quando, enquanto eu ponderava sobre a mecânica da infusão, teorizei que meu sifão de chantilly poderia fazer infusões rápidas excelentes. Descobri que estava certo, e nunca mais meus sifões juntaram pó.

UM RESUMO DA TÉCNICA DA INFUSÃO NITROSA (COM ALGUMAS DICAS PARA EVITAR CONSTRANGIMENTOS)

Antes de começar, tenha em mãos todos os ingredientes, alguns recipientes vazios, uma peneira e um cronômetro, além de um número suficiente de cápsulas de N_2O. Agora examine seu sifão. A borracha de vedação está no lugar? Caso contrário, o sifão não vedará e você perderá gás (já passei vergonha mais de uma vez por não ter checado). Verifique se a válvula no interior do cabeçote do sifão está limpa. Se estiver suja (como costuma acontecer quando você faz várias infusões seguidas), o sifão não vedará: mais vergonha. Por fim, cheire o sifão. Se algum engraçadinho tiver fechado o sifão ainda molhado, ele vai apodrecer e causar mau cheiro. Boa sorte para tirar esse fedor, e lembre-se de nunca guardar um sifão fechado.

Agora podemos começar a trabalhar. Digamos que você queira extrair sabor da cúrcuma e passar para o gim. A cúrcuma é uma boa escolha por ser porosa, aromática, colorida e saborosa, as quatro características que você deve procurar em seu ingrediente sólido para infusão. Gim é uma boa escolha por ser bem alcoólico, ter sabor límpido (para combinar bem com nossa cúrcuma) e transparência (para não atrapalhar a cor incrível da cúrcuma). Primeiro coloque a cúrcuma no sifão e depois despeje o gim. Vede o sifão e carregue-o com o N_2O. Se a sua receita pedir duas cápsulas, como esta, agite o sifão por alguns segundos e adicione rapidamente a segunda cápsula. Nesse momento, a pressão dentro do sifão chegará a 360 psi (24,8 bar)! Agite o sifão. Conforme você agita, o gás se dissolve no líquido e a pressão dentro do sifão cai para entre 72 e 145 psi (5 e 10 bar), dependendo da receita e do tamanho do sifão. A pressão também forçará o gim e a solução de óxido nitroso a entrarem na cúrcuma.

Agora você espera, mas não muito – geralmente de 1 a 5 minutos; 2,5 neste caso. Defina seu cronômetro. As infusões rápidas acontecem tão rapidamente que mesmo uma diferença de 15 segundos nos tempos de infusão pode causar um impacto no sabor. Enquanto você espera, o gim que foi introduzido na cúrcuma extrai rapidamente sabores dela. Costumo sacudir o sifão de vez em quando enquanto estou esperando. Não sei se ajuda, mas sou um cara ansioso.

Quando o tempo de infusão terminar, aponte o sifão para cima e aperte o gatilho o mais rápido que puder. Segure um recipiente sobre o bico para coletar qualquer coisa que espirre. Conforme você aperta o gatilho, o óxido nitroso se expande e sai da solução, forçando o gim com sabor de cúrcuma a sair da cúrcuma e voltar para o resto do gim, completando a infusão. O sifão deve ficar totalmente sem gás. Se a válvula entupir com partículas durante a liberação do gás, você saberá. Se isso acontecer, bombeie a válvula vigorosamente para desobstruí-la. Como último recurso, segure o sifão sobre um recipiente e desenrosque-o com cuidado. A iSi instalou uma liberação de pressão nas roscas da tampa para que o fluido possa escorrer pela borda do sifão em vez de explodir a tampa para fora – esse é um dos motivos para usar a marca.

Depois que a pressão for liberada, desenrosque a parte superior do sifão e escute com atenção. Você ouvirá um borbulhar enquanto o óxido nitroso continua a sair da solução e a expulsar os sabores da cúrcuma. Quando o borbulhar diminuir, coe o gim e pronto. Não sei por quê, mas o sabor parece mudar durante alguns minutos depois de coar – muitas vezes ficando mais forte –, possivelmente por causa do óxido nitroso que sai da bebida. Costumo deixar a infusão descansar por 10 minutos antes de usá-la.

A iSi tem um acessório para seus sifões que facilita o processo de infusão – especificamente para resolver os problemas de sujeira decorrentes da liberação do gás e do entupimento de válvulas. A técnica é a mesma, quer você opte pelo sifão tradicional, quer use os novos acessórios.

Em último caso, se seu sifão entupir e você não conseguir desentupir apertando o gatilho, você pode desrosquear a tampa – mas para isso é preciso retirar todo o gás antes. Este processo é complicado e pode ser bastante difícil se o sifão estiver com pressão total, por isso tome muito cuidado. Dependendo do sifão e da sua pressão interna, é um procedimento bem perigoso.

AS VARIÁVEIS DA INFUSÃO NITROSA E COMO CONTROLÁ-LAS

ESCOLHENDO O SÓLIDO

Mesmo quando seu objetivo é extrair o sabor de um sólido e passar para um líquido, a infusão sempre começa ao contrário: infusionar um líquido em um sólido. Escolher o sólido certo é importante. Qualquer candidato para infusão rápida precisa ser poroso. Café, nibs de cacau, galangal, gengibre, pimentas – a maioria dos produtos vegetais, na verdade – têm poros e produzem boas infusões. Durante o processo de infusão rápida, a pressão do N_2O injeta líquido nesses poros. Quanto maiores e mais numerosos forem os poros do seu sólido, mais líquido você conseguirá injetar nele e mais sabor conseguirá extrair.

Os poros só são úteis se o líquido conseguir chegar até eles, portanto, geralmente é necessária alguma preparação dos ingredientes. Cortar os

O GÁS QUE VOCÊ USA É IMPORTANTE!

Quando comecei a divulgar minha técnica de infusão nitrosa, algumas pessoas começaram a chamá-la de infusão de *nitrogênio*, porque existe uma técnica de laboratório superficialmente semelhante chamada cavitação por nitrogênio, na qual o nitrogênio (N_2) – e não o óxido nitroso (N_2O) – é forçado a entrar na solução sob imensa pressão: 800 psi (55 bars) ou mais. Quando essa pressão é liberada, pequenas bolhas de nitrogênio se formam e depois colapsam. A força das bolhas em colapso rompe as células. A cavitação por nitrogênio é uma versão ainda mais violenta da doença do mergulhador, conhecida como doença descompressiva. A diferença entre a cavitação por nitrogênio e a infusão nitrosa é que as pressões envolvidas na infusão nitrosa são muito mais baixas – mais próximas de 80 psi no momento da liberação de pressão, uma ordem de grandeza menor do que a da cavitação de nitrogênio. A infusão nitrosa depende da alta solubilidade do N_2O para realizar seu trabalho, então o nitrogênio não seria eficaz nesta aplicação. O dióxido de carbono (CO_2) é solúvel em álcool e água, por isso *poderia* ser usado no lugar do N_2O, mas o CO_2 residual alteraria o sabor do destilado.

ingredientes em fatias finas ou triturá-los cria mais área de superfície e disponibiliza mais poros para o líquido. A precisão com que você corta ou mói os ingredientes terá um grande impacto no sabor obtido com a infusão rápida, muito mais do que com as infusões longas tradicionais. Não negligencie a importância do corte e da trituração consistentes quando você trabalha com o método rápido.

PROPORÇÃO DE SÓLIDO PARA LÍQUIDO

As infusões rápidas geralmente requerem mais sólidos do que as infusões tradicionais, porque extraem menos componentes de sabor de um ingrediente do que o método clássico. Isso parece ruim, mas não é. Quando estou fazendo uma infusão rápida, meu objetivo é diminuir a proporção de extração de um sabor específico que não me agrada – digamos, o gosto de detergente do capim-limão. Se eu esperasse que a infusão rápida extraísse os mesmos sabores que uma infusão tradicional, ela também teria aquela nota de detergente. Então opto por fazer uma infusão mais breve com bastante capim-limão. Observe as proporções nas receitas adiante e você terá uma ideia de quanto usar de cada ingrediente.

TEMPERATURA

A temperatura afeta drasticamente as taxas de infusão, e é em temperatura ambiente que a maioria das infusões rápidas serão realizadas. A temperatura ambiente não cozinha os ingredientes e, assim, não altera seus sabores, além de ser bastante consistente. Já as temperaturas baixas são ruins. Se você infusionar a frio, a taxa de infusão é reduzida e não há tanto borbulhamento durante a liberação do gás, então você extrai muito menos sabor. As temperaturas elevadas são um golpe duplo na direção oposta: muita extração rápida de sabor e muito borbulhamento, geralmente em excesso. No entanto, quando quero extrair muito sabor, inclusive notas amargas, aqueço as infusões (veja a seção "Bitters e tinturas rápidas", p. 210). Como o sifão iSi é vedado, os aromas voláteis não se perdem quando você o aquece, ao contrário do aquecimento de uma infusão em uma panela. Apenas certifique-se de esfriar o sifão antes de liberar a pressão.

PRESSÃO

A pressão dentro do sifão é uma variável muito importante. Quase sempre quero o máximo de pressão possível. Uma pressão mais alta equivale a infusões mais rápidas e equilibradas. Seria natural pensar que a pressão de infusão poderia ser reduzida junto com uma infusão mais longa, mas os resultados quase nunca são os mesmos. A velocidade da infusão é vital para o equilíbrio do sabor. Quanto mais alta a pressão – e, portanto, mais rápida a taxa de transferência de sabor –, mais se selecionam preferencialmente aromas, notas de topo, aspecto frutado, e mais você minimiza o amargor e o gosto de barro. Não sei por que isso é verdade, mas é.

Se quiser resultados consistentes com uma receita de infusão rápida, será preciso gerar a mesma pressão no sifão repetidas vezes. As receitas devem ser seguidas com exatidão, incluindo a quantidade de ingredientes adicionados, o tamanho do sifão e o número de cápsulas. Todos esses fatores afetam a pressão, como veremos aqui.

TABELA DE PRESSÃO DA iSi

TODOS OS TESTES A 20 °C. CÁPSULAS PADRÃO DE 10 ML, 7,5 GRAMAS DE N_2O. REALIZADOS PELA iSi ÁUSTRIA 18/07/2013				PRESSÃO DA 1ª CÁPSULA NA GARRAFA				PRESSÃO DA 2ª CÁPSULA NA GARRAFA			
				INICIAL		DEPOIS DE AGITAR 10X		INICIAL		DEPOIS DE AGITAR 10X	
TAMANHO	VOLUME LÍQUIDO	VOLUME DO ESPAÇO LIVRE	LÍQUIDO	PSI	BAR	PSI	BAR	PSI	BAR	PSI	BAR
meio litro	500	272	água	197	13,6	119	8,2	iSi NÃO RECOMENDA			
litro	1000	262	água	200	13,8	77	5,3	260	17,9	14,8	10,2
litro	1000	262	água	197	13,6	Sem agitar adicione a 2ª cápsula		354	24,4	161	11,1
meio litro	500	272	óleo	186	12,8	94	6,5	iSi NÃO RECOMENDA			
litro	1000	262	óleo	186	12,8	74	5,1	247	17	106	7,3
meio litro	500	272	40% etanol	181	12,5	100	6,9	iSi NÃO RECOMENDA			
litro	1000	262	40% etanol	175	12,1	68	4,7	236	16,3	135	9,3
meio litro	500	272	90% etanol	173	11,9	44	3,0	iSi NÃO RECOMENDA			
litro	1000	262	90% etanol	171	11,8	25	1,7	196	13,5	49	3,4

RECOMENDAÇÕES DE SEGURANÇA DA iSi SOBRE O USO DA PRESSÃO

A iSi não endossa a prática de carregar duas cápsulas em um sifão de meio litro, a menos que a pressão do sifão tenha sido totalmente liberada antes de a segunda cápsula ser aplicada, mesmo que a prática de duas cargas seja 100% segura. Os sifões iSi conseguem suportar muitas vezes a pressão real envolvida e têm um mecanismo de segurança que os impede de carregar a níveis perigosos. Mesmo que esse mecanismo de segurança falhe, a falha inicial de um sifão iSi sob pressão extrema é uma protuberância no fundo da garrafa, o que não é nenhuma catástrofe. E por que a iSi adota essa posição sobre o uso de duas cápsulas? Aparentemente, porque sifões mais baratos e sem marca não têm uma válvula de segurança como os da iSi e podem representar uma ameaça de explosão se sobrecarregados. O governo francês tem diretrizes de uso específicas relativas aos sifões de chantilly que se aplicam a todos os sifões, independentemente da marca, e a iSi, como empresa sediada na UE, adere a essas diretrizes em todo o mundo.

Eu não preciso fazer isso, e você também não. Apenas não exagere na pressão com sifões genéricos. Além dos possíveis riscos, nunca dei sorte com eles, pois tendem a vazar muito.

Para receitas com duas cápsulas, a iSi recomenda que você carregue uma vez, agite, libere totalmente a pressão do sifão e adicione a segunda cápsula. Essa técnica produz uma pressão final mais baixa do que a minha abordagem preferida de duas cápsulas, mas ainda é melhor do que usar apenas uma.

A pressão no sifão é gerada pelas cápsulas de gás adicionadas. Cada cápsula contém 7,5 gramas de óxido nitroso. É possível adicionar uma ou duas cápsulas, às vezes três. O tanto de pressão que essas cápsulas geram depende de três fatores. O tamanho do sifão é o primeiro determinante. Um sifão com capacidade de 1 litro terá uma pressão por cápsula muito menor do que um sifão de meio litro, porque o gás tem mais volume para preencher. Segundo, a quantidade de produto no sifão influencia diretamente na pressão final, pois ocupa volume. Os sifões cheios produzem pressões mais altas do que os sifões vazios por uma boa margem. Um sifão de meio litro com 500 mililitros de vodca com 40% de teor alcoólico terá a pressão de uma cápsula de 100 psi (6,9 bars). Um sifão de meio litro vazio com uma cápsula tem uma pressão de apenas 78 psi (5,4 bars). E os sólidos em um sifão ocupam espaço assim como os líquidos, então aumentar os sólidos também aumenta a pressão. Por último, o tipo de líquido que você usa afeta a pressão. Concentrações mais altas de etanol produzem pressões mais baixas porque o N_2O é mais solúvel em etanol do que em água. Para as pressões dentro dos sifões iSi sob diferentes condições, consulte a tabela de pressão da iSi na p. 195.

Uma última observação sobre a pressão: embora a iSi não recomende colocar duas cápsulas em um sifão de meio litro, ou três cápsulas em um sifão de 1 litro, ambas as condições são totalmente seguras. Para saber os motivos, consulte o box "Recomendações de segurança da iSi sobre o uso da pressão".

TEMPO

Bitters e tinturas rápidas são infusionadas de 5 minutos a 1 hora, e com essas receitas seu timing pode ser um pouco impreciso. Por outro lado, quando você está preparando destilados infusionados, o tempo de infusão geralmente é de apenas 1 a 2 minutos, por isso é fundamental que você acerte o tempo. Quando uma infusão inteira dura apenas 1 ou 2 minutos, os segundos são importantes. Use um cronômetro. A precisão é ainda mais crucial em ingredientes com forte amargor, como café e nibs de cacau, porque é bastante tênue a linha entre uma infusão muito fraca e uma muito amarga.

LIBERAÇÃO DA PRESSÃO

O processo de liberação da pressão consiste em apertar o gatilho do sifão, permitindo que o líquido interno retorne à pressão atmosférica. É ela que gera bolhas que extraem sabor. Faça isso rápido. Quanto mais rápido você liberar a pressão, mais violento será o borbulhar e mais sabor você extrairá. Geralmente sai líquido do sifão durante o processo; tudo bem. Isso é bom, na verdade.

Os problemas surgem quando pequenas partículas obstruem a válvula e o sifão para de liberar o gás. Você precisa liberar completamente a pressão, e em tempo hábil. Enquanto o sifão estiver sob pressão, ele ainda estará infusionando rapidamente. Se você demorar demais para liberar o gás, o tempo de infusão aumenta. Pior ainda, a liberação parcial da pressão não cria um efeito borbulhante tão violento quanto a liberação totalmente rápida. É provável que o sifão entupa de vez em quando, mas, para ajudar a evitar entupimentos, não agite a infusão logo antes de liberar a pressão. Deixe as partículas afundarem. Mais importante ainda: aponte o sifão para cima enquanto você aperta o gatilho para não derramar partículas pela válvula. Você saberá que está com um entupimento quando o fluxo de gás e de espuma parar repentinamente, em vez de diminuir gradualmente. Bombeie vigorosamente o gatilho para tentar desentupir. Como último recurso, abra o sifão lentamente sob pressão – mas faça isso sobre uma tigela grande.

Não coe a mistura imediatamente depois de liberar a pressão, a menos que a receita exija. As bolhas ainda estão extraindo sabor. Lembre-se de ouvi-las – elas são o som da infusão.

Agora vamos a algumas receitas.

ACIMA: *Libere a pressão rapidamente.*
ABAIXO: *Escute as bolhas.*

Infusões rápidas de destilados e coquetéis

Todas as receitas desta seção foram escritas para sifões de meio litro. Como já mencionei, não é possível alterar os volumes dessas receitas sem alterar os resultados. Se você quiser usar um sifão de 1 litro, pode duplicar as receitas e adicionar uma cápsula extra (certifique-se de agitar entre uma cápsula e outra). Os resultados não serão exatamente os mesmos, mas ainda assim ficará bom. Se você gostar dos resultados da receita ampliada, faça-a assim sempre. Se a infusão ficar forte demais, reduza o tempo ou omita a cápsula extra. Se a receita ficar fraca demais, aumente o tempo de infusão.

O Glo-Sour e o gim com cúrcuma

Muita gente se interessa por cúrcuma hoje em dia porque ouviu dizer que é um supercondimento que faz bem para a saúde. Eu particularmente não me importo muito com isso, mas ela tem um sabor ótimo e uma cor fantástica. A maioria das pessoas está acostumada a trabalhar com cúrcuma seca em pó, mas essa receita precisa do ingrediente fresco. A cúrcuma é um rizoma, e os rizomas parecem gengibrinhos suculentos de cor laranja com uma pele marrom fina como papel. Você consegue comprar cúrcuma fresca em feiras livres ou de produtos orgânicos.

As infusões lentas de cúrcuma tradicionais são difíceis de trabalhar: elas ficam com um cheiro estranho e deixam um sabor esquisito na boca. A infusão rápida com o iSi fica muito mais equilibrada. O drinque fica com um tom laranja vibrante e muito refrescante. Falando em laranja vibrante, a cúrcuma mancha as superfícies e não sai nunca mais. Não descasque-a; lave-a em água corrente, usando luvas. Quer sacanear alguém? Peça à pessoa que descasque um pouco de cúrcuma com as mãos. Elas ficarão laranja até a pele sair. Use luvas enquanto corta a cúrcuma e não corte cúrcuma fresca sobre nenhuma superfície pela qual tenha algum apego – eu costumo enrolar minha tábua de corte em filme plástico e coloco um pedaço de papel dobrado em cima dela. A infusão deve ser guardada em vidro, pois os recipientes de plástico podem acabar inutilizados. Guardada na geladeira, ela fica mais saborosa se consumida em até uma semana, pois após esse período os sabores começam a reduzir e a cor fica opaca.

GIM COM CÚRCUMA

O coquetel no qual usei esta infusão é uma variação de um sour de limão-taiti. Para o bitter, você pode usar uma variedade industrializada ou fazer o bitter rápido de laranja. Se você omitir totalmente o bitter, o coquetel resultante ainda será bom, mas faltará aquele algo a mais. Quando a luz incide nesse drinque, ele quase brilha, daí o nome Glo-Sour.

INGREDIENTES PARA O GIM COM CÚRCUMA

500 mL de gim Plymouth

100 gramas de cúrcuma fresca, fatiada em rodelas finas de 1,6 mm

EQUIPAMENTO

Duas cápsulas de 7,5 gramas de N_2O

MODO DE PREPARO

Infusione os ingredientes rapidamente com as cápsulas, por 2 minutos e 30 segundos (agite entre uma carga e outra). Libere a pressão e ouça as bolhas. Deixe que o borbulhar suavize por alguns minutos e depois coe. Aperte a cúrcuma para extrair a maior parte do gim. (Lembre-se de usar luvas; essa infusão mancha.) Deixe descansar por 10 minutos.

RENDIMENTO: 94% (470 ML)

INGREDIENTES PARA O GLO-SOUR

RENDE UM DRINQUE BATIDO DE 160 ML COM 15,9% DE TEOR ALCOÓLICO, 8 G/100 ML DE AÇÚCAR E 0,84% DE ACIDEZ

- 2 onças (60 mL) de gim com cúrcuma
- ¾ de onça (22,5 mL) de suco de limão-taiti espremido e coado na hora
- ¾ de onça rasa (20 mL) de xarope simples
- 3 gotas de solução salina ou uma pitada generosa de sal
- 1-2 dashes de bitter rápido de laranja (p. 211)

MODO DE PREPARO

Misture os ingredientes em uma coqueteleira, acrescente gelo, agite e coe em uma taça coupe gelada.

GLO-SOUR

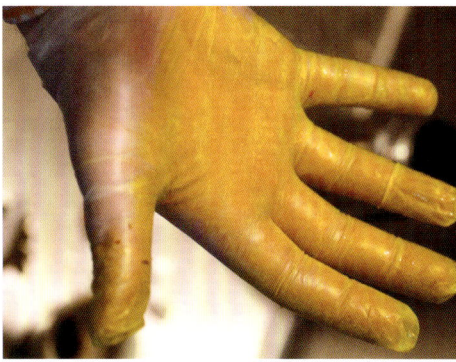

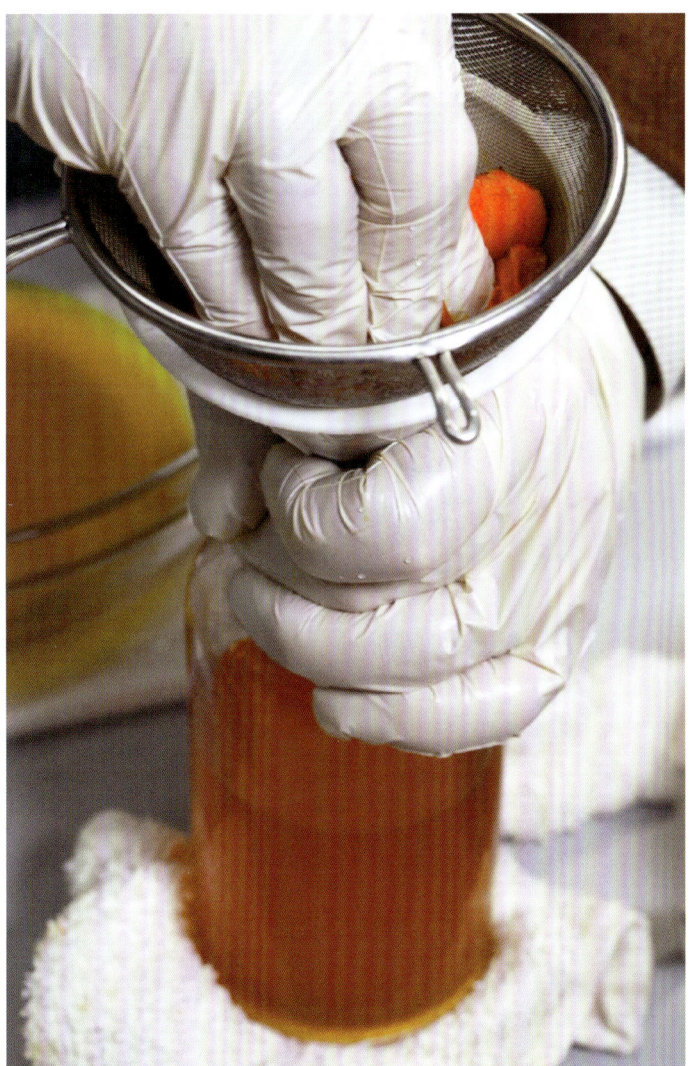

A cúrcuma é um rizoma de cor bem forte. Cuidado, pois ela mancha qualquer coisa de forma permanente. Use luvas e embale suas tábuas de cortar com plástico.

CAPIM-LIMÃO PICADO

Lemon Pepper Fizz e vodca infusionada com capim-limão

Esse drinque é muito refrescante. Às vezes é difícil trabalhar com capim-limão, porque infusões longas acabam ficando com certo gosto de detergente. Minha técnica rápida com o sifão elimina esse problema. Note que essa receita leva bastante capim-limão, deixando o sifão quase cheio: é a única maneira de equilibrar o destilado do jeito que eu gosto. A infusão de capim-limão deve ser usada fresca, em até um ou dois dias. Guardada no freezer, deve durar uma semana.

Eu carbonato esse coquetel para realçar o frescor do capim-limão. Para mais informações sobre carbonatação, consulte a seção sobre bolhas (p. 288). Embora eu use um equipamento de carbonatação para adicionar bolhas, você pode usar um SodaStream ou, em último caso, o mesmo sifão que usou para a infusão. O coquetel pede uma tintura de pimenta-do-reino preta e suco de limão-siciliano clarificado. Se for muito trabalho para você, carbonate a base do coquetel e adicione suco de limão comum e um pouco de pimenta-do-reino moída na hora. Prometo que não conto para ninguém.

INGREDIENTES PARA A VODCA INFUSIONADA COM CAPIM-LIMÃO

300 mL de vodca (40% de teor alcoólico)

180 gramas de capim-limão fresco fatiado

EQUIPAMENTO

Duas cápsulas de 7,5 gramas de N_2O

MODO DE PREPARO

Misture os ingredientes em um sifão de meio litro. Carregue com uma cápsula, agite, depois adicione a segunda cápsula e agite novamente. O tempo total de infusão é de 2 minutos. Libere a pressão, deixe parar de borbulhar e depois coe. Pressione com força o capim-limão para extrair toda a vodca. Deixe descansar por 10 minutos antes de usar.

RENDIMENTO: 90% (270 ML)

INGREDIENTES PARA O LEMON PEPPER FIZZ

RENDE UM DRINQUE CARBONATADO DE 166 ML COM 14,3% DE TEOR ALCOÓLICO, 7,1 G/100 ML DE AÇÚCAR E 0,43% DE ACIDEZ

58,5 mL de vodca infusionada com capim-limão

12 mL de suco de limão-siciliano clarificado (ou suco de limão comum adicionado no final)

18,75 mL de xarope simples

1 dash de tintura rápida de pimenta-do-reino (p. 215)

2 gotas de solução salina ou uma pitada de sal

76 mL de água filtrada

MODO DE PREPARO

Misture todos os ingredientes, resfrie até -10 °C e carbonate. Sirva em uma taça de champanhe gelada.

Café Touba e Coffee Zacapa

O Coffee Zacapa é baseado no Café Touba, o famoso drinque quente de café do Senegal. Descobri o Café Touba em uma viagem de formação de chef que fiz a esse país. Os devotos dos mourides, uma irmandade muçulmana senegalesa, são famosos pelas suas xicrinhas de café espumoso adoçado e enriquecido com grãos de selim, um tempero apimentado da África Ocidental que vem da árvore *Xylopia aethiopica*. Um dos seus nomes populares é pimenta-da-áfrica. O tempero desempenha no Café Touba um papel semelhante ao do cardamomo em algumas versões do café do Oriente Médio. Se não conseguir encontrá-lo, pode substituir por cardamomo e cubeba, mas o sabor será diferente. O Coffee Zacapa, tal como a sua inspiração, é espumoso, mas também é frio e alcoólico. O verdadeiro Café Touba não contém álcool – lembre-se, é um favorito dos muçulmanos.

    A base do coquetel é café moído na hora infusionado com rum escuro. Infusões rápidas de café são fantásticas, mas complicadas, pois o tamanho da moagem realmente altera os resultados da infusão. Meus primeiros experimentos com infusões rápidas de café usaram moagem para expresso e os resultados foram ótimos – quando ficavam ótimos. Minhas infusões eram repletas de inconsistências. Quando usei meu próprio moedor, consegui resultados replicáveis, mas, quando fiz demonstrações fora de casa e pedi para outras pessoas moerem o café para mim, os resultados foram erráticos. Os problemas eram especialmente graves se a moagem fosse fina demais. Não somente a bebida alcoólica ficava muito amarga, como também entupia meus filtros, dificultando na hora de coar. Agora uso uma moagem um pouco mais fina do que a do café coado, e meus resultados são mais consistentes e a filtragem é muito mais fácil.

    Para essa receita, o café deve ser moído na hora – de preferência apenas alguns minutos antes do uso. Eu uso o Ron Zacapa 23 Solera como base para essa infusão por ter um aroma bem equilibrado e sem pungência, e porque você precisa de um rum envelhecido para acompanhar e complementar o café. Qualquer rum envelhecido encorpado que não tenha um aroma muito doce ou pungente serve.

    Observe que eu infusiono esse álcool por bastante tempo para que fique com um gosto bem forte de café e depois o diluo com rum não modificado. Faço isso por dois motivos: posso preparar um lote completo de 750 mL de Coffee Zacapa em um sifão de 500 mL e ajustar o sabor do café a gosto. Nesta receita uso uma técnica chamada milk washing, que remove um pouco da aspereza do café e adiciona proteína de soro do leite (veja a seção sobre washing de bebidas alcoólicas, p. 265). A proteína do soro do leite dá ao Café Touba sua espuma. Você pode omitir a etapa do milk washing e, em vez disso, adicionar 15 mL de creme ao drinque antes de agitá-lo.

ACIMA: *Café Touba.* **CENTRO:** *Pimenta-da-áfrica – a especiaria característica do Café Touba senegalês.*
ABAIXO: *O café deve ser moído nessa finura.*

INGREDIENTES PARA O COFFEE ZACAPA

100 gramas de grãos de café, torra escura

750 mL de Ron Zacapa 23 Solera ou outro rum envelhecido, divididos em uma porção de 500 mL e outra de 250 mL

100 mL de água filtrada

185 mL de leite integral (opcional)

EQUIPAMENTO

Duas cápsulas de 7,5 gramas de N_2O

MODO DE PREPARO

Moa o café em um moedor de especiarias até que os grãos fiquem um pouco mais finos do que se moídos para café coado. Combine 500 mL de rum e o café em um sifão iSi de meio litro, carregue com uma cápsula, agite e adicione a segunda cápsula. Agite por mais 30 segundos. O tempo total de infusão deve ser de 1 minuto e 15 segundos. Libere a pressão. Ao contrário da maioria das infusões, não espere o borbulhamento parar. Se você fizer isso, o destilado ficará com uma infusão excessiva. Então deixe descansar por apenas 1 minuto e depois passe por um pano fino dentro de um filtro de café. Um filtro de café sozinho irá entupir muito rapidamente. A mistura deve passar em 2 minutos; se isso não acontecer, sua moagem foi fina demais. Mexa a borra no filtro e, em seguida, adicione água uniformemente sobre a borra e deixe a água passar (isso é chamado de *sparging*). Essa água substituirá parte do rum que ficou preso na borra durante a infusão. O líquido que sai da borra no processo de *sparging* deve ser cerca de 50% de água e 50% de rum. Neste ponto, você deve ter perdido algo como 100 mL de líquido no pó. Cerca de metade desse líquido perdido é água, e a outra metade é rum, então seu produto final terá um volume de álcool um pouco menor do que o inicial. Prove a infusão. Se estiver forte (o que é bom), adicione mais 250 mL de rum. Se não puder ser atenuada sem perder o sabor do café, a moagem estava grossa demais; não adicione mais rum e reduza para 120 mL a quantidade de leite que você usa para a clarificação. Se você estiver fazendo o milk washing (muito bem!), continue lendo. Se não estiver, pule essa parte e comece a preparar o drinque. Enquanto mexe, adicione o Coffee Zacapa ao leite, e não o contrário, para que o leite não talhe instantaneamente. Pare de mexer e deixe a mistura talhar, o que deve acontecer em cerca de 30 segundos. Se não talhar, adicione um pouco de solução de ácido cítrico a 15% ou suco de limão aos poucos, até que talhe, e não mexa quando estiver coagulando. Assim que o leite talhar, use uma colher para movimentar delicadamente os coágulos sem quebrá-los. Essa etapa ajudará a capturar mais caseína do leite e a produzir um produto mais límpido. Deixe a mistura repousar durante a noite na geladeira em um recipiente redondo; os coágulos vão assentar no fundo e você pode coletar o destilado transparente que ficou por cima. Coe os coágulos em um filtro de café para obter o restante do destilado. Uma alternativa é passar o destilado por uma centrífuga a 4.000 × g, por 10 minutos, logo após talhar. É o que eu faço.

Teor alcoólico final aproximado: 31%.

RENDIMENTO: APROXIMADAMENTE 94% (470 ML)

INGREDIENTES PARA O XAROPE DE GRÃOS DE SELIM

400 gramas de água filtrada

400 gramas de açúcar cristal

15 gramas de grãos de selim (pimenta-da-áfrica), ou 9 gramas de bagas de cardamomo verde e 5 gramas de pimenta-do-reino preta

MODO DE PREPARO

Misture todos os ingredientes no liquidificador e bata em alta velocidade até o açúcar dissolver. Passe por uma peneira fina para se livrar das partículas grandes e, em seguida, por um papel-toalha úmido ou um saco coador (não use filtro de café; vai demorar uma eternidade).

CONTINUA

INGREDIENTES PARA O CAFÉ TOUBA

RENDE UM DRINQUE BATIDO DE 115 ML COM 16,1% DE TEOR ALCOÓLICO, 8 G/100 ML DE AÇÚCAR E 0,39% DE ACIDEZ

- 2 onças (60 mL) de Coffee Zacapa
- ½ onça (15 mL) de xarope de grãos de selim
- 3 gotas de solução salina
- ½ onça (15 mL) de creme (caso não tenha passado o rum pelo milk washing)

MODO DE PREPARO

Bata todos os ingredientes com gelo em uma coqueteleira e coe em uma taça coupe gelada. O drinque deve ficar cremoso e espumoso.

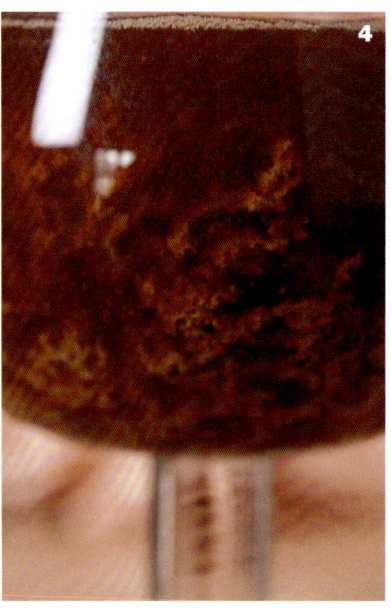

Tequila com jalapeño

A maioria das infusões feitas com pimentas ardidas tem alto teor de picância, mas pouco sabor de pimenta. Uma infusão rápida com o sifão realça o sabor da pimenta, produzindo um destilado mais complexo. Você precisará de mais pimenta do que em uma infusão tradicional longa. Nesta receita, eu retiro a parte branca e as sementes das pimentas; a capsaicina, o composto que dá o ardido, está concentrada ao redor delas. A ideia é ter um pouco de picância, mas também bastante aroma e sabor. Para isso, elimino as sementes e aumento a quantidade de jalapeños.

INGREDIENTES

45 gramas de pimenta jalapeño verde fatiada bem fino, sem sementes e sem a parte branca

500 mL de tequila blanco (40% de teor alcoólico)

EQUIPAMENTO

Duas cápsulas de 7,5 gramas de N_2O

MODO DE PREPARO

Misture os ingredientes em um sifão de meio litro. Carregue com uma cápsula e agite; adicione a segunda cápsula e agite. O tempo total de infusão deve ser de 1 minuto e 30 segundos. Libere a pressão e deixe descansar por 1 minuto. Coe e pressione as fatias de pimenta para extrair o máximo da tequila. Deixe descansar por 10 minutos antes de usar.

RENDIMENTO: ACIMA DE 90%

*AO LADO: **1)** Depois de liberar a pressão do sifão, você deve coar a mistura alcoólica com um tecido e em seguida com um filtro de café. Então, molhe e filtre novamente a borra. **2)** Prove a mistura. **3)** Ela provavelmente vai precisar de mais rum. Despeje a mistura alcoólica de café no leite enquanto mexe. **4)** O leite vai talhar. **5)** Mexa suavemente os coágulos até que o líquido fique cada vez mais translúcido; depois, deixe o líquido assentar. **6)** Coe.*

À ESQUERDA: *Tire as sementes e a parte branca dos jalapeños e fatie-os desta forma.*
ABAIXO: *Tequila com jalapeño.*

Schokozitrone e vodca com chocolate

Os nibs de cacau são porosos e infusionam muito bem. O problema é que a maioria dos nibs de cacau são uma porcaria. As empresas muitas vezes empurram os grãos de qualidade inferior aos compradores desavisados. Nunca, jamais use nibs de marca desconhecida para fazer infusões. Prove os nibs que você tem. Eles têm gosto azedo e acre? Então sua infusão terá um sabor azedo e acre. Eu uso apenas nibs de cacau da Valrhona, que são sempre de qualidade.

Para a produção de uma bebida de chocolate, nibs de qualidade são uma aposta muito melhor do que cacau em pó (que faz sujeira e é difícil de coar) ou chocolate sólido (não poroso). A vodca com chocolate desta receita tem um forte sabor de chocolate, mas muito pouco amargor; não é preciso adicionar muito açúcar.

O coquetel que faço com esta bebida é um pouco controverso porque coloco limão. Algumas pessoas não gostam de frutas cítricas com chocolate. Eu gosto. Tive a ideia dessa combinação específica com minha esposa, Jennifer, que adquiriu o hábito de tomar sorvete de chocolate com sorbet de limão quando morava em Frankfurt, na Alemanha, durante a adolescência. O drinque leva alguns dashes de bitter de chocolate para completar os sabores. Dou minha receita aqui, mas você pode substituir por um bitter industrializado de chocolate ou um bitter de mole, ou mesmo omitir completamente o bitter.

INGREDIENTES PARA A VODCA COM CHOCOLATE

500 mL de vodca neutra (40% de teor alcoólico)

75 gramas de nibs de cacau Valrhona

EQUIPAMENTO

Duas cápsulas de 7,5 gramas de N_2O

MODO DE PREPARO

Adicione a vodca e os nibs a um sifão de chantilly de meio litro. Carregue com uma cápsula e gire/agite por vários segundos; em seguida, carregue com 7,5 gramas adicionais de N_2O. Continue a agitar por um minuto inteiro. Deixe descansar por 20 segundos, depois libere a pressão e abra o sifão. Deixe o destilado permanecer no sifão por mais ou menos 1 minuto, até que o borbulhamento comece a diminuir. Coe os nibs e passe a vodca por um filtro de café. Deixe descansar alguns minutos antes de usar. Descarte os nibs que sobraram – tudo o que resta neles é o amargor.

RENDIMENTO: ACIMA DE 85% (425 ML)

INGREDIENTES PARA O SCHOKOZITRONE

RENDE UM DRINQUE MEXIDO DE 128 ML COM 19,2% DE TEOR ALCOÓLICO, 7,4 G/100 ML DE AÇÚCAR E 0,7% DE ACIDEZ

- 2 onças (60 mL) de vodca com chocolate
- ½ onça (15 mL) de suco de limão-siciliano espremido e coado na hora
- ½ onça (15 mL) de xarope simples
- 2 dashes de bitter rápido de chocolate (p. 213)
- 2 gotas de solução salina ou uma pitada de sal
- Gengibre cristalizado

MODO DE PREPARO

Misture a vodca, o suco de limão, o xarope simples, o bitter e a solução salina ou o sal em um copo de mistura. Mexa rapidamente com gelo, coe em um copo old-fashioned e decore com o gengibre cristalizado. Esta receita requer pouquíssimo açúcar, ainda que os nibs de cacau não sejam adoçados, porque a técnica da infusão deixa o amargor para trás.

Bitters e tinturas rápidas

Os bitters são onipresentes para os coquetéis, assim como o molho de soja para a China e o ketchup para os Estados Unidos. São infusões alcoólicas de ervas aromáticas, especiarias e cascas com a adição de agentes amargantes – geralmente a casca, as raízes ou as folhas de alguma planta fantasticamente amarga, como genciana, quássia, cinchona (da qual deriva o quinino) ou absinto. Os bitters são uma herança da época em que as pessoas consideravam a bebida alcoólica um remédio. No século XIX, eles eram medicamentos patenteados elaborados por boticários a partir de uma variedade de materiais vegetais escolhidos com supostos benefícios médicos ou digestivos. Agora as pessoas fazem bitters porque gostam do sabor e, na última década, houve uma explosão deles. As pessoas recriam receitas do século XIX e criam novas. Bartenders e experimentadores caseiros fazem o próprio bitter para que os coquetéis tenham sua marca. Bitters são divertidos.

Os tradicionais podem levar semanas para serem produzidos, mas com minha técnica de bitters rápidos você terá o seu em menos de uma hora. Além de rápidos de fazer, eles têm qualidades aromáticas fantásticas. Ao contrário da maioria das receitas de infusão nitrosa, os bitters rápidos às vezes são aquecidos e infusionados por mais tempo – de 20 minutos a 1 hora – porque *queremos* extrair o amargor e queremos sabores concentrados. Os bitters são fortes, por isso dão um sabor melhor se usados em gotas.

Ao contrário dos bitters, compostos de uma mistura de sabores, as tinturas são infusões fortes e concentradas de um único sabor. Assim como os bitters, elas são usadas em gotas e dashes. Raramente aqueço tinturas, porque muitas vezes uso ingredientes cujos sabores são afetados negativamente pelo calor.

Como os bitters e as tinturas tradicionais demoram muito para serem feitos, o desenvolvimento de uma receita leva bastante tempo – meses. Com a infusão rápida, você pode percorrer dez versões de uma receita em *um dia*. Espero que você use as receitas a seguir como referências para desenvolver as suas próprias. Estas receitas foram escritas para sifões de meio litro.

INGREDIENTES PARA O BITTER RÁPIDO DE LARANJA: *No centro: cravo. No arco de dentro, sentido horário a partir da esquerda: sementes de cominho, sementes de cardamomo, raiz de genciana e casca de quássia. No arco de fora, da esquerda para a direita: casca de grapefruit seca, casca de laranja fresca, casca de laranja seca e casca de limão-siciliano seca.*

Bitter rápido de laranja

Este é um bitter de laranja aromático muito potente e equilibrado, que utilizo na receita do Glo-Sour (p. 200). A infusão rápida permite que o aroma esteja no mesmo nível do amargor. Eu uso um pouco de casca de laranja fresca para dar brilho; uma combinação de cascas secas de laranja-de--sevilha, limão-siciliano e grapefruit traz uma sensação de cítricos em geral. Um pouquinho de cravo adiciona calor. O cardamomo e o cominho, bons amigos dos cítricos, conferem um sabor picante. Raiz de genciana e chips de quássia são agentes amargantes clássicos, que dão o amargor para o bitter. Gosto muito desta receita. Dependendo do lugar, no entanto, alguns dos ingredientes podem ser difíceis de obter. Em Nova York temos pelo menos duas lojas especializadas em especiarias secas, cascas, raízes e materiais vegetais. Se você não tiver tanta sorte, recorra à internet.

Ao fazer esta receita, não se assuste ao abrir o sifão e quase não encontrar líquido dentro. As cascas terão inchado e absorvido quase todo o destilado. Tudo bem. Você vai espremer as cascas vigorosamente para obter o bitter. O rendimento é baixo, mas uma pequena quantidade do produto já faz uma grande diferença.

Depois que os bitters são feitos, a pectina das cascas dos cítricos às vezes pode formar um gel fraquinho. Se você tiver Pectinex Ultra SP-L (uma enzima discutida em detalhes na seção "Clarificação", p. 235), poderá adicionar alguns gramas para quebrar o gel. Se você não tiver SP-L, basta agitar um pouco o bitter e deixá-lo assentar.

INGREDIENTES

0,2 grama de cravos inteiros (3 cravos)

2,5 gramas de sementes de cardamomo verde

2 gramas de sementes de cominho

25 gramas de casca seca de laranja (de preferência, laranja-de-sevilha)

25 gramas de casca seca de limão-siciliano

25 gramas de casca seca de grapefruit

5 gramas de genciana seca

2,5 gramas de casca de quássia

350 mL de vodca neutra (40% de teor alcoólico)

25 gramas de casca fresca de laranja (somente a parte laranja, sem a parte branca)

EQUIPAMENTO

Uma cápsula de 7,5 gramas de N_2O

MODO DE PREPARO

Se possível, quebre o cravo, as sementes de cardamomo e as sementes de cominho antes de adicioná-los, com o restante dos ingredientes secos, no liquidificador e processar até que tudo fique do tamanho de grãos de pimenta. Coloque a mistura seca, a vodca e a casca fresca de laranja em um sifão de meio litro e carregue com a cápsula de gás. Agite por 30 segundos. Deixe o sifão iSi sob pressão e coloque-o em uma panela com água em fervura baixa por 20 minutos. Resfrie o sifão em água gelada até atingir a temperatura ambiente. Aperte o gatilho do sifão para liberar a pressão, abra-o e olhe dentro. As cascas terão absorvido quase todo o líquido. Não se desespere. Coloque os sólidos em um saco para coar leite vegetal (saco coador culinário) ou em um pano de prato e esprema bem sobre um recipiente. Você deve obter 185 mL de bitter. É possível aumentar o rendimento apertando com mais força, adicionando mais líquido no início ou reidratando as cascas.

Tudo isso aumentará o rendimento, mas reduzirá a qualidade.

Se necessário, passe por um filtro de café.

RENDIMENTO: 52% (185 ML)

COMO FAZER BITTER RÁPIDO DE LARANJA: 1) Depois de começar a infusão, coloque o sifão vedado em água em fervura branda por 20 minutos, esfrie-o em água com gelo até chegar à temperatura ambiente, depois aperte o gatilho e libere a pressão. **2)** Quase todo o líquido será absorvido. **3)** Esprema o líquido dos sólidos. **4)** O bitter finalizado fica turvo. **5)** Se desejar, adicione a enzima Pectinex Ultra SP-L e deixe o bitter assentar. **6)** Então, coe.

Bitter rápido de chocolate

Alguns drinques precisam de uma gotinha de sabor de chocolate amargo. Este bitter fica igualmente bom tanto em receitas com tequila ou mescal quanto em drinques sour com fortes sabores vegetais ou herbais. Drinques que você acha que não ficariam bons com chocolate, como Appletinis (sim, eu faço Appletini; veja a seção sobre maçãs, p. 334), ficam melhores com esse bitter. Eu uso-o no coquetel Schokozitrone (p. 209).

Esta receita precisa de nibs de cacau de alta qualidade (como mencionado, eu uso os da Valrhona) e é muito simples – nibs de cacau e genciana para o amargor e macis para a picância –, o que significa que funciona em uma grande variedade de coquetéis. Esse bitter não é aquecido, pois o aquecimento estragaria os nibs. O preparo demora mais do que o de qualquer uma das minhas outras receitas rápidas: em torno de 1 hora.

INGREDIENTES

3 gramas de macis (3 inteiras)

350 mL de vodca neutra (40% de teor alcoólico)

100 gramas de nibs de cacau Valrhona

1,5 grama de genciana seca

1,5 grama de casca de quássia

EQUIPAMENTO

Duas cápsulas de 7,5 gramas de N_2O

MODO DE PREPARO

Quebre o macis. Adicione tudo a um sifão iSi de meio litro e carregue com uma cápsula. Agite por alguns segundos e adicione a segunda cápsula. Agite por mais 20 segundos. Deixe a mistura em infusão por 1 hora, agitando ocasionalmente, e depois libere a pressão. Vai borbulhar e espumar muito. Ouça e espere o borbulhar diminuir. Coe o líquido e pressione os sólidos para extrair a maior parte do líquido. Passe o bitter por um filtro de café.

RENDIMENTO: 85% (298 ML)

INGREDIENTES PARA O BITTER DE CHOCOLATE (SENTIDO HORÁRIO A PARTIR DO TOPO): *Nibs de cacau, casca de quássia, genciana e macis.*

Tintura rápida de pimenta

Se precisar adicionar picância a um drinque, esta é uma boa opção. É uma mistura de pimenta vermelha, que traz um aspecto frutado, e pimenta verde, que confere um toque vegetal. Para melhor extrair a capsaicina – o principal composto que atribui o ardido às pimentas –, eu uso álcool anidro para alimentos. A capsaicina é muito mais solúvel em álcool do que em água. Tentei fazer a receita usando vodca normal com 40% de teor alcoólico e não gostei muito, achei que faltou impacto. Infelizmente, o etanol puro para uso alimentício é difícil de encontrar. Você pode substituir pelo de 96%. Após a infusão, adiciono um pouco de água para diminuir o teor alcoólico e ajudar a enxaguar a infusão das pimentas.

Se você armazenar essa tintura por vários meses, o nível de picância permanecerá o mesmo, mas o aroma vai mudar. As notas frutadas vermelhas irão esmaecer, e predominarão as notas vegetais verdes. Com o tempo, o sabor da tintura será de como se ela tivesse sido feita inteiramente com pimenta verde. Ainda terá um gosto bom.

ACIMA: *É assim que a pimenta deve ser fatiada para tinturas rápidas de pimenta.*
À ESQUERDA: *Eu tiro as sementes e a parte branca das pimentas sempre que as uso em coquetéis.*

INGREDIENTES

8 gramas de pimenta habanero vermelha em fatias bem finas, sem sementes e sem a parte branca

52 gramas de pimenta-serrano vermelha em fatias bem finas, sem sementes e sem a parte branca

140 gramas de pimenta jalapeño verde em fatias bem finas, sem sementes e sem a parte branca

250 mL de etanol puro (100% ou 96%)

100 mL de água filtrada

EQUIPAMENTO

Duas cápsulas de 7,5 gramas de N_2O

MODO DE PREPARO

Misture as pimentas fatiadas e o álcool em um sifão de meio litro. Adicione uma cápsula e agite; adicione a segunda cápsula e agite. Deixe em infusão por 5 minutos, agitando ocasionalmente. Libere a pressão. Adicione a água e deixe descansar por 1 minuto (ouça as bolhas). Coe o líquido e pressione as pimentas para extrair o líquido. Deixe descansar por 10 minutos antes de usar.

RENDIMENTO: ACIMA DE 90% (315 ML)

Tintura rápida de pimenta-do-reino

Eu gosto de pimenta-do-reino em drinques, mas não do aspecto da pimenta boiando ou do fato de como a pimenta é difícil de dosar de forma consistente. Esta tintura é uma boa opção. Nela eu uso uma variedade de pimentas e similares, e tem um efeito incrível. A base é a pimenta-preta malabar, cultivada na Índia e conhecida por sua pungência. Além da malabar, adiciono a tellicherry, outra pimenta indiana de renome mundial. Ela tem um aroma mais complexo e interessante do que a malabar, mas não causa tanto impacto. Uma pequena quantidade de pimenta verde seca em grãos traz um pouco de frescor. Também adiciono uma pequena quantidade de pimenta-da-guiné, que não é botanicamente relacionada à pimenta-do-reino, mas tem sido usada como pimenta-do-reino há séculos. Por último, adiciono cubeba, outro tempero semelhante à pimenta, muito popular na Idade Média. Ao contrário da pimenta-da-guiné, a cubeba é parente próxima da pimenta-do-reino, com uma nota resinosa aromática que me agrada muito. Todos esses ingredientes podem ser adquiridos em lojas de especiarias ou on-line. Eu uso essa tintura no Lemon Pepper Fizz (p. 203).

INGREDIENTES

200 mL de vodca neutra (40% de teor alcoólico)

15 gramas de pimenta malabar em grãos

10 gramas de pimenta tellicherry em grãos

5 gramas de pimenta-do-reino verde em grãos

3 gramas de pimenta-da-guiné

2 gramas de cubeba

EQUIPAMENTO

Duas cápsulas de 7,5 gramas de N_2O

MODO DE PREPARO

Bata todos os ingredientes secos em um moedor de especiarias. A pimenta deve permanecer um pouco grossa – quanto mais fina for a moagem, mais picante ficará a infusão. Coloque as pimentas e o álcool em um sifão de meio litro e faça a infusão rápida com uma cápsula. Agite por alguns segundos e adicione a segunda cápsula. Agite por mais alguns segundos e deixe em infusão por 5 minutos. Libere a pressão e espere até que pare de borbulhar. Coe com um filtro de café e esprema o excesso de líquido.

RENDIMENTO: 80% (160 ML)

À ESQUERDA: *Ingredientes para a tintura de pimenta-do-reino, no sentido horário a partir do topo: grãos de pimenta-da-guiné, pimenta malabar, pimenta tellicherry, pimenta-do-reino verde e cubeba.* **À DIREITA:** *Moa a mistura de pimentas até chegar a esta textura. Quanto mais fina a moagem, mais ardida ficará a tintura.*

Tintura rápida de lúpulo

O lúpulo é a flor que dá o amargo da cerveja. É possível obter uma variedade desnorteante de lúpulo em qualquer loja de materiais para cerveja artesanal. Se você é um aficionado por cerveja, sem dúvida já tem sua variedade favorita. Qualquer coquetel que possa ficar bom com um pouco daquele *punch* da cerveja funcionará bem com essa tintura. Gosto dela em coquetéis à base de suco de grapefruit e também em água com gás.

O amargor do lúpulo vem dos ácidos; os mais importantes são conhecidos como alfa-ácidos ou humulonas. O lúpulo normalmente é fervido por um longo tempo para extrair esses alfa-ácidos e convertê-los em iso-humulonas, por meio de um processo químico chamado isomerização. São essas iso-humulonas que causam o verdadeiro amargor. Lembre-se: para obter o sabor amargo, você precisa ferver. A desvantagem: o aroma do lúpulo vem de óleos essenciais que evaporam ou se alteram quando fervidos. Portanto, para trazer de volta o aroma, os cervejeiros adicionam mais lúpulo após o processo de fervura.

Você tem três possibilidades ao fazer uma tintura de lúpulo em um sifão iSi. Se quiser uma tintura bem amarga, coloque o sifão pressurizado em água fervente. Infelizmente, ferver a tintura destrói o aroma fresco do lúpulo. É possível supor que o aroma seria preservado porque o sifão é um sistema vedado que evita a evaporação, mas não é o que acontece. As tinturas quentes de lúpulo têm aquele amargor característico da cerveja. Para maximizar o aroma do lúpulo, você deve fazer a tintura fria; essa é sua segunda opção. Gosto muito de tinturas frias de lúpulo, mas não espere que elas adicionem muito amargor. Sua terceira opção – a que recomendo – é infusionar uma vez a quente, liberar a pressão e infusionar novamente a frio. É um pouco trabalhoso, mas vale a pena.

Você pode usar mais de uma variedade de lúpulo nesta receita, – uma para o amargor, outra para o aroma, ou uma combinação de diferentes lúpulos para ambos os propósitos. Eu uso apenas o Simcoe, que tem um potencial de amargor muito alto e um aroma que me agrada.

Felizmente para o fabricante de tinturas (ou seja, você), os cervejeiros são muito exigentes em relação à quantidade de amargor que acrescentam à cerveja, de modo que todos os lúpulos são codificados em termos de porcentagem de alfa-ácidos (humulonas) e beta-ácidos. Ao comparar o potencial de amargor das tinturas, você pode ignorar com segurança os beta-ácidos e olhar apenas para os alfa. O lúpulo Simcoe tem um teor de alfa-ácido de 12% a 14% – super-mega-alto. Muitos lúpulos conhecidos estão na faixa de 6%. Se você estiver usando um lúpulo menos amargo, aumente proporcionalmente a quantidade usada.

Uma última observação importante: não exponha essa tintura à luz forte. É possível que a luz UV faça com que ela se desnature devido a uma reação fotoquímica entre os ácidos do lúpulo, a riboflavina (vitamina B) e os vestígios de impurezas de aminoácidos, que formam o MBT (3-metil-2--buteno-1-tiol). O MBT é uma coisa superfedorenta que se consegue detectar mesmo em quantidades mínimas. Se você já bebeu cerveja com cheiro de gambá, sabe do que estou falando. Se ainda não, considere-se uma pessoa de sorte. As tinturas de lúpulo com infusão a frio são menos suscetíveis a ficar com cheiro de gambá do que o lúpulo com infusão a quente, mas, de qualquer forma, eu guardo as tinturas de lúpulo em frascos de aço inoxidável.

INGREDIENTES PARA TINTURA QUENTE OU FRIA DE LÚPULO

250 mL de vodca neutra (40% de teor alcoólico)

15 gramas de lúpulo Simcoe fresco

EQUIPAMENTO

Duas cápsulas de 7,5 gramas de N_2O

MODO DE PREPARO

Adicione a vodca e os lúpulos ao sifão, carregue com uma cápsula e agite por vários segundos. Adicione a segunda cápsula e agite por mais 30 segundos.

Para fazer uma tintura quente: Coloque o sifão em água fervente. Deixe em fervura branda por 30 minutos, depois coloque em água gelada e deixe esfriar até a temperatura ambiente. O resfriamento deve levar 5 minutos.

Para fazer uma tintura fria: Deixe o sifão descansar por 30 minutos, agitando ocasionalmente. Libere a pressão e espere o borbulhamento parar. Coe com um filtro de café e esprema o excesso de líquido. Armazene em um frasco opaco.

RENDIMENTO: 85% (212 ML)

INGREDIENTES PARA TINTURA QUENTE OU FRIA DE LÚPULO

30 gramas de lúpulo Simcoe fresco divididos em duas porções de 15 gramas

300 mL de vodca neutra (40% de teor alcoólico)

EQUIPAMENTO

Três cápsulas de 7,5 gramas de N_2O

MODO DE PREPARO

Coloque 15 gramas de lúpulo e a vodca em um sifão de meio litro, carregue com uma cápsula e agite por alguns segundos. Coloque o sifão em água fervente e deixe em fervura branda por 30 minutos. Transfira o sifão para a água gelada e deixe esfriar até a temperatura ambiente, por cerca de 5 minutos. Libere a pressão. Retorne qualquer líquido expelido de volta para o sifão, adicione as outras 15 gramas de lúpulo, carregue com mais uma cápsula de gás e agite por alguns segundos. Adicione a terceira cápsula e agite por mais 30 segundos. Deixe descansar por 30 minutos, agitando ocasionalmente. Libere a pressão e espere o borbulhamento parar. Coe com um filtro de café e esprema o líquido extra do lúpulo. Armazene em um frasco opaco.

RENDIMENTO: 85% (212 ML)

Quinze gramas de Simcoe, um lúpulo muito amargo. Você precisará do dobro dessa quantidade se optar pela tintura de lúpulo quente e fria.

EM GRANDE ESCALA

Os sifões de chantilly têm capacidade limitada a 1 litro. O que acontece se você quiser infusionar uma grande quantidade de bebida alcoólica? Você pode usar um barril de gaseificados Cornelius. Os barris Corny (descritos na seção "Carbonatação", p. 288) podem conter até cinco galões de produto e suportar facilmente até 100 psi (6,9 bars) de pressão. A maioria dos barris Corny tem capacidade máxima para 130 psi (9 bars), mas a válvula de alívio geralmente começa a liberar pressão antes de você chegar lá. Ao contrário de um sifão de chantilly, no qual você injeta todo o gás imediatamente e diminui a pressão agitando, com um barril Corny você fornece uma pressão constante, o que é uma vantagem. E, como a pressão do gás é constante, não importa se você enche o barril até o mesmo nível todas as vezes. Infelizmente, a maioria das pessoas que usa barris Corny para infusão está limitada ao CO_2 como gás de infusão, porque é muito difícil obter N_2O na forma de cilindro. Os fornecedores temem que as pessoas o usem como droga e possam se asfixiar.

Sólidos infusionados a vácuo: a guarnição mágica

No início deste capítulo eu disse que a infusão consiste em dois processos diferentes: infundir líquidos em sólidos e extrair os sabores dos sólidos e passá-los para os líquidos. É deste último processo que temos falado, usando infusão nitrosa. Aqui eu apresento a vocês a infusão de líquidos em sólidos usando infusão a vácuo.

Ao fazer a infusão a vácuo, você envolve um ingrediente sólido (digamos, uma fatia de pepino) com um líquido saboroso (digamos, gim) e depois usa o vácuo para sugar o ar dos poros do pepino. Quando você libera o vácuo, o ar não consegue voltar para esses poros porque eles estão cercados por gim, e esse gim não consegue liberar o caminho. Em vez disso, a pressão da atmosfera empurra o gim para dentro dos poros vazios. Esse processo pode produzir resultados deliciosos e lindos. Olhe para uma fatia de pepino. É verde-esbranquiçada, com uma superfície acetinada. Se você olhar de perto, verá que a brancura tem certa granulosidade; esses são os poros do pepino. Quando a luz atinge esses poros, ela se difunde e parte dela volta para você. Os poros tornam o pepino opaco. Quando você injeta líquido nesses poros, eles não dispersam mais a luz e o pepino se torna translúcido e parecido com uma joia. Para obter mais informações sobre esse efeito, consulte o box sobre compressão (p. 227).

Uma das coisas mais legais a respeito da infusão a vácuo é sua capacidade de transformar defeitos ou partes não comestíveis de um alimento em recursos. A casca da melancia, que costuma ser descartada, se transforma em uma excelente decoração para coquetéis quando você faz tiras finas e longas com um descascador de legumes e infusiona com uma mistura de ácido de limão-taiti e xarope simples. O miolo do abacaxi iria para o lixo... mas, se você cortá-lo em tiras longas e infusioná-las a vácuo com xarope simples, ele vira uma excelente alternativa ao pedaço de cana-de-açúcar em um mojito. A estrutura firme de uma pera verde, que dificulta o consumo imediato, é uma vantagem para a infusão a vácuo, e a pera fica muito boa quando infusionada com uma mistura forte de suco de yuzu e xarope de flor de sabugueiro.

No mundo dos coquetéis, a infusão a vácuo é usada principalmente para guarnições, com algumas exceções notáveis. Como é possível infusionar ingredientes sólidos com destilados, você pode criar alimentos que ultrapassam a linha entre comestíveis e coquetéis. Meu pepino de Martíni, um "coquetel comestível" de pepino infusionado com gim e vermute, foi uma das minhas

ACIMA: *Antes da infusão, à esquerda, e depois da infusão, à direita. A diferença é nítida.*
ABAIXO: *Guarnições feitas de miolo de abacaxi: transformando algo que você descartaria em algo incrível.*

primeiras receitas tecnológicas que chamaram a atenção (veja a receita completa na p. 228). Tive a ideia em 2006, enquanto ensinava tecnologia culinária no French Culinary Institute, na cidade de Nova York. Eu não tinha permissão para servir bebidas alcoólicas aos alunos, mas podia "cozinhar" com elas.

SELADORAS A VÁCUO

A infusão a vácuo é absurdamente simples com uma máquina de vácuo decente, mas as seladoras a vácuo de câmaras profissionais são caras. Felizmente, não é preciso gastar muito para tentar a infusão a vácuo. Também é possível obter resultados razoáveis (embora não ótimos) com uma bomba de vácuo manual ou com um salva-vinho Vacu Vin. Eu, inclusive, desenvolvi uma técnica para infusionar sólidos com o sifão iSi que você pode consultar na p. 190. Se quiser um nível profissional de vácuo barato e prático, é possível montar um bom equipamento de infusão a vácuo com aquela bomba usada por técnicos de reparos de refrigeração; elas são muito baratas e conseguem gerar um vácuo razoável.

Se você tiver a sorte de ter uma seladora a vácuo de câmara profissional, um equipamento projetado para selar sacos para armazenamento e cozimento, ela é de longe a melhor escolha para a infusão a vácuo. Para a infusão, o fundamental não é a função de ensacamento, mas sim uma bomba de vácuo boa e forte. Essas máquinas custam a partir de US$ 1.500, aproximadamente. As máquinas de vácuo comerciais são caras porque têm bombas de vácuo realmente boas, que são bem caras. As bombas de uma máquina comercial são vedadas com óleo e conseguem atingir um nível de vácuo bastante elevado (mais de 99% do ar removido, ou 10 milibars) em apenas alguns segundos, além de suportar o uso e o abuso constante de uma cozinha profissional.

Hoje existe no mercado uma nova geração de seladoras a vácuo abaixo de mil dólares. Todas elas têm bombas de vácuo mais fracas do que os modelos profissionais, mas tenho certeza de que algumas delas fazem um trabalho de infusão decente. Seladoras a vácuo elétricas realmente baratas, como a FoodSaver, não têm força para realizar uma infusão adequada.

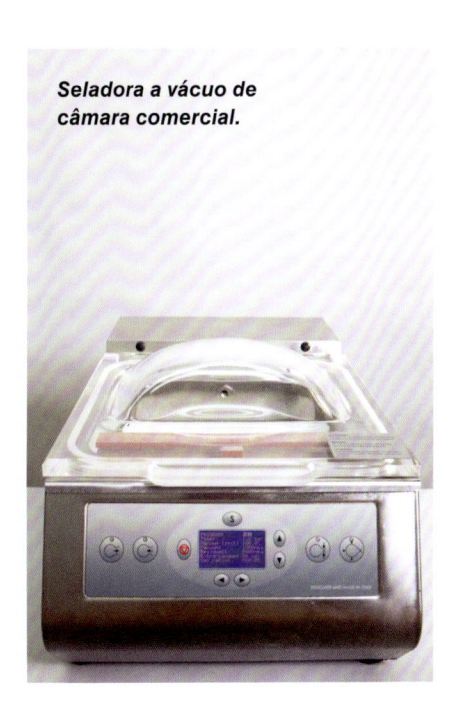

Seladora a vácuo de câmara comercial.

CASCA DE MELANCIA

COMO FAZER UMA GUARNIÇÃO COM CASCA DE MELANCIA: 1, 2 e 3) *Quando for cortar a melancia, corte a casca em anel.* **4)** *Tire a parte externa verde-escura da casca com o descascador.* **5)** *Deite o anel, coloque o descascador sobre ele e comece a descascar em círculos.*

6) Não pare – a ideia é ter uma fita longa e contínua. 7) Para conseguir obter a fita sem cortá-la, você vai precisar desmontar o descascador. 8) Por fim, faça a infusão a vácuo com o mix agridoce multiúso (ver receita na p. 232).

CONSIDERAÇÕES TÉCNICAS SOBRE A INFUSÃO A VÁCUO

ESCOLHENDO OS INGREDIENTES

Porosidade: Assim como acontece com a infusão nitrosa, qualquer candidato à infusão a vácuo precisa ser poroso, ou seja, deve ter orifícios de ar. Durante o processo de infusão a vácuo, esses poros são preenchidos com líquido. Quanto maiores e mais numerosos forem os poros do sólido, mais líquido poderá ser injetado nele e mais sabor ele vai adquirir. A melancia, que contém muito espaço de ar, absorve líquidos como uma esponja. Já a maçã tem muitos orifícios de ar na polpa, mas esses orifícios são menores e mais difíceis de penetrar, por isso é mais difícil infundir sabor neles.

O ingrediente não só deve ter poros, como esses poros também devem estar disponíveis para o líquido de infusão, o que significa que é difícil realizar a infusão através da casca, que normalmente é menos porosa do que a polpa da fruta. Com a pele, o tomate-cereja não adquire sabor na infusão a vácuo; descascado, ele é o campeão da infusão. Além disso, um corte mais fininho nos ingredientes facilita a infusão, pois abre mais poros para o líquido.

Pelo fato de a infusão a vácuo preencher os poros existentes, ela não adiciona um grande volume de líquido ao sólido, pois os poros não constituem uma grande porcentagem do todo. Como o volume de líquido injetado é pequeno, o sabor deve ser potente para causar impacto no sabor do sólido. Quanto menos poroso for seu ingrediente, mais forte precisará ser o sabor do líquido. O uso de líquidos sem sabor é um grande erro de iniciante.

Os candidatos à infusão a vácuo não podem ser muito frágeis. Frutas como o morango têm muitos poros e infusionam bem, além de ficarem incríveis a princípio. Após cerca de 5 minutos, no entanto, elas começam a ficar moles e nojentas, porque sua estrutura não consegue suportar as forças da infusão a vácuo. A pera madura também sofre muito com esse processo.

Infusão a vácuo *versus* conserva em salmoura e influência sobre a validade: A infusão rápida não é como o processo tradicional da conserva em picles, no qual uma salmoura ácida, salgada ou adocicada altera lentamente a composição de um ingrediente por osmose e muitas vezes preserva o produto de forma eficaz. Como a infusão a vácuo não altera radicalmente a composição do ingrediente sólido, ela não consegue preservá-lo como faria um processo tradicional de conserva em salmoura. Lembre-se disso.

Por outro lado, se você infusionar algo a vácuo e depois deixar descansando por um longo tempo na geladeira – durante a noite, por alguns dias, o que for –, então a composição da polpa dos seus sólidos *vai* mudar, assim como no tradicional processo de picles, em razão dos efeitos osmóticos e da difusão. Às vezes não há problema nisso. A maçã não perde a textura quando armazenada por muito tempo após a infusão. Porém, às vezes a textura é prejudicada. Na receita do pepino de Martíni, digo que as fatias de pepino devem ser consumidas em até 2 horas. Passado esse período, a osmose fará com que a água nas células do pepino seja lixiviada e dilua o gim, resultando em uma perda de turgidez. Em outras palavras, o pepino ficará triste e molenga.

A PREPARAÇÃO: TEMPERATURA

Qualquer coisa que você planeje infusionar a vácuo precisa estar gelada. *Gelada*. Nem morna, nem tépida, nem fresca, mas gelada – pelo menos de 1 °C a 4,4 °C, temperatura média de uma geladeira. Isso inclui o sólido que você está infusionando e o líquido com o qual está fazendo a infusão. O uso de ingredientes quentes demais nesse processo é o erro de infusão a vácuo mais comum que vejo, e vejo isso com frequência. O resultado são explosões por ebulição e infusões ruins. Continue lendo para obter a explicação completa ou acredite em mim e pule para a próxima seção.

Esta é uma propriedade que você precisa entender: a aplicação de vácuo reduz a temperatura de ebulição dos líquidos. A ebulição não trata apenas de temperatura, mas também de uma combinação de temperatura e pressão. Como você já aprendeu ao ler as instruções de uma mistura para bolo (sim, você já fez isso na vida), quando se cozinha nas montanhas é preciso alterar a receita, porque a água ferve a uma temperatura mais baixa em grandes altitudes em virtude das pressões atmosféricas mais baixas. Uma máquina de vácuo comercial pode criar pressões muito mais baixas do que as experimentadas nas montanhas mais altas, tão baixas quanto as da superfície de Marte (6 milibars) – e todos nós sabemos o que aconteceu com Arnold Schwarzenegger em *O vingador do futuro* quando ele foi baleado na superfície de Marte: seu sangue começou a ferver.

Por que, quando se cria o vácuo, o ponto de ebulição é reduzido? As moléculas de um líquido estão saltitando o tempo todo. A temperatura desse líquido é uma função da velocidade média dessas moléculas, e velocidades mais rápidas equivalem a temperaturas mais altas. Além da atração que as moléculas líquidas exercem umas sobre as outras, o que mantém essas moléculas saltitantes na fase líquida é a pressão da atmosfera, que as reprime. Em dado momento, algumas moléculas ganham velocidade suficiente para sair do líquido, o que causa a evaporação – e o resfriamento evaporativo. Conforme as moléculas em alta velocidade saem, o restante das moléculas passa a ter uma velocidade média mais baixa, então o líquido fica mais frio.

A água nessa seladora a vácuo está a somente 9 °C, mas ela ferve violentamente devido à baixa pressão.

COMO LIMPAR A SELADORA A VÁCUO

As máquinas a vácuo comerciais usam bombas vedadas com óleo. Conforme a bomba é utilizada, a água e outros líquidos acabam ficando presos no óleo, reduzindo substancialmente o desempenho da bomba. Todas as bombas de vácuo vedadas com óleo têm uma janela que permite ver a condição do óleo. Quando está limpo, ele tem cara de... óleo. Quando contaminado, ele contém líquido emulsionado e parece um molho para salada. Você pode limpar o óleo deixando a bomba ligada por vários minutos em atmosfera aberta (sem criar vácuo); todas as máquinas têm alguma maneira de fazer isso, geralmente deixando a tampa um pouco aberta e escorada. A bomba aquece, facilitando a evaporação da contaminação, e o ar que flui pela bomba a remove. Agora seu óleo está limpo de novo.

Abaixo do ponto de ebulição, porém, é mais provável que uma molécula de velocidade média permaneça no líquido do que o deixe, como uma molécula de vapor. A ebulição ocorre quando a pressão é tão baixa ou a temperatura é tão alta que a probabilidade de a molécula média do líquido sair dele ou permanecer nele é a mesma. Quando criamos o vácuo e baixamos a pressão, diminuímos o ponto de ebulição do líquido. O tanto que se reduz o ponto de ebulição vai depender da qualidade da bomba de vácuo.

As bombas de vácuo que usamos para fazer infusões facilmente conseguem reduzir a pressão o suficiente para ferver a água em temperatura ambiente e até mesmo na temperatura da geladeira. A fervura a vácuo não aumenta a temperatura da água, mas *diminui* por meio do resfriamento evaporativo. Uma das minhas demonstrações favoritas é ferver um pouco de água em temperatura ambiente em uma máquina de vácuo e depois convidar um aluno para colocar a mão nela. Em todo grupo, sempre há algumas pessoas que acreditam que a água irá queimá-las e só podem ser convencidas do contrário ao colocarem as mãos na água fria recém-fervida.

O que isso significa para você, futuro praticante da infusão a vácuo, é que todos os seus produtos precisam estar gelados – muito gelados – para levar a bons resultados. Se no início do processo seus produtos não estiverem no mínimo em temperatura de geladeira, você estará fervendo o produto antes de atingir os níveis de vácuo corretos. O álcool ferve a uma temperatura mais baixa do que a água, por isso as máquinas a vácuo têm ainda mais facilidade para fervê-lo – o que significa que o álcool deve estar o mais gelado possível, sem congelar os sólidos. Não sei dizer quantas vezes já vi pessoas ignorando essa regra. Gelado! Repito: gelado!

ÓLEO DA SELADORA A VÁCUO: *o óleo é vital para a seladora a vácuo. Um óleo contaminado (acima) é repleto de água e reduz o nível de vácuo que sua máquina consegue atingir. Limpe o óleo deixando sua máquina funcionar por cinco a dez minutos com a tampa aberta para a água ferver e limpar o óleo (abaixo).*

A AÇÃO: TEMPO DE SUCÇÃO

A infusão a vácuo leva mais tempo do que você imagina. Digamos que você queira infusionar um bom rum escuro em tiras de abacaxi maduro – e, acredite, você quer! Você cobre o abacaxi gelado com rum gelado e aplica o vácuo, que vai sugar o ar dos poros do abacaxi e fazer com que eles se abram. O ar dos poros vai borbulhar através do rum e evacuar o sistema por meio da bomba de vácuo. Você precisa sugar muito vácuo para poder tirar o máximo de ar possível desse abacaxi. Se você não sugar todo o ar, não vai conseguir infusionar tanto líquido na fruta. Demora mais do que você pensa para tirar todo o ar desses poros. Mesmo que a sua máquina atinja o vácuo total, não há como ter certeza de que todo o ar do abacaxi foi removido – apenas que todo o ar livre da sua câmara foi retirado. Sugue por mais tempo. Lembre-se: sugue por mais tempo.

Quando faço infusão a vácuo, normalmente sugo o ar por cerca de 1 minuto e depois desligo a máquina, deixando o produto sob vácuo (todas as máquinas comerciais permitem que você faça isso. Na maioria das vezes, basta desligar a máquina; não use o botão de parar). Mesmo depois de desligar a bomba de vácuo, você verá o ar escapando na forma de pequenas bolhas. O borbulhar dura vários minutos. E por que desligar a bomba? Por dois motivos: primeiro, se sua bomba for boa, seu líquido ferverá a frio, não importa quanto, e a fervura contínua extrai o sabor do seu líquido (em essência, você está destilando); segundo, o líquido vaporizado que você produz ao operar a bomba por um longo período vai contaminar o óleo da bomba, levando a um mau desempenho.

Agora vem a parte divertida: trazer o ar de volta.

HORA DA VERDADE

Observe o gim e o vermute sendo injetados dentro desses pepinos conforme o ar entra na câmara de vácuo.

Antes de você sugar o ar dos poros com o vácuo, eles estavam na mesma pressão da atmosfera ao nosso redor, aproximadamente 14,6 psi (1.013 milibars). Depois que o vácuo é aplicado, os poros quase não têm pressão. A liberação do vácuo faz com que o ar volte para a câmara da sua máquina. Esse ar começa a

MARSHMALLOWS

Sempre que faço a demonstração de seladoras a vácuo, eu explodo marshmallows. Se você tiver uma dessas máquinas, também deveria fazer esse experimento – isso vai gravar em sua mente os princípios da seladora a vácuo. Jogue marshmallows em uma câmara de vácuo e eles se expandirão várias vezes em relação ao tamanho original. Isso acontece porque a pressão dentro da câmara de vácuo vai diminuindo e o ar que fica preso dentro dos marshmallows começa a se expandir, fazendo-os estourarem como balões. Todo mundo adora essa imagem, mas a *expansão* não é a parte importante da infusão a vácuo. Continue aspirando esses marshmallows depois que eles se expandirem e eles começarão a encolher novamente conforme o ar expandido preso for vazando lentamente deles. No final, a maior parte do ar preso escapa dos marshmallows e eles encolhem de volta ao tamanho normal, mas demora um pouco. Essa é a parte importante. Isso mostra que leva mais tempo do que você pensa para tirar o ar dos poros. O mesmo se aplica a todos os ingredientes que infusionamos: leva mais tempo do que você pensa para tirar o ar.

Um bônus divertido que vale somente para os marshmallows é que, quando você finalmente libera o vácuo e permite que o ar volte para a câmara, os marshmallows se comprimem. Assim como foi difícil sugar o ar dos marshmallows, é difícil enfiá-lo de volta dentro deles. Quando o ar atinge os marshmallows de uma só vez, os molenguinhos não têm estrutura para resistir à força e se autocomprimem, mesmo sem um saco. Pouquíssimas coisas se autocomprimem. Gosto dessa demonstração, pois parece ficar gravada na mente das pessoas e expressa de forma visual os princípios do vácuo.

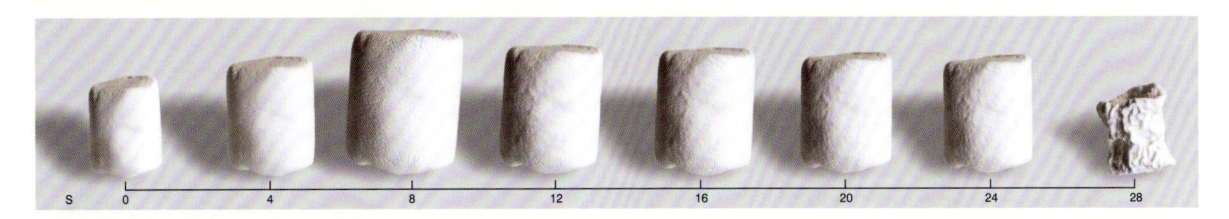

COLOCANDO UM MARSHMALLOW EM UMA SELADORA A VÁCUO: *No segundo 0, o marshmallow está em descanso. Quando a seladora a vácuo começa a funcionar, o marshmallow se expande conforme as bolhas de ar em seu interior se expandem. O marshmallow alcança o tamanho máximo aos 8 segundos. Observe o que acontece entre 12 e 14 segundos – o marshmallow encolhe. Ele encolhe porque o ar de dentro dele escapa lentamente. O mesmo vale para frutas e legumes colocados na seladora a vácuo – eles podem não expandir, mas têm ar preso dentro, que demora para escapar. Diferentemente das frutas, o marshmallow murcha drasticamente quando o ar volta para dentro da câmara aos 28 segundos.*

comprimir os poros com a força de 14,6 libras por polegada quadrada. Isso não parece muito, mas 14,6 psi de pressão em uma placa quadrada de 4 polegadas equivalem a 233 libras. No entanto, em vez de esmagar os poros, a pressão injeta o líquido – rum, neste caso – no sólido poroso, o abacaxi. O que vai restar é um abacaxi infusionado a vácuo, que fica lindo e delicioso. Você vai querer observar o processo conforme ele acontece. Faço isso há quase uma década e nunca me canso.

COMPRESSÃO

Se você suga o ar de um alimento poroso e depois o sela em um saco sem adicionar nenhum líquido e deixa que o ar pressione esse saco, toda a força da atmosfera pressiona esses poros com uma força de 14,6 psi (1.013 milibars). Não há infusão porque não há líquido, então os poros só ficam achatados. O resultado é uma aparência semelhante à dos produtos infusionados – pense em joias ou vitrais, mas sem adição de sabores. Essa técnica é chamada de compressão a vácuo ou modificação de textura, embora a textura não mude tanto. Raramente uso essa técnica, mas tem quem a adore. Se você quer deixar uma fruta com um aspecto incrível, mas não quer adicionar nenhum sabor, a compressão é uma boa opção. Lembre-se, para fazer a compressão, você deve lacrar o ingrediente dentro de um saco. Itens mais densos precisam de vários ciclos de compressão para serem finalizados. Não há necessidade de reabrir o saco; apenas aspire o saco selado até que ele comece a inflar (com o vapor que sai do produto) e, em seguida, deixe o ar entrar novamente. Isso seria como levantar um tijolo macio e deixá-lo cair repetidamente sobre o ingrediente. Os poros que você esmagou no último ciclo agora são incompressíveis, e o ciclo atual de deixar o ar voltar irá esmagar uma nova leva de poros.

COMO USAR O VÁCUO PARA FAZER LÍQUIDOS INFUSIONADOS

Se você acabou de executar um único ciclo de infusão com a máquina a vácuo, o líquido terá captado muito pouco sabor do ingrediente sólido. Deixe o sólido infusionado descansar no líquido por alguns minutos e depois faça uma segunda rodada de vácuo. Não se preocupe se seu produto não estiver tão frio quanto antes. Desta vez, você realmente quer que o líquido ferva um pouco. Por quê? Porque agora você está usando a fervura para extrair o líquido saboroso dos poros dentro do ingrediente sólido!

Além da fervura do líquido, haverá, apesar de todo o empenho, algum ar residual dentro do produto, e isso também ajudará a expulsar o líquido aromatizado do ingrediente ao se expandir. É assim que você usa uma seladora a vácuo para dar sabor ao *líquido*. Quando você deixa o ar entrar novamente, o líquido fresco é reinfusionado no sólido e você pode repetir o processo novamente. Você pode executar esse processo várias vezes, mas não recomendo fazer mais de três ciclos, pois pode haver alguma perda de sabor devido à destilação. No entanto, se seu produto estiver selado em um saco, você poderá executar os ciclos indefinidamente; uma vez selado o saco, nenhum sabor consegue sair. A vantagem de usar o vácuo para esse processo é que você pode fazer litros de líquido de uma só vez sem precisar comprar cápsulas de gás. A desvantagem é que você não tem controle sobre a pressão ou a temperatura como teria com um iSi.

Se você achar que seu produto não foi totalmente infusionado, pode repetir o ciclo. Ingredientes duros, como maçãs, ou ingredientes cortados grossos tendem a exigir dois ou mais ciclos. Se você executar mais de dois ou três ciclos e seu líquido for alcoólico, existe o risco de perder algum sabor por destilação não intencional. Também é possível adicionar mais sabores do sólido no líquido, fazendo com que a infusão ocorra nos dois sentidos.

Fazendo o pepino de Martíni: a técnica na forma de receita

Esta é a primeira receita alcoólica que inventei na minha vida para uma seladora a vácuo.

INGREDIENTES

6 ⅔ de onças (200 mL) de gim gelado

1 ⅔ de onça (50 mL) de vermute Dolin Blanc gelado

⅓ de onça (10 mL) de xarope simples gelado

1 dash de solução salina gelada

2 pepinos gelados (577 gramas)

1 limão-taiti

Sal Maldon

Sementes de salsão ou cominho

EQUIPAMENTO

Seladora a vácuo de câmara ou sistema a vácuo equivalente

Saco a vácuo

Ralador Microplane

MODO DE PREPARO

Tudo nesta receita precisa estar bem gelado. Misture o gim, o vermute, o xarope simples e a solução salina (ainda que um Martíni não contenha adição de açúcar, eu adiciono xarope simples a esta receita, porque o amargor do pepino exige). Refrigere a mistura até que esteja gelada – entre 0 °C e 4,5 °C.

Refrigere também os pepinos antes de cortá-los. Se você deixá-los resfriando depois de cortar, alguns dos poros vão murchar com o tempo, estragando a textura e diminuindo o efeito da infusão. Nos Estados Unidos há duas variedades principais de pepino: o de estufa, conhecido como pepino-inglês e muito similar ao pepino-japonês encontrado no Brasil – longo, fino e muitas vezes embalado individualmente em plástico –, e o selecionado, no Brasil conhecido como caipira, em geral vendido a granel em hortifrútis. Use o caipira para esta receita. Eu realmente não gosto do pepino de estufa, ou japonês. Dizem que a casca é melhor, mas para nós isso não importa, pois esta receita pede o pepino descascado. Dizem também que esse tipo de pepino não tem sementes, uma mentira óbvia para quem já comeu um.

Além de tudo, ele também é mais caro. Mas a verdadeira razão para não usá-lo é que ele tem muito pouco sabor, e o sabor que tem é amargo.

Corte os pepinos resfriados em 28 retângulos. Primeiro descasque os pepinos, depois corte-os em cilindros de aproximadamente 10 cm de comprimento e, em seguida, corte-os em 8 palitos radiais. Corte as sementes longitudinalmente, depois vire e corte a superfície externa curva do pepino. *Voilà*: você tem pequenas tábuas (veja a foto), em um total aproximado de 210 gramas.

Coloque os pepinos no saco a vácuo com a mistura de destilados. Você só precisa de um saco, porque a quantidade de líquido é muito pequena. O saquinho mantém o líquido em contato com os pepinos, que precisam ser cobertos com a mistura de Martíni para que a infusão funcione. Se você estivesse trabalhando com muitos pepinos, poderia simplesmente colocar os ingredientes em uma travessa, desde que ela coubesse no saco.

Crie o vácuo nos pepinos com a mistura alcoólica e deixe por pelo menos 1 minuto; então desligue a máquina e deixe que os ingredientes permaneçam sob vácuo. Observe que ainda saem bolhas dos pepinos. Isso é bom. Espere que as bolhas parem de se formar e ligue novamente a máquina para permitir que o ar volte para a câmara. Não deixe de observar o que acontece. Conforme o ar entra, o líquido é injetado dentro dos pepinos, transformando-os em Martínis.

Escorra os pepinos (e pode beber o líquido). Seque os pepinos de Martíni com uma toalha. Rale um pouco de casca de limão-siciliano por cima e polvilhe com sal Maldon e algumas sementes de aipo ou cominho. Consuma os pepinos de Martíni em até 2 horas; passado esse tempo, eles perderão um pouco da crocância.

COMO CORTAR PEPINOS EM RETÂNGULOS:
1) Descasque os pepinos e depois corte-os em 2 cilindros. 2) Corte cada cilindro em 8 palitos. 3) Corte fora as sementes para deixar um lado achatado. Coma as sementes, elas são uma delícia! 4) Vire os palitos e corte de modo a tornar plana a parte externa arredondada. 5) Todas as fases do pepino em uma foto.

NOVAS TÉCNICAS E NOVAS IDEIAS

COMO FAZER O PEPINO DE MARTÍNI COM O SIFÃO iSi

Na infusão nitrosa, o líquido é forçado para dentro dos poros dos ingredientes sob pressão e então esse mesmo líquido ferve violentamente quando a pressão é liberada. Quando você está tentando injetar o líquido no sólido, a ebulição é um problema. O líquido não fica dentro do sólido, onde você deseja que ele fique. A solução é colocar seus ingredientes em um saco Ziploc para que o óxido nitroso nunca entre em seus produtos. As desvantagens dessa técnica são: você não pode fazer muitos de uma vez, precisa gastar dinheiro em cápsulas toda vez que quiser infusionar e só pode infusionar objetos que passem pelo gargalo do iSi. As principais vantagens: seus produtos não precisam estar supergelados quando você usa o iSi e – o mais importante – você não precisa ter uma seladora a vácuo.

EQUIPAMENTO

1 sifão de chantilly iSi de um litro

2 cápsulas (CO_2 ou N_2O)

3 sacos Ziploc para sanduíches

Ralador Microplane

INGREDIENTES

Os mesmos do pepino de Martíni

MODO DE PREPARO

Misture o gim, o vermute, o xarope simples e a solução salina. Prepare os pepinos e divida o líquido e os retângulos de pepino em 3 sacos Ziploc. Retire o ar dos sacos mergulhando-os em água. Para fazer isso, pegue um recipiente com água maior do que os sacos. Sele cada saco começando por um dos lados e deixando apenas um canto sem lacre. Coloque o dedo no local aberto e segure o saco nesse ponto de modo que ele fique em formato de diamante. Mergulhe o saco na água até que a água quase atinja o local aberto pelo seu dedo enquanto libera quaisquer bolsões de ar no saco submerso com a mão livre. Sele o saco. Não deve haver quase nenhum ar nele.

Enrole os sacos e coloque-os no sifão iSi. Adicione água até a linha-limite de enchimento (isso torna o procedimento de liberação de pressão mais suave para o seu produto). Feche o sifão e carregue-o com uma cápsula. Agite levemente por alguns segundos e deixe o produto descansar por 2 minutos. Libere a pressão do sifão lentamente. Vá devagar. Se você liberar a pressão muito rápido, vai estragar a infusão. O ar que estava dentro dos pepinos se expandirá novamente e forçará a saída de um pouco da mistura de gim e vermute, reduzindo o sabor e prejudicando a aparência dos pepinos.

Deixe os sacos descansarem no sifão por 5 minutos. Durante esse tempo, o ar continuará saindo dos pepinos através de caminhos criados pelo ciclo inicial de injeção e liberação de pressão. Passados 5 minutos, aplique a segunda cápsula, agite de leve e deixe descansar por 2 minutos. Libere a pressão devagar e retire o saco do sifão. Desta vez, não haverá ar residual suficiente nos pepinos para forçar novamente a saída do líquido.

Escorra os pepinos. Rale um pouco de casca de limão-siciliano por cima e polvilhe com sal Maldon e sementes de salsão. Use os pepinos em até 2 horas ou eles perderão um pouco da crocância.

Essa técnica também funciona com um saco estanque para compressão e pode ser ampliada usando um barril Cornelius (consulte "Em grande escala", p. 217).

COMO FAZER O PEPINO DE MARTÍNI EM UM SIFÃO iSi: Coloque o mix de Martíni e os pepinos em um saco Ziploc e feche, deixando só um cantinho aberto. **1)** Segure o saco como na foto. **2)** Submerja o saco aos poucos enquanto retira o ar de dentro dele. Pouco antes de o saco estar completamente submerso, vede-o. **3)** Ele deve ficar desse jeito, com pouco ar interno. **4)** Coloque os Ziplocs dentro do seu sifão e depois preencha com água até a linha-limite. **5)** Carregue a cápsula, agite e espere 2 minutos. Lentamente, libere a pressão apertando o gatilho do sifão. **6)** Se você parar agora, os pepinos ficarão péssimos, como na foto. **7)** Espere 5 minutos, carregue a outra cápsula e agite novamente; deixe descansar por 2 minutos. **8)** Aperte o gatilho lentamente e pronto.

ALGUMAS BOAS OPÇÕES PARA INFUSÕES

Aqui temos algumas sugestões para começar. Use-as individualmente como guarnições ou combine várias delas para fazer uma salada de frutas alcoólica.

Mix agridoce multiúso

Este é um bom xarope agridoce para infusionar coisas como casca de melancia, pera verde, etc.
RENDE 1 LITRO

INGREDIENTES

400 mL de xarope simples (ou 250 gramas de açúcar cristal e 250 gramas de água filtrada)

400 mL de suco de limão-siciliano ou de limão-taiti espremido e coado na hora, ou ácido de limão-taiti (p. 60)

200 mL de água filtrada

Uma boa pitada de sal

MODO DE PREPARO

Misture todos os ingredientes e pronto.

MELÕES E MELANCIA

A melancia infusiona muito bem. Por ser incrivelmente porosa, ela quase se infusiona sozinha, e é por isso que há gerações os torcedores de futebol americano fazem um buraco em uma melancia e despejam uma garrafa de vodca dentro para levar bebida alcoólica escondida para os estádios. Não gosto muito do sabor da melancia com álcool. Se você infusionar uma melancia com suco de melancia, terá uma supermelancia, que fica menos com gosto de melancia e mais com gosto de melão. A casca, como já disse antes, fica muito boa infusionada com o mix agridoce multiúso, supercrocante!

O melão-cantalupo e o melão-amarelo infusionam muito bem, mas, como esses dois alimentos são os únicos que realmente me desagradam, não sou o mais qualificado para recomendá-los.

TOMATES

O tomate-cereja infusionado a vácuo é uma excelente guarnição para coquetéis salgados. A receita de tequila com jalapeño da p. 207 fica ótima servida como shot com sal na borda e um tomate-cereja infusionado rapidamente com sal, vinagre e açúcar. Antes de fazer a infusão, você deve mergulhar os tomates, dois de cada vez, em água fervente por 20 segundos e depois colocá-los diretamente em água gelada. Se deixá-los na água fervente por mais tempo, eles acabam cozinhando. E, se adicionar muitos de uma vez, a temperatura da água vai cair, aumentando o tempo de permanência na fervura. Use uma faca afiada para remover a pele dos tomates depois que esfriarem. É possível fazer um picles rápido com o tomate-cereja na geladeira em algumas horas sem vácuo, mas ele não fica tão saboroso.

PARA O LÍQUIDO DA INFUSÃO

100 gramas de açúcar cristal

20 gramas de sal

5 gramas de semente de coentro

5 gramas de mostarda-amarela em grãos

5 gramas de pimenta-da-jamaica em grãos

3 gramas de pimenta-calabresa (omita se for usar como guarnição para a tequila de jalapeño)

100 gramas de água filtrada

500 gramas de vinagre branco

MODO DE PREPARO

Misture todos os ingredientes secos em uma frigideira pequena e adicione a água. Deixe ferver mexendo sempre, até o sal e o açúcar dissolverem totalmente. Retire do fogo e acrescente o vinagre. Cubra e leve à geladeira até esfriar. Infusione a vácuo como de costume.

PERAS

Como mencionei, a pera deve estar firme para que você consiga infusioná-la adequadamente. Ela funciona melhor quando cortada em tiras finas ou rodelas e fica fantástica como guarnição. Uma boa opção é infusioná-la com misturas agridoces. Também já infusionei peras com a aguardente Poire Williams, com bons resultados. As peras em infusão de vinho do Porto não ficam tão boas quanto seria de se imaginar, e as peras asiáticas não têm uma infusão tão boa quanto as ocidentais.

PEPINOS

Já falei muito sobre pepino. Além do gim, os pepinos podem ser infusionados com aquavit – e ficam uma delícia – ou com misturas mais doces, e nesse caso assumem mais qualidades de fruta, podendo ser acompanhados de frutas mais ácidas em uma salada de frutas alcoólica. Gosto de infusionar o pepino logo antes de servi-lo.

MAÇÃS

A maçã não absorve muito sabor, por isso ela precisa de líquidos intensos. Normalmente infusiono maçãs para aplicações culinárias e uso óleos aromatizados, como o de curry. Você pode ficar tentado a usar um destilado vermelho lindo como o Campari, porque maçãs vermelhas são legais, mas a cor não satisfaz. Você *pode* infusionar maçãs rapidamente com suco de beterraba, o que rende uma guarnição muito bonita quando cortada em fatias finas.

ABACAXI

Já mencionei que abacaxi maduro combina bem com rum escuro e que o miolo do abacaxi combina bem com xarope simples. O abacaxi maduro também combina bem com aperitivos como o Lillet Blanc. Não recomendo infusionar xaropes no próprio abacaxi, a menos que o abacaxi esteja extremamente verde. Abacaxi infusionado é uma ótima guarnição para drinques montados com gelo, especialmente variações de Old-Fashioned. Uma peculiaridade do abacaxi é que ele amadurece de baixo para cima. Da próxima vez que você cortar um, prove um pedaço próximo da base e outro próximo das folhas. O pedaço de perto da base será muito mais doce. A base também fermenta primeiro. Sempre corto guarnições de abacaxi de modo que cada pedaço se estenda por todo o comprimento da fruta; caso contrário, o abacaxi servido a uma pessoa será muito diferente do abacaxi servido à pessoa ao lado. Se a parte superior estiver muito verde, basta cortá-la e infusioná-la separadamente com um pouco mais de açúcar. Da mesma forma, se a parte de baixo estiver madura demais, remova-a. O abacaxi infusionado dura muito tempo armazenado em seu líquido de infusão na geladeira.

ACIMA: PREPARANDO UM ABACAXI: *Cortado dessa forma, há pouquíssimo desperdício. O abacaxi é mais doce e maduro na parte de baixo. Os pedaços do lado esquerdo são cortados de cima para baixo, de modo que todos tenham o mesmo gosto, com a parte de cima um pouco menos madura e a parte de baixo mais doce. À direita estão os palitos feitos do miolo do abacaxi, cortados e prontos para serem infusionados e usados como guarnição. Eu descasco o abacaxi depois que o corto em quartos – dessa forma, desperdiça-se menos polpa.* ***MEIO:*** *Abacaxi infusionado com rum em um saco de vácuo. Se não quiser usar rum, o Lillet Blanc também serve.* ***ABAIXO:*** *Os mesmos abacaxis, prontos para serem usados.*

Clarificação

Definição, história, técnica

O QUE É CLARIFICAÇÃO?

Os líquidos podem ser transparentes e cristalinos, completamente opacos ou um meio-termo. Transparente não significa incolor. Uma taça de vinho tinto pode ser profundamente colorida, graças aos pigmentos nela dissolvidos, e límpida. Os líquidos turvos são, na verdade, suspensões que contêm partículas que refletem e espalham a luz em um padrão aleatório que faz o líquido parecer leitoso. A clarificação remove essas partículas. Vale lembrar a diferença entre substâncias dissolvidas, que não turvam um líquido, mas podem adicionar cor, e partículas suspensas, que não são verdadeiramente dissolvidas e dispersam a luz.

É necessária uma porcentagem ridiculamente pequena de impurezas suspensas – bem menos de 1% – para deixar um líquido turvo. Uma boa clarificação elimina não a maioria, mas *todos* os resíduos que dispersam a luz.

Da fruta ao suco límpido.

O caminho até um suco de grapefruit transparente.

POR QUE CLARIFICAR?

Por que clarificar? Ora, por que respirar? Adoro o aspecto de líquidos cristalinos. Prefiro drinques bonitos e límpidos a um drinque turvo (lembre-se, transparente não significa incolor – pense nos destilados marrons). Mas a clarificação não se restringe à aparência, ela também é necessária para uma boa carbonatação. As partículas que ficam boiando em um drinque são pontos para a formação de bolhas errantes, que por sua vez causam uma espumação caótica e reduzem o nível de carbonatação que se consegue atingir. Quando você espreme um limão em um gim-tônica, na hora você vê uma espuma e bolhas se formando, o que é inaceitável!

A clarificação também altera a textura do drinque, removendo sólidos e reduzindo o corpo. A sensação na boca é um aspecto dos coquetéis que muitas vezes é esquecido. Não quero mastigar meus drinques, então quase nunca uso purês sem antes clarificá-los (eu gosto de um Bloody Mary tradicional, mas só).

Comecei a pensar em clarificação em 2005, quando estava obcecado por fazer o melhor suco de limão-taiti para o Gim-Tônica. Eu não sabia na época, porém havia escolhido um dos problemas de clarificação mais difíceis. É preciso clarificar o suco de limão-taiti rapidamente porque ele não dura, mas muitas técnicas de clarificação levam tempo. Não se pode usar calor demais porque ele estraga o sabor do limão, mas a maioria das clarificações usa calor. As partículas do suco de limão são muito pequenas, difíceis de filtrar. O suco de limão-taiti é muito ácido, e a acidez impede alguns truques de clarificação.

Contudo, descobri que, se você consegue clarificar suco de limão-taiti, consegue clarificar praticamente qualquer coisa. Meus esforços para clarificar esse suco acabaram desbloqueando o Gim-Tônica que eu buscava e além. A jornada incluiu um trabalho com filtragem, gelificantes, equipamentos como centrífugas e a busca por ingredientes como enzimas e agentes de colagem de vinho. Hoje em dia consigo clarificar praticamente qualquer coisa, e de fato clarifico. É quase uma doença.

TÉCNICAS DE CLARIFICAÇÃO: A TEORIA

A clarificação consiste na remoção de partículas suspensas, com a separação de líquidos transparentes de sólidos turvos, um processo de natureza principalmente mecânica. Existem três meios principais. A filtragem bloqueia as partículas, permitindo a passagem de um líquido transparente. Na gelificação, você retém as partículas em um gel e extrai o líquido transparente. E, com a separação por densidade, você auxilia ou aumenta a gravidade para permitir que as partículas se assentem fora do líquido.

Primeiro, vou falar um pouco de teoria e história. Se você realmente não tem paciência para aprender, vá direto para os fluxogramas de clarificação nas páginas 249-255 para obter instruções.

CLARIFICAÇÃO POR FILTRAGEM

Vou confessar uma coisa, eu odeio a filtragem como técnica de clarificação. Nas indústrias, a filtragem funciona muito bem, mas, na sua cozinha, nem tanto. A clarificação requer filtros muito mais finos do que os que você usa para o café, e eles entopem com uma rapidez que é frustrante. Claro, adjuvantes de filtração e diferentes configurações de filtragem podem ajudar a resolver esses problemas de entupimento, e você pode comprar filtros especiais carregados que obstruam menos, mas preciso reiterar: a clarificação por filtragem é uma chatice.

CLARIFICAÇÃO COM GEL

A clarificação com gel funciona muito bem. Em resumo, você retém o líquido em um gel e depois o induz a vazar. Esse processo é chamado de sinérese. As partículas que estavam turvando o líquido permanecem presas no gel, e o material que vaza sai transparente. O gel atua como um enorme filtro 3D que nunca entope. A clarificação com gel não requer equipamentos caros e pode ser dimensionada para grandes quantidades.

Existem várias maneiras diferentes de clarificar com géis.

Géis tradicionais: Clara de ovo e carne moída magra são os clarificadores originais à base de gel, tradicionalmente usados para clarificar caldos para consomês. As proteínas coagulam e formam uma placa com textura de gel, pela qual você despeja o caldo em fervura baixa de forma constante. Essa placa acaba retendo todos os pedaços turvos, e o resultado é um consomê clarificado à perfeição. Esse processo tem muitas desvantagens para a clarificação de coquetéis. É tedioso e sujeito a erros, requer aquecimento prolongado (que pode alterar ou destruir sabores delicados) e adiciona gosto de carne onde você provavelmente não o deseja.

Congelamento-descongelamento de gelatina: Há pouco mais de uma década, alguns chefs europeus, em especial Heston Blumenthal, notaram que, quando os caldos de carne que continham gelatina eram congelados e depois descongelados na geladeira, uma grande placa de gosma de gelatina retinha partículas turvas e o líquido que restava era transparente. E assim nascia a clarificação por congelamento-descongelamento. Nos primeiros anos do século, deste lado do mundo, o chef nova-iorquino Wylie Dufresne percebeu que essa técnica não se limitava ao caldo – é possível adicionar gelatina a quase tudo e depois congelar e descongelar para obter um líquido transparente. Essa percepção revolucionou o mundo da clarificação. Não demorou para eu começar a clarificar por congelamento e descongelamento qualquer coisa que surgisse pela frente.

Logo descobri as principais desvantagens da clarificação por congelamento-descongelamento de gelatina. Ela é um pouco trabalhosa e demorada, pois é preciso congelar a mistura de gelatina até ela ficar muito sólida, o que leva um dia, e depois essa placa congelada deve ser descongelada lentamente na geladeira, o que pode levar mais dois dias. Se você tentar trapacear e descongelar em temperatura ambiente, a frágil placa de gelatina (aquilo que retém toda a turbidez nojenta) vai quebrar, e tudo irá por água abaixo. Além disso, você não pode começar a usar o que escorre primeiro enquanto espera o resto descongelar, porque o líquido clarificado no início é concentrado demais e o que fica no final é insípido como água.

Mas por que esse processo tem tantos pormenores? Na clarificação por congelamento-descongelamento de gelatina, você usa 5 gramas de gelatina por litro. Uma mistura de 5 gramas de gelatina por litro é, desconcertantemente, ainda um líquido, não um gel como aquela gelatina que comemos de sobremesa. Conforme a mistura de gelatina congela, a água pura começa a congelar primeiro, e todo o resto – a gelatina e qualquer cor, sabor, açúcar, ácido, o que quer que seja – se torna cada vez mais concentrado à medida que a água continua a congelar. Essa solução acaba se concentrando o suficiente para formar uma delicada rede de gel, que dá origem à placa. Então essa rede também congela até ficar sólida. Conforme a rede de gelatina congela, ela é dilacerada por cristais de gelo. Ao descongelar, essa rede rasgada mantém estrutura suficiente para reter sólidos em uma massa com textura lamacenta, mas que vaza líquido transparente como uma peneira.

Se tudo corre conforme o planejado, esse sistema funciona muito bem, mas, como sua mistura é líquida no início, é difícil dizer se você alcançou a consistência certa antes de congelar. Você pode pensar que seria bom fazer um gel firme para aumentar sua tranquilidade, mas não faça isso. Se a sua mistura fosse mais sólida desde o início – digamos, da consistência de uma gelatina, que se sustenta sozinha e fica rígida com 14 gramas de gelatina por litro –, *seria* mais fácil de trabalhar, mas a rede não se quebraria o suficiente durante o degelo, a placa de gel permaneceria sólida demais e o líquido transparente, que é o motivo de todo esse trabalho, nunca gotejaria.

A conclusão é que você nunca sabe se tudo deu certo até que seja tarde demais. Você precisa esperar três dias para verificar se seu trabalho rendeu um líquido lindo e transparente ou uma sopa feia. Não é possível que não exista uma maneira melhor.

Congelamento-descongelamento de ágar: Não sei quem foi que começou a usar ágar-ágar em vez de gelatina para a clarificação por congelamento e descongelamento, mas que ideia incrível! O ágar-ágar é um agente gelificante à base de algas marinhas, portanto, ao contrário da gelatina, é adequado para vegetarianos. Os géis de ágar-ágar são muito porosos – muito mais do que a gelatina –, por isso vazam muito mais, o que permite a

CLARIFICAÇÃO POR CONGELAMENTO-DESCONGELAMENTO: *O bloco de suco de grapefruit congelado, no topo, derrete e vira essa massa feiosa logo abaixo. O que goteja é esse suco lindo e límpido à direita.*

*Na clarificação por congelamento-descongelamento, o que escorre no início do descongelamento (**À ESQUERDA**) é mais concentrado em sabor e cor do que o que escorre no fim (**À DIREITA**).*

formação de géis que se sustentam sozinhos e ainda clarificam. Como um gel de verdade é formado *antes* do início do processo de congelamento e descongelamento, você pode fazer uma verificação visual e tátil de que sua clarificação vai funcionar – uma vantagem em relação à gelatina. Como o ágar-ágar forma um gel, qualquer parte que fique sem congelar não vai turvar o produto, mesmo que o gel não congele completamente – outra vantagem. As placas de ágar-ágar só derretem quando ficam muito quentes, então você pode descongelar uma placa de ágar-ágar muito mais rápido do que uma placa de gelatina – uma grande vantagem. Mais uma vantagem do ágar-ágar: ele produz, na minha opinião, um produto mais transparente e brilhante do que a gelatina.

O ágar-ágar tem apenas uma desvantagem em comparação à gelatina. A gelatina se dissolve em líquido com apenas um mínimo de calor, enquanto o ágar-ágar precisa ser fervido e mantido ali por vários minutos para ser totalmente incorporado, o que é calor em demasia para muitos produtos delicados. Mas existe uma solução; veja o fluxograma nas páginas 249-255.

Melhor do que a clarificação com ágar-ágar seria algo mais ágil. Mesmo que você consiga congelar e descongelar o ágar-ágar mais rápido do que congelar e descongelar a gelatina, o processo ainda leva alguns dias. Isso é aceitável para algumas coisas, como suco de morango, mas inaceitável para suco de limão, que você precisa usar no mesmo dia de preparo.

Além disso, em qualquer clarificação por congelamento e descongelamento, o que goteja muda com o tempo. A primeira coisa que descongela é a última que congelou: açúcares, ácidos e outros sabores concentrados. Conforme o descongelamento avança, o que escorre tem cada vez menos sabor. Você precisa acumular tudo o que goteja durante todo o processo ou o sabor ficará desequilibrado.

QUANDO USAR O CONGELAMENTO-DESCONGELAMENTO DE GELATINA

Ao fazer um drinque com caldo de carne, como um Bullshot, use sempre a clarificação por congelamento e descongelamento de gelatina, e não apenas porque faz sentido usar a gelatina já presente no caldo. Com qualquer outro método de clarificação, a gelatina do caldo permanece, e, quando você reduz o caldo para condensar os sabores, o que sempre se faz nos coquetéis (reduzo em quatro vezes ou mais), ele fica pegajoso e inutilizável. Com o congelamento-descongelamento de gelatina, você remove a gelatina do caldo à medida que clarifica, então seu caldo pode ser reduzido a uma quantidade ridícula e ainda ficar ralo e límpido, mesmo à temperatura gelada do coquetel.

Um truque: você provavelmente vai precisar adicionar um pouco de água ao caldo antes de fazer a clarificação por congelamento e descongelamento. A maioria dos caldos contém gelatina demais para fazer uma clarificação desse tipo de forma eficaz. No máximo, queremos um caldo que mal gelifique quando frio. Melhor ainda é um caldo que quase não gelifique. Depois que o consomê transparente escorre, você pode reduzir todo o excesso de água.

Para um bom shot salgado, gosto de um consomê concentrado sem gelatina, água de tomate clarificada por centrífuga, tequila com jalapeño de infusão rápida com sifão iSi, tomate-cereja em conserva e uma boa dose de sal.

Durante anos, esse problema de processamento lento e desigual me incomodou muito. A solução acabou sendo muito simples.

Clarificação rápida com ágar-ágar: Em 2009, descobri que poderia clarificar com ágar-ágar rompendo o gel com um batedor de arame para aumentar a área de superfície e deixando gotejar. Lembre-se de que os géis de ágar-ágar são muito porosos – eles querem vazar. Você tem que se esforçar para que eles *não* vazem. Acabei descobrindo que o congelamento e o descongelamento são desnecessários, assim como qualquer equipamento extra. Como nesse caso não há um ciclo de congelamento e descongelamento, a primeira gota de suco obtida com essa técnica tem o mesmo sabor da última. Além disso, como não há congelamento, você pode clarificar uma *bebida alcoólica* que não congelaria (lembre-se de primeiro hidratar o ágar-ágar somente em água, pois não se pode esquentar tanto o álcool). Com a clarificação rápida por ágar-ágar, qualquer pessoa consegue clarificar qualquer coisa em menos de uma hora, incluindo – finalmente! – o suco de limão.

A clarificação rápida com ágar-ágar não é perfeita. É preciso ter um pouco de habilidade e leva um tempo até pegar o jeito. Você verá no fluxograma de instruções que é necessário coar à mão com tecido uma boa quantidade de vezes, portanto, a clarificação rápida com ágar-ágar é inconveniente para grandes quantidades. É raro que ela seja tão perfeita quanto a técnica do congelamento e descongelamento; geralmente entra algum ágar-ágar no produto final, que pode formar mechas visíveis se deixado em repouso durante a noite. Contudo, apesar de todos esses problemas, a técnica continua sendo a minha preferida quando preciso clarificar e não estou com minha centrífuga.

RECAPITULANDO A CLARIFICAÇÃO POR GEL

O congelamento-descongelamento de ágar-ágar tem algumas vantagens em relação à clarificação rápida com ágar-ágar: ele envolve menos trabalho, é mais certeiro e gera um produto que não volta a turvar. Mas, lembre-se, você precisará de muito espaço no freezer para fazer grandes quantidades, e o processo leva alguns dias. A técnica do ágar-ágar rápido funciona muito bem para pequenas quantidades que você deseja clarificar rapidamente e usar no mesmo dia.

A principal desvantagem de todas as clarificações com gel é o rendimento: você sempre perderá algum líquido na placa de gel restante após a clarificação. Espere sacrificar pelo menos um quarto do seu produto, às vezes mais.

CLARIFICAÇÃO POR AÇÃO DA GRAVIDADE: TRASFEGA, CENTRIFUGAÇÃO, COLAGEM

Na maioria das vezes, as partículas suspensas são mais densas do que o líquido em que flutuam. Se desimpedidas, elas acabam caindo para o fundo do líquido. Esse comportamento é a base da separação baseada na densidade.

TRASFEGA

Em um líquido no qual as partículas sejam grandes e relativamente livres para se movimentarem, você pode empregar a técnica mais simples de separação por densidade, a trasfega. Basta colocar o líquido em um recipiente e deixar que ele assente com o tempo. Depois que todas as partículas assentarem no fundo, decante o líquido transparente de cima e pronto.

Na prática, você não consegue usar a trasfega sozinha com muita frequência, porque vários líquidos assentam muito lentamente e alguns nunca vão assentar – pelo menos não enquanto você estiver vivo. Às vezes a sedimentação não ocorre porque as partículas são pequenas demais, às vezes porque o seu movimento é bloqueado por estabilizadores no líquido. Mesmo em líquidos que assentam rapidamente, como suco de cenoura, a trasfega pode ser difícil porque as partículas não formam uma camada compacta no fundo; elas ficam flutuando perto dele. Essa zona flutuante contém muito suco que você não conseguirá clarificar, então seu rendimento será péssimo. Se for clarificar por trasfega, use recipientes redondos. Líquidos em movimento em recipientes quadrados levantam pequenas partículas e prejudicam a clarificação.

CENTRIFUGAÇÃO

Para contornar os problemas da trasfega, eu uso uma centrífuga. As centrífugas giram os fluidos com velocidade, e qualquer coisa dentro da máquina tende a ser empurrada para fora – essa é a força centrífuga. As centrífugas são classificadas pela força que produzem em relação à força da gravidade e conseguem multiplicá-la em milhares de vezes. Elas exageram radicalmente a diferença de densidade entre um líquido e as partículas que flutuam nele e aumentam drasticamente a velocidade com que as partículas se depositam no fundo de um líquido. A força também tende a prensar essas partículas em um bolo firme, chamado torta, de modo que seu rendimento é alto. É excelente.

O problema das centrífugas: No momento em que escrevo, as centrífugas ainda são para poucos, mas isso vem mudando. Em 2013, uma centrífuga capaz de processar produto suficiente para um bar movimentado (3 litros) custava 8 mil dólares e tinha o tamanho de dois micro-ondas. Uma unidade pequena para brincar em casa é do tamanho de uma torradeira e custa uns

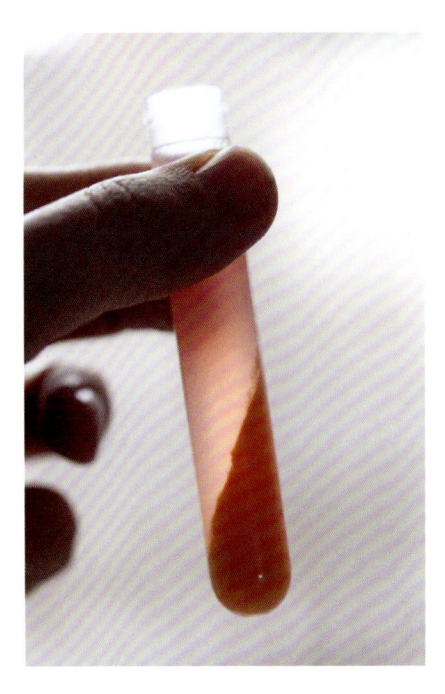

Um tubo da centrífuga de menos de duzentos dólares, cheio de suco de maçã selvagem tratado com Pectinex Ultra SP-L. Os sólidos são prensados contra o fundo e as laterais do tubo. Os sólidos comprimidos em uma caçamba de centrífuga, que você vai encontrar em centrífugas maiores, são chamados de torta, mas em um tubo são chamados de pellet. É fácil trasfegar o líquido translúcido que fica por cima.

duzentos dólares (funciona, mas a capacidade é para uma pequena quantidade de produto e, portanto, é basicamente um brinquedo). Prevejo uma explosão de centrífugas em alguns anos. Muito mais pessoas as terão, e uma centrífuga do tamanho de um micro-ondas com capacidade suficiente para um profissional custará menos de mil dólares. As centrífugas são o futuro do suco.

Quando comecei a mexer com centrífugas, em 2008, eu usava emprestada uma de supervelocidade no laboratório do meu amigo na NYU, o professor Kent Kirshenbaum. Ela conseguia girar 500 mililitros de suco com 48 mil vezes a força da gravidade! Como vocês sabem, eu estava interessado no Santo Graal da clarificação: o suco de limão. Eu ainda não havia descoberto a técnica do ágar-ágar rápido. Aprendi algumas coisas fascinantes, mas deprimentes, sobre aquela centrífuga. O suco de limão só começa a clarificar quando a centrífuga atinge cerca de 27.000 × g, e um aparelho que consiga alcançar essa velocidade é maior, mais caro e mais perigoso do que qualquer centrífuga que eu gostaria de ter em um bar. Pior ainda: o suco de limão a 27.000 × g fica com um gosto metálico. Com 48.000 × g, o suco de limão fica com um sabor ótimo, mas uma centrífuga que consiga chegar a essa velocidade é ainda menos prática para o seu bar – custa dezenas de milhares de dólares e tem o tamanho de uma máquina de lavar.

Tentei clarificar também outros sucos, como o de gengibre, o de grapefruit e o de maçã. Nem todos exigiam os 48.000 × g completos, mas a maioria dos sucos e purês precisava de mais do que uma centrífuga razoável conseguiria atingir. Centrífugas práticas para bares e restaurantes atingem no máximo cerca de 4.000 × g. Eu precisava encontrar uma maneira de obter os resultados desejados com uma centrífuga razoavelmente fraca. E consegui. Vejam como.

O purê de morango à esquerda foi tratado com Pectinex Ultra SP-L.O purê à direita não foi tratado.

Refinando o processo: No mundo da coquetelaria, clarificamos principalmente purês e sucos de frutas e vegetais. Todos esses purês e sucos têm pedaços suspensos de células e paredes celulares compostas em grande parte dos polissacarídeos pectina, hemicelulose e celulose. Esses pedaços de células rompidas tendem a tornar os sucos espessos e gosmentos, o que por sua vez os torna difíceis de clarificar, porque não fluem ou drenam bem. A pectina, em especial, tende a estabilizar as partículas em

O Pectinex Ultra SP-L comeu a parte branca desses gomos de grapefruit, resultando nesses lindos supremes. Esse truque funciona em todos os cítricos que testei, inclusive em pomelos, que são sabidamente difíceis de transformar em supreme – exceto pelo limão-taiti.

sucos e purês, tornando sua remoção mais difícil. É preciso remover esses estabilizadores para liberar as partículas suspensas e conseguir separá-las.

E como se desestabiliza um suco? Adicionando enzimas.

Desestabilizando – a magia do SP-L: Noventa e nove por cento das coisas que você quer clarificar são estabilizadas pela pectina e espessadas por partes celulares rompidas. Felizmente, esses dois obstáculos podem ser removidos com uma única mistura de enzimas chamada Pectinex Ultra SP-L. Vamos chamá-la simplesmente de SP-L. Eu a chamo de meu ingrediente secreto – cerca de 75% dos meus drinques envolvem SP-L em algum momento. É uma mistura de enzimas purificadas do *Aspergillus aculeatus*, um fungo encontrado no solo e em frutas em decomposição. Os fungos são os campeões mundiais na decomposição enzimática de tudo, e o *A. aculeatus* é um grande generalista. Ele produz enzimas que destroem a maioria das coisas que atrapalha a clarificação, ou seja, a pectina, a hemicelulose e a celulose.

O SP-L mantém sua atividade em uma ampla faixa de temperaturas, pHs e concentrações de etanol. A parte do etanol é extremamente importante. Muitas enzimas não funcionam bem – ou não funcionam – em soluções concentradas de álcool. O SP-L, sim, então você consegue clarificar bebidas alcoólicas com ele. Os sucos tratados com SP-L clarificam muito bem em uma centrífuga que opere a 4.000 × g ou até um pouco menos, então com ele vale a pena ter uma centrífuga menor. O SP-L funciona tão bem que alguns sucos podem ser clarificados sem a centrífuga. O suco de maçã com SP-L irá assentar o suficiente para trasfegar o suco clarificado. Eu ainda uso uma centrífuga para aumentar meu rendimento, mas isso não é imprescindível.

Usando o SP-L: O SP-L é muito simples de usar. Sempre uso 2 mililitros (cerca de 2 gramas) de SP-L por quilo ou litro de suco. Isso é o dobro da quantidade usada industrialmente, mas às vezes não tenho certeza das condições em que minhas enzimas foram armazenadas ou de quantos anos elas têm, e ambos os fatores afetam a potência. Lembre-se dessa proporção: 2 gramas por litro. Nunca diga a ninguém para adicionar 0,2% SP-L, pois quase sempre acrescentam 20 gramas por litro, não sei por quê.

COMO FAZER UMA GUARNIÇÃO DA VESÍCULA (UMA PALAVRA INUSITADA, MAS PRECISA) CÍTRICA: *Eu uso grapefruit aqui, mas a fruta que realmente arrasa é a laranja-sanguínea:* **1)** *Cubra os supremes de cítrico com nitrogênio líquido.* **2)** *Certifique-se de que ele estão congelados – isso vai levar mais tempo e mais nitrogênio líquido do que você imagina.* **3)** *Esmague os supremes com um socador.* **4)** *Eles devem ficar com este aspecto.* **5)** *Deixe que eles descongelem.* **6)** *Use-os como uma guarnição elegante em qualquer drinque feito com gim.*

À ESQUERDA: Os agentes de colagem de vinho mais eficientes que eu uso: kieselsol (sol de sílica) e quitosana (um polissacarídeo derivado, neste caso, de cascas de camarão e preparado em uma solução aquosa ácida).

À DIREITA: O que os agentes de clarificação fazem por você: à esquerda, um suco de limão-taiti turvo, sem tratamento. O segundo tubo contém suco de limão que tratei com SP-L e kieselsol de carga negativa. Muitos dos sólidos assentaram, mas o suco continua turvo. 15 minutos depois, acrescentei quitosana de carga positiva ao terceiro tubo. A quitosana aglomera o kieselsol de carga negativa, e o suco de limão assenta muito mais no terceiro tubo, embora continue turvo. 15 minutos depois, acrescentei mais kieselsol ao quarto tubo. Repare que o suco está cristalino, mas a turbidez não assenta tanto. Isso é um problema comum, porque as últimas partículas que mantinham o terceiro tubo turvo não assentam tanto quanto as partículas anteriores, mais pesadas. Uma centrífuga prensa todos os sólidos do quarto tubo em um pellet pequeno e aumenta nosso rendimento em quase 100%. Veja como o pellet fica minúsculo – não é preciso quase nada para deixar um líquido turvo.

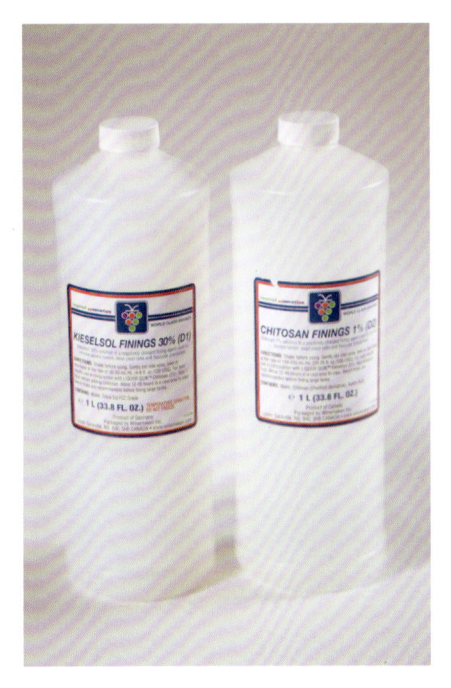

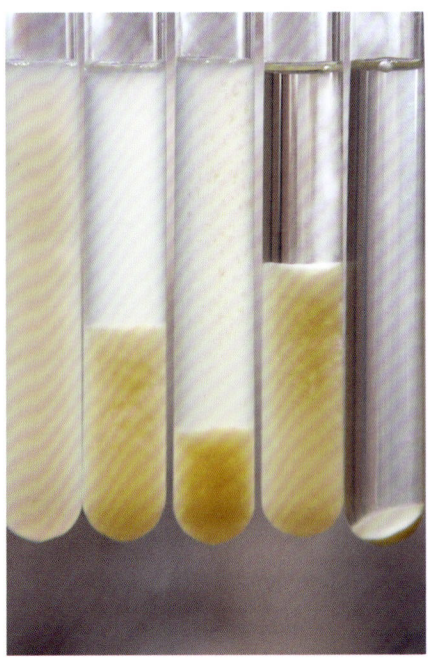

A boa notícia é que esses 2 gramas não são críticos – não há problema se for um pouco mais ou um pouco menos. Mas não exagere nas enzimas, pois elas sozinhas têm um gosto fermentado e estranho, então não é desejável ter uma quantidade perceptível no suco. Mesmo quando você está clarificando com gel, o uso de SP-L costuma ser uma boa ideia. A remoção dos estabilizadores antes da clarificação pode aumentar o rendimento do suco clarificado obtido em 30% ou mais, porque os produtos mais ralos passam melhor pelos géis do que os mais espessos.

Fiquei viciado no SP-L desde o momento em que recebi minha primeira amostra. A fabricante Novozymes me deu a primeira amostra grátis, mas depois tive que pagar. Ela e seus distribuidores não vendem quantidades razoáveis para pessoas comuns. A menor quantidade que venderão – e um pouco a contragosto – é um balde de 25 litros, uma quantidade suficiente para clarificar mais de 12.500 litros de suco e que custa em torno de 570 dólares. Não é um preço ruim, na verdade, mas é muito mais do que você precisa. Felizmente, alguns fornecedores on-line começaram a vender os produtos em quantidades menores com envio extremamente rápido.

Quando o SP-L não funciona: Vez ou outra você encontrará uma fruta com polpa resistente ao SP-L, como algumas frutas da selva da Colômbia. Outras frutas, como o tamarindo, podem se tornar resistentes ao SP-L se as sementes forem trituradas com a polpa. Nesses casos, está presente um espessante hidrocoloide (polissacarídeo complexo de cadeia longa) diferente da pectina, e o SP-L não consegue dissolvê-lo. Nesses casos, você se deu mal.

O SP-L também não decompõe o amido. Ingredientes ricos em amido, como batata-doce e banana verde, sempre darão um resultado turvo com as centrífugas de aproximadamente 4.000 × g que uso.

Mais importante ainda: o SP-L não funciona perfeitamente em produtos com pH muito baixo, como suco de limão (que tem pH pouco maior que 2). A acidez do suco de grapefruit, com pH de aproximadamente 3, está no limite do que o SP-L consegue suportar sozinho. Com esses ingredientes ácidos, o SP-L ainda é útil, mas não dá conta por si só: serão necessárias mais intervenções. Eu uso agentes de colagem de vinho, que me deram a chave final para o suco de limão clarificado.

COLAGEM

Na vinificação, a colagem é o processo de adição de pequenas quantidades de ingredientes especializados para fazer com que todas as impurezas turvas se agrupem – a floculação – e se agreguem em massas grandes o suficiente para que a gravidade as puxe para o fundo da cuba de forma relativamente rápida. A maioria dos agentes de colagem depende de carga elétrica para fazer seu trabalho. Sim, a maioria das partículas que flutua no vinho, ou em um suco, tem algum tipo de carga. Ao adicionar um agente de colagem com carga oposta, você pode fazer com que essas impurezas se agrupem, facilitando a sedimentação no fundo. Se as partículas turvas ainda não estiverem grandes o suficiente para assentar, você pode usar um agente de colagem complementar, que tenha carga oposta à do primeiro agente de colagem. Ele irá limpar qualquer coisa no suco que o outro agente não tenha conseguido capturar, além de fazer com que o material já aglomerado se aglomere em partículas ainda maiores.

No vinho, você normalmente executa duas etapas: a colagem e depois a colagem complementar. Isso não funciona com suco de limão. Descobri que, para fazer o suco de limão funcionar, você precisa de três etapas: a colagem (adicionando SP-L), a colagem com outro agente e a colagem novamente.

Os agentes de colagem que utilizo são o kieselsol e a quitosana, que você consegue encontrar em qualquer loja de produtos para fabricação de cerveja artesanal. O kieselsol é sílica suspensa de uso alimentício e tem carga negativa. A quitosana é um hidrocoloide com carga positiva proveniente de cascas de camarão. A solução que vende em casas de fabricação de cerveja artesanal é 1% de quitosana em solução aquosa levemente ácida. A quitosana vem da quitina, o segundo polímero mais comum no planeta depois da celulose. Todo inseto e crustáceo é protegido por uma estrutura quitinosa, e os cogumelos e outros fungos constroem suas paredes celulares com quitina. O fato de a fonte da quitosana ser o camarão é a única pedra no sapato da minha clarificação. Ela não

SP-L E TEMPERATURA

Ao trabalhar com SP-L, normalmente aqueço os ingredientes, porque ele funciona muito mais rápido se estiver quente – a menos que fique quente demais e desnature. Eu uso a temperatura corporal como referência, porque geralmente ela é constante, fácil de avaliar, quente o suficiente para ser eficaz e fria o suficiente para não alterar os sabores dos meus ingredientes ou destruir a enzima. Em temperatura corporal, o SP-L age em poucos minutos. Na temperatura da geladeira, tenho que deixar a enzima agir por uma hora ou mais. Se você estiver começando com suco ou purê pré-preparado, adicione a enzima diretamente ao suco ou purê e misture bem. Se estiver batendo ingredientes no liquidificador para fazer um purê, coloque o SP-L diretamente no aparelho com suas frutas ou vegetais; isso ajudará a liquefazer o purê enquanto você mistura. Eu uso um liquidificador Vita-Prep, que é tão potente que a fricção das lâminas girando na velocidade máxima aquece lentamente os purês até um pouco acima da temperatura corporal, e é isso que recomendo que você faça se tiver um. O aquecimento no liquidificador nunca queima nada, por isso gosto de fazer assim. Se você não tiver um Vita-Prep, mergulhe as frutas não cortadas em água morna por alguns minutos para aquecê-las um pouco acima da temperatura corporal, ou então deixe o purê descansar por uma hora ou mais para que a enzima consiga agir antes de prosseguir com a clarificação.

OUTROS USOS PARA O SP-L EM COQUETÉIS

O SP-L dissolve a parte branca – o albedo – das cascas de frutas cítricas. Se você fizer cascas de frutas cítricas perfeitas cortando gomos da fruta com uma faca e removendo triângulos perfeitos, você pode aplicar vácuo nas cascas dentro de um saco com uma solução de 4 gramas de SP-L por litro de água e deixar de molho por várias horas. Ao retirar as cascas do saco, o albedo terá virado um mingau. É possível removê-lo esfregando-o debaixo d'água com uma escova de dentes.

Algumas ótimas guarnições podem ser feitas dessa forma. O SP-L não funciona em cascas de limão-taiti (é claro), mas laranjas kinkan cortadas em X podem ser embebidas em SP-L para fazer flores de kinkan. O SP-L pode ser ainda usado para fazer supremes automáticos de cítricos. Um supreme é um gomo de fruta sem toda aquela película que o envolve, feito tradicionalmente na cozinha com uma faca – uma boa técnica, embora um pouco falha, porque desperdiça polpa e exige que você fure as vesículas de suco, que acabam vazando. A melhor maneira de fazer supremes é descascar a fruta, dividi-la em quatro partes e mergulhá-la por algumas horas em uma solução de 4 gramas de SP-L por litro de água. Qualquer película que não tenha sido totalmente derretida pode ser removida com facilidade depois. Esses supremes ficam lindos, mas um ótimo truque é congelá-los com nitrogênio líquido e espatifá-los. Assim, você terá vesículas de suco individuais que não vazam, com as quais poderá fazer coisas sem estragar a aparência geral do coquetel, como salpicar pedacinhos de laranja-sanguínea em cima de seu drinque.

vai parar no produto final e não é alergênica (testei suco de limão com quitosana em pessoas com alergia a frutos do mar), mas ainda assim estou usando um produto de origem animal, algo que prefiro não fazer. Felizmente, a quitosana não animal já está sendo produzida e deverá estar disponível em breve.

Tanto o kieselsol quanto a quitosana são usados em pequenas quantidades: 2 gramas por litro. Ao contrário do SP-L, a quantidade de agentes de colagem que você usa é crítica. O excesso deles é tão ruim quanto a falta. Se você adiciona demais, pode até estabilizar as partículas que está tentando flocular.

TÉCNICAS DE CLARIFICAÇÃO E SABOR

A clarificação altera o sabor dos ingredientes. É isso mesmo: a clarificação muda o sabor das coisas. Normalmente, as partículas que flutuam em um drinque, tornando-o turvo, também contribuem com algum tipo de sabor. O sabor das partículas muitas vezes não é idêntico ao do líquido em que flutuam; portanto, quando você remove as partículas, altera o sabor do líquido remanescente.

Se a mudança de sabor é boa ou ruim, depende do contexto. O grapefruit clarificado perde um pouco do amargor, o que o torna mais amigável para muitos coquetéis e pior para outros. Às vezes, o sabor artificial de refresco de laranja que você obtém ao clarificar o suco de laranja ajuda a melhorar o drinque e outras vezes não funciona.

O quanto você muda o sabor depende dos ingredientes que você tem e das técnicas utilizadas. Em geral, as clarificações com gel retiram mais sabor do que as clarificações mecânicas (centrífugas). Um tratamento com SP-L tem pouquíssimo efeito sobre o sabor – apenas elimina a pectina insípida –, mas pode alterar indiretamente o sabor do seu suco ao aumentar seu rendimento. Por exemplo, uma das notas características do suco de ameixa-vermelha é a adstringência da casca. A adstringência é lixiviada da casca para o suco enquanto ele espera para ser clarificado. Conforme o rendimento do suco clarificado aumenta, o suco extra não adstringente é liberado da parte interior da polpa das ameixas, reduzindo a adstringência geral. A vida nunca é simples.

Os agentes de colagem do vinho podem ter grandes impactos sobre o sabor, mas escolhi o kieselsol e a quitosana porque, nas dosagens que uso, eles não o prejudicam muito. Alguns outros agentes de colagem são conhecidos ladrões de sabor.

AO LADO: *Aqui eu uso um funil de decantação para separar os sólidos dos líquidos no suco de laranja. Esse funil permite fazer uma trasfega invertida. Em geral, você remove o líquido transparente que está por cima dos sólidos. Com esse funil, você deixa escorrer a parte de baixo.*

Técnicas de clarificação: fluxogramas minuciosos

Caso tenha pulado a parte teórica, é aqui que você deve começar a ler novamente. Vou presumir que você se enquadra em um destes dois campos: o daqueles com centrífuga e o daqueles sem. Escolha o seu lado e a partir daí eu lhe direi como proceder.

EU NÃO TENHO UMA CENTRÍFUGA: ETAPA 1

Veja o que você deseja clarificar. É bem ralo? É menos ácido do que o suco de grapefruit? Começa a assentar um pouco por conta própria? Vai durar um dia na geladeira sem perder qualidade? Sucos não pasteurizados de maçã, pera, cenoura e até laranja são assim. Muitas vezes você pode clarificar esses sucos apenas adicionando SP-L e deixando os sólidos assentarem. A técnica de assentar e trasfegar não oferece um bom rendimento, porém é a mais simples possível. Espere perder entre um terço e um quarto do seu produto – na verdade, você não perde, mas não será clarificado.

1A: MEU PRODUTO É RALO, SEPARA FÁCIL E É MENOS ÁCIDO DO QUE O GRAPEFRUIT. VOU TRASFEGAR.

Adicione 2 gramas de Pectinex Ultra SP-L para cada litro de suco. Mexa bem. Coloque o suco em um recipiente redondo e transparente. Seu recipiente deve ser transparente para que você consiga ver o que está acontecendo. E ele deve ser redondo porque, quando recipientes quadrados são movimentados, eles levantam partículas. Coloque o suco na geladeira durante a noite e deixe assentar. Depois despeje com cuidado o suco transparente que está por cima. **Pronto**.

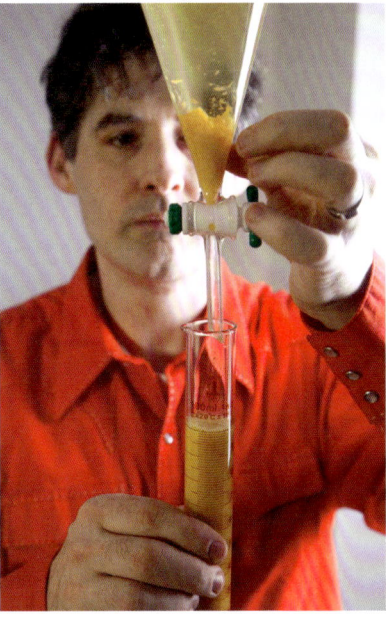

*Eis uma mistura de purê de morango com suco de maçã que tratei com SP-L e estou tentando clarificar só com a trasfega do líquido. Logo após o tratamento, o suco fica com esse aspecto **(1)**. Mesmo depois de descansar por algumas horas, o suco fica desse jeito **(2)**, o que traz dois problemas: ele continua turvo e a espuma causada pelo processamento da fruta não assentou. A solução? Misturar um pouco de kieselsol (o agente de colagem de vinho). Isso vai ajudar a romper as bolhas e a fazer com que os sólidos assentem; o kieselsol também agregará as últimas partículas turvas **(3)**. Repare que a limpidez tem seu preço: o rendimento no último copo é baixo.*

Ágar-ágar da Telephone Brand. Um hidrocoloide tão legal que ganhou um nome duplicado.

1B: MEU PRODUTO É ESPESSO OU NÃO ASSENTA OU É MAIS ÁCIDO DO QUE GRAPEFRUIT. VOU USAR ÁGAR-ÁGAR.

Você vai usar ágar-ágar para clarificar. Compre-o em pó, porque é o mais fácil de usar. E compre sempre da mesma marca, pois diferentes marcas terão propriedades ligeiramente diferentes. Acostume-se com uma marca e fique com ela. Eu uso a marca tailandesa Telephone.

A menos que você esteja clarificando suco de limão-taiti ou limão-siciliano, você tem as opções de congelar-descongelar ou fazer a clarificação rápida. O limão-taiti e o limão-siciliano só devem passar pela clarificação rápida. De qualquer maneira, as etapas iniciais são as mesmas. **Vá para a etapa 2.**

ETAPA 2: DEVO FAZER O PRÉ-TRATAMENTO COM SP-L?

Nenhum dos sucos ralos feitos com um espremedor ou centrífuga de suco, como os de pepino, frutas cítricas e similares, precisa ser pré-tratado com SP-L. Se o seu produto for assim, **vá para a etapa 3**. Já sucos ou purês grossos que você queira clarificar, como os de tomates batidos, morangos, framboesas ou similares, precisam, sim, ser tratados com SP-L, ou seu rendimento será péssimo. Para o pré-tratamento, adicione 2 gramas de Pectinex Ultra SP-L a cada litro (ou quilo) de produto. Se estiver batendo no liquidificador, adicione o SP-L diretamente no aparelho. Se o seu produto estiver gelado, aguarde cerca de uma hora para o SP-L agir. Se o seu produto estiver próximo da temperatura corporal, o SP-L funcionará em apenas alguns minutos. **Vá para a etapa 3.**

ETAPA 3: DIVIDA SEU LOTE

Determine o volume ou o peso do produto que você deseja clarificar. Peso ou volume realmente não importam aqui – eles geralmente funcionam de forma parecida. Faça o que for mais conveniente. Primeiro, deixe o produto atingir a temperatura ambiente. Se ele estiver frio demais, você terá problemas na etapa 6. Em seguida, faça a seguinte escolha:

3A: MEU PRODUTO NÃO É SUPERSENSÍVEL AO CALOR E É RALO

Laranja, grapefruit, gengibre e sucos semelhantes são assim. Você vai separar um quarto do lote total e aquecer apenas esse quarto com o ágar-ágar. Depois você recombinará o ágar-ágar com o restante do lote. Não tem problema, porque você não o estará aquecendo tanto, e é relativamente fácil hidratar o ágar-ágar em líquidos ralos. Por exemplo, se você começar com 1 litro de suco de grapefruit, divida-o em uma amostra de 750 mililitros e outra de 250 mililitros. Você adicionará o ágar-ágar à amostra de 250. **Vá para a etapa 4.**

3B: MEU PRODUTO É SENSÍVEL AO CALOR OU É ALCOÓLICO OU É ESPESSO

O suco de limão-taiti, o purê de morango e o gim batido com framboesa se enquadram nessa categoria. Nesses casos, é bom não aquecer os produtos diretamente. Em vez disso, é melhor aquecer o ágar-ágar na água e depois combinar essa mistura com o seu produto. Para cada 750 mililitros ou 750 gramas do produto, meça e reserve 250 mililitros de água. Na Etapa 5, você vai adicionar o ágar-ágar aos 250 mililitros de água. Essa água extra dilui um pouco o suco? Sim, mas na minha experiência não tanto quanto você esperaria. Curiosamente, para produtos como o suco de limão-taiti, a diferença costuma ser insignificante. **Vá para a etapa 4.**

Se o ingrediente a ser clarificado for alcoólico ou sensível ao calor, você deve hidratar o ágar-ágar em água pura. Aqui temos 750 mL de suco de limão-taiti, 250 mL de água e 2 gramas de ágar-ágar.

ETAPA 4: MEÇA SEU ÁGAR

Agora que você mediu e dividiu seu lote, você vai pesar 2 gramas de ágar-ágar para cada litro do material total a ser clarificado. Portanto, se você estiver fazendo uma clarificação somente com suco, como suco de grapefruit, meça 2 gramas de ágar-ágar por litro de suco. Se estiver fazendo uma clarificação com suco e água, como suco de limão, meça 2 gramas de ágar-ágar

***ETAPAS 5, 6 E 7 DA CLARIFICAÇÃO COM ÁGAR-ÁGAR: 1)** Lembre-se de incorporar o ágar-ágar em seu líquido antes de aquecê-lo, de forma que ele se disperse adequadamente, depois aqueça a mistura e deixe-a em fervura branda por vários minutos, sempre mexendo. **2)** Sempre adicione o suco à solução de ágar-ágar quente enquanto mexe vigorosamente com o batedor de arame, e não o contrário. **3)** Despeje o ágar-ágar com limão já temperados em um recipiente adequado (de preferência, sobre um banho de gelo) e deixe descansar. É sério, deixe-o endurecer em paz. Não mexa.*

para cada 750 mililitros de suco e 250 mililitros de água. Entendeu? **Vá para a etapa 5.**

ETAPA 5: HIDRATE O ÁGAR

Não adicione ágar-ágar a líquidos quentes, pois ele vai engrumar. O líquido deve estar à temperatura corporal ou abaixo. Adicione o ágar-ágar à menor porção de líquido ou água que você reservou na Etapa 3 e mexa vigorosamente com um batedor de arame para dispersar o pó. Quando o pó estiver disperso, acenda o fogo. O ágar-ágar precisa ser aquecido até ferver e mantido ali por alguns minutos para hidratar de maneira adequada. (Para aqueles que vivem em grandes altitudes, consegui hidratar ágar-ágar com sucesso em Bogotá, na Colômbia, a uma altitude de 2.625 metros, ponto de ebulição local 91 °C – mas foi uma dificuldade). Continue mexendo até começar a ferver, depois abaixe o fogo e tampe a panela para não perder muito líquido na fervura. **Vá para a etapa 6.**

ETAPA 6: TEMPERE

Adicione o líquido não aquecido à solução de ágar-ágar quente, e não o contrário. Se você adicionar o quente ao frio, a temperatura cairá rapidamente e o ágar-ágar gelificará antes do desejado, prejudicando sua clarificação. Diferentemente da gelatina, o ágar-ágar vira gel muito rápido quando esfria abaixo da temperatura de gelificação, em torno de 35 °C, ou logo abaixo da temperatura corporal. Use um batedor de arame para manter o fluido de ágar-ágar em movimento enquanto adiciona o restante do líquido. Quando terminar, todo o líquido deverá estar um pouco acima da temperatura corporal. Agora você pode ver por que fiz com que você deixasse seu produto atingir a temperatura ambiente na etapa 3! **Vá para a etapa 7.**

ETAPA 7: ENDUREÇA O ÁGAR

Despeje o lote em uma tigela, travessa ou bandeja para endurecer. Em ambientes profissionais, uso cubas gastronômicas GNs com 5 cm de profundidade; meus amigos europeus as conhecerão como gastronorms. Use o que quiser. Seu produto acabará gelificando em temperatura ambiente, mas eu acelero o processo colocando meu recipiente de endurecimento na geladeira ou em um banho de água com gelo. Não mexa no ágar-ágar enquanto ele estiver endurecendo. Repito: não mexa no ágar-ágar enquanto ele estiver endurecendo. Muitas pessoas que treinei sentem um desejo patológico irresistível de mexer em um gel enquanto ele está endurecendo. Um grande erro! Quando você achar que o ágar-ágar endureceu, toque levemente no topo. A sensação deve ser de um gel muito, muito frouxo. Incline ligeiramente o seu recipiente – ligeiramente! O gel não deve escorrer. Agora você está pronto para tomar a grande decisão: congelar-descongelar ou fazer o processo rápido? **Vá para a etapa 8**.

ETAPA 8: CONGELAMENTO-DESCONGELAMENTO OU CLARIFICAÇÃO RÁPIDA?

Se você precisar de seu material imediatamente, opte pelo método rápido. Se tiver tempo e espaço no freezer, o congelamento-descongelamento proporcionará um rendimento um pouco melhor com menos dores de cabeça. Além disso, produtos de clarificação rápida tendem a desenvolver filamentos de ágar-ágar quando armazenados por mais de um dia. Você pode misturá-los novamente, mas eles são um pouco teimosos.

8A: CONGELAMENTO-DESCONGELAMENTO

Coloque o recipiente com gel de ágar-ágar endurecido no freezer e deixe congelar. Se o gel não estiver com mais de 5 centímetros de altura, ele deve congelar

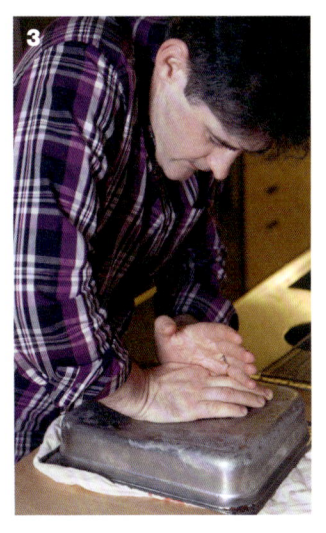

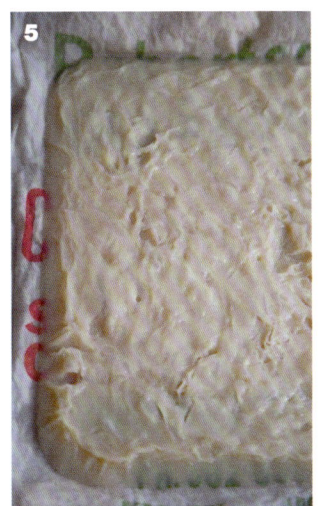

DICAS PARA O CONGELAMENTO-DESCONGELAMENTO:
1) Certifique-se de que o suco esteja totalmente congelado. Não tenha pressa. *2)* Para remover o suco congelado, puxe as bordas do recipiente com força, como se estivesse puxando um arco, depois gire perpendicularmente e repita. *3)* Coloque um pano sobre a superfície de trabalho, emborque o recipiente e empurre o fundo com força. *4)* Coloque o suco congelado em um pano adequado para coar e posicione-o sobre um suporte ou um recipiente perfurado em cima de outro recipiente para coletar o líquido que escorrer. Deixe descongelando um pouco sobre a bancada e termine de descongelar dentro da geladeira. *5)* A massa residual.

durante a noite. Depois de congelado, retire-o do recipiente. Não use água quente ou maçarico. Não o quebre em um bilhão de pedaços. Desenformar géis congelados é uma arte que envolve ficar muito irritado com os recipientes. Eu agarro as bordas em lados opostos e as puxo em volta de todo o recipiente. Em seguida, viro-o e bato no fundo até que o gel se solte.

Pegue o gel que se soltou e coloque-o em algum tipo de pano coador. Normalmente as pessoas sugerem morim para isso, mas o morim comum é absurdo e parece gaze. É inútil! É melhor usar um pano de prato de algodão cru. Coloque o gel no pano dentro de uma peneira sobre um recipiente de coleta e deixe descongelando. Você pode deixar fora da geladeira por algumas horas para iniciar o descongelamento. Assim que o gel começar a pingar muito, transfira-o para a geladeira para continuar a descongelar. De vez em quando, escorra e guarde o que você tem. Quando parecer que o ágar-ágar acabou e que o que está pingando não tem sabor nem cor, chegou a hora. Junte tudo o que pingou e divirta-se. **Está pronto.**

8B: MÉTODO RÁPIDO

Pegue um batedor de arame e vá quebrando suavemente o gel. O aspecto deve ser de pedaços de coágulo. Despeje esses pedaços em um guardanapo de pano ou um saco de coar e deixe os sucos transparentes escorrerem para dentro de um recipiente. Resista à vontade de apertar o gel com muita força. Se você fizer isso, vai empurrar pedaços de ágar-ágar turvo através do filtro e para dentro do suco, o que não é bom. Você vai notar que o filtro entope rápido. Aperte suavemente uma parte com os dedos e friccione para liberar os poros. É como fazer uma massagem. Fazer uma massagem e aplicar a quantidade certa de pressão são as habilidades delicadas que você deve desenvolver para executar essa técnica corretamente. Requer um pouco de prática. Uma técnica alternativa que mostro às pessoas é amarrar o saco de coar e jogá-lo em um secador de salada. Com isso é possível extrair suavemente o líquido, e não dá para girá-lo com muita força. Ainda assim, você precisará aplicar a massagem entre um giro e outro! **Está pronto.**

ÁGAR RÁPIDO: 1) Depois de endurecido o ágar-ágar, quebre o gel com cuidado usando um batedor de arame, até formar pedaços parecidos com coágulos. 2) Coloque os coágulos em um pano ou saco de coar e deixe escorrer. 3) Quando o pano ficar obstruído, faça nele uma espécie de massagem, cuidadosamente. Se você apertar com força, vai fazer o ágar-ágar passar pelo pano e estragar seu produto. 4) O método do ágar rápido não tem um resultado tão límpido quanto o congelamento-descongelamento. Esse suco pode ser passado por um filtro de café que retenha os pedacinhos errantes de ágar-ágar.

EU TENHO UMA CENTRÍFUGA: ETAPA 1: ADICIONE O SP-L

Adicione 2 gramas de Pectinex Ultra SP-L a cada litro ou quilo de produto que deseja clarificar. Se você estiver batendo frutas como morango, mirtilo, pêssego, ameixa, damasco e afins, adicione o SP-L diretamente ao liquidificador e bata até que o produto esteja um pouco acima da temperatura corporal. Lembre-se de que esse processo não clarifica completamente itens ricos em amido. **Vá para a etapa 2.**

ETAPA 2: AVALIE A ACIDEZ

2A: MEU PRODUTO É MENOS ÁCIDO DO QUE SUCO DE GRAPEFRUIT

Se seu produto estiver na temperatura corporal quando você for adicionar o SP-L, você estará pronto para centrifugar. Se seu produto estiver na temperatura da geladeira, aguarde uma hora para o SP-L agir. **Vá para a etapa 3.**

2B: MEU PRODUTO TEM ACIDEZ SIMILAR OU MAIOR DO QUE A DO SUCO DE GRAPEFRUIT

2B1 Ao adicionar o SP-L ao suco (etapa 1), adicione também 2 gramas por litro de kieselsol (sílica suspensa) e mexa. Esta medição deve ser bastante precisa. Eu uso uma micropipeta para medir, porque elas são rápidas e eu faço muito isso.

2B2 Espere 15 minutos.

2B3 Adicione 2 gramas por litro de quitosana (solução de quitosana a 1%) e mexa bem. Essa medição também deve ser precisa.

2B4 Espere 15 minutos.

2B5 Adicione mais 2 gramas por litro de kieselsol (meça com precisão) e mexa. **Vá para a etapa 3.**

ETAPA 3: PREPARE E CENTRIFUGUE

As bolhas de ar não vão necessariamente estourar na centrífuga. Se não estourarem, o produto terá rabiscos flutuantes por cima, algo que eu odeio. A banana não faz isso, mas o tomate, sim; é difícil prever. Se você tiver uma seladora a vácuo de câmara, poderá usá-la para desaerar o produto antes de centrifugar, o que eliminará os rabiscos, mas esta etapa é opcional. Ao carregar sua centrífuga, certifique-se de equilibrá-la de modo adequado e, em seguida, faça-a girar por 10 a 15 minutos a 4.000 × g. Se você não tiver uma centrífuga refrigerada, certifique-se de que os baldes estejam bem gelados antes de centrifugar para que o produto não aqueça. **Vá para a etapa 4.**

ETAPA 4: RETIRANDO O PRODUTO

Ao retirar o produto dos tubos ou das caçambas, é uma boa prática passá-lo por um filtro de café ou peneira fina para capturar algo que possa ter ficado boiando, ou para evitar que, caso a torta se solte, caia no produto clarificado. **Está pronto.**

UMA ALTERNATIVA À "MASSAGEM": *Feche a parte de cima do saco com um nó e coloque-o em um secador de salada – é a centrífuga do cozinheiro com pouco dinheiro. Entre um giro e outro, no entanto, você ainda precisará massagear o pano um pouco para desentupir o tecido, mas esse método é quase infalível.*

CENTRIFUGAÇÃO MUITO AVANÇADA DE GRAPEFRUIT

O suco de grapefruit clarificado por centrífuga tem um sabor mais amargo do que o clarificado com ágar-ágar – o gel de ágar-ágar captura e retém uma parte da molécula amarga do grapefruit, a naringina. No meu coquetel gaseificado Gin & Juice (p. 329), acho que fica melhor usar o suco menos amargo; por outro lado, a centrifugação é uma técnica muito mais conveniente para usar no bar, pois tem um rendimento melhor e é muito mais rápida. Em uma técnica semelhante à clarificação, você pode usar ágar-ágar para remover um pouco da naringina do suco de grapefruit quando clarificado em uma centrífuga.

É possível fazer isso preparando um gel fluido de ágar-ágar, que age como um gel quando está parado e como um líquido quando você o mexe ou agita. Os chefs usam géis fluidos para fazer molhos que parecem purês no prato, mas que ficam muito líquidos na boca. Os géis fluidos mais finos são usados para suspender objetos em drinques ou sopas. Mas você não vai usar nenhuma dessas propriedades aqui. Um gel fluido de ágar nada mais é do que um monte de minúsculas partículas de gel suspensas em um líquido, partículas essas que têm uma enorme área de superfície que ajudará a absorver a naringina e que são fáceis de retirar da suspensão com uma centrífuga.

Para fazer o gel fluido, primeiro prepare um gel de grapefruit normal com 1% de ágar-ágar – ou seja, 10 gramas de ágar-ágar por quilo de suco – e solidifique-o. Esse é um gel muito mais firme do que o usado na clarificação com gel. Coloque o gel no liquidificador e bata até ficar totalmente homogêneo. Com esta etapa, você criou um gel fluido.

Adicione 100 gramas de gel fluido de grapefruit a cada 900 gramas de suco de grapefruit normal logo que adicionar o SP-L e o kieselsol como parte de sua rotina normal de centrifugação. Proceda normalmente com o resto da clarificação, e você terá um suco de grapefruit menos amargo.

Mais acima e à esquerda, um suco de grapefruit gelificado com 10 gramas de ágar-ágar por litro de suco. Mais abaixo e à direita, esse mesmo gel na forma de gel fluido depois de batido. Géis fluidos são fantásticos em aplicações culinárias porque se comportam como purê no prato, mas são comidos como molho. Aqui o usamos para tirar a naringina do suco de grapefruit durante a clarificação na centrífuga.

Clarificando bebida alcoólica na centrífuga: o Justino

Má notícia: você vai precisar de uma centrífuga para tentar a técnica seguinte. Boa notícia: assim que você tiver uma centrífuga, essa técnica mudará sua vida de preparador de drinques.

A verdade é que você pode fazer uma bebida linda é límpida a partir de um destilado puro e de uma fruta, vegetal ou especiaria de sua escolha. Você bate o destilado com os outros ingredientes, adiciona a enzima Pectinex Ultra SP-L e usa uma centrífuga para transformar essa mistura em uma bebida cristalina que chamo de Justino (pronuncia-se *rustino*). (Se o processo da última frase não fizer sentido para você, leia a parte anterior desta seção sobre clarificação.) Os Justinos se apoiam no fato de que a Pectinex Ultra SP-L, uma enzima que destrói a estrutura da fruta batida e permite uma clarificação eficaz, funciona muito bem em soluções altamente alcoólicas. Muitas enzimas não funcionam.

O nascimento do Justino foi mais ou menos assim: eu estava interessado em fazer um coquetel de banana que não fosse grosso e gosmento como uma vitamina. Embora existam muitas bebidas alcoólicas com sabor de banana, eu queria usar apenas o suco puro e não estava tendo muito sucesso em prepará-lo. Meus rendimentos eram baixos e o sabor ficava estranho. Eu sabia que precisava adicionar mais líquido à banana para aumentar o rendimento, mas não queria adicionar um líquido sem álcool, então apenas bati as bananas com a bebida alcoólica e centrifuguei até ficar transparente. O resultado foi rum com puro sabor de banana. Lindo! Quando um repórter me perguntou como se chamava a bebida, pensei em Justino – e o nome pegou.

Você pode bater praticamente qualquer coisa com uma bebida alcoólica para fazer um Justino, porém gosto de usar produtos com pouca água para que o teor alcoólico permaneça alto. Acho que os Justinos mais alcoólicos se misturam melhor e duram muito mais do que os menos alcoólicos. Estes tendem a ser menos versáteis e têm sabores instáveis. Se você quiser um Justino com ingredientes com alto teor de água, como melão, coloque esses produtos no desidratador antes de batê-los com a bebida alcoólica. Frutas secas produzidas comercialmente também são ótimas opções para os Justinos.

Produtos ricos em amido não funcionam bem. A enzima SP-L não decompõe os amidos e a bebida alcoólica não clarifica nas centrífugas de baixa velocidade que normalmente são utilizadas em restaurantes e bares. Por exemplo, não é possível fazer um bom Justino com bananas verdes por terem amido demais.

O MÉTODO JUSTINO: 1) Adicione fruta à base alcoólica. **2)** Acrescente Pectinex Ultra SP-L. **3)** Bata no liquidificador em alta velocidade, até que a fricção das lâminas aqueça a mistura, que deve chegar à temperatura ambiente. Eu uso as costas da mão para avaliar a temperatura do copo. **4)** Coloque a mistura nas caçambas da centrífuga, procurando distribuir o peso das caçambas de forma equilibrada. **5)** Encaixe-as na centrífuga e deixe que girem por 10 a 15 minutos, a 4.000 × g. **6)** Colete o Justino já transparente.

A receita básica inicial do Justino são 250 gramas de frutas ou vegetais para cada litro de destilado, na proporção de 1:4. Esse é um bom ponto de partida. Se estiver usando um ingrediente com teor de água muito baixo e a mistura parecer mais uma pasta do que um purê, diminua a proporção para 200 gramas de frutas ou vegetais por litro de destilado – 1:5. Às vezes, você pode fazer até 1:6. Se o Justino estiver muito grosso antes de você centrifugá-lo, seu rendimento será baixo. Às vezes, se o rendimento for muito baixo e a proporção de Justino não puder ser reduzida ainda mais sem prejudicar o sabor, você pode resolver o problema *depois* de centrifugar, adicionando um pouco de água à torta e centrifugando novamente (para a técnica, veja a receita de Justino de damasco na p. 260).

Depois de centrifugar o produto, prove. Se estiver muito fraco e o rendimento for alto, aumente a proporção de sólidos para álcool. Se a proporção já estiver alta e o Justino ficar com um gosto aguado, desidrate mais os sólidos antes de fazer o Justino. Se o sabor do Justino estiver muito forte (geralmente doce demais), comece a adicionar o destilado puro até ficar do seu gosto. Quando encontrar uma proporção que lhe agrade, tente usá-la desde o início na próxima vez que prepará-la, ou simplesmente continue fazendo o Justino da mesma maneira e adicione destilado fresco no final. Curiosamente, as duas técnicas produzem bebidas com sabores diferentes. Às vezes um fica melhor do que o outro. Você apenas terá que testar, provar e ver por si mesmo. Aqui está um exemplo.

Digamos que você esteja fazendo Justino de tâmaras medjool com bourbon e teste a proporção recomendada de 1 parte de tâmaras para 4 partes de álcool. Você vai descobrir que o rendimento é bom, mas o Justino fica muito doce. Provavelmente ficará mais gostoso se você adicionar 250 mililitros de bourbon fresco a cada 750 mililitros de Justino, em uma proporção equivalente a 1:5,3. Estranhamente, você também descobrirá que, se fizer o mesmo Justino já com uma proporção inicial de 1:5,3, ele não terá um sabor tão bom quanto o Justino de 1:4 com o álcool fresco misturado. Não sei por quê.

JUSTINO DE BANANA

NOVAS TÉCNICAS E NOVAS IDEIAS

ALGUNS DOS MEUS JUSTINOS FAVORITOS

JUSTINO DE BANANA: 3 bananas maduras descascadas (250 gramas) para cada 750 mL de destilado. Funciona bem com rum envelhecido (e não rum com adição de cor caramelo; o método Justino a remove), bourbons e até mesmo com o gim Hendrick's. Lembre-se de que a banana deve estar madura: marrom, mas não preta. Se não estiver madura, o amido contido nela criará uma bebida turva com sabor amiláceo. Esta bebida fica fantástica servida sobre uma pedra de gelo com um gomo de limão e uma pitada de sal. Para um verdadeiro deleite, omita o limão, mas sirva o Justino sobre um cubo grande de gelo feito com água de coco de alta qualidade e coloque uma vagem de anis-estrelado por cima.

JUSTINO DE TÂMARA: 187 gramas de tâmaras medjool para cada 750 mL de destilado. Faça o Justino, depois adicione 250 mL de destilado fresco. Funciona bem com bourbon, scotch e uísque japonês. Sirva sobre uma pedra de gelo com um dash de bitter.

JUSTINO DE REPOLHO-ROXO: Desidrate 400 gramas de repolho-roxo até chegar a 100 gramas e faça o Justino com 500 mL de gim Plymouth. Se você pular a etapa da desidratação, seu drinque ficará com um cheiro horrível. Funciona bem em drinques batidos.

JUSTINO DE DAMASCO: Use damasco seco. Prefiro o damasco de blenheim da Califórnia como base. Na minha opinião, ele é a realeza dos damascos secos. São cheios de sabor e têm uma acidez vibrante.

Se usar qualquer outro damasco, os resultados serão totalmente diferentes. Procure damascos que tenham sido tratados para oxidação. O tratamento mais comum é a sulfuração, mas existem outros. É fácil saber se um damasco não foi tratado – ele ficará marrom e terá um sabor oxidado.

O Justino de blenheim é um dos poucos que eu realmente acho que tem baixo teor de açúcar. Você pode adicionar um pouco de açúcar ao produto final ou substituir uma porção de blenheims por damascos secos comuns (que têm menos acidez). O damasco absorve muito álcool durante o processo, e por isso o rendimento é baixo.

Prepare desta forma: Faça um Justino com 200 gramas de damascos de blenheim secos e 1 litro de destilado. Ao drenar o Justino, pegue as tortas de sólidos de damasco dos baldes da centrífuga, coloque-as no liquidificador com 250 mL de água filtrada e mais 1 ou 2 gramas de SP-L e bata. Eu chamo isso de remouillage (remolho), ou remmi, em referência à técnica francesa de adicionar uma nova leva de água para extrair os sabores de ingredientes de um caldo usados uma segunda vez. Centrifugue a remouillage e adicione o líquido transparente resultante ao Justino original. Esse processo retira uma boa parte do álcool e do sabor presos nas tortas, então adicione a mistura ao Justino da primeira centrifugação.

Esta receita funciona bem com genebra, gim, rye, vodca... Na verdade, tenho dificuldade de pensar em algo com que não funcionaria.

JUSTINO DE ABACAXI: Use 200 gramas de abacaxi seco para cada litro de destilado. Assim como no Justino de damasco, não use abacaxi seco do tipo "natural", que é amarronzado e de aspecto/gosto triste. Esta receita funciona bem com rum escuro ou branco – mas você provavelmente já sabia disso. Experimente com uísque ou conhaque para remeter a uma torta de abacaxi.

AO LADO: Para fazer Justino de repolho: **1)** *Desidrate o repolho até* **2)** *ele perder ¾ do peso inicial.* **3)** *Justino de repolho-roxo.*

TEA TIME

Washing

Em 2012, a ESPN me pediu para fazer uma versão alcoólica do Arnold Palmer, uma mistura de chá gelado e limonada que leva o nome do famoso jogador de golfe. Respondi que o Arnold Palmer claramente fica melhor como bebida não alcoólica; diluir e resfriar um coquetel alcoólico de chá torna a adstringência do chá muito dominante. Pense no sabor de um vinho tinto encorpado e tânico quando está gelado demais, depois multiplique esse efeito em sua mente e você vai entender. Fiz para a equipe de filmagem diversas variações alcoólicas do Arnold Palmer. Todos concordamos que elas não ficaram muito boas.

Depois que a equipe saiu, comecei a pensar. Muita gente, especialmente no Reino Unido, toma chá com leite. As proteínas do leite – em particular a caseína – ligam-se aos compostos tânicos e adstringentes do chá e suavizam a bebida. Resolvi fazer uma infusão de vodca com chá, adicionar leite e depois talhar essa mistura para clarificar o destilado e remover a adstringência. Deixei o chá infusionando na vodca até obter uma decocção bem forte, depois acrescentei essa vodca ao leite e misturei um pouco de solução de ácido cítrico. Funcionou lindamente. O leite talhou e os sólidos assentaram no fundo. Passei minha vodca na centrífuga (porque tenho uma, mas você pode simplesmente coar o líquido com um pano fino). Reduzi tanto a adstringência do chá que o coquetel, mesmo frio, ficou equilibrado, embora o sabor do chá ainda fosse muito forte. Quando adicionei xarope simples e suco de limão à vodca infusionada com chá e agitei com gelo, percebi um benefício colateral inesperado: o destilado "lavado" com leite dessa maneira adquire uma textura sedosa e ganha uma espuma incrivelmente rica quando agitado. Embora a caseína do leite coagule e seja removida no processo de washing, as proteínas do soro permanecem – e são fantásticos agentes espumantes.

O washing com leite, portanto, tem duas finalidades: reduzir a adstringência e a aspereza dos drinques batidos e incrementar sua textura.

Essa técnica em inglês se chama milk washing, que literalmente pode ser traduzido como "lavagem com leite". Demora um pouco para se acostumar com o conceito de "lavagem" na coquetelaria. Assim como se lavam roupas para tirar sujeira, você pode "lavar" os ingredientes para extrair sabores. Você pode usar o conceito em seus coquetéis de duas maneiras diferentes. Pode "lavar" o destilado, como fiz no Arnold Palmer, adicionando um "detergente"

– geralmente leite, gelatina, hidrocoloides ou ovos – que se ligue aos compostos indesejados da bebida para conseguir removê-los; ou pode "lavar" a gordura, no caso do fat wash, para extrair bons sabores da gordura e inseri-los em um destilado e, em seguida, usar esse destilado para fazer algo delicioso. No primeiro exemplo, você está "lavando" uma bebida; no segundo, você está "lavando" uma gordura.

A boa notícia é que todas as técnicas nesta seção podem ser executadas sem equipamentos sofisticados, embora seja bom ter uma centrífuga para algumas delas. Vamos abordar primeiro o washing de bebidas alcoólicas.

A ADSTRINGÊNCIA DO POLIFENOL E AS PROTEÍNAS RICAS EM PROLINA

A adstringência de um polifenol correlaciona-se com a força com que ele se liga a um grupo específico de proteínas salivares chamadas proteínas ricas em prolina (PRPs). Essas proteínas contêm grandes quantidades do aminoácido prolina, que confere a elas mais afinidade pelos polifenóis. Talvez você se lembre de que as plantas produzem polifenóis adstringentes para se tornarem menos digeríveis e, portanto, menos propensas a serem consumidas. As PRPs na saliva ligam-se aos polifenóis e atenuam as suas propriedades antidigestivas – uma contramedida de um herbívoro ao mecanismo de defesa das plantas. Surpreendentemente, a saliva dos carnívoros não contém PRPs. Os tigres comem apenas carne, não folhas e cascas, por isso não precisam das PRPs, ao contrário dos herbívoros, que têm muitas PRPs na saliva. Nós, como onívoros, estamos no meio-termo.

Muitas outras proteínas ricas em prolina, além das PRPs da saliva, também se ligam aos polifenóis, incluindo a proteína do leite (caseína), a clara de ovo e a gelatina. Essas são as proteínas que usamos no washing de bebidas alcoólicas.

Washing de bebidas alcoólicas

Para remover falhas de bebidas mal destiladas, você normalmente usa meios brutos de remoção de sabor e cor, como carvão ativado. Não é desse tipo de remoção que estamos falando aqui. Estamos falando de extrair seletivamente sabores de bebidas perfeitas. Por que faríamos isso? Porque certos sabores, embora agradáveis, podem sobrepujar os demais ingredientes de um coquetel. O bourbon, por exemplo, é delicioso. Coquetéis feitos com ele são deliciosos. Coquetéis de bourbon carbonatados? Muitas vezes não são deliciosos. O agradável amadeirado do bourbon torna-se áspero e intenso demais quando carbonatado. Você *poderia* simplesmente usar menos bourbon, ou talvez cortá-lo com um destilado neutro como a vodca, mas não seria melhor apenas moderar essa aspereza e deixar os demais sabores do bourbon intactos? Outro exemplo: o chá preto tem um gosto bom. Vodca infusionada com chá preto tem um gosto bom. Coquetéis feitos com essa vodca geralmente não são bons – são ásperos, adstringentes e difíceis de equilibrar adequadamente. Você *poderia* reduzir o chá no coquetel até que a adstringência não incomodasse mais... ou você poderia moderar a aspereza "lavando" a bebida, deixando o resto do sabor do chá intacto. Opte pelo washing!

A CIÊNCIA POR TRÁS DO WASHING DE BEBIDAS ALCOÓLICAS

Os sabores que queremos atacar no washing de bebidas alcoólicas provêm dos chamados polifenóis, um grupo de produtos químicos produzidos pelas plantas, muitas vezes como defesa contra predadores ou pragas. Os polifenóis são bons mecanismos de defesa porque normalmente têm propriedades bactericidas, inseticidas e antinutricionais que afastam os animais. Muitos deles são adstringentes. Os taninos, por exemplo, são polifenóis, e sua presença nas sementes e cascas da uva é responsável pelos sabores tânicos do vinho tinto. O mesmo vale para os sabores tânicos do cranberry, do cassis e de certas variedades de maçã. Os polifenóis da madeira de carvalho conferem ao uísque e ao conhaque a sua marca registrada. Você deve se lembrar da seção sobre nitromaceração deste livro, na qual falamos que uma folha de erva danificada faz com que enzimas chamadas polifenoloxidases unam pequenas moléculas fenólicas em grandes polifenóis de cor escura. No chá, esses polifenóis são desejáveis, pois criam a adstringência característica do chá escuro.

Para atacar os polifenóis, roubei a ideia do manual do enólogo. O enólogo combate os problemas de excesso de adstringência, turvação proteica, sabores estranhos e turbidez por meio de um processo denominado colagem, que consiste na adição de pequenas quantidades de ingredientes ao vinho. Eu uso os mesmos ingredientes para fazer o washing das bebidas alcoólicas. Todos eles dependem de alguma combinação de três princípios básicos: ligação proteica, carga elétrica e adsorção.

LIGAÇÃO PROTEICA

Os agentes ricos em proteínas – clara de ovo, sangue (isso mesmo), gelatina, caseína (proteína do leite) e isinglass (gelatina de peixe) – ligam-se às impurezas de forma complexa. As proteínas são muito boas para remover taninos e outros polifenóis. Além disso, tiram a cor e alguns sabores, o que pode ser bom ou ruim.

CARGA ELÉTRICA

Alguns agentes dependem exclusivamente de carga elétrica para realizar seu trabalho. O kieselsol (sílica suspensa) e a quitosana (um polissacarídeo encontrado em todos os esqueletos de artrópodes e em alguns fungos) são dois desses agentes. O kieselsol tem carga negativa e, portanto, atrairá impurezas com carga positiva, enquanto a quitosana é positiva e atrairá impurezas com carga negativa (para saber mais sobre esses dois agentes, consulte a seção "Clarificação", p. 235). Os polifenóis que procuramos reduzir quando fazemos o washing de bebidas alcoólicas têm carga negativa, então a quitosana, com sua carga positiva, é nossa melhor arma eletrostática.

ADSORÇÃO

Outros agentes dependem da adsorção, processo pelo qual um líquido ou um gás adere a uma superfície. Os agentes adsorventes, como o carvão ativado, têm uma imensa área superficial de minúsculos poros que retêm impurezas. Os agentes adsorventes tendem a ser neutralizadores de sabor de amplo espectro – são contundentes demais. Eu não os uso muito.

Cada agente de colagem/washing de bebidas alcoólicas remove diferentes sabores em diferentes quantidades, e alguns trazem texturas e sabores próprios. Embora a colagem de vinho ainda seja uma arte obscura, existem muitas informações que guiam quem se aventura nesse processo; citei algumas fontes na bibliografia. O washing que faço difere da colagem de vinho em alguns aspectos importantes. Concentro-me em resultados rápidos, enquanto a colagem do vinho normalmente é um processo lento. Uso grandes quantidades de agentes de colagem para remover sabores, enquanto os produtores de vinho costumam procurar efeitos mais sutis. Vejamos a seguir como desenvolvi três técnicas diferentes de washing de bebidas alcoólicas – com leite, com ovos e com quitosana-gelana – e como elas podem ajudá-lo.

Milk washing: tradição e novidades

Devo ressaltar que adicionar leite ao álcool e depois clarificar, como fiz com o Arnold Palmer, não é nenhuma novidade. O Milk Punch existe desde o século XVII. A diferença entre o Milk Punch e o meu milk washing é que este último é praticado com a bebida alcoólica pura, não com um coquetel, e prevê a agitação para produzir uma espuma fantástica – os Milk Punches normalmente não eram agitados. O soro da bebida que passou pelo processo de milk washing se degrada com o tempo e perde seu poder espumante. Ele não estraga, apenas perde sua grandiosidade. Então use essas bebidas em até uma semana mais ou menos.

Meu drinque com chá citado no início desta seção ficou tão bom que acabei colocando no cardápio do bar. Apresento a receita dele mais adiante.

MILK PUNCH

Um Milk Punch tradicional contém bebida alcoólica, leite e outros sabores. O leite é induzido a talhar e os coágulos são coados, o que resulta em uma bebida límpida e estável. Esta é a receita de Benjamin Franklin, de uma carta que ele escreveu em 1763:

> Pegue 6 litros de conhaque e as cascas de 44 limões-sicilianos cortadas bem finas; deixe as cascas em infusão no conhaque por 24 horas; então coe. Junte 4 litros de água, 4 nozes-moscadas grandes raladas, 2 litros de suco de limão-siciliano e 1 quilo de açúcar duplamente refinado. Quando o açúcar estiver dissolvido, ferva cerca de 3 litros de leite e junte-o ainda quente, assim que tirar do fogo, ao restante; mexa bem. Deixe descansar por duas horas; em seguida, passe por um saco de coar até que fique límpido; então engarrafe.*

E por que fazer um Milk Punch? O Milk Punch é conhecido por seu sabor suave e arredondado. Essa suavidade não é resultado apenas da presença do leite, mas da remoção de compostos fenólicos do conhaque por meio dos coágulos ricos em caseína. O velho Ben Franklin poderia estar lidando com um conhaque bastante áspero em 1763, e o leite teria eliminado grande parte de sua aspereza. Ben só não mencionou as incríveis propriedades de espumação, porque naquela época ninguém agitava coquetéis com gelo. Uma pena!

* Texto original em inglês extraído do livro *The Bowdoin and Temple Papers*, Massachusetts Historical Society.

Tea Time (uma variação alcoólica do Arnold Palmer)

Eu uso um chá darjeeling de Selimbong de segunda colheita para este drinque. Darjeeling é um famoso distrito produtor de chá no nordeste montanhoso da Índia. Em março, produz-se a primeira colheita de folhas – os darjeelings de primeira colheita. Eles são os mais caros, mas não são os meus preferidos. Vários meses depois, acontece uma segunda colheita de folhas novas. Esses darjeelings de segunda colheita são únicos no mundo do chá por seu aroma frutado, conhecido no mercado como moscatel. A fazenda de Selimbong Estate é particularmente conhecida pela qualidade de seus chás de segunda colheita. Eu infusiono a vodca com ele porque quero destacar o chá, e não o sabor intrínseco de uma bebida destilada. Originalmente fiz este drinque com suco de limão-siciliano e xarope simples. Piper Kristensen, que trabalhava comigo no Booker and Dax, sugeriu que eu usasse xarope de mel, e ele tinha razão não apenas porque chá, limão e mel formam uma combinação clássica, mas também porque as proteínas do mel aumentam a espuma da vodca infusionada com chá que passou por um washing com leite. A receita do xarope de mel é fácil: adicione 200 gramas de água a cada 300 gramas de mel. Observe que esta receita é por peso, e não por volume.

INGREDIENTES PARA A VODCA INFUSIONADA COM CHÁ

- 32 gramas de chá darjeeling de Selimbong de segunda colheita
- 1 litro de vodca (40% de teor alcoólico)
- 250 mL de leite integral
- 15 gramas de solução de ácido cítrico a 15% ou uma 1 onça gorda (33 mL) de suco de limão-siciliano espremido e coado na hora

Quando for fazer uma infusão de chá, deixe ficar bem escuro. Não tenha medo de deixar tempo demais, pois a adstringência será removida depois.

MODO DE PREPARO

Adicione o chá à vodca em um recipiente fechado e agite. Deixe o chá em infusão por 20 a 40 minutos, agitando ocasionalmente. O tempo mudará de acordo com o tamanho das folhas que você usa e com o tipo de chá, caso não seja o de Selimbong; o importante é a cor, que fornece um bom indicador da força da infusão. Busque uma cor escura. Quando o chá estiver escuro o suficiente, coe.

Coloque o leite em um recipiente e misture a vodca infusionada com chá no leite (observe que, se você adicionar o leite à vodca, o leite irá talhar instantaneamente e reduzir a eficácia do washing). Deixe a mistura descansar por alguns minutos e depois acrescente a solução de ácido cítrico. Se não quiser comprar ácido cítrico, use suco de limão, mas não adicione todo o suco de uma vez; faça isso em três partes. Quando o leite talhar, pare de adicionar. Não mexa com muito vigor após adicionar o ácido. Uma vez talhado o leite, não reemulsifique nem quebre os coágulos, ou você vai dificultar a coagem.

Neste ponto, você verá pequenas nuvens de coágulos bege boiando em um mar de vodca cor de chá quase transparente. Se você olhar com atenção, verá que a vodca ainda está levemente turva. Ela ainda contém um pouco da caseína que não se aglomerou nos coágulos. Pegue uma colher e mova suavemente os coágulos para limpar o excesso de caseína. A vodca deve ficar visivelmente mais clara, e os coágulos, visivelmente mais distintos. Faça isso várias vezes e deixe a vodca descansar por algumas horas para assentar antes de coar os coágulos com um filtro fino e um filtro de café (ou apenas passe o material por uma centrífuga imediatamente, como eu faço).

INGREDIENTES PARA O TEA TIME

RENDE UM DRINQUE DE 137 ML COM 14,9% DE TEOR ALCOÓLICO, 6,9 G/100 ML DE AÇÚCAR E 0,66% DE ACIDEZ

- 2 onças (60 mL) de infusão de vodca com chá clarificada com leite
- ½ onça (15 mL) de xarope de mel
- ½ onça (15 mL) de suco de limão-siciliano espremido e coado na hora
- 2 gotas de solução salina ou uma pitada de sal

MODO DE PREPARO

Misture todos os ingredientes, agite com gelo e sirva em uma taça coupe gelada. Decore com o orgulho de um trabalho bem realizado.

270 INTELIGÊNCIA LÍQUIDA

Todo milk washing segue esse procedimento, mas algumas bebidas alcoólicas irão talhar o leite mesmo que você não adicione nenhum ácido. Nas infusões de café, a combinação de álcool e café costuma ser suficiente para talhar o leite sozinho; o mesmo acontece com alcoólicos infusionados com cranberry. Sempre que você realizar o milk washing, siga as dicas mencionadas, como adicionar o destilado ao leite, e não o contrário, e mexer delicadamente os coágulos para limpar toda a caseína solta, e assim você obterá bons resultados uniformes.

Na maioria das vezes em que faço o milk washing, foco em ingredientes muito adstringentes, como o chá. Eu testei a técnica em bebidas alcoólicas envelhecidas menos adstringentes e ricas em polifenóis, como bourbon, rye e conhaque. Nelas, o carvalho em conjunto com o álcool normalmente coagula o leite. O carvalho nas bebidas envelhecidas não só desestabiliza o leite ao adicionar polifenóis que se ligam à caseína, como também reduz o pH para cerca de 4 ou 4,5, fazendo com que o leite talhe com mais facilidade. Infelizmente, o milk washing realmente tira o sabor e a cor do carvalho. Até demais, na minha opinião.

Você pode aplicar o milk washing a bebidas sem polifenóis, pensando não em remover sabores, mas em obter efeitos de textura. Robby Nelson, ex-gerente do Booker and Dax, usava a técnica para fazer daiquiris com rum branco, e como aquilo era bom! Eu uso rum branco "lavado" com leite para fazer uma variação com Julius de laranja chamada Dr. J, que usa especificações típicas de daiquiri (2 onças de rum, ¾ de onça de suco de limão-taiti, ¾ de onça de xarope simples, uma pitada de sal), mas substitui o suco de limão-taiti por suco de laranja com acidez de limão (acrescente 32 gramas de ácido cítrico e 20 gramas de ácido málico a um litro de suco de laranja; consulte a seção "Ingredientes", p. 50, para obter detalhes) e adiciona uma gota de extrato de baunilha.

AO LADO: MILK WASHING: 1) Sempre acrescente a base alcoólica ao leite, e não o contrário, ou o leite vai talhar instantaneamente. Algumas bebidas alcoólicas – como infusões de café – fazem o leite talhar sozinhas. Outras, não, como a de chá mostrada aqui. **2)** Mexa a mistura alcoólica e adicione um pouco de solução de ácido cítrico ou suco de limão. **3)** O leite já começa a talhar. Com cuidado, misture com uma colher para permitir que os coágulos agreguem qualquer partícula turva errante. **4)** Deixe que a mistura alcoólica assente antes de passar pelo filtro de café ou pela centrífuga.

Egg washing

Depois de resolver o problema da criação de coquetéis de chá por meio do milk washing, eu me lembrei de um coquetel de chá que não usava a técnica e que muito me agradou: o Earl Grey MarTEAni, que minha amiga Audrey Saunders criou no Pegu Club, um dos meus bares favoritos em Nova York. É uma mistura de gim infusionado com earl grey (um blend de chá com casca de bergamota), suco de limão, xarope simples e clara de ovo com um twist de limão-siciliano. Sempre imaginei que a clara de ovo do MarTEAni servia para dar textura, mas agora percebi que o coquetel *precisava* da clara de ovo para se ligar aos polifenóis do chá e suavizar a adstringência. Perguntei a Audrey sobre isso e ela disse: "Claro, é por isso que a clara do ovo está lá". Mas é óbvio! Então, comecei a pensar um pouco mais. Por que um Whisky Sour é batido com clara de ovo, enquanto outros sours batidos com proporções semelhantes de açúcar:ácido:destilado (como a Margarita, o Daiquiri e o Gimlet de limão fresco) não são? É o uísque! A clara de ovo em um Whisky Sour suaviza o que de outra forma seria um drinque muito adstringente nas temperaturas e diluições que um Whisky Sour atinge. Resolvi experimentar o washing com ovo sozinho, sem fazer um coquetel.

Uma clara de ovo inteira representa uma porção substancial do líquido do coquetel não diluído. Uma clara de ovo grande, com cerca de 30 mililitros, pode representar um quarto do líquido total antes da diluição – uma proporção de 3:1 de mistura de coquetel para clara de ovo. Decidi experimentar com um pouco menos de clara de ovo, visando a um egg washing na proporção de 4 partes de bebida alcoólica para 1 parte de clara de ovo. Escolhi uísque bourbon para meu teste. Bati a clara do ovo com um garfo e misturei o uísque no ovo, da mesma forma que misturo a bebida no leite para o milk washing. O ovo coagulou rapidamente e foi fácil de filtrar, mas obliterou o sabor e a cor da bebida, tornando-a uma vodca de sabor fraco. Em um coquetel com clara de ovo, a clara permanece na bebida, então o sabor não é completamente eliminado. No egg washing, toda essa proteína é removida, então o efeito de remoção é mais acentuado. Eu tentei 8:1. Melhorou, mas ainda estava muito fraco e um pouco desequilibrado – o sabor picante do bourbon desapareceu. Então tentei 20:1 e 40:1. O vencedor foi 20 de destilado para 1 clara de ovo! Essa proporção deixou o caráter do uísque ileso e permitiu um drinque equilibrado. O procedimento foi simples e certeiro.

Observe que essa proporção de 20:1 foi projetada para um destilado puro envelhecido. Se você quiser um efeito de remoção mais forte, como faria com um destilado de café ou chá, é melhor usar uma proporção de 8:1, ou até um pouco mais alta. Essas proporções mais altas de ovos lhe darão um poder de remoção semelhante ao do milk washing. Mas lembre-se de que esta técnica adiciona poder espumante; o egg washing, não. Para um coquetel de chá mexido, use o egg washing. Para um drinque batido, opte pelo leite e aproveite a textura incrível.

A técnica do egg washing

INGREDIENTES

1 clara de ovo extragrande (depois de remover a gema e descontar o que fica preso na casca, isso representa cerca de 32 gramas, pouco menos do que os 37 gramas necessários para uma verdadeira proporção de 20:1)

1 onça (30 mL) de água filtrada

750 mL de destilado com teor alcoólico de 40% ou mais (destilados menos alcoólicos não coagulam tanto o ovo, e, uma vez que o teor alcoólico caia para 22%, o ovo não coagula)

MODO DE PREPARO

Bata a clara de ovo com a água e, em seguida, adicione o destilado à mistura, mexendo sempre. Observe que a água serve apenas para aumentar o volume da mistura de ovos. Seria difícil adicionar o destilado a uma única clara de ovo sem talhá-la na hora. Se você estiver usando uma proporção de destilado para ovo de 8:1 ou mais, pode omitir a água. Depois de adicionar o destilado, a clara do ovo deve talhar rapidamente. Deixe a mistura descansar por alguns minutos e mexa delicadamente para juntar quaisquer proteínas perdidas ao coágulo. Deixe a mistura repousar por uma hora e depois passe por um filtro de café. Ela deve ficar transparente.

EGG WASHING, NESTE CASO COM BLENDED SCOTCH: (1) Adicione a bebida alcoólica à mistura de clara de ovo com água, mexendo sempre. **(2)** Aqui o ovo está começando a coagular. Mexendo um pouco, com cuidado, ele deve ganhar esse aspecto **(3)** e em algum momento assentará dessa forma **(4)**. **(5)** Coe com um filtro de café. **(6)** Na imagem, à esquerda, você vê a bebida alcoólica não tratada e, à direita, a bebida que passou pelo egg washing.

Uma das coisas fantásticas a respeito do egg washing é que você não precisa de nenhum equipamento e, a menos que seja vegano, provavelmente terá ovos na geladeira. Além disso, como a técnica deixa pouquíssima proteína residual no destilado, você pode usá-la para suavizar drinques que são muito difíceis de carbonatar sozinhos, e pode carbonatá-los sem muita espuma. O milk washing nunca funcionará para um drinque carbonatado, porque intensifica a espumação.

Aqui vai uma receita de um coquetel carbonatado de cognac e vinho tinto aplicando o egg washing. Este é um drinque que precisa de um pouco de suavização.

Cognac e Cabernet

Se você pretende misturar um vinho tinto com uma bebida destilada como o cognac, pode escolher um vinho doce – um que disfarce os taninos presentes em ambos. Mas aqui vamos ficar com o seco e remover os taninos. Este coquetel muito agradável é de um rosa profundo, seco, que lembra passas. Ele parece menos um coquetel e mais um vinho. Para o washing, você usará 1 parte de ovo para 6 partes da mistura alcoólica – uma proporção razoavelmente alta.

RENDE DOIS DRINQUES DE 145 ML COM 14,5% DE TEOR ALCOÓLICO, 3,4 G/100 ML DE AÇÚCAR E 0,54% DE ACIDEZ

INGREDIENTES

1 clara de ovo grande (1 onça/30 mL)

2 onças (60 mL) de cognac (41% de teor alcoólico)

4 onças (120 mL) de cabernet sauvignon (14,5% de teor alcoólico)

2 onças (60 mL) de água filtrada

½ onça (15 mL) de suco de limão-siciliano clarificado ou solução de ácido cítrico a 6%

½ onça (15 mL) de xarope simples

4 gotas de solução salina ou uma pitada generosa de sal

MODO DE PREPARO

Com uma bailarina, bata bem a clara de ovo em um pequeno recipiente de mistura. Combine o cognac e o cabernet e junte-os à clara do ovo, mexendo. A mistura deve ficar turva. Continue mexendo lentamente, certificando-se de que toda a clara entre em contato com a bebida. Você deve ver fios de clara de ovo desnaturada em toda a mistura. Se tiver uma centrífuga, passe a mistura nesse momento e colete-a límpida e clarificada. Como alternativa, deixe-a descansar por alguns minutos e mexa novamente. Deixe-a repousar por várias horas

CONTINUA

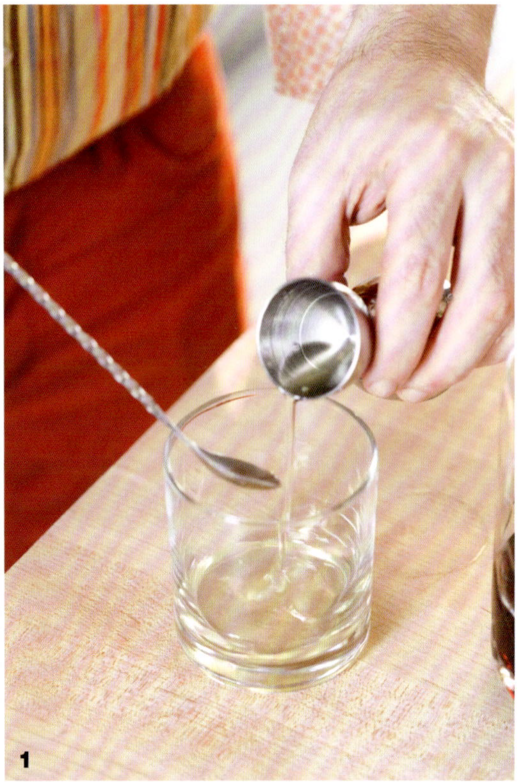
1

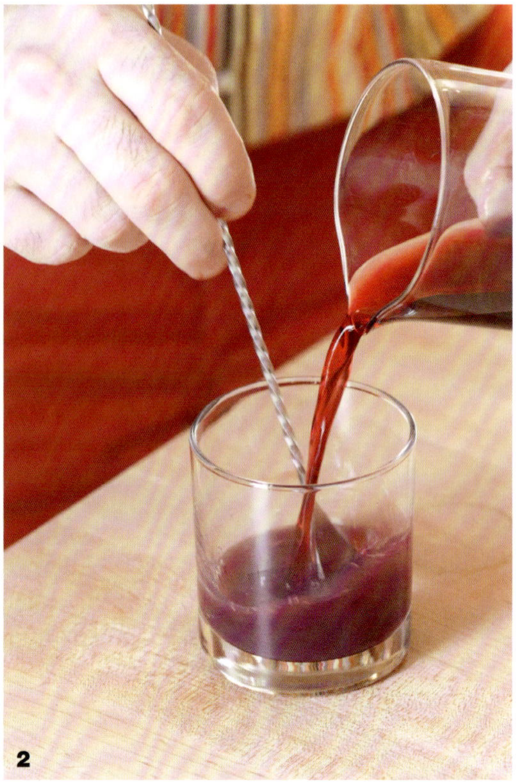
2

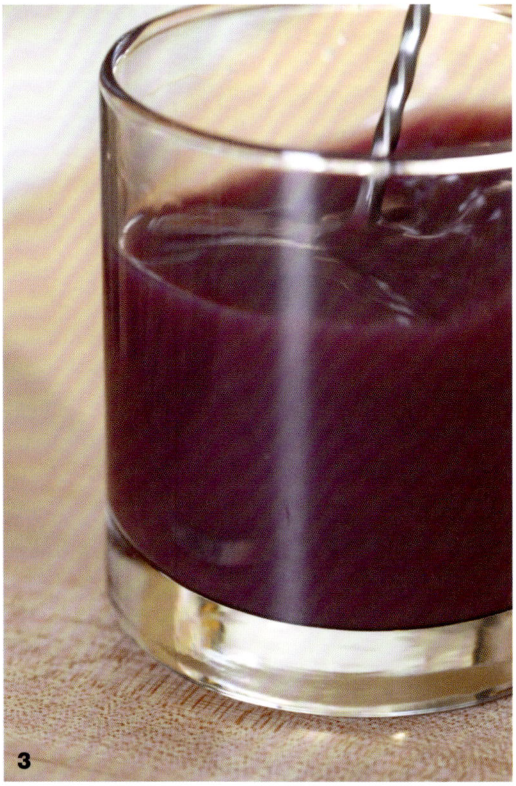
3

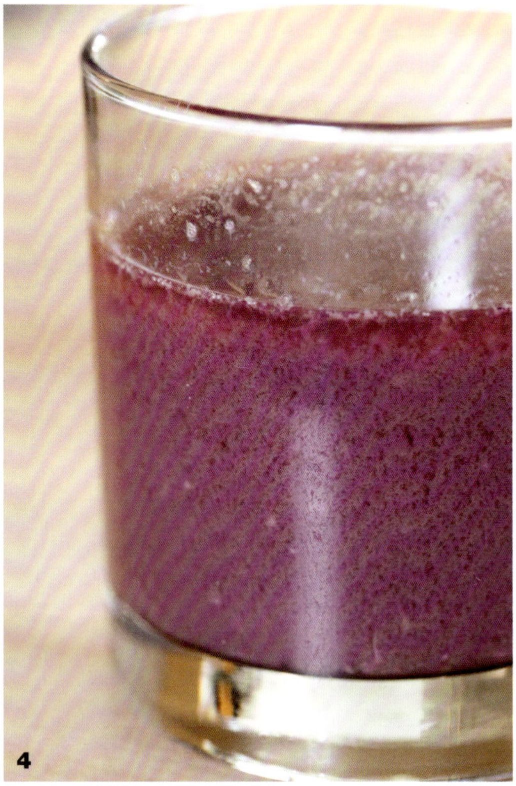
4

e passe primeiro por um pano de prato e depois por um filtro de café.

Quando o líquido ficar transparente, adicione água, suco de limão ou ácido cítrico, xarope simples e solução salina ou sal. Resfrie a mistura até -6 °C e carbonate com o método de sua escolha (consulte a seção "Carbonatação", p. 288). Nota: você terá alguma proteína de ovo residual nesta bebida, então ela espumará bastante quando você carbonatar.

Eu descobri uma técnica ainda melhor para suavizar destilados envelhecidos que não exigem muita remoção antes da carbonatação, mas ela requer alguns ingredientes especiais: quitosana e gelana. Continue lendo ou vá para Whisky Sour carbonatado, p. 282, e use uísque que tenha passado por um egg washing para preparar esse coquetel.

AO LADO: PASSANDO O CABERNET E O COGNAC PELO EGG WASHING: *Esta receita usa muito mais ovo do que um egg washing normal, então **1)** não adicione água ao ovo. **2)** Despeje o cabernet e o cognac sobre o ovo enquanto mexe. **3)** A mistura ficará momentaneamente esbranquiçada, **4)** e depois vai talhar. Mexa para agregar os pedacinhos turvos e deixe assentar antes de passar pelo filtro de café.*

Washing com quitosana-gelana

Quando comecei a clarificar suco de maçã, anos atrás, eu queria na verdade fazer um coquetel carbonatado de maçã com bourbon que fosse refrescante, mas os sabores do carvalho dominavam a maçã e ficavam ásperos, desagradáveis. Minha solução na época foi redestilar o bourbon com um evaporador rotativo. Ao contrário de um alambique típico, o evaporador rotativo consegue destilar a baixas temperaturas e recuperar quase 100% dos sabores voláteis que são evaporados durante o processo de destilação. Eu dividia o bourbon em duas partes: um líquido transparente contendo todo o álcool mais os aromas do carvalho e do destilado-base, e um líquido escuro e opaco com todos os extratos não voláteis do carvalho que estavam atrapalhando meu drinque carbonatado. Como o bourbon transparente não envelhecido é conhecido como *white dog* (cachorro branco, em português), chamei meu bourbon transparente redestilado de cachorro cinza – e ele é muito bom, mesmo sozinho. Usei as sobras dos extratos do carvalho para fazer um ótimo sorvete. Olha a eficiência!

Mas a redestilação tem alguns problemas. Em primeiro lugar, o equipamento é caro e há uma curva de aprendizado bastante acentuada. Em segundo lugar, e mais importante, é ilegal destilar bebidas alcoólicas sem licença nos Estados Unidos, e um bar nunca poderá obter essa licença. Fazer a destilação no bar coloca em risco a licença para comercializar bebidas alcoólicas, o que eu, como dono de um bar na época, não poderia tolerar. Depois que comecei a aplicar o washing para bebidas alcoólicas, experimentei combinações de ingredientes de washing que produzissem um uísque ou um conhaque envelhecido carbonatado bom, fossem certeiras e removessem apenas os sabores que arranham a garganta quando bebo uísque não modificado carbonatado. Finalmente decidi por um processo de duas etapas (e totalmente legal) usando quitosana e goma gelana.

Se você leu a seção sobre carbonatação, já ouviu falar da quitosana, um dos agentes mágicos de colagem de vinho que uso para clarificar o suco de limão na centrífuga. A quitosana é um polissacarídeo (açúcar) de cadeia longa com carga positiva, produzido comercialmente a partir de cascas de camarão, mas que não causa reações em pessoas alérgicas. Você consegue encontrar na forma líquida em qualquer loja de vinificação artesanal. Infelizmente, a quitosana disponível no mercado não é vegetariana, mas isso vai mudar. No momento em que escrevo este texto, a quitosana de fungos, adequada para veganos, está sendo comercializada na Europa. A quitosana, como molécula com carga positiva, atrairá os polifenóis de carvalho com carga negativa em uísques e conhaques. O problema, então, é que você precisa remover a quitosana. Para isso, eu uso a gelana.

A gelana é um agente gelificante derivado de fermentação microbiana e usada principalmente na culinária. Ela tem muitas propriedades interessantes. Consegue formar fluidos que, quando parados, podem se comportar como géis para fazer drinques com partículas sólidas em suspensão (nota: não gosto desta aplicação para coquetéis). Pode formar qualquer textura, de macia e elástica a dura e quebradiça. É resistente ao calor. Mas nenhuma dessas propriedades interessantes é importante para nós aqui. Apesar do que os fabricantes planejaram, não vamos usar gelana para fazer gel. Para o washing de bebidas alcoólicas, tudo que nos interessa é a carga negativa da gelana, que faz com que ela atraia a quitosana; e também sua insolubilidade na bebida, o que facilita a filtragem. Existem dois tipos de gelana: a com baixo teor de acil, também conhecida como Kelcogel F, e a com alto teor de acil, também conhecida como Kelcogel LT100, ambas fabricadas pela empresa CP Kelco. Normalmente, o Kelcogel F produz géis duros e quebradiços, e a gelana com alto teor de acil produz géis macios e elásticos. Para o washing de bebidas alcoólicas, você deve usar o Kelcogel F, porque, ao contrário da variedade com alto teor de acil, ele não incha na água provocando a perda de parte do nosso precioso destilado. Os nomes são aleatórios e confusos, mas não há nada que possamos fazer a respeito. Guarde somente isto: gelana com baixo teor de acil Kelcogel F.

À esquerda, blended scotch original; no meio, um scotch que passou pelo processo de washing com quitosana-gelana; à direita, um scotch que passou pelo egg washing. Reparem na diferença de intensidade de remoção das duas técnicas.

A técnica de washing com quitosana-gelana

- 15 gramas de solução de quitosana (2% da quantidade de destilado)
- 750 mL de destilado para o washing
- 15 gramas de gelana com baixo teor de acil Kelcogel F (2% da quantidade de destilado)

MODO DE PREPARO

Adicione a quitosana à bebida e agite ou mexa. Deixe descansar por uma hora, agitando periodicamente. Acrescente a gelana e agite ou mexa para suspendê-la. Ressuspenda a gelana na mistura a cada 15 a 30 minutos, ao longo de 2 horas em que ela deve permanecer em contato com a bebida, depois coe em um filtro de café. Está pronto.

NOTAS: Esta receita usa 2% de quitosana, o que é muita quitosana. Para efeito de comparação, costumo usar 0,2% para clarificação – uma ordem de magnitude bem menor. Testei a receita usando menos quitosana e, estranhamente, o uso de menos quitosana pareceu retirar mais da bebida alcoólica. Sim, também não entendi, mas é difícil contestar dados empíricos. Dois por cento de gelana também é muita gelana, muito mais do que se usa para fazer um gel de gelana (0,5% de gelana com baixo teor de acil produz um gel duro). A razão pela qual uso uma quantidade tão grande é que estou aproveitando apenas a superfície do pó de gelana. A maior parte da gelana está no interior dos grânulos e é inútil para nós. Eu poderia usar menos se tivesse um tamanho de partícula mais fino, mas não é fácil encontrar gelana mais fina.

Falando em área de superfície, lembre-se da discussão sobre colagem de vinho, em que menciono que os ingredientes adsorventes que removem o sabor, como o carvão ativado, funcionam por terem uma enorme área de superfície na qual as moléculas de sabor podem ficar presas. Tentei imaginar quanto a gelana removeria de sabor devido aos efeitos da área de superfície, então fiz um teste apenas com gelana, sem a quitosana. Ela removeu um pouco do sabor, mas não muito.

AO LADO: WASHING COM QUITOSANA-GELANA: 1) Tendo os ingredientes, esta técnica é ridiculamente fácil de ser aplicada e tem um alto rendimento. 2) Adicione a quitosana ao álcool. Mexa e deixe descansar por uma hora. 3 e 4) Adicione a gelana e mexa. Mexa e deixe assentar mais algumas vezes ao longo de 2 horas. 5) Coe com um filtro de café. 6) Veja o que sobrou da gelana. Toda essa cor é o material removido.

NOVAS TÉCNICAS E NOVAS IDEIAS 281

Whisky Sour carbonatado

Este é um drinque carbonatado simples para testar o washing de bebidas alcoólicas. Se você não quiser usar o washing com quitosana-gelana, pode usar o egg washing. Leia, caso ainda não tenha feito isto, a seção "Carbonatação" para aprender sobre as técnicas (p. 288).

RENDE UM DRINQUE DE 162,5 ML COM 15,2% DE TEOR ALCOÓLICO, 7,2 G/100 ML DE AÇÚCAR E 0,44% DE ACIDEZ

INGREDIENTES

- 2 ⁵⁄₈ de onças (79 mL) de água filtrada
- 1 ¾ de onça (52,5 mL) de bourbon que já tenha passado pelo washing com quitosana-gelana (47% de teor alcoólico)
- ⁵⁄₈ de onça (19 mL) de xarope simples
- 2 gotas de solução salina ou uma pitada de sal
- ½ onça curta (12 mL) de suco de limão--siciliano clarificado (ou a mesma quantidade de suco de limão-siciliano não clarificado, incluído depois da carbonatação)

MODO DE PREPARO

Misture tudo (exceto o suco de limão, se ele não for clarificado), resfrie até -10 °C e carbonate com o sistema que preferir.

O que apresentei aqui sobre o washing de bebidas alcoólicas apenas arranha a superfície do possível. Há muito mais que você pode descobrir por conta própria. Mas, como prometi no início da seção, vou ainda falar um pouco sobre o fat washing, uma técnica que leva o sabor para dentro da bebida (em vez de removê-lo).

Uma palavrinha sobre o fat washing

O fat washing é simples, qualquer um consegue fazer. Escolha uma gordura ou um óleo que tenha bastante sabor. As escolhas mais comuns são manteiga, gordura de bacon, azeite, manteiga de amendoim, óleo de gergelim – não importa. Qualquer que seja a gordura de sua escolha, certifique-se de que tenha um gosto bom. Só porque você gosta de bacon não significa que toda gordura proveniente dele seja boa – a gordura do bacon devidamente processada é deliciosa; a gordura do bacon que foi cozido demais não é legal. Uma manteiga que tenha ficado desembrulhada na geladeira também não é boa. Em suma, a gordura precisa ser fresca e deliciosa. Pergunte-se, em seguida, quanto de potência tem a gordura escolhida. A gordura do bacon defumado tem sabor forte; já a manteiga é mais delicada. Com gorduras de sabor mais forte, use uma proporção de cerca de 120 gramas (4 onças) de gordura para cada 750 mL de bebida alcoólica. Com manteiga, eu uso cerca de 240 gramas (8 onças) para 750 mL.

Se sua gordura for sólida em temperatura ambiente, derreta-a. Se não, siga em frente.

Adicione a gordura à bebida alcoólica em um recipiente de boca larga, feche e agite (essa ação aumenta a área de superfície na qual o álcool entra em contato com a gordura). O recipiente de boca larga facilitará a separação posterior entre o álcool e a gordura. Deixe descansar por cerca de uma hora, agitando de vez em quando durante a primeira meia hora, e depois siga para a próxima etapa.

A essa altura, a maior parte da gordura já deverá ter flutuado até o topo. Coloque o recipiente com álcool e gordura no freezer. A maior parte da gordura vai formar uma bela "torta" na parte de cima depois de algumas horas no freezer; basta fazer um buraco nessa "torta" e despejar em uma garrafa o destilado transparente e aromatizado através de um filtro de café. Pronto! Se a sua gordura não solidificar (o azeite, por exemplo, não solidifica), você pode usar um separador de gordura ou um funil de separação (é o que eu uso) para separá-la do álcool.

O fat washing é uma ótima técnica, mas não a uso com tanta frequência, porque alguns amigos muito próximos – Sam Mason e Eben Freeman, que eram do Tailor; Tona Palomino, que era do wd~50; e Don Lee, que era do PDT – foram os verdadeiros pioneiros, então deixo isso para eles.

284 INTELIGÊNCIA LÍQUIDA

Peanut Butter and Jelly with a Baseball Bat

Em 2007, Tona Palomino, que gerenciava o bar do famoso restaurante wd~50 na época, fez um coquetel gaseificado de manteiga de amendoim e geleia chamado Old-School. Como era gaseificado, Tona fazia um grande esforço para manter o drinque cristalino. Não precisamos nos preocupar com isso porque vamos fazer um coquetel batido. Se você quiser um destilado claro que possa carbonatar, terá que fazer o que Tona fez: espalhe uma fina camada de manteiga de amendoim no fundo de uma cuba GN e, em seguida, despeje uma fina camada de destilado por cima e deixe descansar coberto na geladeira por dias.

VODCA COM MANTEIGA DE AMENDOIM E GELEIA
INGREDIENTES

- 25 onças (750 mL) de vodca (40% de teor alcoólico)
- 120 gramas de manteiga de amendoim cremosa
- 125-200 gramas de geleia de uva concord

MODO DE PREPARO

Misture bem a vodca com a manteiga de amendoim. Coloque a mistura em um recipiente coberto e leve ao freezer por várias horas para assentar. Se você tiver uma centrífuga, passe a mistura por ela; você deverá ter um rendimento de cerca de 85% (635 mL). Se não tiver a centrífuga, passe a mistura por um pano para reter as partículas grandes e depois passe o líquido coado por um filtro de café. O filtro de café entope com frequência, então você precisará usar vários. O destilado deve ficar mais ou menos transparente. Usando o método do pano com filtro de café, você deve obter um rendimento entre 60% e 70% (450-525 mL). Não use uma vodca cara! Adicione pouco mais que 30 gramas de geleia de uva para cada 100 mL da vodca com manteiga de amendoim e agite ou misture bem. Coe a mistura para se livrar de quaisquer partículas de geleia perdidas e pronto.

AO LADO: FAT WASHING DE GIM COM AZEITE DE OLIVA EM UM FUNIL DE SEPARAÇÃO: 1) Misture gim com azeite de oliva dentro do funil e cubra bem. 2 e 3) Agite vigorosamente para misturar bem. Faça isso várias vezes, com alguns minutos de intervalo. 4) Deixe assentar. A beleza do funil de decantação: 5) ele permite que você escorra o líquido alcoólico mais pesado para o fundo sem interferir na gordura líquida por cima. 6) O formato cônico íngreme do funil facilita o assentamento e permite que você não perca quase nada do gim separado do óleo.

RENDE UM DRINQUE DE 140 ML COM 17,3% DE TEOR ALCOÓLICO,
9 G/100 ML DE AÇÚCAR E 0,77% DE ACIDEZ

INGREDIENTES PARA O PB&J WITH A BASEBALL BAT

2 ½ onças (75 mL) de vodca com manteiga de amendoim e geleia (32,5% de teor alcoólico)

½ onça (15 mL) de suco de limão-taiti espremido e coado na hora

2 gotas de solução salina ou uma pitada de sal

MODO DE PREPARO

Misture os ingredientes em uma coqueteleira com muito gelo e agite somente por 6 segundos. Não agite demais; esse drinque não fica bom muito diluído. Coe em uma taça coupe gelada e sirva.

FAZENDO A VODCA COM MANTEIGA DE AMENDOIM: 1) A vodca e a manteiga de amendoim assentaram no freezer por várias horas. Passe pela centrífuga ou **2)** coe com um pano **3)** e depois com um filtro de café.

PEANUT BUTTER AND JELLY WITH A BASEBALL BAT

Carbonatação

O dióxido de carbono (CO_2) é um gás que confere um sabor característico às bebidas borbulhantes. O gosto da carbonatação é difícil de descrever. Eu chamo de "efervescente", mas isso não define muito bem. Recentemente descobriu-se que temos elementos específicos na nossa boca que sentem o CO_2; em outras palavras, a carbonatação é um sabor real, como o salgado e o azedo. Você também teria dificuldade em descrever esses sabores. Pesquisas atuais indicam que a nossa percepção da carbonatação está ligada à nossa percepção do azedo, mas ela não tem sabor ácido. As pessoas pensavam que a percepção da carbonatação se devia à dor na boca causada pela acidez do ácido carbônico (formado quando o CO_2 se dissolve na água) combinada com a ação mecânica do estouro das bolhas. Isso claramente não é verdade. Você pode fazer drinques borbulhantes com óxido nitroso (N_2O), também conhecido como gás hilariante, mas, como o N_2O tem um sabor doce em vez de efervescente, a bebida não terá um sabor carbonatado, mesmo se você adicionar ácido à bebida. A carbonatação funciona como um ingrediente, como o sal ou o açúcar.

Os drinques carbonatados são supersaturados com CO_2, o que significa que contêm mais gás do que de fato conseguem reter permanentemente – e é por isso que borbulham. Quanto mais CO_2 uma bebida contém, mais pungente é o sabor da carbonatação. Controlar essa pungência é a arte da carbonatação.

O uso de mixers prontos gaseificados cede o controle das bolhas aos mixers, o que não é bom. A maioria dos mixers comerciais é de baixa qualidade. Mesmo os bons só conseguem conferir bolhas minguadas a um coquetel finalizado, uma vez que são diluídas em álcool e gelo derretido. Resumindo: se você quiser que as bolhas sejam bem feitas, você mesmo terá que carbonatar seus coquetéis.

A FILOSOFIA DA BOLHA

Cresci bebendo água com gás, e essa tem sido minha principal forma de hidratação há décadas. Comparada com ela, a água sem gás é sem graça. Quando peço água com gás, eu quero aquela experiência de rasgar a garganta que só uma carbonatação abundante consegue proporcionar. Acredito que essa seja uma preferência muito americana e suspeito de qualquer conterrâneo que prefira uma água levemente gaseificada. Mas nem todos os drinques se beneficiam de uma carbonatação máxima. Alguns coquetéis ficam bons com bolhinhas minúsculas. A carbonatação é um ingrediente cujo excesso é tão ruim quanto a falta. Muitos vinhos frisantes americanos, por exemplo, são supercarbonatados e ficam mais saborosos depois de repousar por um tempo. A supercarbonatação pode destruir as nuances dos sabores de frutas, enfatizar demais os sabores de carvalho e tânicos e adicionar um toque áspero de dióxido de carbono.

O objetivo da carbonatação é *controlar* as bolhas no seu drinque. Você deve ser capaz de produzir o nível exato de carbonatação que deseja. Embora recentemente tenha havido uma proliferação de equipamentos mais acessíveis e fáceis de usar que oferecem amplo acesso à carbonatação, a maior parte das técnicas de carbonatação no bar ainda é fraca. A carbonatação de água é bastante fácil; mesmo com equipamentos de baixa qualidade e técnicas um pouco descuidadas é possível produzir uma água com gás decente, então as pessoas são levadas a pensar que o mesmo valerá quando passarem para coquetéis carbonatados. Ledo engano. Somente com muito cuidado e uma técnica perfeita é que se consegue alcançar uma boa carbonatação em uma bebida alcoólica. Se você entender como funciona a carbonatação, poderá aprimorar sua técnica e obter bons resultados mesmo com equipamentos fracos. Portanto, antes de entrarmos nas técnicas específicas de carbonatação, tenho algumas palavras a dizer sobre como funcionam as bolhas. Aí vêm detalhes e minúcias. Se estiver sem paciência, pode pular para a seção "Uma síntese da carbonatação", p. 315.

BOLHAS PARA INICIANTES

A quantidade de CO_2 que uma bebida engarrafada contém varia basicamente em função de dois parâmetros, temperatura e pressão (tudo bem, também em função da proporção entre espaço livre e líquido, mas podemos ignorar essa variável com segurança). Quanto maior a pressão na garrafa, mais CO_2 a bebida irá conter. Mais precisamente, quanto maior for a pressão de CO_2 no espaço livre acima da bebida, mais CO_2 a bebida irá conter (em química, isso é conhecido como lei de Henry). Se a pressão no espaço livre vier do ar normal e também do CO_2, haverá menos CO_2 dissolvido na bebida – uma das razões pelas quais o ar é inimigo da boa carbonatação.

A determinada pressão, a quantidade de CO_2 que um líquido consegue reter aumenta à medida que ele esfria. Em uma garrafa vedada, a quantidade de CO_2 não pode mudar, então, conforme a temperatura aumenta, a pressão também aumenta; e, conforme a temperatura diminui, a pressão também diminui. Os dois estão ligados.

A rapidez com que o CO_2 entra no seu drinque já é outra história. A simples aplicação de CO_2 no espaço vazio acima de uma bebida não a carbonata muito rapidamente, porque o CO_2 só consegue se difundir na bebida por meio da área superficial relativamente pequena do líquido em repouso. Assim como você resfria uma bebida com gelo mexendo ou agitando para colocar novas partes do coquetel em contato com novas partes do gelo, você carbonata aumentando radicalmente a área nova de superfície que a bebida compartilha com o CO_2. Você pode conseguir isso agitando a bebida sob pressão, ou injetando grandes quantidades de pequenas bolhas de CO_2 na bebida, ou borrifando a bebida como uma névoa em um recipiente pressurizado de CO_2. Não importa como você faz isso – simplesmente aumente a área da superfície.

BOLHAS MINÚSCULAS

Muita gente acha que quer bolhas minúsculas, que elas são um sinal de qualidade. O cantor Don Ho imortalizou a frase "tiny bubbles in the wine" ("bolhas minúsculas no vinho") e colocou o público consumidor em um caminho aparentemente inexorável em direção ao preconceito com as bolhas. Mas vejamos como o tamanho da bolha é determinado. Em uma bebida altamente carbonatada, mais CO_2 entra nas bolhas a qualquer momento, formando bolhas maiores. Da mesma maneira, quanto mais quente uma bebida, mais CO_2 vai tentar sair, formando bolhas maiores. Por último, quanto maior a altura da qual você despeja uma bebida, maiores se tornam as bolhas, porque elas têm mais tempo para viver e crescer a partir do local onde se formam até estourarem na superfície da bebida. Nenhum desses fatores relacionados ao tamanho das bolhas são marcadores de qualidade.

A composição do drinque também tem influência sobre o tamanho das bolhas. Diferentes bebidas – digamos, uma taça de champanhe e um gim-tônica – carbonatadas no mesmo nível e servidas na mesma temperatura, no mesmo tipo de taça, terão bolhas de tamanhos diferentes. Os ingredientes de um drinque afetam a facilidade com que as bolhas se formam, a rapidez com que crescem e a quantidade de CO_2 que tenta sair. Mesmo entre líquidos bastante semelhantes, como

LE CHÂTELIER

Estranhamente, a razão pela qual a solubilidade do CO_2 aumenta à medida que a temperatura diminui é o fato de que o CO_2 libera energia quando se dissolve no líquido em uma reação exotérmica. Na verdade, o calor da dissolução do CO_2 em uma bebida altamente carbonatada pode aumentar a sua temperatura em mais de 5 °C!

> Minhas suposições: a entalpia de dissolução do CO_2 = 563 calorias por grama. nível de carbonatação = 10 gramas por litro, bebida = água pura

O aumento da temperatura é uma consequência da carbonatação que raramente é considerada, mas é a razão pela qual podemos aplicar um dos princípios fundamentais da química, o princípio de Le Châtelier. Nomeado em homenagem ao químico francês Henry Louis Le Châtelier, esse princípio afirma que, se você afastar um sistema químico do equilíbrio, esse sistema tenderá a voltar ao equilíbrio. Se você tiver água com gás e CO_2 a determinada temperatura e remover calor do sistema tornando a água com gás mais fria, o princípio de Le Châtelier diz que o sistema reagirá tentando produzir mais calor. Como? Fazendo com que mais CO_2 se dissolva. Verdadeiro? Sim. Intuitivo? Não.

alguns vinhos brancos, fatores como a variedade da uva e a quantidade de produtos resultantes da decomposição da levedura afetam radicalmente o tamanho da bolha. Diferentes tamanhos de bolhas nesses casos não são marcas de qualidade, mas uma função da composição do drinque.

Então como foi que surgiu a mítica equação de que o minúsculo equivale ao bom? Uma análise do envelhecimento do champanhe ajuda a entender. O champanhe jovem tem muita carbonatação e bolhas relativamente grandes. À medida que o champanhe envelhece, o CO_2 difunde-se gradualmente através da rolha, que não é hermética, e faz diminuir a carbonatação, produzindo bolhas menores. Assim, no champanhe, a carbonatação mais fraca está correlacionada com a idade mais avançada. Como normalmente apenas os champanhes vintage envelhecem muito, a idade e as pequenas bolhas que ele traz denotam qualidade. Além disso, pesquisas recentes mostram que, à medida que o champanhe envelhece, a sua composição muda, de modo que, para determinado nível de CO_2, o champanhe velho terá bolhas menores. Assim, no champanhe, bolhas pequenas estão relacionadas com a idade, o que muitas vezes pode estar ligado à qualidade (tendemos a envelhecer apenas champanhes excepcionais). Certamente as pequenas bolhas não são a causa da qualidade. Se eu pegar um vinho espumante ruim e descarbonatá-lo parcialmente, terei um vinho espumante igualmente ruim, mas com bolhas pequenas. Se eu pegar um ótimo champanhe vintage e aumentar a carbonatação, ainda estará ótimo, mas com bolhas maiores.

SABRAGE: ABRINDO CHAMPANHE E OUTROS ESPUMANTES COM UM SABRE

Embora a sabrage não esteja diretamente relacionada à técnica de carbonatação, uma seção sobre bolhas parece ser o lugar mais adequado para descrever a técnica de abrir uma garrafa de champanhe com um sabre.

Muita gente acha que abrir vinho espumante com um sabre é inútil e um desperdício. Discordo. Abrir um champanhe caro com um sabre é um desperdício (se você cometer um erro). Abrir uma cava barata com um sabre é um truque incrível e impressionante para usar em uma festa. Se uma garrafa vai abrir ou não com o sabre depende apenas da garrafa, não do preço do vinho, então opte pelo mais barato.

Sabrage é a arte de abrir uma garrafa de vinho espumante com um golpe certeiro. Você bate na borda inferior do gargalo da garrafa de champanhe e quebra o gargalo. Sim, você quebra o vidro. Não, o vidro não entra na bebida, porque a pressão o afasta do gargalo. A sabrage funciona porque existe uma saliência onde a borda encontra o gargalo. O impacto se concentra nessa borda, fazendo com que a garrafa se quebre de forma limpa. Pequenos estilhaços de vidro vão cair no chão, então tome cuidado. Se você tiver crianças pequenas, tenha cuidado redobrado; infelizmente, sei por experiência própria que os pezinhos vão pisar nos cacos de vidro na manhã seguinte. Obviamente, faça a sabrage longe de qualquer pessoa e não aponte para espelhos ou janelas fechadas. Também não a faça em cima da comida, a menos que você seja uma atração de circo que come vidro.

COMO FAZER

Selecione uma garrafa que pareça a mais padrão possível. Não escolha uma com gargalo esquisito – o sabre pode não funcionar. Dica superimportante: se estiver usando o sabre na frente de uma multidão que você deseja impressionar, selecione uma garrafa que você sabe que abrirá com o sabre. Se você já usou o sabre em uma marca específica antes (cava Paul Chenaux, por exemplo, ou espumante Gruet), é provável que funcione novamente. Se você

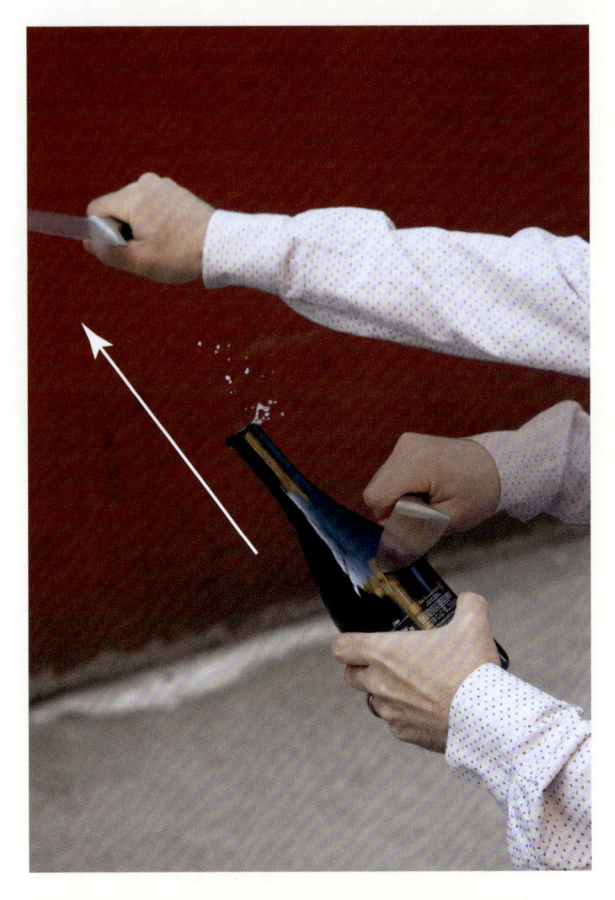

Quando fizer a sabrage na garrafa de espumante, evite fazer movimentos em arco com a faca. Com confiança, faça um movimento reto passando as costas da faca com suavidade e rapidez junto à emenda lateral da garrafa, bata na borda do gargalo arrancando o gargalo e a rolha da garrafa. Esse truque não requer força, só força de vontade. Não hesite nem recue.

já falhou com alguma garrafa (cava Cristalino), provavelmente irá falhar de novo e passar vergonha! Um corolário desta dica: pratique primeiro para descobrir em quais garrafas funcionará.

Refrigere a garrafa. Deixe-a descansar em pé por um tempo antes de fazer a sabrage e manuseie-a com delicadeza. Garrafas mais quentes são mais fáceis de abrir com essa técnica, mas tendem a jorrar. As sabrages bem feitas não jorram nada (tomem essa, esnobes antissabre!). Não retire a armação de arame até estar pronto, para que a rolha não saia sozinha. Algumas pessoas fazem a sabrage com o arame, mas eu acho mais difícil.

Arrume uma faca. Não precisa ser pesada nem afiada. Na verdade, nem precisa ser uma faca – fiz um anel de aço inoxidável para fazer a sabrage em festas. Você usará o lado de trás (cego) da faca, não o lado cortante. Certa noite, vi uma amiga esquecer essa regra e estragar uma boa faca de chef do anfitrião.

Encontre a emenda que sobe pela lateral da garrafa; essa emenda é um ponto fraco e concentra ainda mais a tensão quando você bate na borda. Afaste a garrafa de você, de seus amigos, de qualquer copo e de qualquer comida. Posicione a faca na costura da garrafa, na parte inferior do gargalo, certificando-se de mantê-la encostada reta contra a garrafa. Caso contrário, a faca tende a saltar sobre a borda da garrafa.

Hora da verdade: deslize a faca suavemente, com segurança e RETO até o gargalo da garrafa, e corte a tampa. Não é preciso força, apenas confiança. O maior erro e mais comum: balançar a faca em um arco. Se você balançar em um arco, mesmo que pequeno, não atingirá o vidro no lugar certo e não cortará o gargalo. Uma vergonha.

Se não funcionar, tente mais uma vez, talvez duas. Não tente cinco ou seis vezes na mesma garrafa. Ficar batendo nela parece desespero. Se a garrafa não quiser ser aberta com o sabre e você forçá-la, você pode quebrá-la, estilhaçando-a completamente.

Lembre-se de que a pressão leva todos os cacos de vidro para longe do gargalo e da sua bebida (é por isso que eu disse para você segurá-la inclinada). Sirva com confiança e bom proveito.

Eu sempre pisco na hora H.

À ESQUERDA: *Meu equipamento de mistura de dióxido de carbono/óxido nitroso. Eu o desmontei e adaptei um misturador de gases Smith projetado para misturar gases de solda, transformando um dispositivo baseado em fluxo em um dispositivo baseado em pressão, que me permite carbonatar a qualquer pressão de até 60 psi, com qualquer proporção de CO_2 e N_2O.* **À DIREITA:** *Uma alternativa ao equipamento de mistura: faça cilindros de gases pré-misturados.*

A quantidade de CO_2 em uma bebida, e não o tamanho da bolha, é a característica mais importante da carbonatação. A quantidade de CO_2 que escapa do drinque determina o quanto esse drinque será áspero e cortante e como os aromas voláteis serão lançados para cima do copo até chegar ao seu nariz. Às vezes quero fazer drinques extremamente vibrantes, com bolhas grandes que efervescem na língua e lançam um monte de compostos aromáticos em direção ao nariz. Se eu criasse esses drinques usando apenas CO_2, eles pinicariam dolorosamente seu nariz enquanto você tentasse beber. Em vez disso, faço superbolhas com uma mistura de gases. Lembre-se de que o óxido nitroso (N_2O) é altamente solúvel em água e não tem um sabor cortante, mas doce. Quando adiciono uma porcentagem de óxido nitroso aos meus drinques carbonatados, o resultado são bolhas grandes e vibrantes que não causam dor. O sistema de mistura de gás é um pouco complicado e, a menos que você seja dentista, é difícil encontrar cilindros de N_2O (as pessoas às vezes abusam dele como droga e morrem quando adormecem usando uma máscara de óxido nitroso), então não vou dizer como fazer isso, mas, se você conseguir decifrar o que está acontecendo a partir de uma foto do meu equipamento, vá em frente.

QUANTO CO_2 TEM NO MEU DRINQUE?

Quando cito os níveis de carbonatação, utilizo gramas de CO_2 por litro de bebida (g/L). Se você consultar a literatura técnica sobre refrigerantes, notará que o CO_2 é medido em uma unidade misteriosa chamada "volumes de CO_2". Um volume de CO_2 equivale a 2 g/L de CO_2 (ver o quadro sobre volumes de CO_2, p. 297). Seu refrigerante de cola médio contém cerca de 7 g/L. Refrigerantes de laranja e root beers têm menos carbonatação, normalmente em torno de 5 g/L. Mixers como a água tônica, que teoricamente é diluída com bebida alcoólica, e a água com gás, aquela delícia borbulhante que desce rasgando a garganta, têm muito mais carbonatação – cerca de 8 ou 9 g/L. Nas bebidas não alcoólicas, níveis muito acima de 9 g/L tornam-se dolorosos. Mas, com bebidas alcoólicas, a história é outra.

UMA IMPORTANTE PROPRIEDADE DE CARBONATAÇÃO DO ÁLCOOL

O CO_2 é mais solúvel em álcool do que em água, portanto menos gás escapa de uma bebida alcoólica e atinge sua língua. Como a sensação de carbonatação depende desse CO_2 que chega à língua, é necessário colocar mais CO_2 em uma bebida alcoólica para que ela tenha um sabor tão carbonatado quanto seus primos não alcoólicos. De acordo com a literatura, o champanhe jovem, que contém 12,5% de teor alcoólico, pode conter até 11,5-12 g/L de CO_2 dissolvido. Essa quantidade de CO_2 em uma água com gás seria horrível. Francamente, é CO_2 demais também para um champanhe, mas não é algo que vá arrancar a cara de ninguém.

Em geral, **quanto mais álcool um drinque contiver, mais CO_2 você precisará adicionar na gaseificação**.

Medir a carbonatação é complicado e, na prática, eu não meço. Apenas carbonato meus drinques a uma temperatura e pressão constantes. Se não gostar dos resultados, mantenho a temperatura e aumento ou diminuo a pressão. Contudo, às vezes é útil medir a quantidade de CO_2 que você está colocando em um drinque. O jeito mais fácil de medir o CO_2 é pesar o drinque antes e depois do procedimento de carbonatação (sem a tampa). O peso extra é o CO_2 que você dissolveu. Você deve converter a resposta para gramas por litro.

MAIS UMA IMPORTANTE PROPRIEDADE DA CARBONATAÇÃO NO ÁLCOOL – CARBONATAÇÃO RESPONSÁVEL

Coquetéis carbonatados podem deixar você muito doido. O CO_2 realmente ajuda a jogar o etanol na corrente sanguínea. Aquele velho ditado sobre o champanhe subindo à cabeça não é um mito. O álcool é absorvido principalmente no intestino delgado, não no estômago. Quanto mais rápido o álcool chega ao intestino, mais rápido você consegue absorvê-lo e mais rápida é a elevação da taxa de álcool no sangue (TAS). O que se sabe hoje em dia é que o CO_2 nas bebidas ajuda a acelerar o esvaziamento do intestino delgado, causando um rápido aumento na TAS. Para piorar, as pessoas estão acostumadas a tomar as bebidas carbonatadas rápido, e o fazem independentemente do teor alcoólico.

A moral da história aqui é manter baixos os níveis de álcool de seus drinques carbonatados. Quando comecei a carbonatar bebidas, gaseificava regularmente os coquetéis em diluições de drinques batidos e mexidos: de 20% a 26% de álcool. As pessoas iam parar no chão em pouco tempo. Esse resultado não era meu objetivo, e tenho certeza de que não é o seu. Hoje em dia, meus coquetéis carbonatados têm em média entre 14% e 17% de teor alcoólico. São drinques mais civilizados e mais gostosos. Como você verá, os drinques com menos álcool têm melhor carbonatação, duram mais no copo e são menos enjoativos do que as versões com alto teor de álcool.

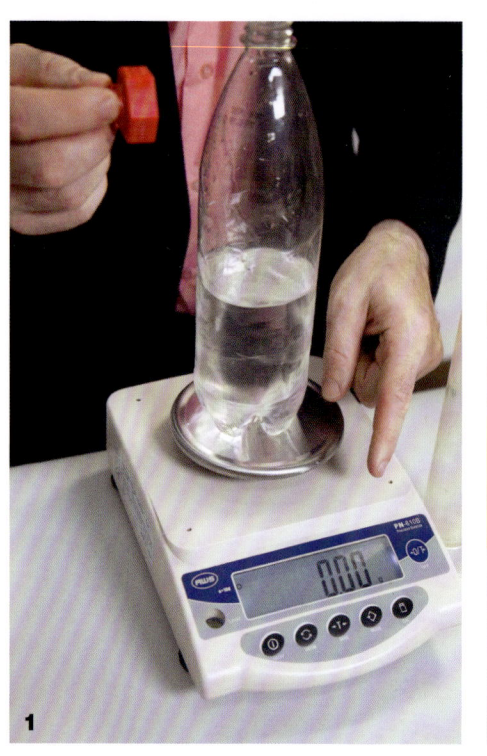

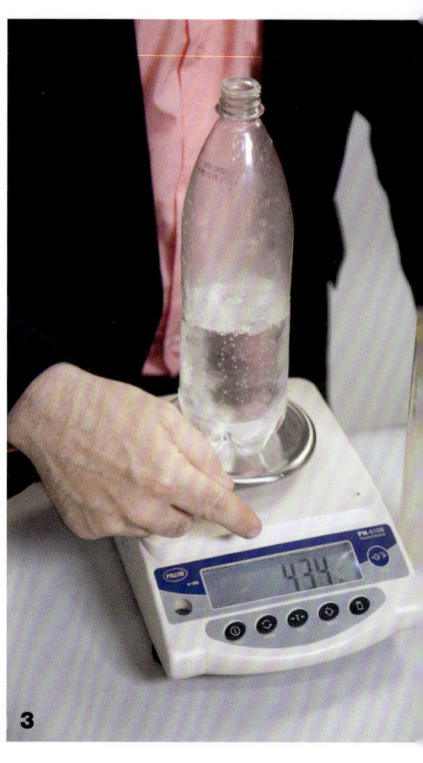

COMO MEDIR A QUANTIDADE DE CO_2 QUE SE ADICIONA A UM DRINQUE: 1) *Pese o líquido não carbonatado dentro da garrafa de carbonatação sem a tampa e zere a balança.* **2)** *Carbonate.* **3)** *Pese a garrafa novamente sem a tampa. O peso na balança será o peso do CO_2 adicionado – nesse caso, 4,3 gramas em 500 mL. É importante que você remova a tampa para que a balança não registre o peso do CO_2 comprimido dentro da garrafa.*

O PROBLEMA DA ESPUMAÇÃO E OS TRÊS PRINCÍPIOS DA CARBONATAÇÃO

CO_2 na garrafa é ótimo, mas não vale nada se nunca chegar à sua língua. O importante é o gás que seu drinque contém no copo. Quando você abre uma garrafa de espumante e serve, você perde carbonatação – talvez muita. Gérard Liger-Belair, o físico do champanhe (sim, esse é um emprego de verdade, e ele já tem dono), estudou bem de perto o fenômeno da perda de CO_2 nessa bebida. Seus estudos mostram que abrir uma garrafa de champanhe em temperatura de geladeira e despejá-la cuidadosamente na lateral de um copo inclinado – o melhor cenário para servir – pode reduzir a quantidade de CO_2 no champanhe de 11,5 g/L para 9,8 g/L. Essa perda é provavelmente algo bom; 11,5 g/L é uma carbonatação intensa demais. Despejar descuidadamente o mesmo champanhe na mesma taça reduz a carbonatação para 8,4 g/L, meu limite mínimo para uma boa carbonatação em uma taça nova de champanhe jovem. Se você abrir o mesmo champanhe em temperatura ambiente, poderá reduzir mais alguns gramas por litro desses números. Se você abrir uma garrafa descuidadamente e ela jorrar pelo gargalo e pela lateral, o problema é muito, muito pior. O *gushing* ou *fobbing*, como é chamado na indústria de bebidas gaseificadas, pode destruir a preciosa carbonatação muito rápido. Na verdade, a formação de espuma é a maior inimiga da carbonatação. Noventa por cento de uma boa carbonatação diz respeito ao controle da espuma.

O CO_2 sai da bebida de duas maneiras: diretamente da superfície do drinque ou por meio das bolhas. O primeiro caminho é controlado pelo copo. Grosso modo, quanto menos área de superfície da bebida for exposta por unidade de volume, menos CO_2 você perde por unidade de tempo. É por isso que taças de champanhe e outros copos altos são bons para drinques carbonatados, e é por isso que você deve enchê-los bem alto se eles forem ficar parados por um tempo (mais volume para a mesma área de superfície exposta).

Controlar a quantidade de CO_2 que sai em forma de bolha é mais difícil. Se você servir um líquido carbonatado perfeitamente transparente em um vidro perfeitamente limpo e perfeitamente liso, não obterá bolhas – nenhuma – porque em um líquido puro é extremamente difícil formar bolhas. As bolhas nas bebidas frisantes inflam como um balão. A pressão do CO_2 no drinque é maior do que na bolha, então a bolha estoura como um balão. A tensão superficial do líquido que envolve a bolha age como a borracha de um balão para resistir à inflação. As bolhas também são como balões, pois, quanto menores, mais difíceis de estourar. Existe um raio de bolha crítico – que depende da tensão superficial do líquido e da pressão do CO_2 na bebida – abaixo do qual qualquer bolha formada será reduzida a nada. Qualquer bolha maior que esse raio crítico tenderá a crescer. Surpreendentemente, você não pode apenas aumentar a pressão para iniciar bolhas. Você precisaria de centenas de vezes mais CO_2 do que o obtido em bebidas frisantes comuns para formar bolhas espontâneas.

O que você precisa para formar bolhas são **pontos de nucleação**: qualquer coisa que esteja dentro de um líquido, ou em contato com ele, que permita a formação de bolhas.

As bolhas costumam se formar em qualquer coisa que seja descontínua ou que já contenha gás preso. Em um copo, esses pontos de nucleação podem assumir a forma de riscos ou marcas no copo, resíduos de minerais e sabão ou, ainda, os famosos fiapos de toalhas usadas para secar e polir. No próprio drinque, os pontos de nucleação vêm de partículas suspensas, gases dissolvidos e aprisionados ou quaisquer bolhas já existentes. Se houver muitos pontos de nucleação, são muitos os lugares em que o CO_2 pode formar bolhas, e assim pode causar o jorro,

VOLUMES DE CO_2 PARA FÃS DA LEI DOS GASES IDEAIS

Nos anos 1800, um italiano chamado Avogadro descobriu que, a uma mesma temperatura e pressão, volumes iguais de gases contêm o mesmo número de moléculas, independentemente do peso delas: uma grande descoberta. Lembre-se disso. Aliás, a comunidade química nomeou um número importante em homenagem a Avogadro – o número de Avogadro, que equivale a $6,022 \times 10^{23}$, o que é absurdamente enorme. Ele é importante porque nos ajuda a alternar entre pesos em uma escala atômica e em uma escala macroscópica. Diferentes tipos de átomos e moléculas têm diferentes pesos. Esses pesos são expressos em uma unidade relativamente inútil, a unidade de massa atômica (u). O número de Avogadro é o fator de conversão entre unidades de massa atômica e gramas. Se você sabe que a massa de uma única molécula de CO_2 é 44,01 u, sabe que $6,022 \times 10^{23}$ moléculas de CO_2 pesam exatamente 44,01 gramas. Infelizmente, você também precisa se lembrar de outra unidade, porque uma pilha de CO_2 contendo o número de Avogadro de moléculas não é chamada de Avogadro de CO_2, mas de mol. O mol é uma das unidades mais importantes da química, pois permite trabalhar com proporções de moléculas reais usando gramas.

Certo, então um mol de CO_2 tem massa de 44,01 gramas e contém $6,023 \times 10^{23}$ moléculas. Voltando à hipótese original de Avogadro: um mol de gás em condições padrão de temperatura e pressão (CPTP) preencherá o mesmo volume, independentemente de quanto pesa esse mol. Os fãs da lei dos gases ideais lembrarão que o volume de um mol de gás nas CPTP é de 22,4 litros. Portanto, um mol de CO_2 nas CPTP ocupará 22,4 litros e pesará 44,01 gramas.

Por fim, podemos voltar à obscura unidade da carbonatação: volumes de CO_2. Um volume de CO_2 é definido como a massa de gás CO_2, em gramas, que preencheria determinado volume, em litros, nas CPTP. São 44,01 gramas divididos por 22,4 litros: aproximadamente 2 g/L. Enigmático o suficiente?

A água à esquerda está altamente carbonatada. Não está borbulhando porque o copo não tem pontos de nucleação – eu limpei minuciosamente o vidro para remover qualquer resíduo. Coloque uma pedra de açúcar no drinque e, imediatamente, ele começa a borbulhar.

que perde enormes quantidades de gás. Pior ainda: os pontos de nucleação continuam a nuclear durante toda a vida do drinque. Os drinques com muitos pontos de nucleação perdem muito gás imediatamente e continuam a perdê-lo mais rápido do que os drinques com menos pontos de nucleação.

Você não consegue eliminar esses pontos, mas pode reduzi-los ou limitar o efeito que eles têm seguindo os três princípios da carbonatação: limpidez, baixas temperaturas e composição.

LIMPIDEZ

Se a sua bebida não estiver límpida, não será fácil gaseificá-la. Eu clarifico tudo que vou carbonatar. Algumas bebidas carbonatadas comercialmente são turvas, como a Orangina, mas têm carbonatação muito leve e não têm álcool. Mesmo a adição de pequenas quantidades de suco não clarificado a um coquetel altamente carbonatado pode causar grande formação de espuma. Observe que o contrário de límpido não é colorido ou escuro, mas turvo. Bebidas coloridas, tudo bem. Bebidas que têm tanta cor que parecem opacas, como vinho tinto e cola, ainda podem ser gaseificadas se não estiverem turvas quando você as segura contra a luz. O primeiro dever do especialista em carbonatação é clarificar. Para saber como, consulte a seção sobre clarificação (p. 235). Se não quiser clarificar, escolha ingredientes que já sejam límpidos. Se for absolutamente necessário usar ingredientes turvos, use pequenas quantidades e adicione-os no final, depois de carbonatar a maior parte da bebida.

BAIXAS TEMPERATURAS

Bebidas quentes borbulham e espumam violentamente quando são abertas. Algumas pessoas tentam resolver o problema da formação de espuma aumentando a pressão para adicionar mais gás, só que isso não funciona. Uma vez que uma bebida espuma violentamente ao ser aberta, você excedeu o nível de CO_2 que a bebida consegue reter de forma viável. Aumentar a pressão além desse ponto reduzirá, na verdade, a quantidade de CO_2 que você recebe no copo, porque a formação de espuma ficará cada vez pior. Tenho visto muitas pessoas aumentarem cada vez mais as pressões de carbonatação, e no final elas descobrem que suas bebidas ficam com um sabor cada vez mais sem gás. É melhor primeiro gelar bem a sua bebida.

Até que temperatura você deve resfriar? Minha regra é: o mais frio possível, no ponto de congelamento da bebida ou logo acima dele. Quanto mais geladas você deixar suas bebidas, mais CO_2 elas conseguem reter sem formar espuma e menos carbonatação você perderá ao servi-las. Eu carbonato bebidas à base de água a 0 °C e a maioria dos meus coquetéis entre -6 °C e -10 °C. Bebidas muito alcoólicas, como shots puros gaseificados, eu carbonato a -20 °C.

Se você esfriar demais sua bebida, ela começará a congelar e a formar zilhões de minúsculos cristais de gelo, que acabam sendo pontos de nucleação fabulosos. Se você abrir uma garrafa com esses cristais, produzirá enormes quantidades de uma espuma ladra de bolhas. Contanto que a garrafa esteja lacrada, não se preocupe, você não perderá carbonatação. Não abra a garrafa até que os cristais de gelo derretam. Assim que derreterem, sua bebida estará em sua melhor forma.

Uma última observação sobre a temperatura: a carbonatação será mais uniforme se você mantiver uma temperatura constante ao carbonatar. Se você tentar carbonatar a uma temperatura qualquer, nunca obterá resultados uniformes. Lembre-se: conforme a temperatura sobe ou desce, a pressão necessária para atingir determinado nível de carbonatação também sobe ou desce.

COMPOSIÇÃO

Uma bebida gelada clarificada ainda pode espumar devido à sua composição. Vamos dividir o problema da composição em três partes: espuma, ar e álcool.

Espuma:

Alguns ingredientes, mesmo quando totalmente clarificados, espumam demasiadamente. O soro de leite clarificado, que uso em muitos drinques sem gás, é cheio de proteínas, e as proteínas adoram fazer espuma. Sempre suspeitei de que o soro do leite representaria problemas, mas outros ingredientes, como suco de pepino, me surpreendem com sua intransigência espumosa. Em geral, se os ingredientes tiverem uma grande quantidade de proteínas, emulsificantes ou surfactantes, ou forem viscosos, você pode esperar alguma espuma. Uma boa maneira de saber se você terá problemas é agitar um pouco do ingrediente de teste em um recipiente transparente e observar a espuma. Ele faz uma camada de espuma por cima? Se isso acontecer, a espuma se desfaz rapidamente? Quanto mais esponjosa e persistente for a espuma, mais difícil será carbonatar o ingrediente. Além de evitar esses ingredientes, sua única opção para controlar a espuma é cuidar adequadamente dos demais aspectos: clarificar, resfriar e carbonatar com cuidado. Já tentei usar agentes antiespumantes como o polidimetilsiloxano para ajudar a resolver o problema. Não deu certo, mas até que fiquei feliz. Mas quem quer dizer que adiciona polidimetilsiloxano aos seus coquetéis?

Ar:

Como mencionei antes, o ar é inimigo da carbonatação. Além de ocupar um espaço na garrafa que seria mais bem aproveitado pelo CO_2, ele provoca espuma. As pequenas quantidades de ar que ficam presas em partículas microscópicas de poeira são os principais pontos de nucleação. Além disso, as pequenas quantidades de ar dissolvidas na própria bebida e as bolhinhas de ar formadas quando um drinque é agitado inflam quando você abre uma bebida gaseificada e produzem muita espuma, o que é bem irritante. Felizmente, a solução é simples: carbonatar mais de uma vez.

Vou repetir: para obter uma boa carbonatação, é preciso carbonatar mais de uma vez. Uma ilustração do procedimento mostrará o porquê. Carbonate sua bebida, abra-a imediatamente e deixe espumar. Não deixe espirrar para todos os lados – além de fazer sujeira, é um desperdício –, mas deixe espumar. Nesse ponto, você *quer* que a bebida espume. Conforme a bebida espuma, ela forma grandes bolhas de CO_2 que se expandem rapidamente e carregam consigo grande parte do ar e outras bobagens que ficaram presos em sua bebida. O CO_2 que sai da sua bebida também empurra o ar para fora do espaço livre entre o líquido e o gargalo. Depois que a espuma começar a assentar, carbonate de novo e deixe espumar mais uma vez. Observe que agora a bebida espuma um pouco menos (torça por isso). Carbonate novamente. Dessa vez, deixe a bebida assentar antes de liberar a pressão com muito cuidado e lentamente. Após três rodadas, você deverá ter uma carbonatação forte, estável, resistente à espuma e duradoura.

Álcool:
O álcool torna as bebidas mais difíceis de carbonatar, pois reduz a tensão superficial e simultaneamente aumenta a viscosidade – um golpe duplo. Uma tensão superficial mais baixa significa que as bolhas podem se formar mais facilmente. A viscosidade mais alta significa que as bolhas não se dissipam rapidamente na superfície. O resultado é que o álcool faz as bebidas espumarem, mesmo que você faça todo o resto corretamente.

E piora. Lembre-se de que o álcool requer mais CO_2 do que a água para obter a mesma sensação de carbonatação na língua, porque o CO_2 é mais solúvel no álcool. Então, quando você adiciona álcool, a situação complica. Ele espuma automaticamente mais do que a água, e você tem que adicionar mais CO_2 a ele do que à água, aumentando ainda mais a espuma. Caramba. Essa é uma das razões pelas quais mantenho o teor alcoólico das minhas bebidas carbonatadas entre 14% e 17%. Para saber outro motivo para manter baixo o volume do álcool, consulte o quadro sobre carbonatação responsável, p. 295.

Uma última palavra sobre a espuma
Lembre-se: não importa quão bom em carbonatação você seja, sua bebida vai espumar. Se não quiser que ela se espalhe para todos os lados ao abri-la, você precisa deixar espaço suficiente no recipiente de carbonatação. Aprenda com meus erros.

Aqui, eu infrinjo todas as regras para evitar a espumação. Nas fotos, estou abrindo rapidamente um drinque alcoólico recém--agitado, mal clarificado e quente demais – com resultados previsíveis.

FINALMENTE, COMO DE FATO CARBONATAR – EQUIPAMENTOS E TÉCNICAS

Existe *um* milhão de maneiras de fazer a carbonatação. Vou descrever três. Espero que você consiga adaptar uma dessas técnicas a qualquer equipamento que você tenha. Os sistemas que descrevo certamente acabarão ficando obsoletos, mas os princípios da carbonatação e a forma como eles são aplicados são imutáveis.

TÉCNICA 1: GARRAFA, TAMPA E CILINDRO

A técnica mais fácil é usar um adaptador especial para conectar uma garrafa plástica de refrigerante a um cilindro de CO_2 de grande formato. Uso esse sistema em casa e no bar. É simples, relativamente barato e produz resultados surpreendentes de forma muito previsível a um custo de centavos por drinque.

O EQUIPAMENTO

CILINDRO DE CO_2: Gosto desse sistema por causa do cilindro grande e do regulador. Grandes cilindros de CO_2, ao contrário de cápsulas ou minicilindros, são melhores, pois o gás sai muito mais barato e eles têm capacidade para muitos drinques. Os tamanhos dos cilindros de CO_2 são medidos pelo peso de gás carbônico que é possível conter com segurança. Eu uso cilindros de 9,1 kg em casa e no bar, e cilindros de 2,3 kg quando faço demonstrações fora. Um cilindro de 9,1 kg cabe certinho em um armário-padrão sob a bancada e consegue carbonatar centenas de litros de água, vinho e coquetéis.

Você pode alugar um cilindro de CO_2 em uma casa de equipamentos para soldagem, mas vale a pena comprar um. No momento em que escrevo, um cilindro de CO_2 de 9,1 kg novo e vazio pode sair por menos de 100 dólares. O pessoal da casa de soldagem do seu bairro (deve existir uma, você só precisa encontrar) troca seu cilindro vazio por um cheio e cobra apenas pelo gás. Nos Estados Unidos, dependendo de onde você more, você pagará pelo gás entre US$ 1 e US$ 2 o quilo. É necessário acorrentar ou prender o cilindro na posição vertical e mantê-lo longe de calor extremo. Antes de usar um, procure se familiarizar com os princípios básicos de segurança do CO_2 – não é nada muito complicado, mas você precisa estudá-los. Pesquise na internet, existem várias empresas que publicam recomendações.

REGULADOR: Seu sistema precisará de um regulador para diminuir a alta pressão do cilindro – cerca de 850 psi em temperatura ambiente – até as pressões mais baixas que você usará para a carbonatação – 30 a 45 psi. Esse regulador permite alterar facilmente a pressão com a qual você está carbonatando. Os preços variam muito. Se você estiver usando o sistema em casa, opte por reguladores baratos, como os de 0-60 psi da Taprite, que custarão apenas cerca de US$ 50. No bar, onde se costuma abusar dos reguladores, eu uso modelos resistentes com gaiolas protetoras sobre os manômetros (a parte mais frágil do regulador). Os reguladores de CO_2 têm dois medidores, um que mostra a pressão do cilindro e outro que mostra a pressão que sai do regulador. Você não pode usar a pressão do cilindro para descobrir quanto CO_2 ainda resta. A maior parte do CO_2 no seu cilindro é líquido. Conforme você retira o gás do cilindro, parte do CO_2 líquido se transforma em gás e mantém uma pressão constante dentro do cilindro, de modo que o medidor ainda indicará a pressão total até

EQUIPAMENTO DE CARBONATAÇÃO:
À direita, uma garrafa comum de refrigerante. No centro, um cilindro de CO_2 de 2,3 kg, conectado a um regulador de pressão que consegue fornecer 120 psi de pressão. Uma mangueira de gás sai do regulador e termina no conector ball-lock cinza. Quando em uso, as tampas vermelhas de carbonatação à esquerda são rosqueadas na garrafa de refrigerante e se conectam com o conector ball-lock cinza.

que o cilindro esteja quase vazio. O peso do cilindro e o som do líquido dentro dele são as únicas formas confiáveis de medir o CO_2.

CONECTOR BALL-LOCK: Um pedaço de mangueira reforçada conectará seu regulador a uma junta especial, o conector com trava ball-lock para gás. Esses conectores são acessórios especiais que foram projetados na década de 1950 para pressurizar e controlar o fluxo de barris de soda de cinco galões (um desses sistemas; o outro é conhecido como pin-lock). Os fornecedores do chamado refrigerante pré-mix enviavam a bebida para bares e restaurantes nesses barris. O sistema concorrente, também concebido na década de 1950, é chamado de bag-in-box. Nesse sistema, o xarope é adicionado à água gaseificada no último minuto, pouco antes de a bebida entrar no copo. Os dois sistemas coexistiram por algum tempo, mas o bag-in-box acabou vencendo e tornou obsoletos os barris de soda e seus conectores. Na década de 1990 e nos primeiros anos deste século, com a consolidação da hegemonia do bag-in-box no mundo dos refrigerantes, o mercado foi inundado por um excedente de barris e conectores para refrigerante pré-mix, que por sua vez foram arrebatados pelos cervejeiros caseiros. Ao comprarem esses excedentes, os cervejeiros caseiros (sim, eu era um deles) conseguiam preparar, barricar e extrair suas cervejas em quantidades convenientes de cinco galões, quase de graça.

Bons tempos. Hoje o excedente acabou, mas o amor do cervejeiro caseiro não, e os ball-locks e os barris de soda continuam vivos, a um preço mais alto, mas ainda razoável.

Alguns cervejeiros caseiros entusiasmados adoraram tanto as travas esféricas que criaram uma tampa – a tampa de carbonatação – para fixá-las diretamente em garrafas-padrão de refrigerante. Eles não estavam tentando fazer um sistema incrível de coquetéis; eles só queriam uma maneira fácil de manter a cerveja gaseificada em pequenas quantidades. Comecei a usá-las assim que soube de sua existência, e elas foram rapidamente adotadas pelo pessoal da coquetelaria adepto da tecnologia. Custam cerca de US$ 15 cada e duram muitas centenas de ciclos de carbonatação, assim como as garrafas de refrigerante que você usará.

Todo esse equipamento de carbonatação – cilindro de gás, regulador, mangueiras, conexões, tampas e garrafas – deve custar menos de US$ 200. Aqui mostro como usá-lo.

CARBONATANDO COM GARRAFA, TAMPA E CILINDRO: Abra o cilindro de gás CO_2 e ajuste a pressão (para a maioria dos coquetéis, eu uso 42 psi). Encha de dois terços a três quartos de uma garrafa de refrigerante com uma bebida bem, bem gelada. No bar, tenho um freezer especial, o Randall FX, para gelar minhas bebidas exatamente na temperatura que desejo – normalmente 7 °C. Em casa, você pode deixar suas bebidas no freezer até ficarem licorosas (as de alto teor alcoólico) ou começarem a formar cristais de gelo (as de baixo teor alcoólico). Os cristais de gelo derreterão ao longo da carbonatação. Você também pode gelar bebidas com gelo seco ou nitrogênio líquido, mas certifique-se de que nenhum deles entre na garrafa, pois há risco de explosão!

Agora retire todo o ar extra da garrafa – lembre-se de que o ar é seu inimigo – e feche a tampa de carbonatação. Use os dedos para puxar o anel ao redor do conector de trava esférica, pressione com força sobre a tampa de carbonatação e solte o anel. Muitas pessoas têm dificuldade de manusear o conector nas primeiras vezes. Você vai pegar o jeito. Assim que ele estiver no lugar, a garrafa inflará rapidamente, o que é bem divertido de ver.

Com o gás ligado, agite a bebida como se sua vida dependesse disso. Você vai ouvir e sentir o gás saindo do cilindro e entrando na sua bebida. Parece o rangido do casco de um navio. Ao agitar, não segure a garrafa de cabeça para baixo, para que o coquetel não entre na linha de gás – isso é horrível. Depois, retire o conector e abra a tampa de carbonatação para deixar a bebida espumar. Não desenrosque totalmente a tampa, ou você e todos ao seu redor tomarão um banho de coquetel. Quando a espuma diminuir, carbonate novamente e deixe espumar de novo. Carbonate uma terceira vez e pronto.

Deixe a garrafa descansar por pelo menos 30 segundos – quanto mais, melhor, até um ou dois minutos – antes de abrir para servir. Um pouco de espuma residual na superfície da bebida é aceitável. O problema são as bolhas no próprio drinque. É melhor esperar que todas essas bolhas subam ao topo e estourem. Você saberá quando estiver pronto para abrir porque a bebida parecerá transparente. Ao abrir para servir, abra a tampa com muito cuidado. Neste ponto é bom evitar a espumação. Depois de servir o drinque, retire um pouco do excesso de gás da garrafa (caso tenha entrado algum ar), feche a tampa de carbonatação e injete CO2 novamente na garrafa – um processo que chamo de *fluffing*. Se você mantiver a temperatura certa e fizer o *fluffing* cada vez que servir, o último coquetel que você tirar da garrafa será tão bom quanto o primeiro.

Acho que meus resultados são melhores quando minhas garrafas preenchem entre dois terços e três quartos da capacidade. Mais do que isso, fica

Carbonatando um coquetel de vermute com uma tampa de carbonatação. **1)** Aperte a garrafa, expulsando todo o ar. **2)** Rosqueie a tampa de carbonatação. **3)** Puxe o anel do conector ball-lock para cima, posicione sobre a tampa de carbonatação empurrando para baixo e solte o anel para aplicar o gás. Às vezes demora um pouco para pegar o jeito. **4)** Quando a pressão do gás é aplicada, a garrafa infla rapidamente. **5)** *Agite.* **6)** *Libere o gás e deixe espumar.* **7)** *Pressurize e agite de novo.* **8)** *Libere o gás e deixe espumar.* **9)** *Pressurize e agite de novo.* **10)** *Espere até que todas as bolhas abaixem e então com cuidado abra a garrafa.* **11)** *Sirva com o copo inclinado.* **12)** *Eis o drinque.*

difícil tirar a espuma da bebida. E, menos do que isso, fica difícil tirar o ar. Também sinto no meu coração que a carbonatação que obtenho em uma garrafa que não esteja preenchida o suficiente não é tão boa, mas a minha cabeça não sabe por quê. Para garantir que estou sempre usando níveis de enchimento ideais, tenho em estoque uma variedade de garrafas de refrigerante: 2 litros, 1,5 litro, 1 litro, 20 onças (591,5 mL), 500 mL e 12 onças (354,9 mL – difícil de encontrar, mas a Coca produz algumas). Eu uso as de 2 litros para grandes eventos em que estou servindo muito em pouco tempo, embora os respingos ao servir de uma garrafa desse tipo me façam estremecer. Uso as de 1 litro no bar. As pequenas de 16,9 e 12 onças são muito úteis para testar receitas, pois conseguem carbonatar um único drinque.

Há duas desvantagens nesse sistema: as garrafas de plástico recicladas não ficam atraentes atrás do bar e o ciclo de carbonatação demora um pouco demais para preparar drinques individuais sob demanda. Ainda assim, é o melhor sistema que existe.

TÉCNICA 2: SODASTREAM

A máquina de gaseificação SodaStream revolucionou a carbonatação doméstica. O fabricante alerta para que não se carbonate nada além de água pura, mas, com os devidos cuidados, é possível. Com água, as SodaStreams são supersimples de usar: basta encher a garrafa especial até a linha demarcada com água gelada, rosqueá-la na máquina e apertar o botão da carbonatação até a máquina zumbir. A SodaStream não requer agitação nem exige que você expulse o ar do espaço superior da garrafa. Na verdade, ela submerge uma varinha de carbonatação logo abaixo da superfície da água. Quando você aperta o botão, a varinha injeta CO_2 na água, criando zilhões de pequenas bolhas com sua área de superfície correspondente e eliminando a necessidade de agitação. Ao mesmo tempo, o CO_2 sai da bebida e sobe para o espaço superior. Quando a pressão na garrafa excede a pressão de carbonatação definida de fábrica, uma válvula de alívio se abre e permite que o CO_2 empurre o ar para fora do espaço livre com um som um tanto indelicado. Sistema inteligente. Você não consegue ajustar a pressão em uma SodaStream, mas ela consegue produzir uma carbonatação adequada para a maioria dos coquetéis.

O problema com a carbonatação de coquetéis é aquela espuma irritante. Se você carbonatar algo que faça espuma, poderá entupir a válvula de alívio. Se você entupir a válvula de alívio, a pressão acumulada pode causar danos ao próprio SodaStream e a qualquer coisa que esteja por perto, se a garrafa se romper ou voar para fora da máquina.

GARRAFAS PLÁSTICAS DE REFRIGERANTE

As garrafas plásticas de refrigerante são feitas de tereftalato de polietileno, também conhecido como PET (ou PETE), a forma mais comum de poliéster, mesmo material do qual são feitos aqueles ternos típicos dos anos 1970. A garrafa PET de refrigerante é barata e flexível e consegue suportar facilmente as pressões envolvidas na carbonatação. Já a garrafa PET para bebidas sem gás não aguenta a pressão; eu mesmo já explodi algumas. Não há nenhum perigo real quando uma dessas garrafas explode enquanto você está gaseificando, mas com certeza é constrangedor: imagine o local de trabalho de um chef com uma marca de café gelado gaseificado na altura do peito em todas as paredes. Mesmo as garrafas de carbonatação podem ser destruídas. Não coloque pedaços de gelo seco dentro, porque elas vão explodir – e o mesmo vale para o nitrogênio líquido. Também não coloque líquidos ferventes, pois elas deformam. As garrafas PET podem acabar captando aromas e cores das bebidas armazenadas quando em contato com elas por longo período, portanto evite garrafas de root beer e de refrigerante de laranja.

Supostamente as tampas de carbonatação servem em qualquer garrafa-padrão de refrigerante de até 2 litros. Infelizmente, há alguns anos, a indústria de refrigerantes introduziu um novo tipo de tampa. Elas são mais curtas. Tampas mais curtas são boas porque economizam plástico, mas ruins porque as tampas de carbonatação não se encaixam tão bem nas garrafas. Você pode usar as tampas de carbonatação com garrafas novas, mas compre do tipo antigo, se puder.

Ao contrário do vidro, que é uma barreira perfeita para gases, as garrafas PET de refrigerante vão vazando gás lentamente. A maior parte passa direto pelas paredes da garrafa; elas são semipermeáveis a gases. Esse é o motivo pelo qual você não deve estocar refrigerantes em garrafas plásticas e deixá-los na despensa por meses. A vida útil de uma garrafa PET de refrigerante é medida em semanas antes que ela comece a ficar sem gás. Quanto menor a garrafa, maior a área de superfície da garrafa por unidade de volume, portanto mais rápido ela perde o gás. É por isso que os bares sempre compram as garrafas pequenas de refrigerante em vidro – as de plástico, desse tamanho, perderiam o gás muito rápido. Se você quiser armazenar um produto gaseificado em casa por um longo período, faça o *fluffing* na garrafa com CO_2 mais ou menos uma vez por semana para manter a carbonatação.

Uma versão mais recente da garrafa de refrigerante é feita de camadas de PET e álcool polivinílico (PVA). O PVA é uma barreira aos gases muito melhor do que o PET e se degrada em produtos inofensivos quando as garrafas são recicladas, portanto elas ainda são recicláveis e mantêm a carbonatação muito melhor do que as PET simples. Infelizmente, as garrafas são rotuladas apenas com o código de reciclagem PET, então não há como você saber se tem uma.

Do ponto de vista ambiental e de saúde, talvez seja interessante saber que, em 2011, apenas 29% de todas as garrafas PET foram realmente recicladas (de acordo com dados da EPA, a Agência de Proteção Ambiental dos Estados Unidos). Péssimo. Mas, de acordo com a Associação Nacional de Recursos de Recipientes PET (NAPCOR), a taxa de reciclagem vem aumentando. A NAPCOR também afirma com veemência que é seguro reutilizar, congelar e armazenar produtos em PET, que nada é lixiviado do PET para sua bebida, que o PET não contém bisfenol A nocivo e que, embora o termo ftalato esteja no nome do plástico, os ftalatos do PET não são aqueles com os quais devemos nos preocupar. É claro que cabe a você decidir acreditar nos dados fornecidos por uma categoria empresarial cuja única missão é apoiar o uso de embalagens PET. Da minha perspectiva, tomei bebidas em garrafas PET durante toda a minha vida. Atualmente uso PET e sirvo bebidas feitas nelas para minha família. Isso não significa que possa afirmar com certeza irrefutável que não há nada de errado com o PET, mas continuarei a usá-lo até ouvir indícios plausíveis de problemas de segurança.

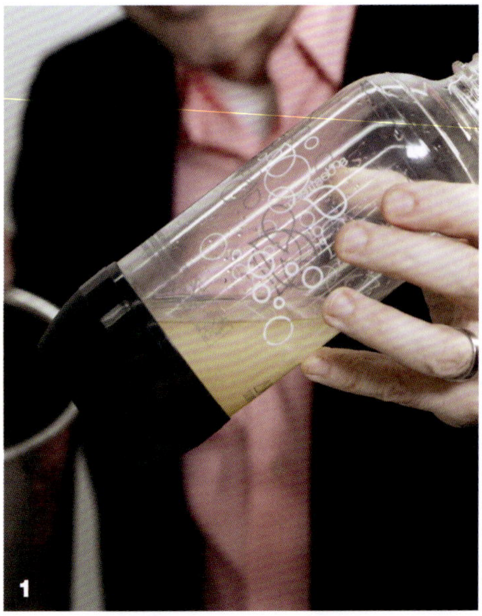
1

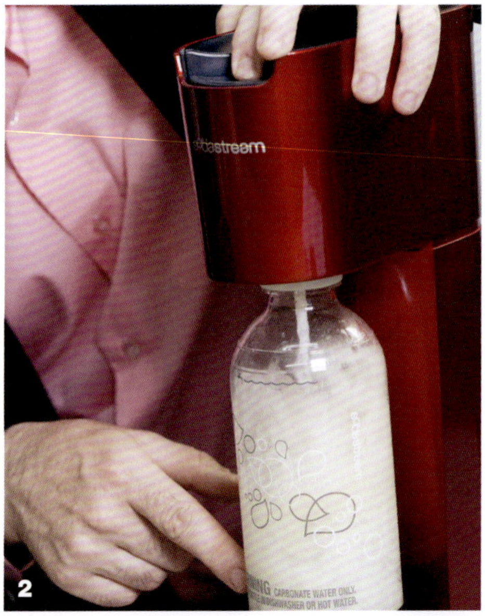
2

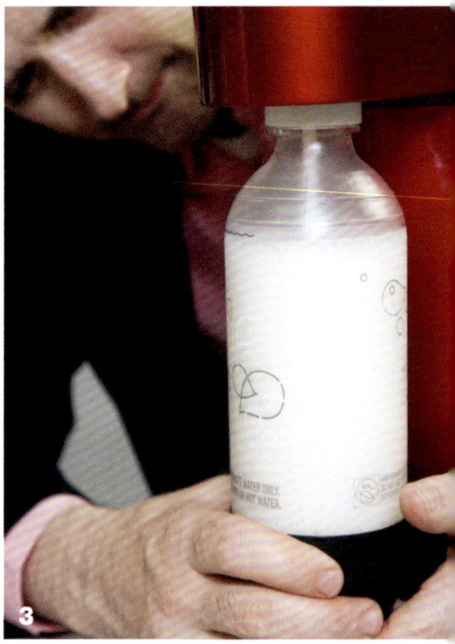
3

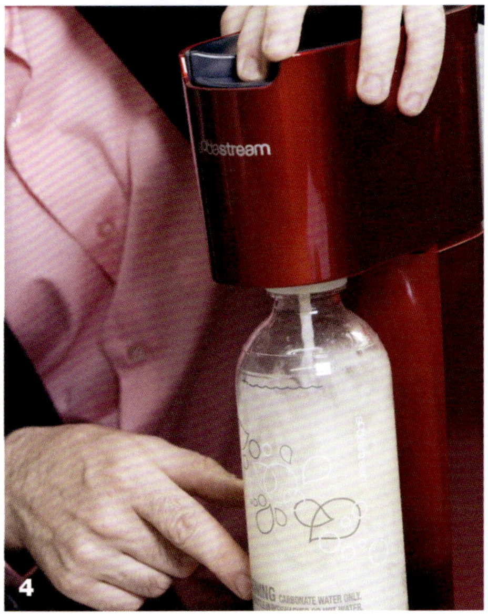
4

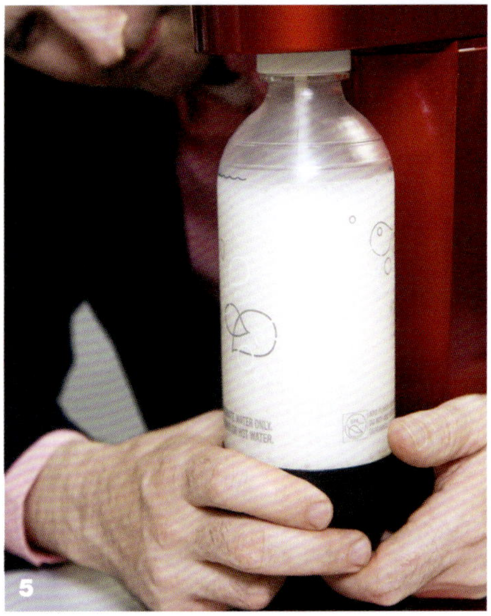
5

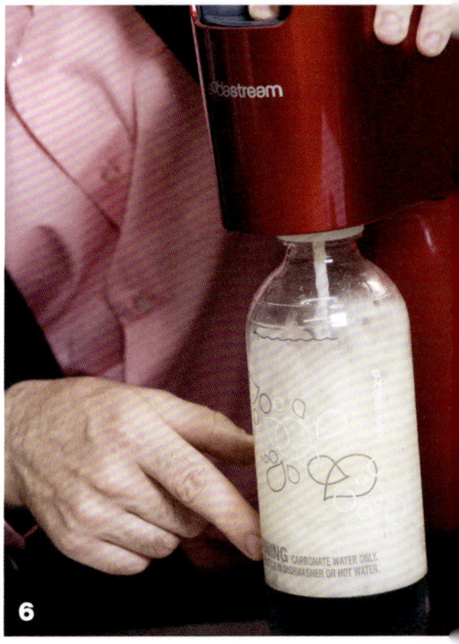
6

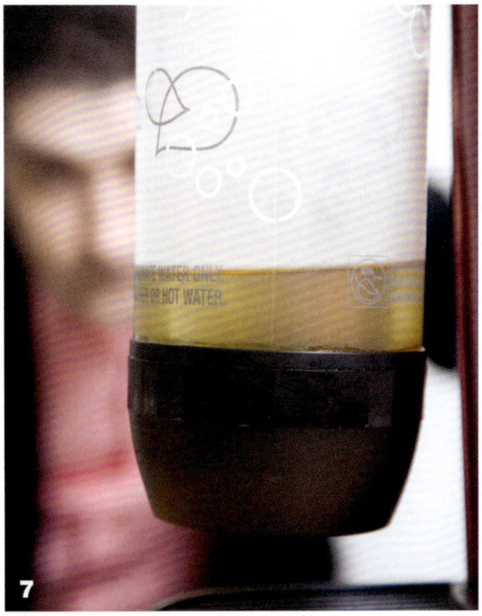
7

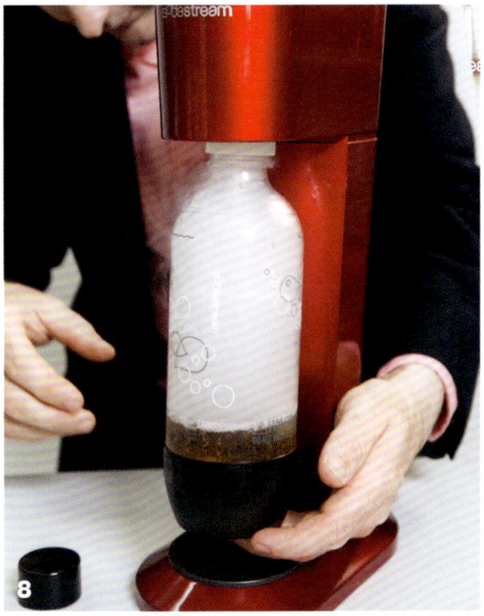
8

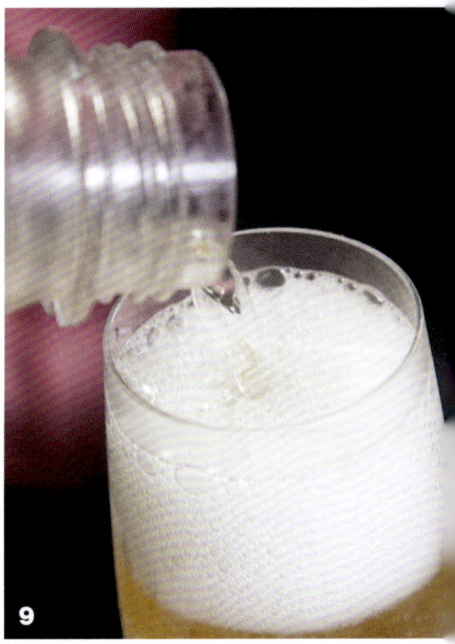
9

O truque para carbonatar vinhos ou coquetéis no SodaStream é nunca deixar a espuma atingir o topo da garrafa. Você não conseguirá encher a garrafa até a linha demarcada. Na verdade, não encha a garrafa mais do que um terço da linha demarcada – cerca de 11 onças (330 mL), o que equivale a dois drinques. Você precisa deixar bastante espaço para a bebida espumar. Com um terço da capacidade, a haste de carbonatação não ficará submersa. Tudo bem. A força da pulverização de CO_2 é forte o suficiente para criar pequenas bolhas de carbonatação, mesmo que a varinha não esteja submersa. Você só precisará apertar o botão mais algumas vezes e gastar mais CO_2 do que ao carbonatar água. No entanto, você não consegue preparar menos de dois drinques porque, se o nível de enchimento for baixo demais, o CO_2 não será bem injetado.

Portanto, em uma frase, o segredo do SodaStream é: **sempre carbonate exatamente dois drinques de 165 mL**.

Assim como acontece com outras técnicas de carbonatação, você deve liberar o gás do SodaStream à pressão atmosférica e recarbonatar várias vezes. Aqui também você deve tomar cuidado ao liberar a pressão. Seu coquetel vai espumar. Certifique-se de que poderá interromper o procedimento de liberação rapidamente. Pratique liberar a pressão e selá-la novamente várias vezes enquanto carbonata água pura para pegar o jeito. A espuma pode penetrar na válvula de alívio com uma rapidez surpreendente. Não deixe que a espuma suba e entre na válvula de alívio. Nunca coloque qualquer polpa nesse sistema ou você terá problemas sérios de sujeira. Deixe a bebida assentar um pouco após o último ciclo de carbonatação antes de fazer a liberação final de gás. Seu produto deve estar supergelado, quase congelado, para manter a espumação baixa e aumentar a qualidade da bolha.

A SodaStream lançou muitos modelos diferentes, mas essas instruções devem funcionar com a maioria deles. Não compre o de vidro para coquetéis carbonatados – ele funciona de maneira um pouco diferente e precisa de manha. E ele também me deixa nervoso.

As vantagens do sistema SodaStream são o tamanho compacto, a facilidade de uso e a onipresença. Mas você gastará muito mais dinheiro em CO_2 do que com um cilindro próprio. A carbonatação de vinho e coquetéis gasta CO_2 muito mais rápido do que a de água.

Nunca deixe uma SodaStream espumar na área do topo da garrafa – você pode entupir a válvula de segurança. Quando for desenroscar a garrafa, desenrosque somente um pouquinho de cada vez.

AO LADO: CARBONATANDO UM GIN & JUICE EM UMA SODASTREAM: 1) *Certifique-se de que seu líquido está gelado – este aqui está quase formando cristais.* **2)** *Aplique o gás até que o alívio de pressão comece a chiar.* **3)** *Libere o gás cuidadosamente. Atenção! Você precisa ser capaz de recolocar e vedar a garrafa na hora. Não deixe a espuma atingir o topo.* **4)** *Aplique o gás novamente até que o alívio de pressão comece a chiar.* **5)** *Libere o gás com cuidado.* **6)** *Aplique o gás mais uma vez até que o alívio de pressão comece a chiar.* **7)** *Espere as bolhas cederem.* **8)** *Repare que desta última vez o líquido não espuma quando eu desenrosco a garrafa.* **9)** *Eis o drinque.*

ÁGUA PARA CARBONATAÇÃO

Uma boa água com gás começa com uma água de boa qualidade. Se a sua água não tiver um gosto bom, sua água com gás terá um sabor ainda pior. Se a sua cidade tiver uma água ruim, filtre-a ou use água mineral. Minha base favorita para água com gás? Água da torneira da cidade de Nova York, que é macia e não tem sabores estranhos que possam aumentar as bolhas. Muita gente gosta de água com bastante mineral dissolvido. Os minerais acrescentam sabor e medeiam a forma como a língua percebe o CO_2, geralmente fazendo com que tudo tenha um sabor menos gaseificado do que realmente tem. Embora eu goste de águas minerais como Apollinaris, Gerolsteiner e Vichy de vez em quando, sempre vou preferir água com gás feita de uma água macia para me refrescar ao máximo.

Mesmo que a sua água tenha um gosto bom, certifique-se de que ela não contenha cloro. O cloro deixa um sabor horrível na água com gás. Se a sua água contiver cloro e os canos não tiverem chumbo, você pode usar o calor para eliminar o cloro. Se tiver disponível, use água quente da torneira e deixe esfriar ou aqueça água no fogão e depois deixe esfriar.

AO LADO: *CARBONATANDO UM JUSTINO DE REPOLHO-ROXO COM UM SIFÃO iSi:*
1) Gele seu drinque e coloque-o no sifão iSi previamente gelado. 2) Adicione mais alguns cubos de gelo. 3) Carregue com CO_2. 4) Agite. 5) Libere o gás. 6) Carregue com CO_2 novamente. 7) Agite. Espere um minuto as bolhas cederem. 8) Libere o gás lentamente. 9) Enfim, o drinque.

TÉCNICA 3: O SIFÃO iSi

Usar sifões de chantilly e cápsulas de CO_2 para carbonatar é a técnica comum que menos gosto, e só recorro a ela quando não há alternativa. Os sifões de chantilly não são iguais aos equipamentos de fazer água com gás que também usam cápsulas. Estranhamente, o sifão de chantilly faz bolhas melhores do que as versões para água com gás, que eu nunca, jamais uso.

Os sifões de chantilly usam cápsulas de gás de 7,5 gramas: CO_2 para refrigerante, N_2O para chantilly. Comparadas a qualquer outra forma de compra de CO_2, essas cápsulas são muito caras – custam até um dólar cada. Você precisará de pelo menos duas delas toda vez que for carbonatar. Pior ainda: você não consegue controlar a pressão interna; sua única opção é adicionar ou não outra cápsula.

Se precisar usar um sifão de chantilly, mantenha-o no freezer por um tempo antes de carbonatar, pois o recipiente contém aço suficiente para aquecer significativamente sua bebida. Também recomendo que jogue um ou dois cubos de gelo no sifão junto com a bebida gelada. Dimensione a receita para fazer uma quantidade suficiente para encher o sifão em aproximadamente um terço. Não o encha além da metade. Tente manter o nível igual o tempo todo: a pressão na garrafa – e, portanto, a carbonatação obtida – depende da linha até onde você enche. Antes de rosquear a tampa, certifique-se de que a válvula esteja limpa – ela enche facilmente de sujeirinhas se você usar o sifão para infusões – e de que o anel de vedação principal esteja no lugar. Se alguma dessas duas coisas estiver errada, o sifão não vai pressurizar e você terá desperdiçado uma cápsula.

Agora coloque sua primeira cápsula de CO_2 e agite o sifão vigorosamente. Depois de agitá-lo, segure-o na posição vertical e use o gatilho para liberar o ar do espaço livre e para expelir o ar de possíveis pontos de nucleação no coquetel. Se o coquetel começar a espirrar, solte o gatilho e espere um segundo antes de retomar o processo. Depois de liberar o gás do coquetel, adicione outra cápsula de CO_2 e agite novamente. Deixe o sifão descansar por um tempo para que a bebida assente antes de liberar lentamente o gás. Para servir, desrosqueie a tampa e despeje.

A única vantagem do sifão na carbonatação é que ele permite fazer experiências com óxido nitroso, o gás-padrão para fazer chantilly.

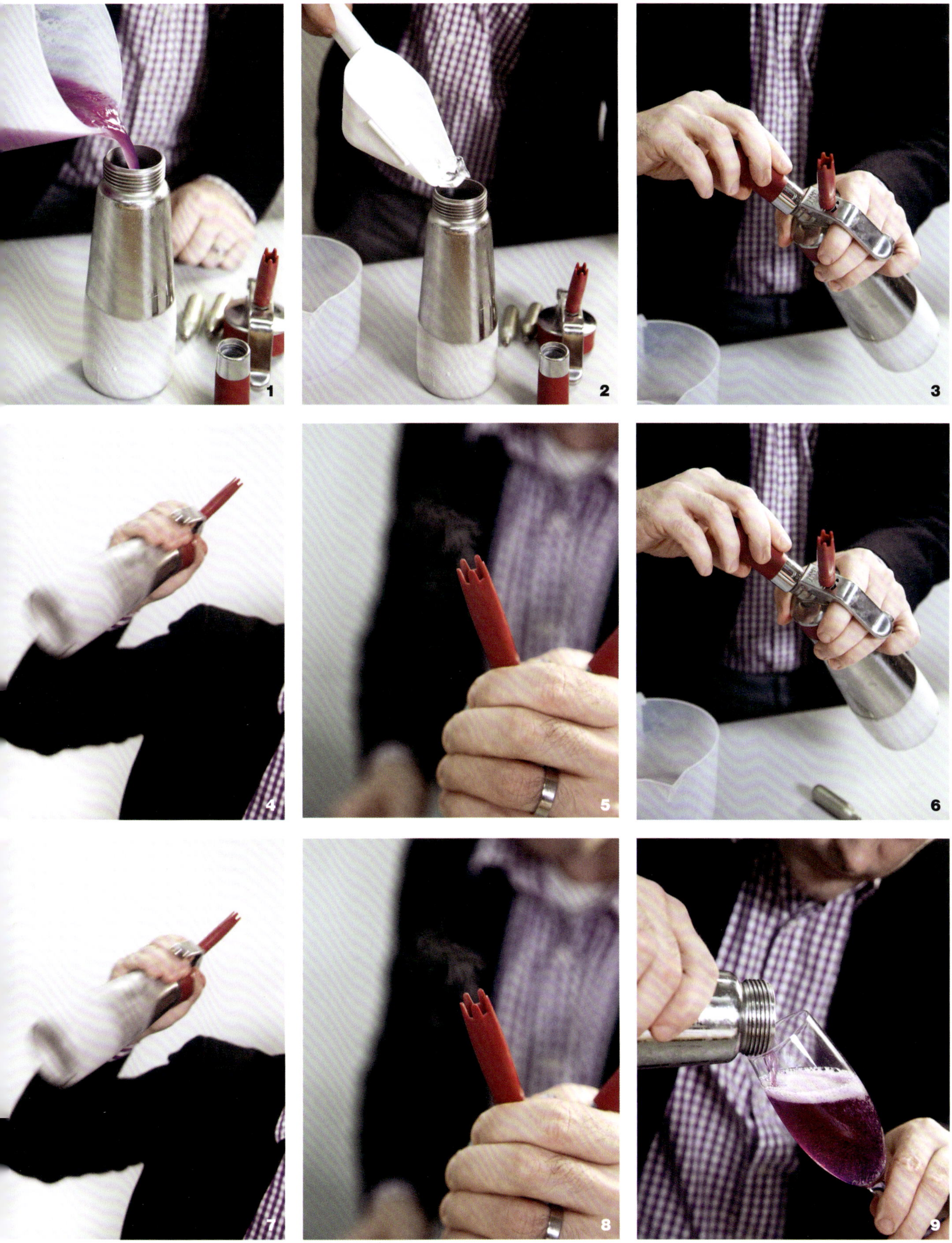
1
2
3
4
5
6
7
8
9

COLOCANDO BOLHAS NA TORNEIRA

Tenho água com gás na torneira sob pressão em casa. Como consumo muito, qualquer outro sistema teria um alto custo para mim. Uso um carbonatador comercial de 5,3 litros da Big Mac McCann conectado ao abastecimento de água. Esse tipo de aparelho é usado em restaurantes para fazer bebidas gaseificadas. Funciona muito bem. A maioria dos bares serve bebidas gaseificadas de baixa qualidade não por causa dos carbonatadores, mas sim por problemas na filtragem, resfriamento e extração – os mesmos fatores necessários para obter uma boa água com gás.

Filtragem: antes de a água ir ao carbonatador, passo-a por um filtro para remover cloro e sedimentos. Pode ser preciso usar um sistema de filtragem ou tratamento de água mais sofisticado para fazer uma boa água com gás, pois, se o gosto da água sem gás for ruim, com gás será pior.

Resfriamento: uso uma placa fria, mas de um jeito um pouco diferente dos bares. A placa fria é um bloco de alumínio com tubos de aço inoxidável, mantido em gelo para gelar bebidas na hora. Os carbonatadores carbonatam a água em temperatura ambiente a uma pressão muito alta, como 100 psi. Conforme a água passa pela placa fria, ela é resfriada e o líquido fica mais lento, isso diminui a pressão e evita que espirre ao ser servido. Como os circuitos da placa não são longos o bastante para resfriar a água com gás ou desacelerá-la idealmente, passo-a por dois circuitos em série. Funciona bem, e todos para quem mostrei essa técnica confiam nela. Certifique-se de comprar uma placa fria com mais de um circuito.

Extração: é comum estragar a bebida com um equipamento ruim de extração. A torneira de refrigerante pré-mix CMBecker é a única que você deve usar para servir bebidas altamente carbonatadas (e elas são raras). Nunca use torneiras de cerveja (picnic tap) para esse fim, pois perde-se qualidade. As válvulas de pré-mix Becker têm um sistema especial de compensação de pressão que transporta as bebidas carbonatadas da alta pressão para a baixa pressão com perda de bolhas mínima, e ainda têm taxa de fluxo ajustável. Tenho e uso a válvula Becker em casa para bombear água com gás há mais de quatorze anos sem nenhum problema. Minha água com gás é boa.

Caso se interesse, você pode fazer alguns refrigerantes ou até mesmo coquetéis para torneira sob pressão. Qualitativamente, são muitos os riscos – todos os problemas da água com gás ampliados.
Se realmente tiver interesse, recomendo drinques que exijam uma carbonatação mínima e que possam ser servidos um pouco menos frios (como a 2 °C).

placa fria
máquina de gelo
água filtrada
água filtrada entra no carbonatador
CO_2 entra no carbonatador a 100 psi
água carbonatada sai do carbonatador, entra na placa fria e sai pela torneira de água com gás
carbonatador McCann
bomba do carbonatador
CO_2

O chantilly sempre é feito com nitroso para que não fique com um gosto gaseificado e estragado. O nitroso não acrescenta muito sabor ao chantilly porque é expandido, e, se tem um sabor, é um sabor doce. Usado como fonte de bolhas em bebidas, é visivelmente doce. Por esse motivo, funciona bem em bebidas com café e chocolate. Dá corpo e vivacidade sem conferir um sabor de carbonatação. Nessas bebidas, evite leite, pois a espumação é excessiva.

Se quiser experimentar uma mistura de gases, carbonate normalmente usando duas cápsulas de CO_2 e depois adicione uma cápsula de óxido nitroso para finalizar. Feito em água supergelada, um trabalho de carbonatação com dois CO_2 e um N_2O se aproxima da minha água com gás favorita, que eu faço com meu sistema turbinado de mistura de gases (80% de CO_2, 20% de N_2O a 45 psi em água gelada).

UMA SÍNTESE DA CARBONATAÇÃO

Tudo que já discutimos antes resumido em poucas frases para uma referência fácil. Lembre-se sempre dos três princípios da carbonatação:

- **Limpidez** – os drinques que você for carbonatar devem estar límpidos.
- **Baixas temperaturas** – os drinques devem estar gelados, normalmente quase em ponto de congelamento.
- **Composição** – elimine os pontos de nucleação de bolhas. Tente evitar ingredientes que espumem demais e manter os níveis de álcool mais baixos na maior parte do tempo, além de remover o máximo possível de ar do drinque.

Quando for carbonatar, também se lembre destas dicas:

- **Carbonate cada drinque várias vezes** e permita que ele espume entre cada ciclo de carbonatação. Esse é um dos truques essenciais para eliminar os pontos de nucleação e obter bolhas duradouras.

Minha torneira de água com gás, uma válvula de refrigerante pré-mix feita pela CMBecker e adaptada a uma Ibis.

QUADRO AO LADO: MEU EQUIPAMENTO DE ÁGUA COM GÁS: A água da torneira é filtrada e entra no meu carbonatador McCann (azul). Uma bomba no carbonatador força a água sob pressão para dentro do tanque carbonatador de aço inox. O CO_2 é enviado para o tanque de aço inox a 100-110 psi para fornecer gás e pressão (amarelo). A água com gás em temperatura ambiente sai do tanque e vai para uma placa fria em minha máquina de gelo (verde). A água com gás passa pela placa fria duas vezes (um dos meus segredos) e então sai e passa por cima do armário até minha torneira de água com gás.

- **Não encha seus recipientes de carbonatação demais**, ou você descobrirá que é impossível controlar a espuma e carbonatar adequadamente. O espaço livre mais adequado dependerá da sua aplicação, mas garrafas que precisam ser agitadas nunca devem ser preenchidas em mais de três quartos, e as garrafas do SodaStream nunca devem ser preenchidas em mais de um terço de sua capacidade normal quando você for carbonatar bebidas espumosas (como coquetéis).
- **Não encha seus recipientes de carbonatação de menos.** Para cada sistema existe uma quantidade ideal na receita. Quando há líquido de menos, corre-se o risco de ter resultados inconsistentes.
- **Não use pressão demais.** Se a bebida estiver espumando excessivamente e tiver um gosto sem gás no copo, a pressão de carbonatação está alta demais – você está tentando adicionar mais CO_2 do que a bebida consegue absorver sem jorrar. Tente diminuir a pressão. Se isso não funcionar, volte e aborde os três princípios – limpidez, baixas temperaturas e composição. Consulte a seção de receitas a seguir para recomendações específicas de pressão.
- **Aumente a área de superfície.** A carbonatação precisa da agitação para que o CO_2 entre na bebida, normalmente com uma agitação sob pressão ou injetando bolhas. Qualquer sistema eficaz de carbonatação tem um mecanismo para aumentar a área superficial e a agitação. A pressão por si só não funciona.

Três coisas importantes para lembrar sobre a teoria da carbonatação:

- **Pressão** – conforme a pressão aumenta, aumenta também a quantidade de CO_2 que você coloca na bebida.
- **Temperatura** – conforme a temperatura cai, você aumenta a quantidade de CO_2 que um líquido consegue conter.
- **Álcool** – quanto maior o teor alcoólico da bebida, mais CO_2 você precisa adicionar para obter a mesma sensação de carbonatação na boca.

RECEITAS: O QUE CARBONATAR

Nas receitas a seguir, utilizo as medidas comuns entre os bartenders – como ¾ de onça gorda de suco de limão e coisas assim – e também as medidas em mililitros, muito mais precisas. As medidas-padrão dos bartenders funcionam bem quando você faz drinques individuais; elas conseguem transmitir a ideia das receitas levando em conta as habilidades de dosagem da maioria das pessoas. Mas, se for preparar vários drinques ao mesmo tempo, você se sairá muito melhor fazendo como eu: usando medidas em mililitros e uma proveta graduada.

DRINQUES NÃO ALCOÓLICOS

As receitas de refrigerantes são bastante simples. O principal ingrediente geralmente é a água, então use uma que tenha um gosto bom. Certifique-se de que ela não cheire a cloro.

A maioria dos refrigerantes contém entre 9 e 12 gramas de açúcar para cada 100 mililitros de bebida, o que é bem doce para algo que você pode beber em grandes quantidades. Infelizmente, na minha experiência, reduzir as quantidades de açúcar para muito menos de 8 gramas por 100 mililitros não faz um refrigerante parecer mais seco, apenas insípido e aguado. Suspeito que a razão para isso seja a falta de álcool. As bebidas alcoólicas têm uma estrutura de sabor inerente que se sustenta sem açúcar, por isso adoçar uma bebida alcoólica não requer tanto açúcar. Já a água tem gosto de... água. É possível fazer drinques não alcoólicos muito saborosos e com baixo teor de açúcar, sejam eles amargos ou azedos, mas as pessoas não os consideram refrigerantes legítimos; elas os percebem como águas gaseificadas com sabor – não é a mesma coisa. As pessoas esperam que os refrigerantes sejam relativamente doces e, na maioria das vezes, azedinhos também.

Na hora de fazer refrigerantes, você tem duas opções de resfriamento: misture os ingredientes e coloque na geladeira por várias horas ou use gelo. O gelo é mais rápido e, como vai até 0 °C, deixa os refrigerantes mais gelados e mais fáceis de carbonatar. Para usar gelo para o refrigerante, você precisa de um recipiente marcado para o volume total do drinque final. Pegue um pouco de água gelada – não água fria, mas água com pedaços de gelo. Adicione todos os ingredientes, fora a água, ao recipiente marcado. Retire um pouco do gelo da água gelada, adicione-o aos ingredientes e mexa até que os ingredientes esfriem até 0 °C. Se ainda tiver um monte de gelo no recipiente, retire um pouco e deixe apenas uma ou duas lascas. Se todo o gelo derreter, adicione um pouco mais.

Quando estiver satisfeito com o resfriamento da base de sabores, mexa a água gelada (para que tudo gele novamente) e encha o recipiente de mistura com água até a linha limite. Deixe um ou dois pedaços pequenos de gelo na mistura – ele derreterá conforme você carbonata e ajudará a manter a bebida gelada durante o processo. Não se preocupe com os pontos extras de nucleação que o gelo produz. Um ou dois pedaços não causarão os mesmos problemas que montes de pequenos cristais de gelo.

Refrigerante simples de limão

Para esta receita, você pode usar suco de limão-taiti clarificado ou ácido de limão. O ácido de limão é uma mistura de ácidos málico e cítrico que imita o suco de limão-taiti normal (4 gramas de ácido cítrico e 2 gramas de ácido málico em 94 gramas de água). Use essa receita como base para todas as suas receitas com soda tipo sour. A onça de xarope simples desta receita fornece 18,5 gramas de açúcar, o que deixa toda a receita, de 6 onças (180 mL), com pouco mais de 10% de açúcar.

RENDE 180 ML COM 10,5 G/100 ML DE AÇÚCAR E 0,75% DE ACIDEZ

INGREDIENTES

1 onça (30 mL) de xarope simples

¾ de onça (22,5 mL) de suco de limão-taiti clarificado ou ácido de limão

4 ¼ de onças (127,5 mL) de água filtrada

2 gotas de solução salina ou uma pitada de sal

MODO DE PREPARO

Misture todos os ingredientes e leve à geladeira por algumas horas antes de carbonatar a 35-40 psi, ou siga o procedimento da água gelada descrito anteriormente.

Strawbunkle Soda

Fiz esta receita há alguns anos, quando meu filho Dax estava lendo *O BGA – O bom gigante amigo*, de Roald Dahl. O BGA pronuncia incorretamente muitas coisas, inclusive *strawberries* (em português, morangos). Dax observou que eu também tenho essa característica de erro intencional de pronúncia – daí o nome desta bebida. O suco de morango clarificado contém cerca de 8% de açúcar e 1,5% de ácido, o que é um pouco ácido demais para ser transformado diretamente em refrigerante. Mesmo que o nível de ácido estivesse bom, o refrigerante puro de morango também teria um gosto forte demais de suco. Eu adiciono xarope simples para equilibrar o ácido e água para suavizar o sabor.

RENDE 180 ML COM 10,1 G/100 ML DE AÇÚCAR E 0,94% DE ACIDEZ

INGREDIENTES

- ½ onça (15 mL) de xarope simples (isso contém 9,2 gramas de açúcar)
- 3 ¾ de onças (112,5 mL) de suco de morango clarificado
- 1 ¾ de onça (52,5 mL) de água filtrada
- 2 gotas de solução salina ou uma pitada de sal

MODO DE PREPARO

Misture todos os ingredientes e resfrie na geladeira por algumas horas antes de carbonatar a 35-40 psi, ou siga o procedimento de água gelada descrito anteriormente.

VINHOS E SAQUÊ

Os vinhos carbonatados tradicionais, como o champanhe, não são carbonatados artificialmente. São naturalmente carbonatados pela ação da levedura sobre o açúcar adicionado após a fermentação primária do vinho e antes da vedação das garrafas. O sabor e o corpo resultantes desta segunda fermentação prolongada são completamente diferentes dos resultados obtidos com a carbonatação forçada. Não melhores, apenas diferentes. Ao escolher um vinho para carbonatar, pergunte-se se o vinho ficará bom gelado – não fresquinho como uma boa taça de Beaujolais no verão, mas gelado. Coloque uma garrafa na geladeira e deixe lá. Experimente. Se um vinho frio estiver desequilibrado ou excessivamente tânico quando sem gás, a carbonatação não vai ajudar.

Ao contrário dos coquetéis, os vinhos espumantes não ficam melhores quando resfriados abaixo da temperatura da geladeira. Refrigero em excesso os vinhos que pretendo carbonatar mergulhando as garrafas em água gelada com gelo, pois o frio facilita a carbonatação e garante uniformidade. Mas eu deixo que subam alguns graus antes de servir.

As pressões que você usará para carbonatar dependem do teor alcoólico do vinho. A 0 °C, um branco com baixo teor de álcool – na faixa dos 10% a 12% – deve ser carbonatado a 30-35 psi de CO_2. Se usar mais do que isso, você perderá a fruta. Vinhos na faixa de 14% a 15% de álcool devem ser carbonatados a 40 psi a 0 °C. O saquê, que pode ter até 18% de álcool, deve ser carbonatado a 42-45 psi a 0 °C.

Quando comecei a carbonatar vinhos, achava todos os meus experimentos deliciosos. Eu era um gênio da carbonatação! Mas então conduzi uma série rigorosa de degustações, comparando o vinho original com a minha versão gaseificada. E sabe de uma coisa? Na maioria das vezes, mesmo que o vinho gaseificado ficasse bom, a versão sem gás era melhor. Apenas ocasionalmente a versão carbonatada era uma revelação em comparação com o original.

Moral da história? Não se deixe deslumbrar por suas capacidades. Como "médicos" de nossos ingredientes, nossa primeira missão é não lhes fazer mal – o Juramento de Hipócrates da culinária.

FAZENDO O *FLUFFING* EM COQUETÉIS CARBONATADOS

Se você não tem paciência para fazer seus próprios mixers, mas está apto a carbonatar, é simples incrementar seus coquetéis apenas fazendo um drinque básico – Whisky Soda ou Vodca Tônica, por exemplo – e depois forçando a carbonatação. Se você mantiver sua base alcoólica pura no freezer (geralmente

-20 °C) e um mixer na geladeira, você pode preparar um coquetel normal e carbonatar imediatamente sem grandes dificuldades. Recomendo uma proporção de 2 onças (60 mL) de bebida alcoólica gelada no freezer para 3,5 onças (105 mL) de mixer refrigerado.

FAZENDO SEU PRÓPRIO MIX

Eu busco entre 14% e 16% de álcool em meus drinques carbonatados. Para aqueles com sabores mais fortes, amplio essa faixa para 17-18% de álcool. Para obter a faixa correta de álcool, use minha proporção mágica: cada drinque carbonatado de 165 mL contém entre 52,5 e 60 mL de destilado com teor alcoólico de 40% a 50%. Percebo que essa proporção quase sempre funciona. Quase sempre dá certo. Sem gás, esses drinques ficam absurdamente fracos, com um gosto aguado. Acredite, quando você carbonatá-los, gostará mais deles do que de versões mais fortes.

Na verdade, todos os sabores de um drinque carbonatado devem ser mais fracos quando a bebida está sem gás. A maioria dos drinques batidos ácidos terá cerca de 0,8% a 0,9% de acidez – o equivalente a ¾ de onça (22,5 mL) de suco de limão em uma bebida finalizada de 5 ¼ de onças (160 mL). Já os drinques carbonatados ácidos têm entre 0,4% e 0,5% de acidez – o equivalente a ½ onça curta (12 mL) de suco de limão clarificado em um drinque finalizado de 5 ½ onças (165 mL). Os drinques batidos geralmente contêm entre 6,5% e 9,25% de açúcar. E os drinques carbonatados, entre 5% e 7,7%. Observe que a acidez normalmente é mais reduzida do que o açúcar. Além disso, esses níveis de açúcar estão bem abaixo dos encontrados na maioria dos refrigerantes. Não sei por que gostamos menos de doce nos coquetéis do que em refrigerantes, mas é assim.

Aprenda a provar drinques sem gás e a saber como será o sabor deles gaseificados. Como experiência adicional, faça um drinque gaseificado mais forte, depois adicione um pouco de água com gás e veja se o sabor não fica melhor.

Nas receitas a seguir, todos os ingredientes são clarificados. Algumas receitas, como a do Gin & Juice, não podem ser feitas sem clarificação. Outras, como a do Gim-Tônica, permitem adicionar um pouco de suco de limão no final. Para as receitas, no entanto, presumo que você vá clarificar.

No bar, todos os nossos drinques são preparados e gaseificados antes do serviço, do contrário eles nunca seriam entregues a tempo. Como os drinques

Fazendo o fluffing em um Gim-Tônica em uma SodaStream.

carbonatados são pré-preparados, o frescor sempre é uma questão. Nunca adicionamos suco de limão-taiti ou siciliano clarificado aos drinques antes de gaseificá-los. O suco fresco de limão é feito e clarificado diariamente, pois, passado um dia, já é lixo. Se adicionássemos suco de limão-taiti ou siciliano antes da gaseificação, teríamos que jogar fora o que sobrasse no final da noite, o que me deixaria triste, ou então servir um drinque do dia anterior do qual eu não me orgulharia, o que me deixaria ainda mais triste. Em vez disso, adicionamos uma pequena quantidade de suco de limão-taiti ou siciliano clarificado ao copo logo antes de servir o drinque. O ¼ de onça ou a ½ onça (7,5 a 15 mL) de bebida não carbonatada adicionada ao drinque não prejudica as bolhas. Se você estiver carbonatando e servindo imediatamente, não tenha medo de adicionar ingredientes altamente perecíveis, como suco de limão. Se quiser que sua bebida dure alguns dias, adicione o ingrediente frágil depois.

Costumo servir drinques carbonatados em taças de champanhe geladas com nitrogênio líquido. Faça o mesmo e você nunca mais vai querer outra coisa. Fica lindo e delicioso. Sirva com calma e delicadamente pela lateral da taça. Você teve tanto trabalho para fazer o drinque – não o estrague no último minuto com um serviço descuidado.

QUAL BEBIDA ALCOÓLICA USAR?

Para o meu paladar, o gim é o destilado mais fácil de carbonatar. Drinques feitos com gim ficam gostosos quando gaseificados. A vodca pode ser gaseificada com bons resultados quando você tem frutas ou especiarias que queira destacar sem um destilado forte competindo por atenção. A tequila pode ser difícil. Tequilas de sabor acentuado tendem a ficar ainda mais fortes quando gaseificadas e podem acabar dominando. As muito leves carbonatam bem. As fortes podem ser suavizadas com um pouco de vodca. O rum branco pode ser gaseificado, mas, considerando o quanto eu adoro rum, não fica tão bom quanto eu imaginava; para mim, por algum motivo, a maioria dos drinques carbonatados de rum tem um gosto de bebida de má qualidade e artificial. Eu já tomei – e fiz – drinques gaseificados de rum razoáveis, mas os acho muito complicados.

Os destilados de carvalho têm o sabor de carvalho intensificado quando são carbonatados. Se você gosta de Whisky Soda, provavelmente também gostará de drinques gaseificados de uísque. Eu acho que eles são difíceis de equilibrar adequadamente. Muitos licores ficam ótimos em coquetéis carbonatados. O Campari e seu primo Aperol pedem para serem gaseificados. Apenas lembre-se de não deixar a receita doce demais ao usar licores; caso contrário, o drinque ficará enjoativo.

ALGUMAS MEDIDAS QUE VOCÊ DEVE LEMBRAR AO FAZER E AJUSTAR RECEITAS

- Um drinque carbonatado padrão tem 165 mL. Dimensione as receitas como desejar.
- Cada ½ onça (15 mL) de xarope simples na proporção de 1:1 adiciona 9,2 gramas de açúcar e aumenta em 5,6% o açúcar em um drinque carbonatado de tamanho-padrão (5,5 onças, ou 165 mL).
- Cada ½ onça (15 mL) de suco de limão-taiti clarificado adiciona 0,9 grama de acidez (0,6 grama de ácido cítrico e 0,3 grama de ácido málico) e aumenta em 0,55% a acidez em um drinque carbonatado de tamanho-padrão (5,5 onças, ou 165 mL).

X, Y OU Z COM SODA

Sempre que você precisar preparar um drinque "com soda", suas escolhas são bastante simples: decida a proporção entre bebida alcoólica e água. Com destilados de sabor mais forte, como o uísque, gosto de usar 2 onças (57 mL) de destilado para 3 ½ onças (108 mL) de água. Use uma boa água filtrada e não sirva o drinque com pedras de gelo – ele não precisa de mais água. Para destilados bem neutros, como a vodca, aumento ligeiramente a porcentagem de álcool, talvez até 60 mL. Não ultrapasso essa porcentagem, a menos que alguém faça esse pedido específico. Meu único segredo para drinques com soda é: adicione uma ou duas gotas de solução salina (ou uma pitadinha de sal).

CARBONATANDO UM CLÁSSICO

O primeiro truque para carbonatar um clássico é escolher o coquetel certo. Alguns, como o Manhattan, ficam horríveis quando gaseificados. Eu carbonato Manhattans como lições objetivas do que pode dar errado quando se carbonata. Eles ficam péssimos e desequilibrados. Felizmente, muitos clássicos, como a Margarita e o Negroni, carbonatam muito bem. Veja como modificar essas duas receitas para que funcionem com bolhas. Observe como eu as modifiquei e depois modifique as suas.

Margarita carbonatada

A Margarita clássica é uma mistura de destilados à base de agave, licor de laranja, suco de limão e açúcar. Nesta receita, eu omito o licor de laranja, pois acho que ele confunde o sabor. Prefiro torcer uma casca de laranja sobre o drinque antes de servi-lo. As proporções nesta receita funcionam para muitos drinques do tipo sour, então use-a como receita-guia.

RENDE UM DRINQUE DE 165 ML COM 14,2% DE TEOR ALCOÓLICO, 7,1 G/100 ML DE AÇÚCAR E 0,44% DE ACIDEZ

INGREDIENTES

- 2 onças curtas (58,5 mL) de uma tequila de corpo leve como Espolòn Blanco (40% de teor alcoólico)
- 2 ½ onças gordas (76 mL) de água filtrada
- ½ onça curta (12 mL) de suco de limão-taiti clarificado
- ¾ de onça curta (18,75 mL) de xarope simples
- 2-5 gotas de solução salina ou uma pitada generosa de sal
- 1 twist de laranja

MODO DE PREPARO

Misture os cinco primeiros ingredientes e resfrie até quase congelar. Carbonate a 42 psi. Despeje em uma taça flute gelada. Torça a casca de laranja por cima do drinque e descarte. Se quiser que o drinque dure vários dias, carbonate sem o suco de limão e adicione-o antes de servir.

Negroni carbonatado

O Negroni clássico é:

- 1 onça (30 mL) de gim (47% de teor alcoólico)
- 1 onça (30 mL) de Campari (24% de teor alcoólico, 24% de açúcar)
- 1 onça (30 mL) de vermute (16,5% de teor alcoólico, 16% de açúcar, 0,6% de acidez)

O volume da receita como está escrita é de 3 onças (90 mL). Se você adicionar 2 ½ onças (75 mL) de água para fazer o volume de bebida adequado para um único drinque gaseificado, o resultado seria 16% de teor alcoólico e 7,3% de açúcar. Ambos os números são muito bons. O nível de ácido é um pouco baixo, 0,18%, mas o Negroni não é um drinque ácido. Se precisar relembrar como obtive esses números, verifique a seção de cálculos dos coquetéis, na p. 18.

Se quiser tornar o drinque mais refrescante, você pode substituir ¼ de onça (7,5 mL) da água por suco de limão-taiti clarificado ou um ácido de sua preferência. Finalize com um toque de óleo de casca de grapefruit.

RENDE UM DRINQUE DE 165 ML COM 16% DE TEOR ALCOÓLICO, 7,3 G/100 ML DE AÇÚCAR E 0,38% DE ACIDEZ

INGREDIENTES

- 1 onça (30 mL) de gim
- 1 onça (30 mL) de Campari
- 1 onça (30 mL) de vermute doce
- ¼ de onça (7,5 mL) de suco de limão-taiti clarificado
- 2 ¼ de onças (67,5 mL) de água filtrada
- 1-2 gotas de solução salina ou uma pitada de sal
- 1 twist de grapefruit

MODO DE PREPARO

Misture tudo, menos a casca, e resfrie até quase congelar. Carbonate a 42 psi. Sirva em uma flute gelada. Torça a casca de grapefruit sobre o drinque e a descarte. Se quiser que o drinque dure vários dias, carbonate sem o suco de limão. Adicione-o apenas na hora de servir.

Champari Spritz

Campari com soda é o clássico do verão favorito com baixo teor de álcool, bom para momentos em que o Negroni gaseificado é um pouco demais, mas você ainda quer aquela dosezinha de Campari. Depois de carbonatado com um pouco de limão, o Campari é a síntese do bitter, revigorante e refrescante. Em vez de adicionar um toque de limão, adiciono ácido de champanhe; daí o nome. O ácido de champanhe é a mesma mistura de ácidos que está naturalmente presente no champanhe diluída até a concentração do suco de limão (30 gramas de ácido tartárico e 30 gramas de ácido lático em 940 gramas de água); para mais detalhes, consulte a seção "Ácidos", p. 58. Esse ácido confere ao drinque uma pegada de vinho e champanhe que realmente me agrada. Se você fizer esta receita com mais de duas horas de antecedência, adicione o ácido de champanhe só na hora de servir. Embora ele não estrague como o suco de limão, com o tempo ele faz com que o Campari fique com um sabor cada vez mais amargo e desagradável, não sei por quê. Esse coquetel dura uma semana na geladeira.

Note que eu disse *geladeira*, não freezer. Esse drinque tem baixo teor alcoólico (7,2%) e congela facilmente.

RENDE UM DRINQUE DE 165 ML COM 7,2% DE TEOR ALCOÓLICO, 7,2 G/100 ML DE AÇÚCAR E 0,44% DE ACIDEZ

INGREDIENTES

- 1 ½ onça gorda (48 mL) de Campari (24% de teor alcoólico, 24% de açúcar)
- ⅜ de onça (11 mL) de ácido de champanhe (6% de acidez)
- 3 ⅛ de onças (94 mL) de água filtrada
- 1-2 gotas de solução salina ou uma pitada de sal

MODO DE PREPARO

Misture todos os ingredientes e resfrie em água com gelo a 0 °C. Carbonate a 42 psi. Sirva em uma taça flute gelada.

Gim-Tônica

Explico detalhadamente a origem da minha receita de gim-tônica em outro lugar, mas esta é a minha receita. É uma versão extremamente seca e austera – do jeito que eu gosto.

RENDE UM DRINQUE DE 165 ML COM 15,4% DE TEOR ALCOÓLICO, 4,9 G/100 ML DE AÇÚCAR E 0,41% DE ACIDEZ

INGREDIENTES

- 1 ¾ de onça cheia (53,5 mL) de gim Tanqueray (47% de teor alcoólico)
- ½ onça curta (12,5 mL) de xarope simples de quinino (61,5% de açúcar; ver p. 367)
- 3 onças curtas (87 mL) de água filtrada
- 1-2 gotas de solução salina ou uma pitada de sal
- ³⁄₈ de onça (11,25 mL) de suco de limão-taiti clarificado (6% de acidez)

MODO DE PREPARO

Misture todos os ingredientes (exceto o suco de limão, se preferir) e resfrie entre -5 e -10 °C. Carbonate a 42 psi. Se carbonatar com o suco de limão, sirva o drinque no mesmo dia. Se carbonatar sem o suco, adicione-o no momento em que o drinque é servido em uma taça flute gelada; seu gim-tônica vai durar indefinidamente.

Chartruth

Este drinque é para aqueles que amam Chartreuse verde tanto quanto eu. Se você ainda não é fã, saiba que o Chartreuse verde é um sopro herbáceo produzido na França por monges cartuxos que fizeram voto de silêncio. Esse destilado é tão sensacional que deram o nome dele a uma cor. Esta é a expressão mais simples possível: Chartreuse com água e um toque de limão. Eu dei o nome de Chartruth. É um drinque com um teor de álcool (18% de teor alcoólico) e de açúcar (8,3%) mais elevado do que a maioria dos bons drinques carbonatados. Por causa da intensidade do sabor, gosto de dividir um único drinque em dois copos pequenos e servir para duas pessoas como um minidrinque refrescante.

RENDE UM DRINQUE DE 165 ML COM 18% DE TEOR ALCOÓLICO, 8,3 G/100 ML DE AÇÚCAR E 0,51% DE ACIDEZ

INGREDIENTES

- 1 ¾ de onça gorda (54 mL) de Chartreuse verde (55% de teor alcoólico, 25% de açúcar)
- 3 ¼ de onças curtas (97 mL) de água filtrada
- 1-2 gotas de solução salina ou uma pitada de sal
- ½ onça curta (14 mL) de suco de limão-taiti clarificado (6% de acidez)

MODO DE PREPARO

Misture todos os ingredientes, exceto o suco de limão clarificado, e resfrie entre -5 e -10 °C. Carbonate a 42 psi. Adicione o suco de limão clarificado quando servir o drinque em uma taça flute gelada. Se você for servir o drinque imediatamente, pode gaseificar junto com o suco de limão.

Adicionando o suco de limão--taiti clarificado a um Chartruth.

Gin & Juice

Se eu for lembrado por alguma coisa, espero que seja pelo meu Gin & Juice. Ele é basicamente uma mistura de gim com suco de grapefruit clarificado – é simples e agradável.

O suco de grapefruit tem um sabor amargo, principalmente em virtude da naringina. O amargor da naringina é neutralizado pelo açúcar (10,4%) e pela elevada acidez (2,4%). Para meu gosto, o suco de grapefruit fica perfeitamente equilibrado em bebidas sem gás. Em drinques carbonatados, principalmente com gim, o sabor amargo acaba se tornando excessivo. Felizmente, a clarificação remove um pouco desse amargor. O amargor remanescente depende da técnica de clarificação usada. A maioria das pessoas que faz esta receita clarifica o suco usando ágar-ágar (veja a seção sobre clarificação, p. 235). A técnica do ágar-ágar remove muito do amargor do suco e é fantástica para esse drinque.

No bar, uso uma centrífuga para clarificar o suco de grapefruit, porque o rendimento dessa clarificação é muito maior do que com o ágar-ágar – quase não há desperdício. Infelizmente, o método da centrífuga elimina muito menos do amargor do grapefruit, então adiciono xarope simples e uma pequena quantidade de ácido de champanhe para neutralizá-lo. Aqui vou apresentar receitas de Gin & Juice clarificado tanto com ágar-ágar quanto na centrífuga.

O suco de grapefruit tem um sabor concentrado demais para ser usado sem adicionar um pouco de água ao drinque. A quantidade de água que você adiciona depende de quanto gosto de suco você quer.

As receitas a seguir equilibram-se com o tipo de grapefruit que tenho no bar a maior parte do tempo (ruby reds cultivadas na Califórnia). Lembre-se de que os grapefruits têm sabores diferentes dependendo da variedade, do local do pomar e da estação, então você pode ter que ajustar um pouco essas receitas.

Por fim, já usei muitos gins diferentes para fazer Gin & Juice, mas nenhum me deixa tão feliz quanto o Tanqueray. Ele tem muita afinidade com o suco de grapefruit.

Os ingredientes do Gin & Juice.

Servindo um Gin & Juice.

GIN & JUICE: CLARIFICADO COM ÁGAR-ÁGAR

RENDE UM DRINQUE DE 165 ML COM 16,9% DE TEOR ALCOÓLICO, 5 G/100 ML DE AÇÚCAR E 1,16% DE ACIDEZ

INGREDIENTES

- Pouco menos de 2 onças (59 mL) de gim Tanqueray (47% de teor alcoólico)
- 2 ¾ de onças curtas (80 mL) de suco de grapefruit clarificado com ágar-ágar
- ¾ de onça gorda (26 mL) de água filtrada (se quiser um drinque ligeiramente mais doce, substitua uma bailarina [4 mL] da água por xarope simples; isso deixará o drinque com 6,3% de açúcar e 1,1% de acidez)
- 1-2 gotas de solução salina ou uma pitada de sal

GIN & JUICE: CLARIFICADO EM CENTRÍFUGA

RENDE UM DRINQUE DE 165 ML COM 15,8% DE TEOR ALCOÓLICO, 7,2 G/100 ML DE AÇÚCAR E 0,91% DE ACIDEZ

INGREDIENTES

- 1 ¾ de onça gorda (55 mL) de gim Tanqueray (47% de teor alcoólico)
- 1 ¾ de onça gorda (55 mL) de suco de grapefruit clarificado em centrífuga
- 1 ½ onça curta (42 mL) de água filtrada
- ¼ de onça gorda (10 mL) de xarope simples
- Pouco menos de uma bailarina (3 mL) de ácido de champanhe (30 gramas de ácido lático e 30 gramas de ácido tartárico em 940 gramas de água)
- 1-2 gotas de solução salina ou uma pitada de sal

MODO DE PREPARO

Misture todos os ingredientes e resfrie entre -5 e -10 °C. Carbonate a 42 psi. Sirva em uma taça flute gelada.

TECHNO-VARIANT

Minha outra receita favorita com suco de grapefruit clarificado é a do Habanero-n-Juice. A receita é a mesma, só que, em vez de gim, você usa vodca com habanero redestilada. Misture 200 gramas de pimenta habanero vermelha com um litro de vodca 40% e destile até recuperar 650 mL do produto em evaporador rotativo com temperatura de condensador de -20 °C e temperatura de banho de 50 °C. As habaneros devem estar vermelhas para que o drinque funcione. A habanero é uma das pimentas mais ardidas, mas tem um sabor e um aroma fantásticos. Como a capsaicina, o composto responsável pelo ardido da pimenta, é pesada demais para ser destilada, não há nenhuma picância presente no destilado. A roto-habanero é, de longa data, uma das minhas destilações favoritas. E ela combina incrivelmente bem com grapefruit. Se você fizer esse preparo, saiba que o destilado tem vida útil curta. Depois de mais ou menos um mês, o sabor "vermelho" do destilado desaparece e começa a ter um sabor "verde", mais parecido com jalapeño.

À ESQUERDA: *Gim de habanero sendo destilado a vácuo em uma temperatura baixa para produzir um gim de habanero não apimentado.*
À DIREITA: *Operando a rotovap.*

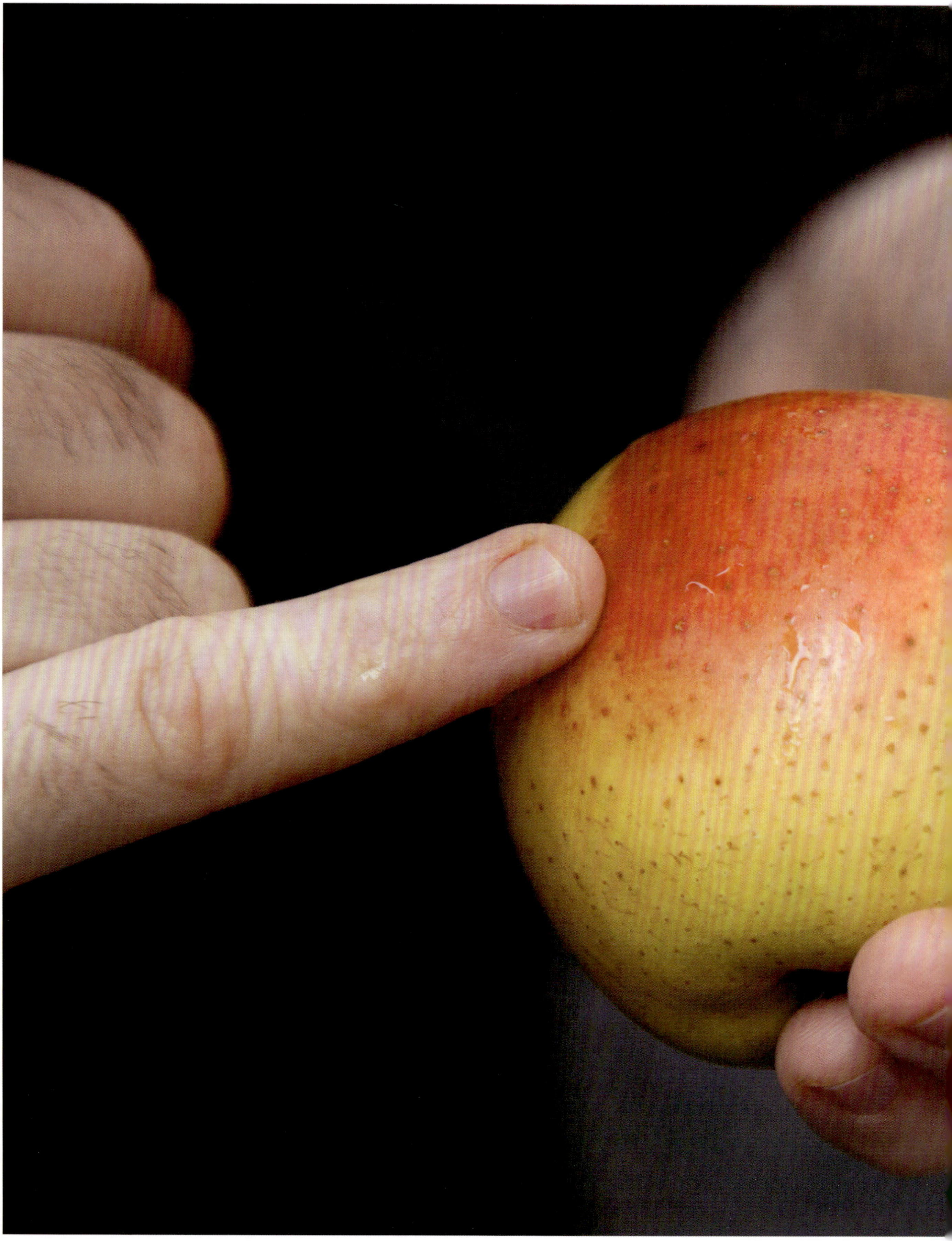

PARTE 4
Pequenas JORNADAS

Nesta última parte, vou explorar um pouco três temas diferentes e verei aonde eles me levam: maçãs, café e gim-tônica. Espero que essa jornada dê a você uma ideia de como abordo o processo de desenvolvimento de um coquetel. Normalmente parto de um conceito, um sabor, uma fruta, uma ideia ou uma memória, e então desenvolvo um objetivo e tento chegar nele. Essa abordagem para os coquetéis é o mais difícil de ensinar. As pessoas costumam pensar no desenvolvimento de coquetéis como uma mera recombinação de destilados e sucos.

Vou presumir que o leitor já tenha alguma familiaridade com as técnicas e os conceitos apresentados anteriormente no livro, portanto as explicações aqui serão mais sucintas.

Maçãs

Adoro maçãs. Cresci no estado de Nova York e maçãs são uma das coisas que produzimos muito, muito bem. A maçã nunca recebeu o devido valor como ingrediente em coquetéis. Isso ocorre em parte porque o suco da maçã não é muito concentrado, o que significa que você precisa usar muitas delas em uma receita de coquetel para obter o sabor certo – então ele não funciona muito bem nos drinques batidos, mexidos e montados mais comuns. Mas acho que o principal motivo é a falta de informação.

Muitos de nós crescemos pensando que existiam dois sabores de maçã, o da vermelha e o da verde, e é claro que estávamos errados. Existem milhares de variedades de maçã com sabores surpreendentemente diferentes, incluindo notas de marmelo, laranja, rosa, anis e vinho. Algumas têm níveis absurdamente altos de ácido e açúcar; outras são delicadas e aromáticas. Outras ainda são austeras. Cada uma das milhares de variedades que você encontra hoje foi nomeada e propagada por alguém, em algum momento, por um motivo ou outro. Toda maçã já foi amada por alguém em algum momento. O truque é descobrir o porquê – e depois se isso é útil em um coquetel.

Algumas maçãs foram amadas por razões que hoje são irrelevantes para nós. A flower of kent ficou para a posteridade por ter sido a maçã que caiu na cabeça de Newton, mas gostosa ela não é. Algumas maçãs eram apreciadas por terem um bom cultivo em uma região específica. (Consegue adivinhar onde a variedade arkansas black surgiu?) Outras maçãs eram apreciadas por causa de sua sazonalidade: as maçãs de início de estação permitiam que os cozinheiros fizessem tortas de maçã frescas no final de junho e início de julho, depois que o estoque de maçãs de inverno se esgotasse. A necessidade de maçãs de início de estação foi eliminada por tecnologias de armazenamento e transporte, de modo que essas maçãs agora devem se manter por seus próprios méritos para sobreviver. Às vezes elas sobrevivem, às vezes não.

Meus estudos mais sérios sobre os sabores da maçã começaram em 2007, quando o eminente escritor e pensador gastronômico Harold McGee e eu visitamos o acervo de maçãs dos Estados Unidos em Geneva, Nova York. Sim, os Estados Unidos mantêm um acervo de macieiras – milhares delas, duas por variedade, como na arca de Noé – para o caso de uma dessas árvores conter algum material genético que possa ser útil para o agronegócio. Em dois dias, provamos centenas de variedades. E que tesouro! O curioso é que os guardiões do acervo não esperavam que *provássemos* as maçãs. Aparentemente, os pomólogos de frutas temperadas que costumam visitar só querem olhar as árvores. Quando os guardiões entenderam o nosso verdadeiro propósito, olharam intrigados para nós e nos deram passe livre. Das centenas de maçãs que provamos, consegui levar cerca de vinte para casa para fazer suco. Os sucos dessas maçãs foram a base dos meus primeiros coquetéis de maçã para valer, e o de uma delas, a ashmead's kernel, se tornou o meu suco de maçã favorito de todos os tempos para coquetéis.

Desde então, tenho comprado maçãs de produtores locais no meu bem abastecido mercado orgânico em Nova York e de outros produtores de todos os Estados Unidos, além de provar muitas dezenas de variedades que estão sendo cultivadas na Inglaterra. Aprendi que minha experiência com uma variedade de maçã pode não corresponder à de outra pessoa. As maçãs são extremamente dependentes dos locais onde são cultivadas, de quando são colhidas e dos caprichos do clima ao longo do ano. As maçãs que crescem bem em climas amenos podem não amadurecer bem em áreas mais frias, enquanto variedades destinadas a climas frios podem ficar sem gosto quando cultivadas em temperaturas muito quentes. Para fazer os melhores coquetéis de maçã, é preciso fazer o melhor suco. Para fazer o melhor suco, basta provar muitas maçãs, lembrar quem as cultivou e voltar ano após ano aos mesmos fornecedores.

SUCO DE MAÇÃ, A COMMODITY

O suco de maçã industrializado é uma commodity, e aconselho que você o deixe fora de seus coquetéis. Oceanos de suco de maçã são produzidos todos os anos com frutas que não estavam boas o suficiente para serem vendidas para o consumidor final. Ele é clarificado, pasteurizado e, muitas vezes, concentrado, transportado, reconstituído, misturado com outro suco reconstituído sabe-se lá onde e vendido. Embora esse tipo de produto seja adequado como suco de caixinha, não é bom o suficiente para ser misturado com bebidas alcoólicas. A sidra doce americana de supermercado (doce em oposição à alcoólica: os Estados Unidos são o único país que se refere a um suco de maçã sem álcool como sidra) é mais robusta e versátil do que o suco normal, mas ainda não consigo recomendá-la para coquetéis.

Você consegue encontrar deliciosos sucos de maçã e sidras doces de uma única variedade e de blends cuidadosos em lojas especializadas e feiras de produtores, mas eles geralmente são prejudicados pela pasteurização. Todos com quem fiz degustações às cegas escolheram suco de maçã não pasteurizado e sidra doce no lugar do pasteurizado. Alguns métodos de pasteurização a frio utilizam luz ultravioleta que não prejudica o sabor tanto quanto o calor, mas é improvável que você encontre produtos feitos dessa forma em seu mercado.

Por último, quase sem exceção, os sucos de maçã e as sidras comprados em lojas são superoxidados e, portanto, marrons. O suco de maçã fresco pode ser verde, amarelo, vermelho, laranja ou rosa – nunca é marrom. O suco fica marrom muito rapidamente quando exposto ao oxigênio, assim como uma maçã quando cortada. Essa oxidação destrói sabores varietais sutis.

FAZENDO SUCO DE MAÇÃ DO JEITO CERTO

Para o seu coquetel, você precisará fazer seu próprio suco de maçã.

Lave as maçãs antes de fazer o suco e examine-as em busca de sinais de bichinhos, podridão, mofo e excesso de machucados. A higienização é importante, pois não vamos usar calor. Se a maçã não estiver limpa o suficiente para comer, não está limpa o suficiente para beber. Corte fora todas as partes mofadas ou feias. Uma maçã mofada pode estragar uma grande quantidade de suco e, pior ainda, conter patulina, um possível agente cancerígeno.

Nunca, jamais, descasque uma maçã antes de fazer o suco. A maioria dos aromas, sabores, taninos e pigmentos da maçã específicos da variedade estão concentrados na polpa, muito próximos à casca. Corte as maçãs, sem tirar a casca, e jogue-as em uma centrífuga de suco. Essas centrífugas, como o

EXTRAINDO SUCO DA MAÇÃ: Eu uso uma centrífuga Champion e já deixo preparado um recipiente com ácido ascórbico (vitamina C) para coletar o suco, de forma que não exista a possibilidade de ele oxidar (**À ESQUERDA**). Depois de extrair o suco, removo a maior parte da espuma de cima, coo o suco com uma peneira fina (a polpa é uma delícia) e, se eu for clarificar, adiciono a Pectinex Ultra SP-L (**À DIREITA**).

UM ESPECTRO DE CORES DE SUCO DE MAÇÃ (DA ESQUERDA PARA A DIREITA): Maçã selvagem sem nome, stayman winesap, honeycrisp, suncrisp e granny smith. O suco de maçã selvagem é mais vermelho do que o suco da stayman winesap, embora a winesap seja uma maçã mais escura, porque a maçã selvagem é menor, com uma proporção maior de área da superfície-volume, e por isso tem mais casca para passar cor para o suco.

ESSES MESMOS SUCOS DE MAÇÃ TRATADOS COM PEXTINEX ULTRA SP-L: Os sólidos estão flutuando no topo por causa do ar preso. Bater levemente os copos na mesa e mexer faria com que esse material assentasse no fundo. Reparem que os sucos contêm diferentes quantidades de sólidos e clarificam de forma diferente. A granny smith, à direita, fica quase completamente transparente, ao passo que a maçã selvagem, à esquerda, não assentou nada.

PEQUENAS JORNADAS

O suco de maçã selvagem da foto anterior, depois de passar pela centrífuga, ficou nesse tom lindo de rosa. Alguns sucos de maçã perdem o sabor quando clarificados. Já essa maçã selvagem não era tão boa para comer, e seu suco não era muito melhor, mas depois da clarificação ficou espetacular.

meu Champion, são boas em extrair o sabor e a cor da polpa próxima à casca. Elas têm dentes minúsculos que desfazem a maçã em pedaços e depois esmagam esses pedaços contra uma peneira para extrair o suco. Uma vez removi o miolo e as sementes antes de fazer o suco, pois o miolo tem pouco sabor e as sementes contêm cianeto. Nunca mais. Fiz um teste comparativo de maçãs espremidas com e sem miolo e sementes, e não consegui perceber a diferença. O Champion não parece extrair nenhum amargor das sementes; ele as deixa quase intactas ou partidas ao meio, não trituradas (portanto, você não as está consumindo – então não há risco de cianeto), e a falta de sabor no miolo é insignificante, uma vez que ele não rende muito sumo.

Você pode evitar a oxidação usando vitamina C (ácido ascórbico). Lembre-se da informação, na seção "Ingredientes", de que vitamina C e ácido cítrico *não* são a mesma coisa (ver p. 59). O ácido cítrico é o principal ácido aromatizante do limão, mas ele não evita diretamente o escurecimento. Já o ácido ascórbico não altera muito a acidez dos limões, mas é responsável por quase todo o seu poder antiescurecimento. Misture as maçãs cortadas com pó de ácido ascórbico antes de esprema-las ou coloque um pouco de ácido ascórbico no recipiente em que você as está espremendo. Certifique-se de misturar o ácido ascórbico no suco depois de fazê-lo com uma ou duas maçãs. Eu uso cerca de 2,5 gramas (1 colher de chá) de ácido ascórbico por litro de suco, muito mais do que o usado comercialmente.

Agora você terá um suco de maçã fresco e de verdade, com gosto igual ao das maçãs de onde veio. Se você nunca provou esse tipo de suco de maçã antes, ficará com raiva por ter vivido tanto tempo sem ele. O suco, porém, não é perfeito para um coquetel por ser turvo. Agora você precisa decidir se vai clarificá-lo ou não.

O sabor do suco de maçã é muito afetado pela clarificação. Pense na diferença entre o suco de maçã industrializado e a sidra doce. Não é só o fato de a sidra ter mais viscosidade e corpo por causa das partículas suspensas; essas partículas trazem um sabor próprio, e esse sabor geralmente é bom. Então por que clarificar? Se você pretende carbonatar, não tem escolha. Se pretende fazer um drinque mexido, *deveria* clarificar: quem quer um drinque mexido com cara de sopa? Escolha uma maçã que continue incrível mesmo depois de clarificada. Se estiver pensando em um drinque batido, esqueça a clarificação. Basta coar bem o suco para evitar desagradáveis partículas de polpa na lateral do copo e pronto.

Antes de falarmos de algumas maçãs especiais dignas de coquetéis, vamos dar uma olhada em alguns usos para as variedades de supermercado, com clarificação ou não.

Com clarificação: Granny Smith Soda

Vou optar por um drinque sem álcool para essa variedade. Granny smith, a maçã mais famosa da Austrália, é a variedade preferida dos cozinheiros por ser ácida, vibrante, uniforme e fácil de encontrar. O suco clarifica muito bem mesmo sem a centrífuga: basta fazer o suco, adicionar um pouco de Pectinex Ultra SP-L e deixar que ele descanse durante a noite antes de coletar o líquido transparente da parte de cima (veja a seção "Clarificação", p. 235; verdade seja dita, se você deixar o suco da granny smith descansar o suficiente, você consegue dispensar as enzimas). A granny smith tem uma proporção açúcar-ácido perfeita para refrigerantes (cerca de 13 gramas de açúcar para cada 100 mL e 0,93% de acidez). Infelizmente, ela não é tão interessante para drinques. Mas, embora o sabor monótono seja um defeito em um coquetel, no qual o suco precisa se sustentar e se misturar com o destilado, esta variedade pode funcionar bem em um refrigerante.

RENDE 180 ML COM 10,8 G/100 ML DE AÇÚCAR E 0,77% DE ACIDEZ

INGREDIENTES

5 onças (150 mL) de suco de granny smith clarificado

1 onça (30 mL) de água filtrada

2 gotas de solução salina ou uma pitada de sal

MODO DE PREPARO

Misture os ingredientes, resfrie e carbonate com seu método preferido.

Sem clarificação: Honeycrisp Rum Shake

A honeycrisp é uma das melhores variedades de maçã disponíveis comercialmente. Ela tem a acidez um pouco baixa, então esta receita requer uma acidez extra, na forma de suco de limão ou ácido málico puro. O suco de maçã fica diluído demais para funcionar em um drinque batido com gelo, então para esta receita você fará uma agitação com suco (veja a seção "Resfriamento alternativo", p. 140) usando suco congelado.

RENDE UM DRINQUE DE 162 ML COM 14,8% DE TEOR ALCOÓLICO, 7,8 G/100 ML DE AÇÚCAR E 0,81% DE ACIDEZ

INGREDIENTES

- 2 onças (60 mL) de rum branco de sabor límpido (40% de teor alcoólico)
- ½ onça curta (12 mL) de suco de limão-taiti ou 0,7 grama de ácido málico dissolvido em 10 mL de água e 2 gotas de solução salina ou uma pitada de sal
- 3 onças (90 mL) de suco de maçã honeycrisp não clarificado, congelado em três cubos de 1 onça (30 mL)

MODO DE PREPARO

Misture o rum, o suco de limão (ou o ácido málico e o sal) e agite com os cubos de gelo de suco de maçã em uma coqueteleira até que o gelo derreta completamente e fique com textura de neve derretida (você consegue ouvir isso acontecendo). Sirva em uma taça coupe gelada.

Agora, vamos fazer uma viagem para além do supermercado.

APRENDENDO SOBRE MAÇÃS

Estamos vivendo em uma época excelente para as maçãs, e existem variedades interessantes ao alcance de todos. Se você não mora perto de bons produtores, pode comprar maçãs especiais direto do produtor pela internet. Se você mora em uma região produtora de maçãs, as feiras de agricultores têm trazido mais variedades a cada ano, à medida que cada vez mais gente expressa interesse por variedades da fruta. Você precisa sair provando. Na bibliografia, você encontra uma lista de referências sobre maçãs, mas lembre-se de que elas não substituem o paladar.

ESCOLHENDO E PROVANDO MAÇÃS

Esteja você escolhendo maçãs no mercado orgânico ou direto da árvore, tenha algumas dicas em mente. Leve uma faca: é muito mais fácil cortar um pedaço de polpa e casca para provar uma maçã e ter uma boa noção de seu sabor real do que cravar os dentes em uma fruta inteira, especialmente se estiver

A IMPORTÂNCIA DA TEXTURA DA MAÇÃ PARA OS COQUETÉIS

Não parece óbvio que a textura de uma maçã seja importante para os coquetéis – afinal, vamos apenas fazer suco com ela –, mas indiretamente é. As preferências de textura dos americanos praticamente removeram da disputa faixas inteiras de maçãs potencialmente boas para coquetéis. Vou explicar por quê.

Nós, americanos, somos preconceituosos. Aceitamos apenas maçãs crocantes. Isso não é bom. Por que uma maçã precisa ser crocante? Outras texturas, como quebradiças, também podem ser boas. Perdemos a capacidade de distinguir entre quebradiça e farinhenta. Uma maçã farinhenta é uma maçã anteriormente crocante que ficou armazenada por muito tempo e está perdendo qualidade. Isso é ruim. Uma maçã quebradiça, porém, é totalmente diferente: é uma maçã cuja textura nunca foi crocante quando madura. Aceite a beleza da diferença.

E como isso afeta a qualidade do seu suco? Os produtores americanos que plantam variedades tradicionais sabem que você comprará apenas maçãs crocantes, por isso muitas vezes colhem suas frutas ainda verdes. As maduras ficariam inaceitavelmente moles e não venderiam. Mas essas maçãs muito verdes são tristes. Elas têm muito pouco de seus sabores varietais característicos, são unidimensionais, ainda não desenvolveram o açúcar, então também parecem bombas ácidas e estão cheias de amido não convertido. A colheita antes do tempo produz uma maçã crocante, sem sabor, ácida e rica em amido. As maçãs do início da estação são as maiores perdedoras nesta categoria, porque, como grupo, elas têm sabor leve e uma janela muito curta, e ficam moles mais rápido do que qualquer outra maçã. É quase impossível conseguir que um produtor as colha para você quando estão maduras.

Nós, da turma da coquetelaria, nem nos importamos com a textura – estamos apenas fazendo suco –, mas ainda assim pagamos o preço. Faça a sua parte e diga aos produtores locais que, se eles colherem maçãs maduras, você vai comprar! Muitas delas!

O lado avermelhado de uma maçã tem um sabor diferente.

provando dezenas de maçãs e quiser evitar dor nas gengivas. Lembre-se de que, quando você prova uma maçã para um coquetel, a textura não importa! Apague sua percepção de textura e concentre-se apenas no sabor do suco. Essa tarefa é difícil no início. Pratique.

Ao cortar uma maçã, sinta como a faca se desloca pela polpa. É possível sentir o excesso de amido de uma maçã verde demais antes mesmo de prová-la: parece que você está fatiando uma batata dura. Você consegue ver o amido na face cortada de uma maçã pouco madura antes de experimentá-la. Evite essas maçãs. Ao olhar para uma caixa de maçãs ou para uma árvore cheia de maçãs, procure duas maçãs com cores diferentes. Mesmo em maçãs que permanecem verdes para sempre, a cor muda à medida que a fruta amadurece, em geral, escurecendo ou adquirindo um tom avermelhado. Mesmo em uma única árvore, as maçãs estarão em diferentes estágios de maturação, dependendo de onde estão. E, para além do simples amadurecimento, o sabor de uma maçã pode mudar dependendo do tanto de sol que ela recebe em comparação com outras na árvore e do ponto do galho em que ela cresce. Quando você prova as duas maçãs de cores mais díspares de uma variedade, consegue saber a gama de sabores que determinada maçã provavelmente terá. Em um fruto individual, procure um lado que seja mais colorido do que o outro ou que tenha um tom avermelhado. Primeiro experimente o lado mais distante do avermelhado.

Com sorte, estará bom. Agora experimente o lado com o avermelhado – ele será mais intenso, mais doce e terá sido mais exposto ao sol. O suco dessa maçã ficará entre os dois sabores.

Depois de realizar esses testes, leve apenas as maçãs que atendam às suas necessidades. Em um pomar isso é fácil e em um mercado não é muito difícil. Basta comprar duas maçãs diferentes de cada variedade de seu interesse, prová-las na hora e depois comprar quantas forem necessárias para os coquetéis. Lembre-se de que o suco de maçã congela bem: se encontrar uma maçã que você adore, compre um monte delas, em seguida processe e congele.

AÇÚCAR E ÁCIDO

As maçãs que vão bem em coquetéis tendem a ser ricas em açúcar e ácido. Maçãs com baixo teor de açúcar raramente são boas porque, em sua maioria, estão verdes demais, então também terão pouco sabor, e não apenas baixo teor de açúcar. Um suco com alto teor de ácido é bom porque permite fazer um coquetel sem adição de nenhum outro ácido. Maçãs com baixo teor de ácido podem melhorar muito com a adição de um pouco de acidez, na forma de ácido málico puro, suco de limão-taiti ou siciliano ou mesmo ingredientes alcoólicos ácidos, como vermute. Mas prefiro usar maçãs que não exijam muitos ajustes, que permitam apresentar os sabores puros da maçã sem distrações.

Comercialmente, sobretudo na produção de sidra alcoólica, as pessoas listam as variedades de maçã conforme a proporção açúcar/ácido. Isso permite avaliar o equilíbrio de um suco com base em um número. Você pode então observar o nível de açúcar (geralmente em Brix) para determinar a intensidade geral do sabor do suco. A maioria das pessoas não terá refratômetros para medir seu suco e menos ainda conseguirá medir adequadamente sua acidez (medidores de pH não servem para isso), mas muitas referências para variedades específicas podem ser encontradas on-line e são diretrizes úteis para escolher quais maçãs testar, caso não consiga prová-las antes de comprar.

MAÇÃS MADURAS DEMAIS E PASSADAS

É melhor evitar maçãs passadas. Em um mercado, você consegue saber quais maçãs já passaram do ponto porque elas não estão tão firmes; talvez até tenham murchado um pouco. Se estiver em um pomar, sinta as maçãs. Se parecerem gordurosas, é sinal de que estão maduras demais; a cera epicuticular que ocorre naturalmente em muitas maçãs fica mais gordurosa conforme elas amadurecem. (No supermercado esse teste não é tão útil: o produtor pode ter removido a camada natural durante a lavagem e aplicado uma diferente por cima.) Se você suspeitar que uma maçã está madura demais, corte-a. Muitas maçãs maduras desenvolvem pingo-de--mel, um interior de aparência úmida que parece ter sido congelado e descongelado. Normalmente, mas nem sempre, as maçãs muito maduras ficam mais moles do que deveriam.

Maçãs muito maduras ou que tenham sido armazenadas por tempo demais não são boas para comer, mas maçãs levemente passadas do ponto podem ser um ingrediente interessante para um coquetel. Quando maduras demais, as maçãs perdem acidez, então elas sempre precisarão de mais correção de ácido do que as maduras no ponto. Elas também podem desenvolver aromas florais perfumados muito interessantes, à medida que o gás etileno nas maçãs entra em ação e produz ésteres voláteis na fruta. Em pequenas quantidades, esses ésteres podem ser fabulosos. Em excesso, dão um cheiro de solvente às maçãs. Se você quiser capturar esses sabores, cuidado: eles são muito fugazes.

Para coquetéis, gosto de suco de maçã com proporção de açúcar para ácido entre 13 e 15; 13 é azedo, 15 agradavelmente ácido. Para referência, a granny smith tem cerca de 14. A gala, que tem baixo teor de ácido e é razoavelmente doce, chega a cerca de 21. Quanto aos níveis de açúcar, o suco de maçã deve estar acima de 11 Brix para poder ser usado, e é melhor em torno de 14 ou 15 – tão doce quanto um refrigerante ou até mais.

Vejamos alguns experimentos de coquetéis com duas maçãs de alto teor de açúcar e ácido: a ashmead's kernel e a maçã silvestre wickson.

ASHMEAD'S KERNEL

A ashmead's kernel é uma maçã inglesa de casca meio amarelada e avermelhada que remonta ao início do século XVIII. Eu compro as minhas de um produtor em New Hampshire. Quando essas maçãs são boas, elas são muito, muito boas. O suco é intenso. Muitas maçãs avermelhadas costumam ter uma nota de pera, mas com mais ácido; a ashmead's tem um pouco disso, mas é mais encorpada do que o normal. O Brix pode se aproximar de 18, que é muito alto, e sua acidez é igualmente alta. Não tenho dados concretos sobre a proporção de açúcar para ácido, mas eu chutaria por volta de 14.

A ashmead's kernel implora para ser combinada com uísque e gaseificada, mas há um problema: o carvalho do uísque se sobrepõe ao sabor da maçã. Esse problema fez com que eu começasse a aplicar o washing a uísques (ver p. 265). Mas, muito antes de tentar essa técnica, resolvi o problema por meio de uma simples redestilação em evaporador rotativo. Esse uísque redestilado era límpido e incolor, mas ainda assim claramente uísque. Então, misturei com a ashmead clarificada, suavizei a bebida com um pouco de água e uma pitada de sal, resfriei e gaseifiquei. O Kentucky Kernel, como chamei o drinque, é exatamente do tipo que adoro fazer: apenas dois ingredientes, manipulados e combinados para criar um sabor que as pessoas nunca haviam experimentado antes.

Fiz esse drinque pela primeira vez em 2007, com o primeiro lote de ashmead's kernel que roubei do acervo de maçãs dos Estados Unidos em Geneva. Agora que tenho um bar, não posso mais destilar (por questões legais), então também não posso fazer meu Kentucky Kernel como costumava fazer. A resposta, como você já deve saber, é o washing do uísque. Aqui está a receita:

Kentucky Kernel

RENDE UM DRINQUE CARBONATADO DE 157,5 ML COM 15% DE TEOR ALCOÓLICO, 8,6 G/100 ML DE AÇÚCAR E APROXIMADAMENTE 0,6% DE ACIDEZ (PRESUMINDO QUE SEU LOTE DE MAÇÃS TENHA UMA PROPORÇÃO DE ÁCIDO PARA AÇÚCAR DE 14; VOCÊ TERÁ DE PROVAR SUAS MAÇÃS PARA VER SE PRECISA AJUSTAR MINHA RECEITA)

INGREDIENTES

1 ¾ de onça (52,5 mL) de bourbon Maker's Mark washing com quitosana-gelana (45% de teor alcoólico)

2 ½ onças (75 mL) de suco de ashmead's kernel clarificado

1 onça (30 mL) de água filtrada

2 gotas de solução salina ou uma pitada de sal

MODO DE PREPARO

Misture os ingredientes, resfrie e carbonate. Sirva em uma taça flute gelada.

Esta receita é igualmente deliciosa feita com cognac sem carvalho no lugar do bourbon. Se o carvalho ainda estiver forte demais para você, tente o egg washing (veja a seção "Washing de bebidas alcoólicas", p. 265).

CARAMEL APPLETINI ENGARRAFADO DE DUAS MANEIRAS, E O AUTO-JUSTINO

A maçã silvestre wickson não é de fato silvestre. Ela tem uma ascendência ilustre e definitivamente nada silvestre, e é chamada assim por ser muito pequena. Pelo que pude perceber, ela é um cruzamento entre a newtown pippin, a primeira maçã que os Estados Unidos exportaram para a Europa na época colonial (descoberta em Nova York), e a esopus spitzenburg, outra fabulosa e famosa maçã americana da era colonial (também do estado de Nova York), com a qual fiz muitos bons coquetéis. Descoberta na Califórnia em 1944, a wickson é pequena, mas impactante. Pode atingir mais de 20 Brix, embora as que consigo comprar estejam mais próximas de 15. O nível de acidez pode chegar a 1,25%. São ótimos níveis para coquetéis, e ela também tem um sabor excelente, rico e redondo. Então resolvi fazer Appletinis com ela.

O Appletini, como você certamente sabe, tem uma merecida má reputação, atribuível aos schnapps de maçã verde e azeda de sabor artificial com que normalmente é feito. A wickson tem acidez e açúcar para produzir um Appletini lindamente refinado, que você pode se orgulhar de pedir. Você pode fazer esse drinque com uma mistura de gim Plymouth e vodca, mas optei pela vodca pura aqui, e finalizo com vermute branco doce Dolin Blanc. Também brinco um pouco com a wickson: resolvi fazer um sabor de maçã caramelada para uma bela homenagem ao outono, então acrescento um pouquinho de calda de caramelo.

Se você mexer esse drinque, ele ficará diluído demais. Prefira prepará-lo como um coquetel engarrafado (consulte a seção "Resfriamento alternativo", p. 140). Se você encher as garrafas com a mistura, expulse o oxigênio do espaço livre usando nitrogênio líquido e tampe-as; elas devem durar bastante. Eu as guardo a exatos -5,5 °C, que é a temperatura de serviço, em meu freezer Randell FX. Se você só tiver um freezer doméstico, deixe as garrafas congelarem! É só não as encher demais, ou elas explodirão quando congelarem. Na hora de servir, coloque as garrafas em água até que descongelem. Esse não é o procedimento que passo para fazer coquetéis engarrafados na seção "Resfriamento alternativo"; é uma técnica ligeiramente diferente, baseada nos princípios descritos naquele tópico. Apresento desta forma para mostrar que você não precisa seguir nenhuma técnica dogmaticamente. Eu mesmo não sigo. Você pode aproveitar qualquer uma das técnicas deste livro usando qualquer equipamento que tenha em mãos desde que entenda seus princípios de funcionamento.

Este drinque também pode ser engarrafado e gelado para serviço em um banho de gelo e sal.

Caramel Appletini engarrafado

Minhas wicksons tinham 15 Brix. Se a sua tiver um grau maior (muitas medidas relatadas são superiores a 20), você terá que ajustar sua receita ou ela ficará doce de doer o dente. Você não precisa de um refratômetro para descobrir: se o drinque estiver doce demais, ajuste! Este drinque não deve ser uma bomba de açúcar. O xarope de caramelo não é tão doce quanto o açúcar que contém porque parte dele se decompõe durante a caramelização.

RENDE UM DRINQUE DE 155 ML COM 16,5% DE TEOR ALCOÓLICO, 7,2 G/100 ML DE AÇÚCAR E 0,45% DE ACIDEZ

INGREDIENTES

2 onças (60 mL) de vodca (40% de teor alcoólico)

¼ de onça (7,5 mL) de vermute Dolin Blanc (16,5% de teor alcoólico)

1 onça (30 mL) de água filtrada

1 ¾ de onça (52,5 mL) de suco clarificado de maçã wickson

1 bailarina (4 mL) de xarope de caramelo 70 Brix (ver Nota)

NOTA: Para o caramelo 70 Brix, coloque uma pequena quantidade de água – cerca de 30 mL – no fundo de uma panela. Sobre a água, despeje 400 gramas de açúcar cristal e aqueça até que a mistura forme um caramelo intenso e escuro, quase queimado, mas não totalmente. Adicione imediatamente 400 mL de água. Vai ferver violentamente. Mexa com uma colher para dissolver tudo. Depois que o xarope esfriar, meça o Brix, que deve ficar em algum ponto entre 66 e 70. Se estiver muito alto, adicione água. Se estiver muito baixo, ferva para evaporar um pouco da água.

1 dash de bitter de laranja (de preferência a receita da p. 211)

2 gotas de solução salina ou uma pitada de sal

MODO DE PREPARO

Misture tudo, engarrafe, resfrie e sirva.

Este Auto-Justino foi feito com ashmead's kernel e envelhecido por vários meses.

Prometi dois modos diferentes de fazer um Appletini, e para o segundo desenvolvi uma técnica nova. No início desta seção, mencionei que a clarificação de uma maçã realmente remove um pouco do sabor do suco. Pensei, então, se eu conseguiria obter um pouco do sabor da polpa não clarificada em um drinque transparente. Decidi adicionar álcool ao suco turvo, na esperança de que ele extraísse um pouco do sabor da polpa que, de outra forma, seria perdido na clarificação. Decidi também usar um destilado de alto teor alcoólico, porque queria que o líquido resultante fosse estável para armazenamento fora da geladeira, semelhante aos Justinos que descrevo na seção "Clarificação". Adicionei 400 mL de etanol puro (o material de laboratório que mencionei) a 600 mL de suco turvo, sem adição de enzimas de clarificação. Algo fantástico aconteceu. O etanol de fato extraiu um gosto bom da polpa. Mas uma coisa me surpreendeu: o alto teor alcoólico fez com que a pectina do suco de maçã se agregasse e autoclarificasse. Sem espera, sem centrífuga, apenas um suco cristalino – e delicioso! Dei o nome à técnica de Auto-Justino. O Auto-Justino pode ser armazenado fora da geladeira e tem pouco mais de 40% de teor alcoólico. Basta misturar com Dolin Blanc e bitter e você terá um Appletini. Você também pode usar o Auto-Justino de wickson em drinques batidos. Embora a maior parte da pectina no Auto-Justino seja agregada e filtrada, há pectina residual suficiente no destilado para formar uma boa camada de espuma sobre um drinque batido.

O verdadeiro problema com essa técnica é que é difícil conseguir um destilado de boa qualidade com 96% ou mais de teor alcoólico, e destilados ruins cheiram a hospital e têm um gosto horrível mesmo depois de diluídos. Para ver se a técnica funcionaria em bebidas de baixo teor alcoólico, testei uma mistura de partes iguais com rum envelhecido Bacardi de 151 provas (75,5% de teor alcoólico). Funcionou fantasticamente bem, e o destilado resultante ainda estava acima dos respeitáveis 37% de teor alcoólico. Fiquei surpreso com como o Bacardi ficou gostoso com maçã. Tenho quase certeza de que o 151 é uma bebida alcoólica criada para fazer truques com fogo em festas de faculdade – ele vem com avisos de inflamabilidade e uma tela metálica antichama –, mas é surpreendentemente bem elaborado.

O Bacardi 151 com 75,5% de teor alcoólico está próximo do mínimo de teor alcoólico para se ter sucesso com essa técnica; 57% de álcool por volume foi um fracasso. Se você conseguir encontrar até mesmo pequenas quantidades de uma bebida tolerável com 96% de teor alcoólico, poderá usá-la para fortificar destilados saborosos de alta qualidade acima de 70% de teor alcoólico para esta técnica. Uma dessas misturas poderia ser: 25% de gim (47,5% de teor alcoólico ou mais), 25% de destilado com 96% de teor alcoólico e 50% de suco.

Ao fazer um Auto-Justino, você deve usar uma colher para misturar suavemente o líquido, aproximando os pedaços de pectina uns dos outros e permitindo que eles recolham os fragmentos turvos perdidos do líquido, polindo o destilado.

O Auto-Justino tem muitas vantagens: é rápido, não requer nenhum equipamento (exceto a centrífuga de frutas para fazer o suco de maçã) e extrai bastante sabor da polpa. Essa técnica se baseia no fato de que o suco de maçã contém pectina, mas ainda é bastante ralo. Eu tentei com purês mais grossos, como o de morango, sem sucesso.

EXPLORAÇÕES FUTURAS

Existem várias maçãs de meio e final de estação que rendem ótimos coquetéis – pelo menos dezenas que qualquer leitor deste livro em uma zona de clima temperado consegue encontrar. Muito mais difícil é fazer um ótimo coquetel com maçãs do comecinho da estação, como a yellow transparent e a lodi. Elas são difíceis, têm muito pouco sabor. São chamadas de maçãs de sal por alguns veteranos, que gostam de polvilhá-las com sal e comê-las como um petisco salgado e refrescante, em vez de um lanchinho doce. Até agora não consegui fazer um grande coquetel com essas maçãs. Acho que ainda não compreendi o que elas estão tentando me dizer. Por enquanto, não descobri o que elas querem ser, mas acho que a cada ano chego mais perto. Meu palpite é: um coquetel leve, salgado e fugaz, talvez usando agave para uma dose rápida de frutose e gim. Talvez eu desvende a charada no próximo ano. Comi maçãs do início da temporada que ficariam ótimas em coquetéis, mas não consegui arranjar um fornecimento regular delas. Certa vez, recebi um carregamento de maçãs carolina red june e chenango strawberry da Virgínia. Misturadas, elas foram o melhor suco de início de estação que já fiz, mas nunca tive o suficiente para realmente testar.

Ainda não explorei a possibilidade de usar maçãs para sidra altamente tânicas como componente de um coquetel – um descuido ridículo que você pode ter certeza que corrigirei na próxima estação. Quando você prova uma dessas maçãs direto do pomar, você a cospe na hora. Essas maçãs inclusive são chamadas em inglês de "spitters". Meu cérebro nunca superou a má impressão causada ao provar uma delas direto do pomar para ver como seria usá-las em um coquetel, ou como elas ficariam depois de remover um pouco do tanino pelo washing com leite/ovo/quitosana.

Por último, adoraria viajar um dia para o Cazaquistão, o berço da maçã, para a floresta frutífera de Tian Shan. Ouvi dizer que essa floresta, que se estende do Cazaquistão até o oeste da China, é um lugar incrível. A maioria das frutas em seu estado selvagem não é tão boa quanto suas contrapartes criadas e domesticadas, e muitas pessoas pensam que isso vale para a maçã – mas não é verdade. Phil Forsline, o curador do acervo de maçãs dos Estados Unidos quando McGee e eu o visitamos em 2007, tinha um projeto de estimação: coletar maçãs silvestres da floresta de Tian Shan. McGee e eu provamos algumas dessas maçãs silvestres e elas estavam muito boas, dignas de serem nomeadas. Talvez eu pudesse perambular por essa floresta até encontrar uma macieira selvagem cujos frutos tenham o sabor intenso, a alta acidez e o alto teor de açúcar necessários para um bom coquetel. Eu teria então uma variedade que poderia literalmente chamar de minha. Seria um coquetel divertido de fazer.

Café

Passei a maior parte da minha vida odiando café e me referindo a ele como um líquido execrável, ralo e amargo. Quando eu era criança, o que minha mãe mais gostava de beber à noite era Kahlúa com leite; mesmo naquele estado altamente açucarado, eu não suportava. Eu satisfazia minhas necessidades de cafeína na faculdade e na pós-graduação com chá e Coca diet.

Aos vinte e tantos anos, decidi que as coisas iriam mudar. Eu ia gostar de café e ia gostar dele forte. Eu me obrigava a tomar doses e doses de café expresso. Depois de algumas semanas, aprendi a gostar de café – e depois a adorar. Logo decidi que precisava de um café expresso profissional em casa, mas não tinha dinheiro para comprar uma boa máquina. Comecei a bisbilhotar leilões de restaurantes e dei sorte de encontrar um lugar que ficou trancado com cadeado por semanas e comida apodrecendo dentro depois de uma operação policial da divisão de narcóticos. Como eu era um dos poucos compradores em potencial dispostos a suportar o fedor durante o leilão, saí com uma belíssima Rancilio de dois grupos, vintage dos anos 1980, por apenas cem dólares. E assim começou minha jornada de muitos anos no mundo do café expresso.

Isso foi no final da década de 1990. O estado da arte do café expresso mudou bastante desde então, e muitas pessoas inteligentes dedicaram vários anos de estudo a essa pequena dose de líquido escuro. Este é um livro sobre coquetéis, e não sobre café, então vou evitar entrar em detalhes aqui, mas quero apresentar minha abordagem para um desafio que estabeleci para mim mesmo: capturar o que eu valorizo em um expresso, mas na forma de um coquetel. Esses coquetéis não contêm necessariamente café expresso; eles apenas incorporam o que há de bom nele.

Uma observação rápida sobre outras formas de café: nunca consegui me empolgar com café coado, café gelado ou café com leite. Não gosto de coisas com sabor de café, nem mesmo sorvete de café. Não estou contando isso porque seja algo de que eu me orgulhe – só quero que fiquem claras minhas tendências para que se possa julgar melhor o restante desta parte do livro.

Tirando um shot de expresso.

CARACTERÍSTICAS DO EXPRESSO: O QUE ESTAMOS BUSCANDO

Para esta discussão, eu defino café expresso como 1 ½ onça (45 mL) de café preparado com 15 gramas de café moído na hora compactado em 22 segundos usando água a 92 °C a uma pressão de 135 psi (9,3 bar). Eu uso mais pó de café e menos água do que um tradicional italiano do norte, e menos pó de café e mais água do que um barista americano moderno. Sinta-se à vontade para discordar da minha proporção.

O expresso deve ser forte e agradavelmente amargo, mas não acre. Não deve exigir açúcar. Portanto, quero que meu coquetel de café tenha um sabor forte de café e evite acridez e dulçor.

A alta pressão sob a qual o café expresso é preparado faz com que uma espuma, chamada crema, se forme na parte superior. As bolhas que formam essa espuma na verdade estão presentes em todo o café. A alta pressão também faz com que os óleos do café se emulsifiquem no líquido (o café expresso, ao contrário do café coado, é uma emulsão). A formação de espuma e a emulsificação conferem ao expresso sua opacidade, corpo e textura característicos. A textura do expresso desaparece rapidamente, assim como a textura de um coquetel batido. Então, para recriar o corpo do café expresso em um coquetel, definitivamente não vamos mexer – mexer é para drinques límpidos, e nosso objetivo é exatamente o oposto. Para obter a textura que procuro, precisaremos usar agitação e carbonatação.

DRINQUES COM EXPRESSO QUE DE FATO CONTÊM EXPRESSO

O expresso é um ingrediente ideal para coquetéis, pois oferece seu sabor intenso em pequenas doses, do tamanho de um coquetel. O café coado não consegue competir com o expresso em coquetéis, pois usa muita água. Se você tentar fazer um café coado forte o suficiente para conter a diluição, ele ficará acre. Você pode pensar que o concentrado de cold brew, que se tornou popular recentemente, seria um bom substituto, já que, assim como o expresso, ele é amargo sem ser acre. Mas o sabor não é o mesmo.

O uso do café expresso no lugar do café coado atende aos nossos primeiros critérios para um coquetel de café: forte, mas não acre. Para nos ajudar a resolver o problema mais difícil, que é a textura, vamos dar uma olhada rápida no café gelado.

EXPRESSO GELADO

Café gelado é uma das poucas coisas que faço muito, embora deteste. Minha esposa adora café gelado e não consegue entender meu desprezo. Na tentativa de fazer um café gelado que agradasse aos dois, concentrei-me em melhorar a textura. Uma simples agitação foi a resposta. O expresso batido com gelo e um pouco de açúcar – um *caffè shakerato*, na Itália – tem uma ótima textura, mas deve ser consumido rapidamente. Adicione leite e seu problema de textura desaparecerá completamente. O leite é uma máquina de fazer espuma. Um expresso gelado batido com leite é uma bebida muito boa, mesmo para quem odeia. Se você não experimentou nenhuma outra receita deste livro, mas gosta de um café gelado, experimente esta. Sua vida ficará melhor com isso!

Shakerato com leite

RENDE UM DRINQUE DE 197 ML COM 0% DE TEOR ALCOÓLICO, 4,7 G/100 ML DE AÇÚCAR E 0,34% DE ACIDEZ

INGREDIENTES

1 ½ onça (45 mL) de expresso tirado na hora, resfriado até pelo menos 60 °C

3 onças (90 mL) de leite integral

½ onça (15 mL) de xarope simples

2 gotas de solução salina ou uma pitada de sal

Muito gelo

MODO DE PREPARO

Misture os ingredientes e agite freneticamente. Coe e sirva em um copo gelado ou em um copo alto com um pouco de gelo e um canudo. Se preferir uma versão sem leite, omita o leite, agite um pouco mais e sirva em uma taça coupe gelada.

EXPRESSO GELADO ALCOÓLICO

O acréscimo de álcool ao shakerato atrapalha a diluição e o corpo da bebida. Para obter a textura certa com uma bebida alcoólica, sugiro que use creme de leite no lugar do leite e deixe o expresso esfriar um pouco mais.

Shakerato alcoólico

RENDE UM DRINQUE DE 234 ML COM 10,2% DE TEOR ALCOÓLICO, 3,9 G/100 ML DE AÇÚCAR E 0,29% DE ACIDEZ

INGREDIENTES

1 ½ onça (45 mL) de expresso tirado na hora e resfriado a 50 °C

2 onças (60 mL) de rum escuro (40% de teor alcoólico; nada muito pungente)

1 ½ onça (45 mL) de creme de leite fresco (se preferir, você pode usar creme de leite normal ou mesmo uma mistura de 50% de leite integral com 50% de creme de leite, mas o drinque não ficará tão bom)

½ onça (15 mL) de xarope simples

2 gotas de solução salina ou uma pitada de sal

Muito gelo

MODO DE PREPARO

Misture os ingredientes e agite. Coe dentro de um copo duplo tipo old-fashioned gelado (o drinque não cabe em uma taça coupe).

ACIMA: Shakerato alcoólico com creme de leite, agitado com gelo normal.
ABAIXO: Shakerato alcoólico com leite – sem creme de leite.

Shakerato alcoólico 2

Outra opção para manter a textura sem adicionar creme de leite: congele o leite em cubos de gelo e agite com eles. Esta é uma variação do método de agitação com suco na seção "Resfriamento alternativo", p. 140.

RENDE UM DRINQUE DE 225 ML COM 10,7% DE TEOR ALCOÓLICO, 4,1 G/100 ML DE AÇÚCAR E 0,3% DE ACIDEZ

INGREDIENTES

- 1 ½ onça (45 mL) de expresso tirado na hora e resfriado a 50 °C
- 2 onças (60 mL) de rum escuro (40% de teor alcoólico; nada muito pungente)
- ½ onça (15 mL) de xarope simples
- 2 gotas de solução salina ou uma pitada de sal
- 3 ½ onças (105 mL) de leite integral congelado em cubos

MODO DE PREPARO

Misture os ingredientes líquidos e agite com os cubos de leite congelado até que todo o gelo fique com textura de neve derretida. Você deve conseguir ouvir o barulhinho na sua coqueteleira. Coe dentro de um copo tipo old-fashioned duplo gelado (o volume é demais para uma taça coupe).

Shakerato alcoólico 2 feito com cubos de leite congelado.

TEXTURA SEM AGITAR: BOLHAS

O expresso é basicamente uma bebida cheia de bolhas – bolhas de dióxido de carbono (CO_2), na verdade. O processo de torrefação do café forma o dióxido de carbono dentro dos grãos. Assim que você força a água pressurizada através do pó de café, o CO_2 se dissolve na água da infusão. Quando a água quente atinge a pressão atmosférica, o CO_2 dissolvido borbulha, como acontece em uma garrafa de refrigerante quente, formando a espuma do expresso. Conforme os grãos de café envelhecem e ficam rançosos, o CO_2 se esgota em seu interior, fazendo com que os grãos tenham um sabor desagradável e retirando seus poderes de texturização.

Já que as bolhas no café expresso são apenas CO_2, por que não simplesmente carbonatar um coquetel de café expresso gelado para obter a textura que eu quero? Porque o café gaseificado tem um gosto estranho, é por isso. (Existe no mercado um refrigerante de café, chamado Manhattan Special, que agrada a algumas pessoas – não sou uma delas.) A quantidade de CO_2 em um expresso é pequena porque a água do preparo é muito quente; lembre-se, a quantidade de CO_2 solúvel em um líquido é inversamente proporcional à sua temperatura. Você nunca descreveria o expresso como algo gaseificado, certo? Para obter bolhas sem o sabor picante do CO_2, use óxido nitroso (N_2O), que cria bolhas muito parecidas com as do CO_2, mas com sabor doce.

Tenho um grande cilindro de óxido nitroso, então consigo fazer bebidas com N_2O da mesma forma que faria com CO_2. A maioria das pessoas, exceto os dentistas, não conseguirá comprá-lo em grandes quantidades, mas felizmente o N_2O é fácil de adquirir em forma de cápsula; consulte a seção sobre infusões rápidas, p. 189. Então vamos preparar esse drinque em um sifão iSi.

Expresso nitroso

Esteja ciente de que o café expresso espuma demasiadamente quando você adiciona bolhas a ele, então, embora você possa fazer dois drinques por vez, tome cuidado para não encher demais o sifão. Observe também que o óxido nitroso é doce; então, conforme o drinque permanece no copo e o óxido nitroso é eliminado pelas bolhas, o sabor se torna cada vez menos doce. Se você deixar uma bebida nitrosa passeando dentro da boca antes de engolir, ela lhe dará uma explosão de dulçor conforme mais óxido nitroso é liberado do líquido. Embora por questão de padrão eu dê a receita para um único drinque, é melhor usá-la dobrada.

RENDE UM DRINQUE DE 165 ML COM 12,7% DE TEOR ALCOÓLICO, 5,6 G/100 ML DE AÇÚCAR E 0,41% DE ACIDEZ

INGREDIENTES

1 ½ onça (45 mL) de expresso

1 ¾ de onça (52,5 mL) de vodca (40% de teor alcoólico)

½ onça (15 mL) de xarope simples

1 ³⁄₇ de onça (52,5 mL) de água filtrada

2 gotas de solução salina ou uma pitada de sal

EQUIPAMENTO

Duas cápsulas de 7,5 gramas de N_2O

MODO DE PREPARO

Misture todos os ingredientes no sifão iSi e leve ao freezer até quase congelar (isso também irá resfriar seu sifão). Feche o sifão e carregue com uma cápsula de N_2O. Agite e depois aperte o gatilho enquanto segura uma toalha sobre o bico para desaerar a bebida (tente não espirrar café para todos os lados; acredite, faz sujeira). Agora carregue com uma segunda cápsula e agite durante pelo menos 12 segundos. Deixe o sifão quieto em algum lugar por cerca de 90 segundos. Lentamente – lentamente mesmo – aperte o gatilho do sifão. Aqui a ideia é preservar as bolhas. Sirva em uma taça flute gelada.

DRINQUES DE EXPRESSO QUE NÃO CONTÊM EXPRESSO

No início de minhas experiências com coquetéis, me interessei pela destilação como método para preservar o aroma e ao mesmo tempo remover o amargor. Tentei, então, fazer um destilado de café sem amargor e, portanto, sem necessidade de açúcar. Sem sucesso. Nenhuma das destilações que fiz, fosse com café em pó ou preparado, tinha gosto de café bom e forte, nem de longe. Acontece que o sabor do café não é reconhecível sem todo aquele material amargo e pesado que não destila. Quando a destilação falhou, recorri às infusões, mas nada tinha o sabor certo... até que desenvolvi uma infusão nitrosa rápida. Sem uma infusão rápida, minhas misturas de café ficavam muito fracas ou tinham um sabor amargo persistente e desagradável. A infusão rápida me permitiu fazer uma infusão de café que *funcionava* como um expresso, com sabor de café puro e forte, com seu agradável amargor e sem acridez. Essa infusão exigia apenas um pouco de açúcar quando usada em um coquetel. O único problema com minhas infusões de café agora era que elas ainda precisavam de leite para atingir a textura certa. Dá para imaginar como me senti com isso. Minha segunda descoberta veio com a técnica de milk washing (revisite a seção "Milk washing", p. 267). No milk washing, você adiciona leite ao destilado, permite que o leite talhe ou o força a isso e depois coa os sólidos. Os destilados resultantes mantêm as proteínas do soro do leite e produzem drinques cremosos e espumosos, mas sem o sabor lácteo.

Finalmente um café gelado que me agradava, e muito! A receita a seguir é uma variação da receita da seção sobre infusão rápida, na qual uso grãos de selim, uma especiaria da África Ocidental, para fazer o Café Touba (p. 204). A base do destilado é rum envelhecido. Primeiro, a infusão:

COQUETEL DE COFFEE ZACAPA

INGREDIENTES PARA COFFEE ZACAPA

750 mL de rum Ron Zacapa 23 Solera, dividido em uma porção de 500 mL e outra de 250 mL

100 mL de água filtrada

100 gramas de grãos de café em torra mais para escura

185 mL de leite integral

Ácido cítrico ou suco de limão-siciliano, se necessário

MODO DE PREPARO

Moa o café em um moedor de especiarias até que fique um pouco mais fino do que a moagem para café coado. Misture 500 mL de rum com o café em um sifão iSi de meio litro, carregue com uma cápsula, agite e adicione uma segunda cápsula. Agite por mais 30 segundos. O tempo total de infusão deve ser de 1 minuto e 15 segundos. Libere a pressão apertando o gatilho. Ao contrário da maioria das infusões, não espere que o borbulhamento pare, ou o destilado ficará infusionado em excesso. Então deixe descansar por apenas 1 minuto e depois passe por uma peneira de malha fina sobre um filtro de café. Se você passar a mistura diretamente pelo filtro de café, ele provavelmente entupirá muito rápido. A mistura deve passar em 2 minutos, se não, sua moagem foi fina demais. Mexa a borra que ficou no filtro de café, depois adicione a água uniformemente sobre o pó e deixe escorrer (isso é chamado de sparging). Essa água substituirá a parte do rum que ficou preso na borra durante a infusão. O líquido que sai da borra deve ser composto de cerca de 50% de água e 50% de rum.

A essa altura, você deve ter perdido por volta de 100 mL do líquido para a borra. Praticamente metade desse líquido perdido é água, e a outra metade é rum, então seu produto final tem um teor alcoólico levemente mais baixo do que a mistura inicial.

Prove a infusão. Se estiver forte (o que é bom), acrescente mais 250 mL de rum ao destilado. Se a infusão não aguentar ser atenuada sem perder o sabor do café, a moagem estava grossa demais; não adicione mais rum e reduza a quantidade de leite que você usa no washing para 122 mL.

Enquanto mexe, adicione o rum de café ao leite, e não o contrário, para que o leite não talhe instantaneamente. Pare de mexer e deixe a mistura talhar, o que deve acontecer em cerca de 30 segundos. Se não talhar, adicione um pouco de solução de ácido cítrico a 15% ou suco de limão aos poucos até talhar e não mexa enquanto estiver coagulando. Assim que o leite talhar, use delicadamente uma colher para movimentar os coágulos sem quebrá-los. Essa etapa ajudará a capturar mais caseína do leite e a produzir um produto mais límpido. Deixe a mistura repousar durante a noite na geladeira em um recipiente redondo; os coágulos vão assentar no fundo e você pode despejar o destilado límpido que ficou por cima. Coe os coágulos em um filtro de café para obter o restante da bebida alcoólica. Outra possibilidade é passar o destilado por uma centrífuga a 4.000 ×g por 10 minutos logo depois que talhar. É o que eu faço.

TEOR ALCOÓLICO FINAL APROXIMADO: 35%
RENDE UM DRINQUE DE 117 mL COM 15,8% DE TEOR ALCOÓLICO, 7,9 G/100 mL DE AÇÚCAR E 0,38% DE ACIDEZ

INGREDIENTES PARA UM COQUETEL DE COFFEE ZACAPA

2 onças (60 mL) de Coffee Zacapa

½ onça (15 mL) de xarope simples

2 gotas de solução salina ou uma pitada de sal

Gelo

MODO DE PREPARO

Agite todos os ingredientes em uma coqueteleira e coe dentro de uma taça coupe gelada. O drinque deve ficar cremoso e espumoso.

PASSOS FUTUROS

Tenho vontade de revisitar a destilação do café, que não tentei mais desde minhas primeiras malfadadas tentativas. Talvez seja possível criar um superdestilado de café destilando primeiro o álcool com café e depois infusionando esse mesmo álcool com pó de café, para criar um duplo efeito de café.

Gostaria de experimentar alterar o procedimento de extração do café expresso especificamente para coquetéis. A quantidade de espuma em um expresso depende, como discutimos, da quantidade de CO_2 nos grãos torrados. Quanto mais escura a torra do café, mais CO_2 está presente e, portanto, mais espuma é gerada. Mas a espuma do expresso tem maior estabilidade se você usar café de torra média, então eu gostaria de usar um café de torra média e complementar o CO_2 durante o processo de preparo. Se eu tiver sorte, isso me permitirá preparar uma dose de 1 ½ onça (45 mL) de café expresso diretamente em uma dose de uma onça de álcool para produzir doses de café expresso quente com boa textura. Em casa, minha máquina de café expresso fica ligada à linha de água filtrada, assim como meu carbonatador. Seria bastante simples conectar a saída do meu carbonatador à entrada da minha máquina de café expresso. Se eu preparar o café com água gaseificada, devo obter mais espuma – espero. Minha máquina de café expresso usa um trocador de calor para aquecer a água de preparo, o que significa que a água usada para o preparo do café passa da temperatura ambiente para a quente muito rápido e fica sob pressão total de 135 psi (9,3 bar) durante todo o tempo em que está sendo aquecida e liberada. Pode funcionar.

Também gostaria de experimentar uma extração direta para coquetéis quentes usando bebida alcoólica misturada com água em uma máquina de café expresso. Pode ficar bom ou pode ficar terrível. Só sei que vou aprender muito tentando.

O Gim-Tônica

Termino este livro no mesmo ponto em que começou minha jornada na coquetelaria: com o Gim-Tônica. Esse é o primeiro drinque que me lembro de ver meu pai preparar. Ele costumava preparar um para ele e uma tônica com limão para mim. Foi o primeiro coquetel que analisei de perto e me inspirou a desenvolver muitas de minhas técnicas. Penso nisso diariamente. O Gim-Tônica rende uma reflexão profunda.

O Gim-Tônica é aparentemente muito simples: os ingredientes são gim, água tônica e um pouco de limão. A promessa do G&T é incrível: vibrante e refrescante, mais para seco, um pouco ácido, levemente amargo, aromático, cristalino e com muitas bolhas. Mas os G&Ts quase sempre decepcionam. Às vezes há gim demais e, portanto, pouca carbonatação. Às vezes há gim de menos e, portanto, poucos aromas e excesso de dulçor. Com muita frequência, gim quente e água tônica morna são despejados sobre grandes quantidades de um gelo aguado, basicamente produzindo um drinque com sabor de água. Como algo tão simples no conceito pode ser tão difícil na prática? A resposta é simples. É *impossível* fazer um bom Gim-Tônica utilizando técnicas tradicionais. Sim, impossível. *Não* existe uma proporção de gim para tônica com o equilíbrio certo de sabores e carbonatação suficiente. Você pode achar que estou exagerando, que fui estragado por anos bebendo água tônica pura com meu pai. Mas acho que, se você olhar lá no fundo, vai concordar que também está insatisfeito com as bolhas de um Gim-Tônica tradicional, mesmo que – ou especialmente se – o G&T seja um de seus drinques favoritos.

O MELHOR G&T QUE VOCÊ PODE CRIAR SEM MUITA INVENCIONICE

O melhor Gim-Tônica que você pode fazer com técnicas tradicionais usa um gim guardado no freezer e água tônica de uma garrafa nova que você tenha mantido em água com gelo (se realmente precisar, use água tônica que tenha sido apenas refrigerada, mas a mantenha na parte mais fria da geladeira – a parte que acidentalmente congela a alface de vez em quando). Por "garrafa nova" não quero dizer apenas fechada, quero dizer comprada recentemente. As garrafas de plástico perdem a carbonatação a um ritmo alarmante, e as garrafas menores perdem a carbonatação mais rápido do que as maiores. Garrafas de 600 mL podem perder uma quantidade considerável de carbonatação em um mês, em temperatura ambiente. Se você comprar água tônica em garrafa de vidro ou lata – ambas impermeáveis a gases –, o tempo de armazenamento não é importante.

 Antes de preparar o drinque, você deve decidir em qual copo servi-lo. Para meus G&Ts, normalmente escolho uma taça de champanhe (e sem gelo), mas sempre uso carbonatação forçada. Nesse cenário sem força, a taça de champanhe parece inapropriada, e é melhor servir a bebida com gelo em um copo highball padrão. Você adicionará 1 ¾ de onça (52,5 mL) de gim e 3 ¼ de onças (97,5 mL) de água tônica ao copo para fazer uma bebida de 5 onças (150 mL). É possível medir o gim com um dosador, mas não meça a água tônica dessa maneira, do contrário terá muita perda de carbonatação. Em vez disso, antes de preparar seu drinque, meça 150 mL de água no copo, observe onde está o nível da água e memorize. Experimente despejar água livremente no copo até o mesmo nível, no olho, e depois meça o quanto de precisão você obteve. Depois de algumas tentativas, você provavelmente chegará a uma precisão de ¼ de onça ou ficará melhor a cada vez. Além disso, pode tentar aprender onde fica a linha para 1 ¾ de onça em seu copo para que consiga servir o gim sem medir, mas eu usaria um dosador. Agora você está pronto para fazer o drinque.

Vários minutos antes da hora de servir o drinque, certifique-se de que seu copo esteja gelando no freezer. Corte um limão-taiti em quatro gomos, você precisará de um por drinque. Na hora de servir, retire o copo e o gim do freezer e despeje 1 ¾ de onça (52,5 mL) de gim no copo *antes de colocar a tônica*. Em seguida, incline o copo a um ângulo de 45 graus, despeje lentamente a água tônica gelada nele ao mesmo tempo que levanta o copo devagar até a posição vertical, e pare de despejar quando atingir a marca dos 150 mL que você memorizou anteriormente. A ordem das operações é importante, para que os dois ingredientes se misturem bem, sem

TRABALHO ÁRDUO PARA O BEBEDOR PREGUIÇOSO – O GIM-TÔNICA RUDIMENTAR: *1) Deixe o copo e o gim gelando previamente no freezer e coloque o gim no copo. 2) Incline o copo e complete com água tônica gelada. 3) Agora esprema um limão-taiti por cima e, 4) com cuidado, coloque dentro do copo gelo não temperado. 5) Coloque o limão sobre o drinque e beba, seu preguiçoso.*

quaisquer atividades de liberação de bolhas, como mexer. Despejar a tônica no gim mistura melhor do que despejar o gim na tônica. A água tônica é mais densa do que o gim (mesmo o gim em temperatura de freezer), então a tônica vai afundar no gim. Além disso, como a receita leva mais tônica do que gim, a mistura dos dois líquidos terá mais eficiência ao adicionar o volume maior ao menor. Como bônus, adicionando-se gim ao copo primeiro, ele derreterá quaisquer cristais de gelo perdidos que estejam dentro do copo – cristais que se tornariam pontos de nucleação de bolhas e causariam espuma abundante se a tônica os atingisse.

Em seguida, esprema do gomo de limão a quantidade de suco que desejar no drinque. O acréscimo do limão antes da tônica ajudaria a misturar melhor o drinque, mas o suco de limão contém pontos de nucleação de bolhas e surfactantes estabilizadores de bolhas que causariam estragos na carbonatação da tônica se adicionado antes.

Por fim, adicione gelo em temperatura de freezer – não gelo temperado. Não jogue o gelo no drinque de qualquer jeito. Deslize suavemente as pedras para dentro do copo usando uma bailarina. É importante adicionar o gelo por último; se ele entrar no copo antes dos líquidos, poderá promover a formação de espuma à medida que a tônica for despejada e apresentará uma barreira à mistura. Adicionado no final, o gelo promove a mistura. Se você usar gelo tirado direto do freezer, adicionará pouca diluição adicional. Os cubos de gelo vão trincar devido ao choque térmico, mas nesta aplicação não há problema. Coloque o gomo de limão no topo do copo, se você gosta desse tipo de coisa. Se você deixar cair o limão diretamente no líquido, isso criará uma nucleação constante de bolhas, mas, em nosso cenário com gelo, o limão ficará logo acima do drinque, deixando as bolhas ilesas e conferindo um aroma agradável quando o copo é levado até os lábios.

Se tiver um SodaStream ou algum outro aparelho de carbonatação forçada, você pode pegar esta receita – 1 ¾ de onça (52,5 mL) de gim e 3 ¼ de onças (97,5 mL) de água tônica – e colocar a mistura no freezer até que os cristais comecem a se formar; em seguida, force a carbonatação de acordo com as instruções na seção "Carbonatação", p. 288 (para um SodaStream, você terá que dobrar a receita). Nesse caso, eu serviria o drinque em uma taça de champanhe gelada sem gelo – você merece. Esprema o limão com o drinque já na taça e não coloque o limão nela, a menos que queira estragar sua carbonatação. Clarifique primeiro o suco de limão para obter um resultado ainda melhor.

O CAMINHO DO G&T

Em 2005, percebi que nunca ficaria satisfeito com um G&T tradicional. Foi um momento profundo. Descobri que a carbonatação era um ingrediente e sabia que precisava dominá-la para poder separar o volume da tônica da quantidade de bolhas do coquetel. Eu me senti compelido a desconstruir todo o Gim-Tônica e reconstruí-lo a partir dos primeiros princípios. Não vou entrar em detalhes sobre minhas dificuldades com a carbonatação aqui, porque as discuto até cansar na seção "Carbonatação". Falemos dos outros ingredientes – a água tônica e o gim.

TÔNICA PARA INICIANTES

Água tônica é uma mistura de água, algum adoçante (geralmente xarope de milho rico em frutose nos Estados Unidos), ácido cítrico, sulfato de quinina e "sabores". Curiosamente, muita gente acredita que a água tônica não é doce nem calórica, assim como a água com gás. Pelo contrário. A água tônica é tão doce quanto o refrigerante, e geralmente tem entre 9,5 e 10% de açúcar por peso.

Gosto de água tônica, sempre gostei. Não quero reinventar a tônica ou adicionar novos sabores. O que eu quero é uma tônica hiperfresca, supervibrante, cristalina e com sabor impecavelmente limpo – a segunda bebida mais refrescante do mundo (atrás da água com gás).

O QUININO

O ingrediente que diferencia a água tônica de outros refrigerantes de limão é o quinino, um alcaloide vegetal intensamente amargo que apresenta fluorescência intensa sob luz ultravioleta ou negra (fato conhecido por muitos frequentadores de casas noturnas). O quinino vem da casca de uma árvore sul-americana chamada cinchona e tem sido usado como erva medicinal nas regiões que compreendem a Bolívia e o Peru atuais desde a pré-história. No século XVI, os europeus começaram a utilizá-lo como cura para a malária; o que lhes foi imensamente importante para seu projeto de colonização em partes do mundo afetadas pela doença no século XIX. Ainda no século XIX, as pessoas aprenderam que tomar pequenas quantidades de quinino semanal ou diariamente protegia contra a malária. Assim nasceu a água tônica. A quantidade de quinino presente na água tônica de hoje não é suficiente para funcionar como um profilático eficaz, mas em alguns países com problemas de malária, como testemunhei no Senegal, as pessoas consomem regularmente a tônica na esperança de se prevenirem contra a doença.

Os artigos que li sobre a profilaxia da malária indicam que uma dose diária eficaz é de cerca de 0,3 grama de sulfato de quinina. O limite legal dos Estados Unidos para o sulfato de quinina em água tônica é de 85 miligramas por litro, então você teria que beber 3,5 litros para uma proteção eficaz. Isso é muito, e a água tônica comercial geralmente contém muito menos quinino do que o limite legal permitiria.

Eu queria arranjar um pouco de quinino. Pensei em arrumar um pouco de casca de cinchona, o que é relativamente fácil, e macerá-la, mas as decocções de cinchona são marrons e contêm detritos suspensos mesmo depois de passadas por um filtro de café. Como meu G&T ideal é cristalino, essa abordagem não funcionaria. Na época dos meus primeiros experimentos, eu não tinha desenvolvido nenhuma boa técnica de clarificação, então imaginei que a casca estragaria minha carbonatação. O quinino não é a única substância da cinchona, então eu também tinha certeza de que acabaria introduzindo alguns sabores indesejados. Decidi que precisava obter o quinino puro.

Não foi fácil encontrar quinino purificado. O quinino às vezes é usado no tratamento de cãibras noturnas nas pernas e, até 1994, você conseguia comprá-lo sem receita para esse fim nos Estados Unidos. Na época dos meus primeiros experimentos, ele era receitado rotineiramente pelos médicos. Minha mãe é médica, pensei, então seria tranquilo! "De jeito nenhum", ela disse sem hesitar. Além das óbvias violações éticas, segundo ela, não havia nenhuma maneira de ela me prescrever uma receita de um medicamento potencialmente prejudicial que eu planejasse servir em um coquetel. Aparentemente, consumir quinino em excesso causa uma síndrome conhecida como cinchonismo, com sintomas desagradáveis que vão desde simples náuseas e tonturas até a mais assustadora perda auditiva temporária e cegueira, passando pela morte por parada cardíaca ou insuficiência renal. Felizmente, o quinino é muito amargo e, portanto, quase impossível de causar uma overdose acidental – *se* usado corretamente. Eu aleguei que ninguém beberia voluntariamente um coquetel com quinino em excesso. Minha mãe (não surpreendentemente) me ignorou. Acabei comprando o quinino em uma loja de produtos químicos. Você deve ser extremamente cuidadoso com o que compra de um fornecedor de produtos químicos. Muitos desses produtos vêm em diferentes graus. Nos Estados Unidos, se você

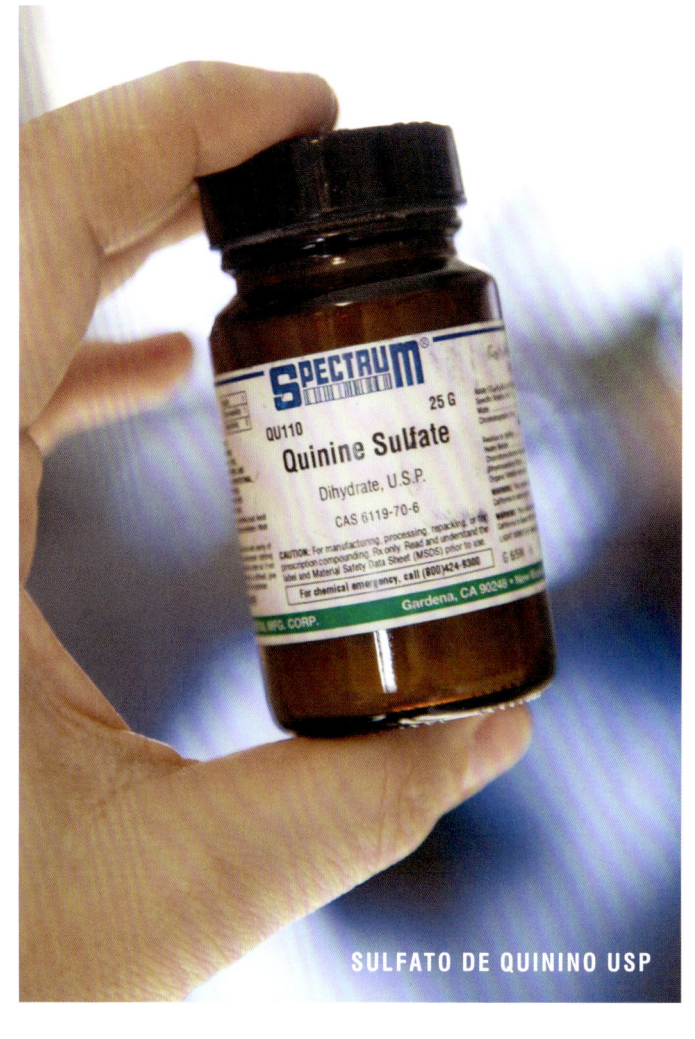

SULFATO DE QUININO USP

estiver usando um produto químico para alimentos ou bebidas, ele precisa ser de grau USP (United States Pharmacopeia), grau alimentício ou equivalente. Produtos químicos de qualidade inferior podem conter impurezas perigosas. Essa é uma boa dica de segurança geral. Infelizmente, o sulfato de quinino de grau USP é caro. Quando este livro foi escrito, 10 gramas do produto custavam quase US$ 100 em uma loja de produtos químicos, e 100 gramas custavam quase US$ 500.

ORIENTAÇÕES IMPORTANTES DE SEGURANÇA SOBRE O QUININO

O quinino é perigoso se usado incorretamente. Apenas um terço de 1 grama, que era a dose terapêutica para a profilaxia da malária antigamente, é suficiente para causar sintomas leves de cinchonismo em algumas pessoas. Vou repetir: um terço de 1 grama. **Nunca deixe ninguém que não esteja ciente dos cuidados de segurança com o quinino trabalhar com a substância.** O quinino deve ser diluído antes de ser consumido. Eu pré-diluo fazendo xarope simples de quinino e uso uma escala com precisão de um centésimo de grama. A menos que você use uma escala bastante precisa, você não deve trabalhar com quinino. Depois que o quinino é diluído até uma concentração segura, não há perigo real de overdose, a não ser que algum maluco ingira um litro inteiro do seu xarope simples de quinino.

Mais uma vez: **não tente usar quinino em pó não diluído**. A quantidade de quinino em pó necessária para um único drinque é extremamente pequena, quase impossível de medir. Mesmo que você pudesse medi-lo corretamente, o quinino tende a empelotar e é difícil de dissolver; não conseguimos sentir os grumos se eles não atingirem sua língua, então eles não nos alertam sobre uma medição incorreta e possível overdose. Para ter certeza de que está completamente dissolvido, você deve verificar todos os xaropes de quinino que fizer e passá-los por uma peneira de malha fina como etapa final.

USANDO QUININO E CINCHONA

Nas minhas primeiras experiências, preparei água de quinino para coquetéis para poder alterar o amargor sem mexer em quaisquer outros componentes, como dulçor e acidez. Depois de anos aprimorando minha receita, agora adiciono quinino diretamente ao xarope simples. Acho o xarope muito mais fácil de usar, preparar, armazenar e dosar. Esta é a minha receita:

Xarope simples de quinino

RENDE 1 LITRO

INGREDIENTES

0,5 grama de sulfato de quinino USP

1 litro de xarope simples (misturar 615 gramas de água e 615 gramas de açúcar até dissolver totalmente o açúcar; note que esses ingredientes são dados por *peso*, mas produzem 1 litro de xarope em *volume*)

MODO DE PREPARO

Pese cuidadosamente o quinino em um recipiente pequeno, totalmente seco, antiaderente e não estático. Não pode haver nenhum quinino grudado no recipiente de medição. Guarde o resto do quinino em local seguro. Coloque o xarope simples em um liquidificador e o quinino no xarope enquanto o liquidificador está ligado. Deixe o liquidificador bater por mais ou menos um minuto em velocidade média. Desligue o liquidificador e espere que as bolhas saiam da solução de xarope. Deve estar límpido, sem nenhuma partícula de quinino. Se você ainda vir um pó branco, bata um pouco mais. Coe o xarope por uma peneira fina e coloque-o em um recipiente de armazenamento.

Faça a receita como descrevi e, antes de alterá-la, experimente-a. Se você achar minha receita amarga demais para o seu gosto, adicione xarope simples normal em vez de fazer a receita com menos quinino. Pode ser complicado medir e separar menos de 0,5 grama com precisão em ambientes de bares. Se você achar que esse xarope não é amargo o suficiente, você terá um problema mais complicado. Meio grama de sulfato de quinino por litro de xarope simples está no limite da solubilidade do quinino. Seria difícil dissolver mais. Você teria que fazer um xarope com menos açúcar do que o xarope 1:1. Infelizmente, os xaropes mais fracos não terão uma vida útil tão longa.

Aliás, o limite de solubilidade do quinino é uma das belezas desta receita. Se você tomar todas as precauções – verificações visuais, coagem –, é muito difícil ter uma overdose de quinino usando esta receita. O dulçor-padrão da água tônica é de 10% de açúcar por peso, então um litro de tônica feita com nosso xarope terá 170 mL (208 gramas) de xarope simples de quinino e, portanto, 0,069 grama de quinino – muito menos do que o limite legal de 0,083 grama por litro. Mesmo para chegar ao limite com este xarope, você teria que fazer água tônica com quase 13% de açúcar em peso, o que seria intragavelmente doce.

Se preferir não usar quinino, você pode trabalhar com a casca da cinchona da seguinte maneira:

Xarope de cinchona

RENDE 1,2 LITRO

INGREDIENTES

20 gramas (cerca de 3 colheres de sopa) de casca de cinchona em pó (disponível pela internet ou em lojas de ervas; se não encontrar em pó, moa lascas da casca em um moedor de especiarias)

750 mL de água filtrada

750 gramas de açúcar cristal

MODO DE PREPARO

Adicione a casca em pó à água em uma panela e leve para ferver em fogo de médio para alto.

Abaixe o fogo e cozinhe por 5 minutos, depois deixe esfriar. Passe por uma peneira fina e em seguida por um filtro de café. Pressione a casca para extrair o líquido (ou então centrifugue a água da cinchona). Volte a diluir a água da cinchona até 750 mL (você perde um pouco de água no processo de infusão) e acrescente o açúcar. Bata até dissolver.

CASCA DE CINCHONA

O LIMÃO E O GIM

Além de quinino e açúcar, a água tônica contém ácido cítrico e "sabores". Para o meu paladar, esses sabores são apenas limão-taiti, ou possivelmente limão-siciliano e taiti. Uma das minhas grandes queixas com a água tônica comercial é quanto ao sabor cítrico fraquinho. Depois que dominei o quinino, surgiu um problema mais difícil: o limão. Em 2006, eu ainda não tinha desenvolvido um bom método de carbonatar líquidos que contivessem suco. Eu ainda não havia desenvolvido nenhuma das minhas técnicas de clarificação, então só poderia usar a clarificação por congelamento e descongelamento de gelatina, que levava vários dias para ser concluída, ou uma clarificação tradicional tipo a do consomê, que envolvia fervura. Nenhuma das duas servia. O suco de limão deve ser usado no dia em que for espremido e nunca deve ser aquecido.

DE ONDE VEM O QUININO DA ÁGUA TÔNICA INDUSTRIALIZADA

Muita gente na internet afirma que a maior parte do quinino usado na tônica é sintético, e essas mesmas pessoas provavelmente alegariam que o quinino que compro em uma loja de suprimentos também é sintético. Não consigo encontrar um pingo de evidência plausível (isto é, com uma fonte rastreável) de que isso seja verdade. Muito pelo contrário. Tudo o que li indica que extrair quinino da casca da cinchona ainda é o método de produção mais barato. Você acha que as empresas de bebidas pagariam mais por um produto sintético? Eu não acho.

Eu vinha fazendo experimentos com destilação a vácuo em baixa temperatura em um evaporador rotativo improvisado, então tentei destilar o sabor do limão-taiti fresco em temperatura ambiente. Destilei suco de limão puro, suco de limão com casca e ambos misturados com gim. Eu gostei mais dos destilados sem as cascas, mas a verdadeira descoberta foi que o resultado do limão destilado com gim era infinitamente melhor do que o do limão destilado sozinho porque o etanol é muito melhor em reter voláteis do que a água. (Anos depois, descobri o segredo para destilar sabores de primeira qualidade sem o etanol: um condensador de nitrogênio líquido. O nitrogênio líquido congela todos os voláteis no condensador e os captura. Mas essa descoberta estava em um futuro distante naquele momento.) A capacidade de preservar todos os sabores que eu estava fervendo no meu equipamento improvisado era muito baixa, então logo atualizei para um evaporador rotativo vintage da década de 1980, adquirido no eBay por uns duzentos dólares.

Esse evaporador rotativo impulsionou meus esforços de destilação de limão e gim. Quando chegou, estava imundo e cheirava a tetracloreto de carbono. (Pelo menos, cheirava como a minha lembrança de tetracloreto de carbono. Minha professora de química do ensino médio, a Sra. Zook, guardava um estoque dele para os experimentos de seus alunos favoritos com solventes apolares.) Lavei aquele negócio minuciosamente. Era antigo e exigia muitos cuidados. Ao passar centenas de horas operando-o, aprendi muito sobre o que faz um evaporador rotativo funcionar.

Para começar, aprendi o que ele *não* destila. Os ácidos do suco de limão, por exemplo, não destilam. Nem os açúcares. Para fazer com que minhas destilações de limão e gim tivessem gosto de suco de limão, tive que adicionar novamente ácidos do limão-taiti. O suco desse limão contém uma mistura de ácidos cítrico e málico na proporção de 2:1, com uma pitada de ácido succínico. Essa foi minha primeira pista sobre por que a água tônica comercial não era tão boa quanto poderia ser: os fabricantes usam apenas ácido cítrico. O ácido cítrico sozinho tem gosto de limão-siciliano. Só quando você adiciona o ácido málico (que, sozinho, tem gosto de bala de maçã verde azedinha) é que a combinação começa a ter gosto de limão-taiti. Tanto o ácido cítrico quanto o málico são fáceis de obter, por isso é um crime que os fabricantes de tônica não adicionem o málico. O verdadeiro segredo do ácido, entretanto, foi a minúscula quantidade de ácido succínico que adicionei. Por si só, o ácido succínico tem um gosto terrível: ele é amargo, salgado, ácido, desagradável. Curiosamente, porém, em quantidades mínimas (alguns centésimos de um por cento) torna o sabor geral muito melhor.

Por volta dessa época, também comecei a fazer experimentos tentando destilar meu próprio gim. Eu acrescentava os sabores que queria – geralmente alguma combinação de manjericão tailandês, folha de coentro, laranja assada e pepino, com um pouco de zimbro para que eu pudesse chamar de gim. Algumas dessas destilações ficaram boas, mas nenhuma delas era realmente gim. Aprender a destilar fez com que eu passasse a ter um verdadeiro respeito pelos destiladores profissionais. Decidi deixar o gim para os profissionais.

O gim preferido do meu pai era o Bombay. Não o Bombay Sapphire, mas o tradicional Bombay London Dry, do rótulo verde. É um bom produto, que me agrada mais do que o Sapphire. Mas, quando faço Gim-Tônica, opto pelo Tanqueray. Este é o modo como preparo meu Gim-Tônica, desde mais ou menos 2007:

Faça uma mistura de dois para um de ácido cítrico e ácido málico e dissolva em água. Faça um xarope simples 1:1 (eu ainda não tinha começado a fazer o xarope simples de quinino). Prepare um pouco de água de quinino diluída. Esprema um monte de limão-taiti. Adicione o suco de limão ao Tanqueray e destile-o em um evaporador rotativo em temperatura ambiente com um condensador resfriado a pelo menos -20 °C para que 700 mL de líquido sejam destilados a partir de cada litro de gim usado. Pegue gelo. Despeje o gim em um pouco de gelo e mexa até ficar frio e parcialmente diluído (tome cuidado para não diluir demais nessa etapa). Adicione a mistura de ácido cítrico-málico a gosto, xarope simples, água de quinino, uma pitada de sal e uma pitada de ácido succínico. Experimente e ajuste (eu passava por quatro ou cinco rodadas adicionando isto ou aquilo até achar que estava com o gosto certo). Resfrie e carbonate (eu ainda não tinha nitrogênio líquido, então resfriava a mistura no mesmo resfriador que usava para o condensador do meu evaporador rotativo).

O GIM-TÔNICA COM TEOR ALCOÓLICO DE GIM

Meus experimentos de destilação com o G&T me levaram a algumas ideias ruins. O Gim-Tônica com teor alcoólico de gim foi um experimento para ver até onde eu conseguiria levar os sabores de um Gim-Tônica. Será que eu conseguiria fazer um shot de Gim-Tônica com o mesmo teor alcoólico do gim e que também tivesse um gosto bom? Claro que sim. Eu tinha um evaporador rotativo, então poderia facilmente tirar um pouco da água do gim e substituí-la por sabores tônicos; mas surgiram problemas.

Por vários motivos, eu sabia que um shot de G&T teria que ser servido bem gelado. Em primeiro lugar, porque o resfriamento atenua o impacto do álcool no nariz e na língua, com isso, os outros sabores não são dominados. Em segundo lugar, o resfriamento aumenta a quantidade de CO_2 que eu poderia colocar no destilado a qualquer pressão, e as misturas altamente alcoólicas precisam de muito CO_2 para terem um sabor realmente gaseificado. Eu sabia, por meio de testes com vodca pura, que os shots gelados ficam com um sabor melhor entre -16 °C e -20 °C, e que qualquer temperatura muito abaixo de -20 °C começa a ficar dolorosa. Estabeleci em -20 °C minha meta para a temperatura mais baixa possível que não fosse dolorosa. Mas um shot servido tão gelado assim traz seus próprios problemas. O equilíbrio entre açúcar e ácido depende da temperatura. A percepção que a língua tem do açúcar é atenuada pelo frio muito mais do que a percepção do ácido, então você precisa adicionar mais açúcar a um shot a -20 °C do que a um shot a -7 °C (como um de meus drinques carbonatados regulares) para obter o mesmo dulçor. Assim, Gim-Tônicas com teor alcoólico de gim só podem ser bebidos em uma faixa de temperatura muito restrita. Se você esfriar demais, mesmo que seja apenas alguns graus, vai queimar a língua das pessoas. Se permitir que aqueçam acima de -16 °C, os shots começarão a ter um sabor enjoativo e excessivamente alcoólico. O Gim-Tônica com teor alcoólico de gim ficava bom *somente* entre -16 °C e -20 °C – ou seja, apenas 4 °C de margem de segurança! Eu sabia que poderia servir os shots em perfeitas condições, mas, se as pessoas para quem eu o servisse demorassem para bebê-lo, o drinque esquentaria. Eu via as pessoas conversando enquanto o drinque virava uma porcaria em suas mãos, e aquilo me fazia suar frio. Percebi que não poderia forçar as pessoas a beber um shot imediatamente e de uma vez.

Esse experimento me fez desistir de drinques carbonatados com muito álcool, por isso agora sirvo coquetéis carbonatados com menor teor alcoólico. Eles são mais resistentes à temperatura, menos enjoativos e menos entorpecentes, e fico mais satisfeito com isso. O G&T com teor alcoólico de gim é uma façanha que não vou repetir novamente, mas aqui está a técnica se você tiver curiosidade:

Misture um litro de Tanqueray com meio litro de suco de limão-taiti fresco e destile até atingir 700 mL em um evaporador rotativo, em temperatura ambiente, com um condensador ajustado para pelo menos -20 °C. (O Tanqueray começa com 47,3% de teor alcoólico aqui nos Estados Unidos. Muito pouco álcool fica para trás no evaporador rotativo, então 700 mL de destilado têm um teor alcoólico de cerca de 67%.) Agora você tem um pouco menos de 300 mL de espaço para adicionar sabores ao Tanqueray redestilado e ainda manter um teor alcoólico de 47,3%. Adicione ácido cítrico concentrado e xarope simples, quinino e sal a gosto e, em seguida, leve a mistura à geladeira até atingir -20 °C. Teste o equilíbrio, ajuste e dilua novamente para 1 litro. Esfrie novamente o lote e carbonate a 50 psi. Armazene o G&T gaseificado em um refrigerador a -20 °C até que esteja pronto para servir. Sirva em copos de shot bem gelados.

A CLARIFICAÇÃO FACILITA A MINHA VIDA

A essência de limão-taiti destilado não dura mais do que o suco de limão fresco, então eu sempre me via trabalhando em muita destilação antes de um evento. Isso era um verdadeiro problema, porque eu conseguia destilar apenas cerca de 1 litro por hora, período em que ficava preso ao destilador rotativo e não conseguia fazer mais nada.

Quando finalmente descobri como clarificar o suco de limão, minha vida ficou muito mais fácil. Eu não precisava mais usar o destilador rotativo para fazer Gim-Tônica! Eu poderia clarificar *litros* de suco de limão, e de repente se tornou possível fazer grandes volumes de Gim-Tônica para eventos. Que beleza! E os drinques ficavam bons. O único porém: eu ainda estava gelando as bebidas em grandes quantidades manualmente, usando nitrogênio líquido antes da carbonatação. Esse processo dificultava servir o G&T nas melhores condições em um *bar*, onde o resfriamento de drinques individuais com nitrogênio líquido é problemático (veja a seção "Resfriamento alternativo", p. 140, para saber o porquê). Você não pode colocar o lote na geladeira, que não é fria o suficiente, nem no freezer, que é frio demais. Para resolver esse problema, comprei uma geladeira/freezer Randell FX. Eu definia para -7°C e deixava meus lotes de drinques carbonatados gelando por várias horas antes da carbonatação. E o Randell ainda mantém o drinque em perfeitas condições para o serviço.

Se você for fazer Gim-Tônica para ser consumido todo em um dia, vá em frente e adicione o suco de limão clarificado antes de carbonatar. Se for guardar seu Gim-Tônica por mais de um dia (o que faz sentido para o serviço de bar), você deve clarificar suco de limão fresco todos os dias (nunca abra mão disso) e adicioná-lo ao drinque gelado pré-carbonatado na hora do serviço. Uma pequena quantidade de suco de limão clarificado não carbonatado não atrapalha a carbonatação. Esta é a minha receita atual:

RENDE UM DRINQUE DE 165 ML COM 15,4% DE TEOR ALCOÓLICO, 4,9 G/100 ML DE AÇÚCAR E 0,41% DE ACIDEZ

INGREDIENTES

- 1 ¾ de onça cheia (53,5 mL) de gim Tanqueray (47% de teor alcoólico)
- ½ onça curta (12,5 mL) de xarope simples de quinino (p. 367) ou xarope de cinchona (p. 368)
- 3 onças curtas (87 mL) de água filtrada
- 1-2 gotas de solução salina ou uma pitada de sal
- ⅜ de onça (11,25 mL) de suco de limão-taiti clarificado (6% de acidez)

MODO DE PREPARO

Misture todos os ingredientes, exceto o suco de limão, e resfrie a uma temperatura entre -5 °C e -10 °C. Carbonate a 40-45 psi. Adicione o suco de limão enquanto o drinque é servido em uma taça flute gelada. Se carbonatar com suco de limão, sirva o drinque no mesmo dia. Se você carbonatar sem o suco e adicioná-lo depois, seu G&T vai durar indefinidamente.

Para que você não fique com a sensação de que falta alguma coisa, vou passar uma receita para água tônica com opções para o acidulante. A opção com o suco de limão-taiti deve ser usada fresca; as outras não têm prazo de validade, mas não ficam tão boas. O procedimento é o mesmo nas duas opções. Essa tônica puxa mais para o sabor seco.

Água tônica em duas versões

RENDE 1.021 ML COM 8,8 G/100 ML DE AÇÚCAR E 0,75% DE ACIDEZ

INGREDIENTES

- 4 ¾ de onças (142,5 mL) de xarope simples de quinino (p. 367) ou xarope de cinchona (p. 368)
- 4 ¼ de onças (127,5 mL) de suco de limão-taiti clarificado (6% de acidez), ou ácido de limão-taiti pronto (p. 60) (6% de acidez) ou, se você não tiver o ácido pronto, 5,1 gramas de ácido cítrico, 2,6 gramas de ácido málico e um tiquinho de ácido succínico dissolvido em 4 onças (120 mL) de água (6% de acidez)
- 20 gotas (1 mL) de solução salina ou duas pitadas de sal
- 25 onças (750 mL) de água filtrada

MODO DE PREPARO

Misture todos os ingredientes, gele e carbonate a 40-45 psi.

GIM-TÔNICA

FUTUROS PASSOS

No momento, estou interessado em encontrar um drinque que passe a mesma sensação de um Gim-Tônica, mas que não contenha tônica, ou seja, sem limão e sem quinino. Por quê? Porque sim. É um desafio. Eu já cheguei perto. Meus dois melhores candidatos para substitutos da tônica até agora são as bagas de schisandra e o camu-camu, uma fruta sul-americana. Mas há uma grande desvantagem: as pessoas que os vendem aqui nos Estados Unidos pensam neles como medicamentos e superalimentos e não se importam de fato com o seu sabor – e isso me irrita.

SCHISANDRA

Os frutos da schisandra (da planta *Schisandra chinensis*) vêm da China, onde são conhecidos como frutos dos cinco sabores. Eles são *quase* fiéis ao seu nome. São azedos e amargos (é por isso que são bons em preparações do tipo tônica), mas também um pouco doces e picantes. Quatro sabores. Supostamente também são salgados, mas isso eu realmente não consigo sentir. Acho o sabor intrigante.

A schisandra é usada na China como erva medicinal tradicional. Aqui nos Estados Unidos, ela é vendida como uma baga seca de qualidade muito variável. Evite aquelas que estejam desidratadas a ponto de se parecerem com grãos de pimenta. Procure aquelas que tenham uma bela cor vermelha.

Eu experimentei schisandra em chás à base de água, diretamente embebidos em gim, feita como Justino no gim e infusionada com o sifão iSi em gim. Até agora, a infusão direta está vencendo. Alguns de meus testes produziram drinques muito refrescantes tipo Gim-Tônica com pimenta, que me agradaram muito. Mas não consegui obter resultados uniformes, provavelmente devido à variabilidade do produto, por isso não tenho receita para partilhar. Fique à vontade para experimentar!

CAMU-CAMU

Em 2012, assisti a uma palestra em Bogotá sobre o uso de produtos raros da floresta tropical indígena colombiana. Normalmente gosto da oportunidade de aprender sobre qualquer ingrediente novo. Infelizmente, a palestra foi em espanhol e o idiota aqui não fala espanhol. O palestrante iniciou a apresentação com uma fruta que ele afirmava ter mais vitamina C do que qualquer outra no planeta, um antioxidante potente chamado camu-camu (*Myrciaria dubia*). A fruta, deduzi do pouco de espanhol que consegui entender, continha 1,5% de vitamina C pura. Aquilo não me impressionou, pois tomo tanta vitamina C diariamente que faço Linus Pauling parecer que está prestes a ter escorbuto.

Teve uma degustação após a palestra, em que serviram um pouco de purê de camu-camu. Não fiquei entusiasmado no início, pois esperava experimentar a fruta fresca. Mas aparentemente a colheita do camu-camu é realizada apenas com canoa durante a estação chuvosa, a partir de plantas silvestres semissubmersas. A fruta fresca nunca sobreviveria ao transporte até a cidade e ela é transformada em purê quase na hora. O purê era de um vermelho vibrante. Fui provar e... uau! Na hora eu soube que havia encontrado um substituto perfeito para o Gim-Tônica! Imagine uma fruta com o amargor da tônica, a acidez do limão e um sabor a mais, condimentado, que só consigo descrever como ligeiramente natalino. Adorei. Implorei para conseguir um único pote daquele purê. Como eu estava em Bogotá para uma demonstração de coquetéis, por acaso eu tinha um pouco de Pectinex Ultra SP-L em mãos e uma minúscula centrífuga de mesa de US$ 200. Clarifiquei o camu-camu e obtive um suco transparente, misturei com gim, açúcar e sal e gaseifiquei. Caramba, que drinque fantástico. Fiquei encantado.

Quando cheguei em casa, comecei a pesquisar sobre o camu-camu. Nos Estados Unidos, você até consegue encontrá-lo, mas na maior parte das vezes na forma de um pó horrível – como eu já disse, o sabor não é das maiores preocupações para quem consome superalimentos. Finalmente encontrei um lugar que vendia a fruta em forma de purê e pedi. Ela vinha do Peru, não da Colômbia, mas será que era muito diferente? Assim que chegou, rasguei ansioso o pacote. Quando vi o purê, fiquei triste: era amarelo, não vermelho, o que poderia significar uma destas três coisas: era um tipo diferente de fruta (ou pelo menos um cultivar diferente), a fruta tinha sido colhida ainda verde ou as cascas não tinham permanecido em contato com a polpa da fruta durante o processamento. Quando provei, meus temores se confirmaram. Não tinha a picância nem o amarguinho. Droga. Alguém na Colômbia tem acesso a esse ingrediente maravilhoso. Faça um favor ao mundo e use-o!

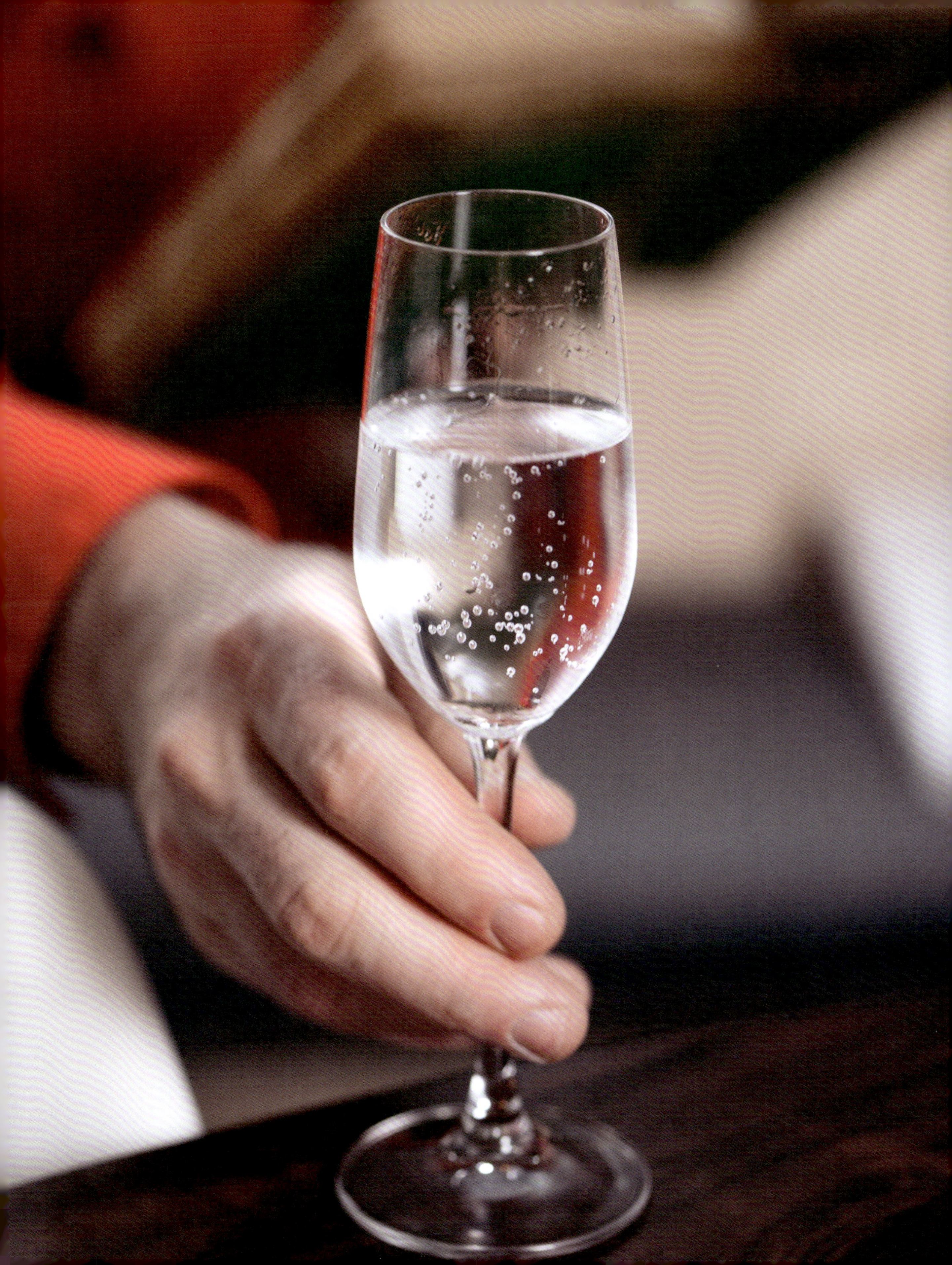

PARA SABER MAIS

LIVROS GERAIS SOBRE COQUETÉIS E DESTILADOS

Esta é uma pequena lista de livros sobre coquetéis que foram úteis ou divertidos para mim ao longo dos anos.

BAKER JR., Charles H. *Jigger, Beaker and Glass: Drinking Around the World.* Derrydale, 2001 (1939). Uma farra pelas peregrinações coquetelísticas ao redor do mundo realizadas por décadas por Charles H. Baker Jr. Uma preciosidade.

BERRY, Jeff. *Beachbum Berry Remixed.* 2. ed. SLG, 2009. Se você gosta de cultura Tiki, Berry é o cara. Esse volume é uma compilação de dois de seus livros.

CONIGLIARO, Tony. *The Cocktail Lab: Unraveling the Mysteries of Flavor and Aroma in Drink, with RECEITAs.* Ten Speed, 2013. Meu grande amigo Tony Conigliaro é o melhor profissional de coquetelaria moderna que conheço. Nesse livro, ele apresenta um pouco de seu olhar.

CRADDOCK, Harry. *The Savoy Cocktail Book.* Martino, 2013 (1930). Este é *o* livro de receitas tradicionais que todo nerd de coquetelaria que se preze deve ter em sua biblioteca. Um dos poucos manuais que ajudou a dar início à revolução dos coquetéis. Tenho uma cópia, embora não a use de fato.

CURTIS, Wayne. *And a Bottle of Rum: A History of the New World in Ten Cocktails.* Broadway Books, 2007. Se você gosta de conhecer a história pelas lentes dos seus produtos favoritos, vai curtir o trabalho de Curtis sobre a trajetória do rum ao longo do tempo.

DEGROFF, Dale. *The Craft of the Cocktail.* Clarkson Potter, 2002. Um livro obrigatório. Dale é o rei dos coquetéis, e este é seu grande livro sobre coquetelaria.

EMBURY, David A. *The Fine Art of Mixing Drinks.* Mud Puddle, 2008 (1948). Esse foi o primeiro livro sobre coquetéis que tive. Encontrei um exemplar antigo em um sebo e o comprei só por diversão, mas dei sorte. Embury era um grande escritor. Ele era advogado e estudava coquetéis como hobby. Certa vez, conheci um bartender das antigas que já o havia servido; ele disse que Embury dava péssimas gorjetas, e isso meio que o arruinou para mim. Por que os heróis precisam ser idiotas?

HAIGH, Ted. *Vintage Spirits and Forgotten Cocktails: From the Alamagoozlum to the Zombie – 100 Rediscovered RECEITAs and the Stories Behind Them.* Quarry, 2009. Um bom livro.

HESS, Robert. *The Essential Bartender's Guide.* Mud Puddle, 2008. Hess é um dos velhos pensadores dos coquetéis. Este é seu guia de introdução ao bartending. Muitas pessoas, ao atingirem certo nível de proficiência, descartam os livros introdutórios. Eu não. A melhor coisa sobre esse tipo de livro é a visão direta que ele pode fornecer sobre a maneira de pensar do escritor.

LIU, Kevin K. *Craft Cocktails at Home: Offbeat Techniques, Contemporary Crowd-Pleasers, and Classics Hacked with Science.* Kevin Liu, 2013. Vale a pena ler esse livro de Liu sobre a ciência dos coquetéis. É um dos poucos títulos sobre o assunto até o momento.

MEEHAN, Jim. *The PDT Cocktail Book: The Complete Bartender's Guide from the Celebrated Speakeasy.* Sterling Epicure, 2011. O PDT é um dos bares mais renomados dos Estados Unidos. Meehan prestou um ótimo serviço com o *The PDT Cocktail Book*, fazendo um verdadeiro relato sobre as receitas ali utilizadas.

O'NEIL, Darcy S. *Fix the Pumps.* Art of Drink, 2010. *Fix the Pumps* tem sido tremendamente influente no mundo dos coquetéis. Com isso, O'Neil deu início ao ressurgimento do interesse pela tradicional arte da extração de bebidas gasosas. Os bartenders exploram esse livro em busca de ideias tanto para drinques alcoólicos quanto não alcoólicos.

PACULT, F. Paul. *Kindred Spirits 2.* Spirit Journal, 2008. Embora esteja ficando um pouco datada (vamos torcer para que saia uma terceira edição em breve), ninguém faz resenhas de destilados como Pacult.

REGAN, Gary. *The Joy of Mixology.* Clarkson Potter, 2003. Livro fantástico. Não concordo com tudo o que Regan diz, mas seu livro é um marco e leitura obrigatória. Sua sistemática para drinques é particularmente interessante.

STEWART, Amy. *The Drunken Botanist.* Algonquin, 2013. Esse livro se alastrou rapidamente pela comunidade da coquetelaria quando foi publicado. É uma delícia de ler. Simplifica e encobre alguns assuntos, mas isso não prejudica a diversão. Você vai aprender alguns fatos interessantes com esse livro que podem lhe trazer ideias no futuro.

WONDRICH, David. *Imbibe!* Perigree, 2007. Sério, qualquer coisa que Wondrich escreva vale a pena. Leia este e seu outro livro, *Punch*. Wondrich é um contador de histórias nato com uma grande sensibilidade para a história em geral e para a história de beberrões em particular. Supostamente *Imbibe!* é a história de Jerry Thomas, autor do primeiro livro de coquetéis e famoso bartender americano de meados do século XIX, mas Wondrich vai muito além.

LIVROS SOBRE ALIMENTOS E CIÊNCIA QUE PODEM SER ÚTEIS

DAMODARAN, Srinivasan; PARKIN, Kirk L.; FENNEMA, Owen R. *Fennema's Food Chemistry, Fourth Edition (Food Science and Technology)*. CRC, 2007. O livro clássico sobre a química dos alimentos.

MCGEE, Harold. *On Food and Cooking: The Science and Lore of the Kitchen.* Scribner, 2004. Se você ainda não tem o *On Food and Cooking*, compre um agora mesmo. É a referência para a ciência aplicada em tornar as coisas deliciosas. Quantos livros de culinária são reconhecidos por sua sigla? *OFAC* é extremamente influente e extremamente útil. A edição de 2004 é muito diferente da edição original e inovadora de 1984. McGee foi obrigado a remover muitas das anedotas históricas e histórias que marcaram a primeira edição para abrir caminho para informações totalmente novas. Vale a pena ter as duas.

MCGEE, Harold. *The Curious Cook: More Kitchen Science and Lore.* Wiley, 1992. O segundo livro de McGee, infelizmente esgotado, é totalmente diferente de *OFAC*. Em *The Curious Cook*, McGee mostra como pensar como um cientista na cozinha – o que é totalmente diferente e mais importante do que saber muita ciência.

MYHRVOLD, Nathan; YOUNG, Chris; BILET, Maxime. *Modernist Cuisine: The Art and Science of Cooking*. Cooking Lab, 2011. O livro de receitas mais importante de todos os tempos. Se você quer investigar técnicas modernas, esse é o ponto de partida ideal.

O que você verá a seguir é uma lista incompleta de livros e artigos relacionados a seções específicas deste livro.

PARTE 1: PRELIMINARES
MEDIDAS, UNIDADES, EQUIPAMENTOS

Se você tem interesse em destilação caseira, estes dois livros são um bom ponto de partida.

> SMILEY, Ian. *Making Pure Corn Whiskey: A Professional Guide for Amateur and Micro Distillers.* Ian Smiley, 2003.

> NIXON, Michael. *The Compleat Distiller.* Amphora Society, 2004.

INGREDIENTES

NIELSEN, S. Suzanne (ed.). *Food Analysis.* Springer, 2010. As pp. 232-37 descrevem como calcular e converter diferentes medidas de acidez titulável.

SAUNT, James. *Citrus Varieties of the World.* Sinclair International Business Resources, 2000.

PARTE 2: COQUETÉIS TRADICIONAIS

WEIGHTMAN, Gavin. *The Frozen Water Trade: A True Story*. Hyperion, 2004. Esse livro conta a história de como o gelo se tornou uma mercadoria comercial no século XIX, antes do advento da refrigeração mecânica. Ele explica a genialidade do marketing que popularizou as bebidas com gelo no século XIX – elas nem sempre foram onipresentes – e aguçou o desejo de muitos bartenders por um belo gelo transparente, como o gelo de antigamente, que era coletado em lagos.

OXTOBY, David W. *Principles of Modern Chemistry.* 7. ed. Cengage Learning, 2011. Oxtoby é minha referência certeira para entropia, entalpia e outras informações gerais sobre química.

GARLOUGH, Robert *et al*. *Ice Sculpting the Modern Way.* Cengage, 2003. Se você quiser saber mais sobre esculturas de gelo.

PARTE 3: NOVAS TÉCNICAS E NOVAS IDEIAS
RESFRIAMENTO ALTERNATIVO

U.S. Chemical Safety and Hazard Investigation Board. "Hazards of Nitrogen Asphyxiation." Safety Bulletin n. 2003-10-B. jun. 2003.

DRINQUES QUENTES

BROWN, John Hull. *Early American Beverages.* C. E. Tuttle, 1966. Receitas das antigas, incluindo as que usam o *flip dog* (ferro em brasa).

INFUSÕES RÁPIDAS COM MANIPULAÇÃO DE PRESSÃO

PARSONS, Brad Thomas. *Bitters: A Spirited History of a Classic Cure-All, with Cocktails, RECEITAs, and Formulas.* Ten Speed, 2011. O livro que você deve ter se quiser aprender a fazer bitters tradicionais.

CLARIFICAÇÃO

MORENO, Juan; PEINADO, Rafael. *Enological Chemistry.* Academic, 2012. O Capítulo 19, "Wine Colloids", trata do tema da colagem e da clarificação do vinho.

WASHING
LIVROS

PHILLIPS, Glyn O. *et al*. *Handbook of Hydrocolloids.* 2. ed. Woodhead, 2009. Bem caro, mas é a referência-padrão para hidrocoloides. Traz bons capítulos sobre gelana, quitosana, proteínas do leite e proteínas do ovo, que são usadas neste livro. Ele também contém capítulos sobre ágar-ágar, goma-arábica, pectina e gelatina, que podem ser úteis em outras áreas da ciência dos coquetéis.

ARTIGOS
LUCK, Genevieve et al. Polyphenols, Astringency and Proline-rich Proteins. *Phytochemistry*, v. 37, n. 2, p. 357-71, 1994. O título, "Polifenóis, adstringência e proteínas ricas em prolina", já diz tudo.

OZDAL, Tugba et al. A Review on Protein-Phenolic Interactions and Associated Changes. *Food Research International*, v. 51, p. 954-70, 2013. Embora não seja o foco do artigo, o texto fornece uma boa visão geral das interações entre proteínas e compostos fenólicos.

HASNI, Imed et al. Interaction of Milk α- and β-Caseins with Tea Polyphenols. *Food Chemistry*, v. 126, p. 630-39, 2011. Esse artigo trata da reação específica que faz o Tea Time funcionar.

LEE, Catherine A.; VICKERS, Zata M. Astringency of Foods May Not Be Directly Related to Salivary Lubricity. *Journal of Food Science*, v. 77, n. 9, 2012. Um artigo que vai contra a visão comum de que a adstringência está unicamente relacionada à perda da capacidade da língua de se lubrificar.

DE FREITAS, Victor; MATEUS, Nuno. Protein/Polyphenol Interactions: Past and Present Contributions. Mechanisms of Astringency Perception. *Current Organic Chemistry*, v. 16, p. 724-46, 2012. É o que diz o título: "Interações entre proteínas e polifenóis: contribuições passadas e presentes".

CARBONATAÇÃO
LIVROS
LIGER-BELAIR, Gérard. *Uncorked: The Science of Champagne*. Edição revisada. Princeton University Press, 2013. Liger-Belair, o físico do champanhe, tem um trabalho incrível. Essa é uma edição revisada de seu livro sobre a ciência do champanhe para leigos.

STEEN, David P.; ASHURST, Philip R. *Carbonated Soft Drinks: Formulation and Manufacture*. Wiley-Blackwell, 2006. Técnico, seco e caro. A menos que você precise conhecer os pormenores sobre a produção comercial de refrigerantes, pode ignorar esse livro, mas eu mesmo costumo usá-lo como referência.

WOODROFF, Jasper Guy; PHILLIPS, G. Frank. *Beverages: Carbonated and Noncarbonated*. AVI, 1974. Esse livro está esgotado e é datado e chato, mas preciso dele de tempos em tempos. Faz parte de uma série de livros sobre tecnologia dos alimentos publicados pela AVI Press nos anos 1970, que na época viraram referência.

ARTIGOS
LIGER-BELAIR, Gérard et al. Unraveling the Evolving Nature of Gaseous and Dissolved Carbon Dioxide in Champagne Wines: A State-of-the-Art Review, from the Bottle to the Tasting Glass. *Analytica Chimica Acta*, v. 732, p. 1-15, 2012. Artigo incrível. O título é bem autoexplicativo ("Desvendando a natureza evolutiva do dióxido de carbono gasoso e dissolvido em champanhe").

LIGER-BELAIR, Gérard et al. Champagne Cork Popping Revisited Through High-Speed Infrared Imaging: The Role of Temperature. *Journal of Food Engineering*, v. 116, p. 78-85, 2013. Outra leitura divertida de Liger-Belair.

LIGER-BELAIR, Gérard et al. Carbon Dioxide and Ethanol Release from Champagne Glasses, Under Standard Tasting Conditions. *Advances in Food and Nutrition Research*, v. 67, p. 289-340, 2012. Liger-Belair se aprofunda nos efeitos que o formato do copo e o estilo de serviço têm sobre os níveis de dióxido de carbono no champanhe e sobre como esses efeitos afetam a experiência de quem bebe.

LIGER-BELAIR, Gérard et al. CO_2 Volume Fluxes Outgassing from Champagne Glasses: The Impact of Champagne Ageing. *Analytica Chimica Acta*, v. 660, p. 29-34, 2010. O mestre do champanhe explica como o envelhecimento da bebida afeta o tamanho das bolhas.

CUOMO, R. et al. Carbonated Beverages and Gastrointestinal System: Between Myth and Reality. *Nutrition, Metabolism and Cardiovascular Diseases*, v. 19, p. 683-89, 2009. Examina se as bolhas fazem mal ou não à saúde. A resposta curta é: não.

ROBERTS, C. et al. Alcohol Concentration and Carbonation of Drinks: The Effect on Blood Alcohol Levels. *Journal of Forensic and Legal Medicine*, v. 14, p. 398-405, 2007. Esse é um estudo interessante que revela que dois terços dos indivíduos testados se embriagaram mais rápido com bebidas carbonatadas do que com as não carbonatadas.

BISPERINK, Chris G. J. et al. Bubble Growth in Carbonated Liquids. *Colloids and Surfaces A: Physicochemical and Engineering Aspects*, v. 85, p. 231-53, 1994. Esse artigo demonstra que os níveis de carbonatação precisariam ser centenas de vezes mais elevados do que o normal para criar uma nucleação espontânea de bolhas.

PROFAIZER, M. Shelf Life of PET Bottles Estimated Via a Finite Elements Method Simulation of Carbon Dioxide and Oxygen Permeability. *Italian Food and Beverage Technology*, v. 48, abr. 2007.

PARTE 4: PEQUENAS JORNADAS

HUBBARD, Elbert. *Little Journeys to the Homes of the Great.* Edição comemorativa em 14 volumes. Roycrofters, 1916. Hubbard escreveu uma série de biografias curtas, desconexas e opinativas, chamadas *Little Journeys* ("Pequenas jornadas"), sobre pessoas famosas ao longo da história e de todas as classes sociais. Eu as li quando criança, e elas realmente me marcaram. Embora não sejam muito lembrados hoje, Hubbard e sua comunidade americana de artes e ofícios, os Roycrofters, foram importantes e influentes no início do século XX. Algumas das edições impressas à mão dos Roycrofters, especialmente as ilustradas em painéis revestidos de camurça verde, são preciosidades. Dei o nome dessa série à Parte 4 deste livro.

MAÇÃS

BEACH, Spencer Ambrose. *Apples of New York.* 2 vols. J. B. Lyon, 1905. Com quase 110 anos e ainda o livro definitivo sobre maçãs, *Apples of New York* foi o primeiro de uma série de livros de referência lançados pela Estação Experimental Agrícola de Geneva, Nova York, onde McGee e eu fomos provar maçãs. O resto da série *Fruits of New York* – uvas, peras, cerejas, pêssegos, pequenos frutos e ameixas – foi escrito pelo inimitável U. P. Hedrick, mas é tema para outro livro. Vale a pena conferir todos os livros da *Fruits of New York,* e todos estão disponíveis para leitura on-line.

TRAVERSO, Amy. *The Apple Lover's Cookbook.* W. W. Norton, 2011. Um dos poucos bons livros sobre maçãs que é também um livro de receitas, com belas fotografias.

HANSON, Beth. *The Best Apples to Buy and Grow.* Brooklyn Botanic Garden, 2005. Um livro ótimo e barato. Adoro todos os livros da série de horticultura do Jardim Botânico do Brooklyn. Confira também *Buried Treasures: Tasty Tubers of the World*.

MORGAN, Joan *et al*. *The New Book of Apples: The Definitive Guide to Over 2.000 Varieties.* Ebury, 2003. Esse é um livro que foi escrito tendo o acervo de maçãs de Brogdale em Kent, Inglaterra, como base de degustação. A Brogdale é o equivalente no Reino Unido ao nosso acervo de maçãs em Geneva, Nova York, mas também inclui peras, pequenos frutos, castanhas e muito mais. É um livro ótimo, mas definitivamente pende para variedades que vão bem no Reino Unido. Vale a pena dar uma olhada na seção de história.

CAFÉ
LIVROS

ILLY, Andrea; VIANI, Rinantonio. *Espresso Coffee, Second Edition: The Science of Quality.* Academic Press, 2005. Livro técnico excelente sobre café expresso escrito pela liderança científica da atual geração da família Illy. Existe um livro de mesa com título semelhante que não é útil para informações técnicas.

RAO, Scott. *Everything but Espresso.* Scott Rao, 2010. Os livros de Scott Rao foram um divisor de águas no mundo do café. É meio que imprescindível conferir este e o título abaixo.

RAO, Scott. *The Professional Barista's Handbook: An Expert Guide to Preparing Espresso, Coffee, and Tea.* Scott Rao, 2008.

SCHOMER, David C. *Espresso Coffee: Professional Techniques.* Espresso Vivace Roasteria, 1996. Talvez já esteja um pouco datado agora. Schomer foi um revolucionário na época (e acho que ainda é). Foi uma visita à sua loja em Seattle, o Café Vivace, em 2001, que me mostrou que eu não sabia nadinha de nada sobre café expresso. Comprei esse livro na hora.

ARTIGOS

ILLY, Ernesto; NAVARINI, Luciano. Neglected Food Bubbles: The Espresso Coffee Foam. *Food Biophysics*, v. 6, p. 335-48, 2011. Um bom artigo sobre a produção da espuma (crema) no café expresso.

GIM-TÔNICA

CFR: Code of Federal Regulations Title 21 – Food and Drugs §172.575. Regulamentação do governo dos Estados Unidos sobre o quinino.

CARTER, H. R. Quinine Prophylaxis for Malaria. *Public Health Reports (1896-1970)*, v. 29, n. 13, p. 741-49, 27 mar. 1914. Artigo interessante sobre a história do uso do quinino e as doses necessárias para prevenir e/ou tratar a malária.

Lista de receitas

PÁGINA	RECEITA	INGREDIENTES	RENDIMENTO
51	Xarope simples	Partes iguais de açúcar e água por peso. Mexa até dissolver.	
53	Xarope de mel	64 gramas de água para cada 100 gramas de mel.	
54	Xarope de manteiga	10 grãos de pimenta-da-jamaica triturados 200 gramas de água 3 gramas de Ticaloid 210S 150 gramas de manteiga derretida 200 gramas de açúcar cristal Ferva em fogo brando a pimenta-da-jamaica em água para infusionar, coe, hidrate o Ticaloid na água da infusão, emulsifique-o na manteiga e, então, incorpore o açúcar.	
55	Rum amanteigado gelado	2 onças (60 mL) de rum condimentado, como Sailor Jerry 1 onça gorda (1 ⅛ de onça, 33,75 mL) de xarope de manteiga ½ onça (15 mL) de suco de limão-taiti espremido e coado na hora Bata com gelo e sirva em um copo tipo old-fashioned gelado.	Rende um drinque de 168 mL com 16,4% de teor alcoólico, 8,6 g/100 mL de açúcar e 0,54% de acidez
56	Orgeat de qualquer castanha	PARA O LEITE DE CASTANHAS: 600 gramas de água muito quente 200 gramas de castanhas de sua escolha PARA CADA 500 GRAMAS DE LEITE DE CASTANHAS: 1,75 grama de Ticaloid 210S 0,2 grama de goma xantana 500 gramas de açúcar cristal Bata no liquidificador a água quente com as castanhas, depois passe o leite por um filtro fino. Hidrate o Ticaloid com o leite de castanhas em um liquidificador, depois incorpore o açúcar.	
60	Ácido de limão-taiti	94 gramas de água filtrada 4 gramas de ácido cítrico 2 gramas de ácido málico 0,04 grama de ácido succínico (opcional)	
60	Laranja com acidez de limão-taiti	1 litro de suco de laranja espremido na hora 32 gramas de ácido cítrico 20 gramas de ácido málico	
61	Ácido de champanhe	94 gramas de água morna 3 gramas de ácido tartárico 3 gramas de ácido lático (use em pó)	
61	Solução salina	20 gramas de sal 80 mL de água filtrada	
75	Martíni	2 onças (60 mL) de gim ou vodca em temperatura ambiente ⅜–½ onça (10-14 mL) de vermute seco Dolin (ou outro de sua preferência) em temperatura ambiente 1 ou 3 azeitonas em um palito ou um twist de limão-siciliano Mexa com gelo e sirva em uma taça coupe gelada.	

PÁGINA	RECEITA	INGREDIENTES	RENDIMENTO
86	Manhattan para dois	4 onças (120 mL) de rye Rittenhouse (50% de teor alcoólico) 1 ¾ de onça gorda (53 mL) de vermute Carpano Antica Formula (16,5% de teor alcoólico) 4 dashes de bitter Angostura 2 cerejas maraschino ou twists de laranja Mexa com gelo e sirva em uma taça coupe gelada.	Rende dois drinques de 129 mL com 27% de teor alcoólico, 3,3 g/100 mL de açúcar e 0,12% de acidez
95	Whisky Sour com clara de ovo	2 onças (60 mL) de bourbon ou rye (50% de teor alcoólico) ½ onça gorda (17,5 mL) de suco de limão-siciliano espremido e coado na hora ¾ de onça (22,5 mL) de xarope simples Pitada de sal 1 clara de ovo grande (1 onça ou 30 mL) Misture tudo, exceto a clara de ovo, em um copo, em seguida, adicione a clara de ovo e agite sem gelo por pelo menos 10 segundos. Adicione o gelo e agite mais 10 segundos. Coe com uma peneira fina dentro de uma taça coupe gelada.	Rende um drinque de 197 mL com 15,2% de teor alcoólico, 7,1 g/100 mL de açúcar e 0,53% de acidez
99	Daiquiri clássico	2 onças (60 mL) de rum leve (40% de teor alcoólico) ¾ de onça (22,5 mL) de xarope simples ¾ de onça (22,5 mL) de suco de limão-taiti espremido e coado na hora 2 gotas de solução salina (20%) ou uma pitada de sal Agite com gelo e sirva em uma taça coupe gelada.	Rende um drinque de 159 mL com 15% de teor alcoólico, 8,9 g/100 mL de açúcar e 0,85% de acidez
100	Daiquiri Hemingway	2 onças (60 mL) de rum leve (40% de teor alcoólico) ¾ de onça (22,5 mL) de suco de limão-taiti espremido e coado na hora ½ onça (15 mL) de Luxardo Maraschino (32% de teor alcoólico) ½ onça (15 mL) de suco de grapefruit espremido e coado na hora 2 gotas de solução salina ou uma pitada de sal Agite com gelo e sirva em uma taça coupe gelada.	Rende um drinque de 174 mL com 16,5% de teor alcoólico, 4,2 g/100 mL de açúcar e 0,98% de acidez
104	Negroni para dois	2 onças (60 mL) de gim 2 onças (60 mL) de Campari 2 onças (60 mL) de vermute doce 2 twists de laranja Mexa com gelo e sirva em uma taça coupe gelada ou sobre uma pedra de gelo grande.	Rende dois drinques de 127 mL com 20,7% de teor alcoólico, 9,4 g/100 mL de açúcar e 0,14% de acidez
107	Old-Fashioned Cliff	2 onças (60 mL) de bourbon 12 anos Elijah Craig (47% de teor alcoólico) ⅜ de onça (11 mL) de xarope de semente de coentro 2 dashes de bitter Angostura Twist de laranja Um cubo de gelo transparente de 5 cm Monte sobre uma pedra grande de gelo em um copo tipo old-fashioned.	Rende um drinque de 90 mL com 32% de teor alcoólico, 7,7 g/100 mL de açúcar e 0% de acidez
110	Xarope de semente de coentro	125 gramas de coentro em grãos, de preferência com aroma fresco e cítrico (para usar em refrigerantes, reduza para 100 gramas) 550 gramas de água filtrada 500 gramas de açúcar cristal 5 gramas de sal 10 gramas de pimenta calabresa	

PÁGINA	RECEITA	INGREDIENTES	RENDIMENTO
115	Margarita batida	2 onças (60 mL) de tequila (40% de teor alcoólico) ¾ de onça (22,5 mL) de Cointreau ¾ de onça (22,5 mL) de suco de limão-taiti espremido e coado na hora ¼ de onça (7,5 mL) de xarope simples 5 gotas de solução salina ou uma pitada generosa de sal Agite com gelo e sirva em uma taça coupe gelada.	Rende um drinque de 178 mL com 18,5% de teor alcoólico, 6 g/100 mL de açúcar e 0,76% de acidez
118	Margarita de liquidificador	1 onça (30 mL) de Cointreau ¾ de onça (22,5 mL) de mescal La Puritita ½ onça (15 mL) de Chartreuse amarelo ½ onça (15 mL) de suco de limão-taiti espremido e coado na hora 10 gotas de bitter Hellfire ou o ingrediente picante não ácido de sua preferência 5 gotas de solução salina ou uma pitada generosa de sal Cerca de 4 onças (120 gramas) de gelo Misture os ingredientes em um liquidificador e bata rapidamente.	Rende um drinque de 158 mL com 17,2% de teor alcoólico, 7,9 g/100 mL de açúcar e 0,57% de acidez
119	Sour genérico de liquidificador	2 ¼ de onças (67,5 mL) de líquido que contenha cerca de 27 mL de etanol puro e 12,75 gramas de açúcar (ver receita de "Destilado açucarado", a seguir) ½ onça (30 mL) de suco de limão-siciliano, taiti ou de qualquer outra fruta ácida espremido e coado na hora 4 onças (120 mL) de gelo 2-5 gotas de solução salina ou uma pitada generosa de sal Misture os ingredientes em um liquidificador e bata rapidamente.	
119	Destilado açucarado para drinques de liquidificador	212 gramas de açúcar refinado (pode ser açúcar cristal, porém demorará mais para dissolver) 1 litro de destilado com 40% ou 50% de teor alcoólico	Rende 1.140 mL de bebida com 44% ou 35% de teor alcoólico
120	Rittenhouse Sour de liquidificador	2 onças (60 mL) de rye Rittenhouse açucarado (44% de teor alcoólico; ver receita de "Destilado açucarado", anteriormente) ½ onça (15 mL) de suco de limão-siciliano espremido e coado na hora ¼ de onça (7,5 mL) de suco de laranja espremido e coado na hora 4 gotas de solução salina ou uma pitada generosa de sal 4 onças (120 gramas) de gelo Misture os ingredientes em um liquidificador e bata rapidamente.	Rende um drinque de 157 mL com 16,7% de teor alcoólico, 7,8 g/100 mL de açúcar e 0,61% de acidez
120	Daiquiri de liquidificador	2 ¼ de onças (67,5 mL) de rum branco Flor de Caña açucarado (35% de teor alcoólico; ver receita de "Destilado açucarado", anteriormente) ½ onça (15 mL) de suco de limão-taiti espremido e coado na hora 4 gotas de solução salina ou uma pitada generosa de sal 4 onças (120 gramas) de gelo Misture os ingredientes em um liquidificador e bata rapidamente.	Rende um drinque de 157 mL com 15% de teor alcoólico, 8,1 g/100 mL de açúcar e 0,57% de acidez
142	Frozen Daiquiri para dois	4 onças (120 mL) de rum branco (40% de teor alcoólico), de preferência barato e de sabor límpido, como o Flor de Caña 4 onças (120 mL) de água filtrada 1 ½ onça (45 mL) de xarope simples 4 gotas de solução salina ou 2 pitadas de sal 1 ¾ de onça (52,5 mL) de suco de limão-taiti espremido e coado na hora Misture os ingredientes, exceto o suco de limão, em um saco Ziploc e congele. Depois de congelado, bata no liquidificador por alguns segundos com o suco de limão.	Rende dois drinques de 169 mL com 14,2% de teor alcoólico, 8,4 g/100 mL de açúcar e 0,87% de acidez

PÁGINA	RECEITA	INGREDIENTES	RENDIMENTO
144	Ebony para dois	5 onças (150 mL) de vermute Carpano (16% de teor alcoólico, cerca de 16 gramas de açúcar/100 mL, cerca de 0,6% de acidez) 1 ½ onça (45 mL) de vodca (40% de teor alcoólico) 2 ½ onças (75 mL) de água filtrada 4 gotas de solução salina ou 2 pitadas de sal ¾ de onça rasa (21 mL) de suco de limão-siciliano espremido e coado na hora Misture os ingredientes, exceto o suco de limão, em um saco Ziploc e congele. Depois de congelado, bata no liquidificador por alguns segundos com o suco de limão.	Rende dois drinques de 145,5 mL com 14,4% de teor alcoólico, 8,4 g/100 mL de açúcar e 0,74% de acidez
144	Ivory para dois	5 ½ onças (165 mL) de vermute Dolin Blanc (16% de teor alcoólico, cerca de 13 gramas/100 mL de açúcar, cerca de 0,6% de acidez) 1 onça (30 mL) de vodca (40% de teor alcoólico) 2 onças (60 mL) de água filtrada 4 gotas de solução salina ou 2 pitadas de sal ¾ de onça rasa (21 mL) de suco de limão-taiti espremido e coado na hora Misture os ingredientes, exceto o suco de limão, em um saco Ziploc e congele. Depois de congelar, bata no liquidificador por alguns segundos com o suco de limão.	Rende dois drinques de 138 mL com 13,9% de teor alcoólico, 7,9 g/100 mL de açúcar e 0,81% de acidez
147	Bandito de morango	2 onças (60 mL) de suco de morango (8 g/100 mL de açúcar, 1,5% de acidez) congelado em cubos de gelo de 1 onça (30 mL) (ou você pode usar 2 ½ onças [75 gramas] de morango congelado e 15 gramas de gelo) 2 onças (60 mL) de tequila de jalapeño ou tequila blanco normal (40% de teor alcoólico) ¼ de onça (7,5 mL) de suco de limão-taiti espremido e coado na hora ½ onça curta (12,5 mL) de xarope simples 2 gotas de solução salina ou uma pitada de sal Agite os ingredientes líquidos com o gelo de suco e sirva em um copo gelado.	Rende um drinque de 140 mL com 17,1% de teor alcoólico, 9 g/100 mL de açúcar e 0,96% de acidez
149	Shaken Drake	2 onças (60 mL) de suco de grapefruit espremido e coado na hora (10,4 g/100 mL de açúcar, 2,4% de acidez) congelado em cubos de gelo de 1 onça (30 mL) 1 ½ onça (45 mL) de licor Helbing Kümmel (35% de teor alcoólico) ½ onça (15 mL) de vodca (40% de teor alcoólico) 1 bailarina (4 mL) de xarope de bordo grau B (87,5 g/100 mL de açúcar) 5 gotas de solução salina ou uma pitada generosa de sal Agite os ingredientes líquidos com o gelo de suco e sirva em um copo gelado.	Rende um drinque de 139 mL com 15,6% de teor alcoólico, 10,2 g/100 mL de açúcar e 1,03% de acidez
150	Scotch com água de coco	2 ½ onças (75 mL) de água de coco fresca (6 g/100 mL de açúcar) congelada em cubos de gelo de 1¼ de onça (37,5 mL) 1 ½ onça (45 mL) de uísque 10 anos Ardbeg (46% de teor alcoólico) ½ onça (15 mL) de Cointreau (40% de teor alcoólico) ¼ de onça (7,5 mL) de suco de limão-siciliano espremido e coado na hora 2 gotas de solução salina ou uma pitada de sal 1 twist de laranja 1 baga de anis-estrelado Agite os ingredientes líquidos com o gelo de água de coco e sirva em um copo gelado. Esprema a casca de laranja por cima e decore com o anis-estrelado.	Rende um drinque de 142 mL com 18,6% de teor alcoólico, 5,9 g/100 mL de açúcar e 0,32% de acidez

PÁGINA	RECEITA	INGREDIENTES	RENDIMENTO
153	Manhattan em jarra	14 onças (420 mL) de rye Rittenhouse (50% de teor alcoólico) 6 ¼ de onças (187,5 mL) de vermute Carpano Antica Formula (16,5% de teor alcoólico, cerca de 16% de açúcar, 0,6% de acidez) ¼ de onça (7,5 mL) de bitter Angostura 10 ½ onças (315 mL) de água gelada (água resfriada com gelo; não adicione o gelo) Guarnição à escolha	Rende sete drinques de 132 mL com 26% de teor alcoólico, 3,2 g/100 mL de açúcar e 0,12% de acidez
155	Manhattan engarrafado, estilo profissional	Três garrafas de 750 mL de rye Rittenhouse 1 garrafa de 1 litro de vermute de Carpano Antica Formula 1 onça (30 mL) de bitter Angostura 1.700 mL de água filtrada	Rende trinta drinques de 136 mL com 26% de teor alcoólico, 3,2 g/100 mL de açúcar e 0,12% de acidez
172	TBD: Thai Basil Daiquiri, ou Daiquiri de manjericão-tailandês	5 gramas de folhas de manjericão-tailandês (cerca de 7 folhas grandes) 2 onças (60 mL) de rum branco Flor de Caña (40% de teor alcoólico) ou outro rum branco leve ¾ de onça (22,5 mL) de suco de limão-taiti espremido e coado na hora ¾ de onça curta (20 mL) de xarope simples 2 gotas de solução salina ou uma pitada de sal Macere as ervas usando nitrogênio, ou bata no liquidificador. Adicione o rum e mexa. Acrescente o suco de limão, o xarope e o sal. Agite com gelo e coe em uma taça coupe gelada.	Rende um drinque de 160 mL com 15% de teor alcoólico, 8,9 g/100 mL de açúcar e 0,85% de acidez
174	Spanish Chris	3,5 gramas (um punhado pequeno) de folhas de estragão fresco 1 ½ onça (45 mL) de mescal La Puritita ou qualquer mescal blanco razoavelmente leve (40% de teor alcoólico) ½ onça (15 mL) de Luxardo Maraschino (32% de teor alcoólico) ¾ de onça (22,5 mL) de suco de limão-taiti espremido e coado na hora ½ onça (15 mL) de xarope simples 3 gotas de solução salina ou uma pitada generosa de sal Macere as ervas usando nitrogênio, ou bata no liquidificador. Adicione os destilados e mexa. Acrescente o suco de limão, o xarope simples e o sal. Agite com gelo e coe em uma taça coupe gelada.	Rende um drinque de 149 mL com 15,3% de teor alcoólico, 10 g/100 mL de açúcar e 0,91% de acidez
175	Flat Leaf	4 gramas de salsa fresca ou de folhas de levístico fresco (ou um punhado pequeno) 2 onças (60 mL) de gim (47,3% de teor alcoólico) 1 onça (30 mL) de suco de laranja-amarga/azeda espremido e coado na hora ou ¾ de onça (27,5 mL) de suco de limão-taiti espremido e coado na hora ½ onça (15 mL) de xarope simples 3 gotas de solução salina ou uma pitada generosa de sal Macere as ervas usando nitrogênio, ou bata no liquidificador. Adicione o gim e mexa. Acrescente o suco, o xarope e o sal. Agite com gelo e coe em uma taça coupe gelada.	Rende um drinque de 164 mL com 17,7% de teor alcoólico, 7,9 g/100 mL de açúcar e 0,82% de acidez
176	Carvone	6 gramas (um bom punhado) de folhas de hortelã fresca 2 onças (60 mL) de aquavit Linie (40% de teor alcoólico) ½ onça curta (13 mL) de xarope simples 3 gotas de solução salina ou uma pitada generosa de sal 1 twist de limão-siciliano Macere as ervas usando nitrogênio, ou bata no liquidificador. Adicione o aquavit e mexa. Agite com gelo, coe em uma taça coupe resfriada e finalize com o twist de limão.	Rende um drinque de 117 mL com 20,4% de teor alcoólico, 6,8 g/100 mL de açúcar e 0% de acidez

PÁGINA	RECEITA	INGREDIENTES	RENDIMENTO
187	Red-Hot Ale com brasa	1 onça (30 mL) de cognac 3 onças (90 mL) de cerveja de abadia puxada para o malte, e não para o lúpulo, como a Ommegang Abbey Ale ¼ de onça (7,5 mL) de xarope simples ¼ de onça (7,5 mL) suco de limão-siciliano espremido e coado na hora 3 dashes de bitter rápido de laranja 2 gotas de solução salina ou uma pitada de sal 1 twist de laranja Misture os ingredientes, exceto o twist de laranja, e aqueça com um instrumento incandescente. Finalize com o twist.	Rende um drinque de 138 mL com 15,3% de teor alcoólico, 3,5 g/100 mL de açúcar e 0,33% de acidez. O volume e o teor alcoólico finais variam com o tempo de aquecimento.
187	Red-Hot Ale com frigideira	2 ½ colheres de chá (12 gramas) de açúcar cristal 1 onça (30 mL) de cognac 3 onças (90 ml) de cerveja de abadia 3 dashes de bitter rápido de laranja ¼ de onça (7,5 mL) de suco de limão-siciliano espremido e coado na hora 2 gotas de solução salina ou uma pitada de sal 1 twist de laranja Aqueça o açúcar em uma frigideira até quase queimar, adicione a bebida alcoólica (vai flambar), adicione os demais ingredientes, que vão extinguir as chamas, e dissolva o caramelo com uma colher. Sirva e finalize torcendo a casca de laranja por cima.	Rende um drinque de 138 mL com 15,3% de teor alcoólico, açúcar incalculável e 0,33% de acidez. O volume e o teor alcoólico finais variam de acordo com tempo de queima.
188	Red-Hot Cider com brasa	1 onça (30 mL) de brandy de maçã, como o Laird's Bottled in Bond (50% de teor alcoólico) 3 onças (90 mL) de sidra de maçã alcoólica (use um produto decente; normalmente eu uso uma sidra do tipo normando) ½ onça (15 mL) de xarope simples ¼ de onça (7,5 mL) de suco de limão-siciliano espremido e coado na hora 2 dashes de bitter rápido de laranja 2 gotas de solução salina ou uma pitada de sal Canela em pau Misture os ingredientes e aqueça com um instrumento incandescente.	Rende um drinque de 138 mL com 15,3% de teor alcoólico, 6,5 g/100 mL de açúcar e 0,31% de acidez. O volume e o teor alcoólico finais variam com o tempo de aquecimento.
188	Red-Hot Cider com frigideira	3 colheres de chá (12,5 gramas) de açúcar cristal 1 onça (30 mL) de brandy de maçã (50% de teor alcoólico) Canela em pau 2 dashes de bitter rápido de laranja 3 onças (90 mL) de sidra alcoólica ¼ de onça (7,5 mL) de suco de limão-siciliano espremido e coado na hora 2 gotas de solução salina ou uma pitada de sal 1 twist de laranja Aqueça o açúcar em uma frigideira até quase queimar, adicione a canela em pau e a bebida alcoólica (vai flambar), adicione os demais ingredientes para extinguir as chamas e dissolva o caramelo com uma colher. Sirva e torça a casca de laranja por cima.	Rende um drinque de 138 mL com 15,3% de teor alcoólico, açúcar incalculável e 0,31% de acidez. O volume e o teor alcoólico finais variam de acordo com o tempo de queima.
200	Gim com cúrcuma	500 mL de gim Plymouth 100 gramas de cúrcuma fresca em rodelas finas de 1,6 mm Infusione os ingredientes com 2 cápsulas por 2 minutos e meio.	Rendimento: 94% (470 mL)

PÁGINA	RECEITA	INGREDIENTES	RENDIMENTO
200	Glo-Sour	2 onças (60 mL) de gim de cúrcuma ¾ de onça (22,5 mL) de suco de limão-taiti espremido e coado na hora ¾ de onça rasa (20 mL) de xarope simples 3 gotas de solução salina ou uma pitada generosa de sal 1-2 dashes de bitter rápido de laranja Agite com gelo e coe em uma taça coupe gelada.	Rende um drinque batido de 160 mL com 15,9% de teor alcoólico, 8 g/100 mL de açúcar e 0,84% de acidez
203	Vodca infusionada com capim-limão	300 mL de vodca (40% de teor alcoólico) 180 gramas de capim-limão fresco fatiado Infusione os ingredientes com 2 cápsulas por 2 minutos.	Rendimento: 90% (270 mL)
203	Lemon Pepper Fizz	58,5 mL de vodca infusionada com capim-limão 12 mL de suco de limão-siciliano clarificado 18,75 mL de xarope simples 1 dash de tintura rápida de pimenta-do-reino 2 gotas de solução salina ou uma pitada de sal 76 mL de água filtrada Misture, resfrie, carbonate e sirva em uma taça flute gelada.	Rende um drinque carbonatado de 166 mL com 14,3% de teor alcoólico, 7,1 g/100 mL de açúcar e 0,43% de acidez
205	Coffee Zacapa	750 mL de Ron Zacapa 23 Solera ou outro rum envelhecido, divididos em uma porção de 500 mL e uma de 250 mL 100 mL de água filtrada 100 gramas de grãos de café em torra escura 185 mL de leite integral Infusione os ingredientes com 2 cápsulas por 1 minuto e 15 segundos.	Teor alcoólico final aproximado: 31% Rendimento: aproximadamente 94% (470 mL)
205	Xarope de grãos de selim	400 gramas de água filtrada 400 gramas de açúcar cristal 15 gramas de grãos de selim (pimenta-da-áfrica), ou 9 gramas de bagas de cardamomo verde e 5 gramas de pimenta-do-reino preta Bata todos os ingredientes no liquidificador e coe.	
206	Café Touba	2 onças (60 mL) de Coffee Zacapa ½ onça (15 mL) de xarope de grãos de selim 3 gotas de solução salina ½ onça (15 mL) de creme (caso não tenha passado o rum pelo milk washing) Agite com gelo e sirva em uma taça coupe gelada.	Rende um drinque batido de 115 mL com 16,1% de teor alcoólico, 8 g/100 mL de açúcar e 0,39% de acidez
207	Tequila com jalapeño	45 gramas de primenta jalapeño verde, cortada em fatias bem finas, sem sementes e sem a parte branca 500 mL de tequila blanco (40% de teor alcoólico) Infusione os ingredientes com 2 cápsulas por 1 minuto e meio.	Rendimento: acima de 90%
208	Vodca com chocolate	500 mL de vodca neutra (40% de teor alcoólico) 75 gramas de nibs de cacau Valrhona Infusione os ingredientes com 2 cápsulas por 1 minuto e meio.	Rendimento: acima de 85% (425 mL)

PÁGINA	RECEITA	INGREDIENTES	RENDIMENTO
209	Schokozitrone	2 onças (60 mL) de vodca com chocolate ½ onça (15 mL) de suco de limão-siciliano espremido e coado na hora ½ onça (15 mL) de xarope simples 1:1 2 dashes de bitter rápido de chocolate 2 gotas de solução salina ou uma pitada de sal Gengibre cristalizado Mexa com gelo e sirva em uma taça coupe resfriada com guarnição de gengibre cristalizado.	Rende um drinque mexido 128 mL com 19,2% de teor alcoólico, 7,4 g/100 mL de açúcar e 0,7% de acidez
211	Bitter rápido de laranja	0,2 grama de cravos inteiros (3 cravos) 2,5 gramas de sementes de cardamomo verde, sem a vagem 2 gramas de sementes de cominho 25 gramas de casca seca de laranja (de preferência, de laranja-de-sevilha) 25 gramas de casca seca de limão-siciliano 25 gramas de casca seca de grapefruit 5 gramas de genciana seca 2,5 gramas de casca de quássia 350 mL de vodca neutra (40% de teor alcoólico) 25 gramas de casca fresca de laranja (somente a parte laranja, sem a parte branca) Infusione com 1 cápsula em fervura branda por 20 minutos, depois esfrie antes de liberar a pressão.	Rendimento: 52% (185 mL)
213	Bitter rápido de chocolate	3 gramas de macis (3 inteiras) 350 mL de vodca neutra (40% de teor alcoólico) 100 gramas de nibs de cacau Valrhona 1,5 grama de genciana seca 1,5 grama de casca de quássia Infusione com 2 cápsulas por 60 minutos.	Rendimento: 85% (298 mL)
214	Tintura rápida de pimenta	8 gramas de pimenta habanero vermelha, cortada em fatias bem finas, sem sementes e sem a parte branca 52 gramas de pimenta-serrano vermelha, cortada em fatias bem finas, sem sementes e sem a parte branca 140 gramas de pimenta jalapeño verde, cortada em fatias bem finas, sem sementes e sem a parte branca 250 mL de etanol puro (100% ou 96%) 100 mL de água filtrada Infusione com 2 cápsulas por 5 minutos.	Rendimento: acima de 90% (315 mL)
215	Tintura rápida de pimenta-do-reino	15 gramas de pimenta malabar em grãos 10 gramas de pimenta tellicherry em grãos 5 gramas de pimenta-do-reino verde em grãos 3 gramas de pimenta-da-guiné 2 gramas de cubeba 200 mL de vodca neutra (40% de teor alcoólico) Infusione com 2 cápsulas por 5 minutos.	Rendimento: 80% (160 mL)
216	Tintura rápida de lúpulo	250 mL de vodca neutra (40% de teor alcoólico) 15 gramas de lúpulo Simcoe fresco Infusione com 2 cápsulas. Se estiver quente, afervente em fogo brando por 30 minutos e depois esfrie. Se estiver frio, infusione por 30 minutos.	Rendimento: 85% (212 mL)

PÁGINA	RECEITA	INGREDIENTES	RENDIMENTO
216	Tintura quente ou fria de lúpulo	30 gramas de lúpulo Simcoe fresco, divididos em duas porções de 15 gramas 300 mL de vodca neutra (40% de teor alcoólico) Infusione 15 gramas de lúpulo com uma cápsula, aefervente o sifão por 30 minutos em fogo brando, resfrie e libere a pressão. Adicione mais 15 gramas de lúpulo, depois infusione com 2 cápsulas por mais 30 minutos.	Rendimento: 85% (212 mL)
228	Pepino de martíni	6 ⅔ de onças (200 mL) de gim gelado 1 ⅔ de onça (50 mL) de vermute Dolin Blanc gelado ⅓ de onça (10 mL) de xarope simples gelado 1 dash de solução salina gelada 2 pepinos gelados (577 gramas) 1 limão-taiti Sal Maldon Sementes de salsão	
232	Mix agridoce multiúso	400 mL de xarope simples (ou 250 gramas de açúcar cristal e 250 gramas de água filtrada) 400 mL suco de limão-taiti ou siciliano espremido e coado na hora, ou ácido de limão 200 mL de água filtrada Uma boa pitada de sal	Rendimento: 1 litro
233	Líquido para a infusão de tomate	100 gramas de açúcar cristal 20 gramas de sal 5 gramas de sementes de coentro 5 gramas de mostarda-amarela em grãos 5 gramas de pimenta-da-jamaica em grãos 3 gramas de pimenta calabresa (omitir se for usar como guarnição para a tequila de jalapeño) 100 gramas de água filtrada 500 gramas de vinagre branco	
260	Justino de banana	3 bananas maduras descascadas (250 gramas) para cada 750 mL de bebida alcoólica 2 mL de Pectinex Ultra SP-L	Teor alcoólico aproximado de 32% se começar com uma base de 40% de teor alcoólico
260	Justino de tâmara	187 gramas de tâmaras medjool para cada 750 mL de bebida alcoólica 2 mL de Pectinex Ultra SP-L Mais 250 mL de bebida alcoólica	Teor alcoólico praticamente inalterado
260	Justino de repolho-roxo	400 gramas de repolho-roxo desidratado até chegar a 100 gramas 500 mL de gim Plymouth 1-2 mL de Pectinex Ultra SP-L	Teor alcoólico praticamente inalterado
260	Justino de damasco	200 gramas de damasco seco de blenheim 1 litro de bebida alcoólica 3-4 mL de Pectinex Ultra SP-L 250 mL de água filtrada	Teor alcoólico aproximado de 35% se começar com uma base de 40% de teor alcoólico
261	Justino de abacaxi	200 gramas de abacaxi seco 1 litro de bebida alcoólica 2 mL de Pectinex Ultra SP-L	Teor alcoólico praticamente inalterado

PÁGINA	RECEITA	INGREDIENTES	RENDIMENTO
267	O Milk Punch de Benjamin Franklin	Pegue 6 litros de conhaque e as cascas de 44 limões-sicilianos cortadas bem finas; deixe as cascas em infusão no conhaque por 24 horas; então, coe. Junte 4 litros de água, 4 nozes-moscadas grandes raladas, 2 litros de suco de limão-siciliano e 1 quilo de açúcar duplamente refinado. Quando o açúcar estiver dissolvido, ferva 3 litros de leite e junte ainda quente à parte restante, tire do fogo e mexa bem. Deixe descansar por duas horas; em seguida, passe-o por um saco de coar até que fique límpido; então engarrafe.	
268	Vodca infusionada com chá	1 litro de vodca (40% de teor alcoólico) 32 gramas de chá darjeeling de Selimbong de segunda colheita 250 mL de leite integral 15 gramas de solução de ácido cítrico a 15% ou 1 onça gorda (33 mL) de suco de limão-siciliano espremido e coado na hora Infusione a vodca com o chá até ficar com uma cor bem escura. Coe. Enquanto mexe, adicione a vodca ao leite e talhe com o ácido cítrico. Deixe assentar e coe os coágulos.	
269	Tea Time	2 onças (60 mL) de vodca infusionada com chá clarificada com leite ½ onça (15 mL) de xarope de mel ½ onça (15 mL) de suco de limão-siciliano espremido e coado na hora 2 gotas de solução salina ou uma pitada de sal Agite com gelo e sirva em uma taça coupe gelada.	Rende um drinque de 137 mL com 14,9% de teor alcoólico, 6,9 g/100 mL de açúcar e 0,66% de acidez
271	Dr. J	2 onças de rum ¾ de onça de suco de laranja com acidez de limão-taiti ¾ de onça rasa de xarope simples Pitada de sal 1 gota de extrato de baunilha Agite com gelo e sirva em uma taça coupe gelada.	Rende um drinque de 159 mL com 15% de teor alcoólico, 8 g/100 mL de açúcar e 0,14% de acidez
273	Egg washing	1 clara de ovo extragrande 750 mL da bebida alcoólica de sua preferência com 40% de teor alcoólico ou mais 1 onça (30 mL) de água filtrada	
275	Cognac e Cabernet	1 clara de ovo grande (1 onça, ou 30 mL) 2 onças (60 mL) de cognac (41% de teor alcoólico) 4 onças (120 mL) de cabernet sauvignon (14,5% de teor alcoólico) 2 onças (60 mL) de água filtrada ½ onça (15 mL) de suco de limão-siciliano clarificado ou de solução de ácido cítrico a 6% ½ onça (15 mL) de xarope simples 4 gotas de solução salina ou uma pitada generosa de sal	Rende dois drinques de 145 mL com 14,5% de teor alcoólico, 3,4 g/100 mL de açúcar e 0,54% de acidez
280	Washing com quitosana-gelana	15 gramas de solução de quitosana (2% da quantidade de bebida alcoólica) 750 mL de bebida alcoólica para o washing 15 gramas de gelana com baixo teor de acil Kelcogel F (2% da quantidade de bebida alcoólica)	

PÁGINA	RECEITA	INGREDIENTES	RENDIMENTO
282	Whisky Sour carbonatado	2 ⅝ de onças (79 mL) de água filtrada 1 ¾ de onça (52,5 mL) de bourbon que já tenha passado pelo washing com quitosana-gelana (47% de teor alcoólico) ⅝ de onça (19 mL) de xarope simples 2 gotas de solução salina ou uma pitada de sal ½ onça curta (12 mL) de suco de limão-siciliano clarificado (ou a mesma quantidade de suco de limão-siciliano não clarificado incluída depois da carbonatação) Misture os ingredientes, resfrie e carbonate. Sirva em uma taça flute gelada.	Rende um drinque de 162,5 mL com 15,2% de teor alcoólico, 7,2 g/100 mL de açúcar e 0,44% de acidez
285	Vodca com manteiga de amendoim e geleia	25 onças (750 mL) de vodca (40% de teor alcoólico) 120 gramas de manteiga de amendoim cremosa 125-200 gramas de geleia de uva concord	Rendimento: variável, entre 60% e 70%. Teor alcoólico final: 32,5%
286	PB&J with a Baseball Bat	2 ½ onças (75 mL) de vodca com manteiga de amendoim e geleia (32,5% de teor alcoólico) ½ onça (15 mL) de suco de limão-taiti espremido e coado na hora 2 gotas de solução salina ou uma pitada de sal Agite rapidamente com gelo e sirva em uma taça coupe gelada.	Rende um drinque de 140 mL com 17,3% de teor alcoólico, 9 g/100 mL de açúcar e 0,77% de acidez
318	Refrigerante simples de limão	1 onça (30 mL) de xarope simples ¾ de onça (22,5 mL) de suco de limão-taiti clarificado ou de base de ácido de limão 4 ¼ de onças (127,5 mL) de água filtrada 2 gotas de solução salina ou uma pitada de sal	Rende 180 mL com 10,5 g/100 mL de açúcar e 0,75% de acidez
319	Strawbunkle Soda	½ onça (15 mL) de xarope simples 3 ¾ de onças (112,5 mL) de suco de morango clarificado 1 ¾ de onça (52,5 mL) de água filtrada 2 gotas de solução salina ou uma pitada de sal Misture os ingredientes, resfrie e carbonate.	Rende 180 mL com 10,1 g/100 mL de açúcar e 0,94% de acidez
323	X, Y ou Z com soda	2 onças curtas (57 mL) de bebida alcoólica 3 ½ onças gordas (108 mL) de água filtrada Misture os ingredientes, resfrie e carbonate. Sirva em uma taça flute gelada.	
324	Margarita carbonatada	2 onças curtas (58,5 mL) de uma tequila de corpo leve como a Espolòn Blanco (40% de teor alcoólico) 2 ½ onças gordas (76 mL) de água filtrada ½ onça curta (12 mL) de suco de limão-taiti clarificado ¾ de onça curta (18,75 mL) de xarope simples 2-5 gotas de solução salina ou uma pitada generosa de sal 1 twist de laranja Misture os ingredientes, menos o twist, resfrie e carbonate. Sirva em uma taça flute gelada, torça a casca de laranja por cima e a descarte.	Rende um drinque de 165 mL com 14,2% de teor alcoólico, 7,1 g/100 mL de açúcar e 0,44% de acidez

PÁGINA	RECEITA	INGREDIENTES	RENDIMENTO
325	Negroni carbonatado	1 onça (30 mL) de gim 1 onça (30 mL) de Campari 1 onça (30 mL) de vermute doce ¼ de onça (7,5 mL) de suco de limão-taiti clarificado 2 ¼ de onças (67,5 mL) de água filtrada 1-2 gotas de solução salina ou uma pitada de sal 1 twist de grapefruit Misture os ingredientes, resfrie e carbonate. Sirva em uma taça flute gelada, torça a casca de grapefruit por cima e a descarte.	Rende um drinque de 165 mL com 16% de teor alcoólico, 7,3 g/100 mL de açúcar e 0,38% de acidez
326	Champari Spritz	1 ½ onça gorda (48 mL) de Campari (24% de teor alcoólico, 24% açúcar) ⅜ de onça (11 mL) de ácido de champanhe (6% de acidez) 3 ⅛ de onças (94 mL) de água filtrada 1-2 gotas de solução salina ou uma pitada de sal Misture os ingredientes, resfrie e carbonate. Sirva em uma taça flute gelada.	Rende um drinque de 165 mL com 7,2% de teor alcoólico, 7,2 g/100 mL de açúcar e 0,44% de acidez
327	Gim-Tônica	1 ¾ de onça cheia (53,5 mL) de gim Tanqueray (47% de teor alcoólico) ½ onça curta (12,5 mL) de xarope simples de quinino ou de xarope de cinchona 3 onças curtas (87 mL) de água filtrada 1-2 gotas de solução salina ou uma pitada de sal ⅜ de onça (11,25 mL) de suco de limão-taiti clarificado Misture os ingredientes, resfrie e carbonate. Sirva em uma taça flute gelada.	Rende um drinque de 165 mL com 15,4% de teor alcoólico, 4,9 g/100 mL de açúcar e 0,41% de acidez
328	Chartruth	1 ¾ de onça gorda (54 mL) de Chartreuse verde (55% de teor alcoólico, 25% açúcar) 3 ¼ de onças curtas (97 mL) de água filtrada 1-2 gotas de solução salina ou uma pitada de sal ½ onça curta (14 mL) suco de limão-taiti clarificado Misture os ingredientes, resfrie e carbonate. Sirva em uma taça flute gelada.	Rende um drinque de 165 mL com 18% de teor alcoólico, 8,3 g/100 mL de açúcar e 0,51% de acidez
331	Gin & Juice clarificado com ágar-ágar	Pouco menos de 2 onças (59 mL) de gim Tanqueray (47% de teor alcoólico) 2 ¾ de onças curtas (80 mL) de suco de grapefruit clarificado com ágar-ágar ¾ de onça gorda (26 mL) de água filtrada (se quiser um drinque ligeiramente mais doce, substitua uma bailarina [4 mL] da água por xarope simples; isso deixará o drinque com 6,3% de açúcar e 1,1% de acidez) 1-2 gotas de solução salina ou uma pitada de sal Misture os ingredientes, resfrie e carbonate. Sirva em uma taça flute gelada.	Rende um drinque de 165 mL com 16,9% de teor alcoólico, 5 g/100 mL de açúcar e 1,16% de acidez
331	Gin & Juice clarificado em centrífuga	1 ¾ de onça gorda (55 mL) de gim Tanqueray (47% de teor alcoólico) 1 ¾ de onça gorda (55 mL) de suco de grapefruit clarificado em centrífuga 1 ½ onça curta (42 mL) de água filtrada ¼ de onça gorda (10 mL) de xarope simples Pouco menos de uma bailarina (3 mL) de ácido de champanhe (30 gramas de ácido lático e 30 gramas de ácido tartárico em 940 gramas de água) 1-2 gotas de solução salina ou uma pitada de sal Misture os ingredientes, resfrie e carbonate. Sirva em uma taça flute gelada.	Rende um drinque de 165 mL com 15,8% de teor alcoólico, 7,2 g/100 mL de açúcar e 0,91% de acidez

PÁGINA	RECEITA	INGREDIENTES	RENDIMENTO
339	Granny Smith Soda	5 onças (150 mL) de suco de granny smith clarificado 1 onça (30 mL) de água filtrada 2 gotas de solução salina ou uma pitada de sal Misture os ingredientes, resfrie e carbonate.	Rende 180 mL com 10,8 g/100 mL açúcar e 0,77% de acidez
340	Honeycrisp Rum Shake	2 onças (60 mL) de rum branco neutro (40% de teor alcoólico) ½ onça curta (12 mL) de suco de limão-taiti ou 0,7 grama de ácido málico dissolvido em 10 mL de água e 2 gotas de solução salina ou uma pitada de sal 3 onças (90 mL) de suco de maçã honeycrisp não clarificado congelado em três cubos de 1 onça (30 mL) Agite os ingredientes com o gelo de suco e sirva em uma taça coupe gelada.	Rende um drinque de 162 mL com 14,8% de teor alcoólico, 7,8 g/100 mL de açúcar e 0,81% de acidez
345	Kentucky Kernel	1 ¾ de onça (52,5 mL) de bourbon Makers Mark (45% de teor alcoólico) clarificado com quitosana ou gelana 2 ½ onças (75 mL) de suco de ashmead's kernel clarificado 1 onça (30 mL) de água filtrada 2 gotas de solução salina ou uma pitada de sal Misture, resfrie e carbonate. Sirva em uma taça flute gelada.	Rende um drinque carbonatado de 157,5 mL com 15% de teor alcoólico, 8,6 g/100 mL de açúcar e aproximadamente 0,6% de acidez
347	Caramel Appletini engarrafado	2 onças (60 mL) de vodca (40% de teor alcoólico) ¼ de onça (7,5 mL) de vermute Dolin Blanc 1 onça (30 mL) de água filtrada 1 ¾ de onça (52,5 mL) de suco de maçã silvestre wickson clarificado 1 bailarina (4 mL) de xarope de caramelo 70 Brix 1 dash de bitter de laranja 2 gotas de solução salina ou uma pitada de sal Misture, engarrafe e resfrie. Sirva em uma taça coupe gelada.	Rende um drinque de 155 mL com 16,5% de teor alcoólico, 7,2 g/100 mL de açúcar e 0,45% de acidez
347	Caramelo 70 Brix	Cerca de 1 onça (30 mL) de água filtrada 400 gramas de açúcar cristal Aqueça na frigideira até ficar bem escuro, mas não queimado. Adicione 400 mL de água à frigideira quente, remova do fogo e mexa até dissolver tudo.	
353	Shakerato com leite	1 ½ onça (45 mL) de expresso tirado na hora resfriado a pelo menos 60 °C 3 onças (90 mL) de leite integral ½ onça (15 mL) de xarope simples 2 gotas de solução salina ou uma pitada de sal Bata com gelo e sirva em um copo resfriado.	Rende um drinque de 197 mL com 0% de teor alcoólico, 4,7 g/100 mL de açúcar e 0,34% de acidez
354	Shakerato alcoólico	1 ½ onça (45 mL) de expresso tirado na hora resfriado a 50 °C 2 onças (60 mL) de rum escuro (40% de teor alcoólico) 1 ½ onça (45 mL) de creme de leite fresco ½ onça (15 mL) de xarope simples 2 gotas de solução salina ou uma pitada de sal Bata com gelo e sirva em um copo resfriado.	Rende um drinque de 234 mL com 10,2% de teor alcoólico, 3,9 g/100 mL de açúcar e 0,29% de acidez

PÁGINA	RECEITA	INGREDIENTES	RENDIMENTO
355	Shakerato alcoólico 2	1 ½ onça (45 mL) de expresso tirado na hora resfriado a 50 °C 2 onças (60 mL) de rum escuro (40% de teor alcoólico) ½ onça (15 mL) de xarope simples 2 gotas de solução salina ou uma pitada de sal 3 ½ onças (105 mL) de leite integral, congelado em cubinhos Agite os ingredientes líquidos com gelo de leite e sirva em um copo resfriado.	Rende um drinque de 225 mL com 10,7% de teor alcoólico, 4,1 g/100 mL de açúcar e 0,3% de acidez
357	Expresso nitroso	1 ½ onça (45 mL) de expresso 1 ¾ de onça (52,5 mL) de vodca (40% de teor alcoólico) ½ onça (15 mL) de xarope simples 1 ½ onça (52,5 mL) de água filtrada 2 gotas de solução salina ou uma pitada de sal Misture, resfrie e carbonate com N_2O. Sirva em uma taça flute gelada.	Rende um drinque de 165 mL com 12,7% de teor alcoólico, 5,6 g/100 mL de açúcar e 0,41% de acidez
359	Coquetel de Coffee Zacapa	2 onças (60 mL) de Coffee Zacapa ½ onça (15 mL) de xarope simples 2 gotas de solução salina ou uma pitada de sal Agite com gelo e sirva em uma taça coupe gelada.	Rende um drinque de 117 mL com 15,8% de teor alcoólico, 7,9 g/100 mL de açúcar e 0,38% de acidez
362	O melhor G&T que você pode criar sem muita invencionice	Copo tirado do freezer 1 ¾ de onça (52,5 mL) de gim do freezer 3 ¼ de onças (97,5 mL) de água tônica fresca gelada Gomo de limão-taiti espremido Gelo do freezer	
367	Xarope simples de quinino	1 litro (1.230 gramas) de xarope simples 0,5 grama de sulfato de quinino USP Misture e coe para remover qualquer quinino que não tenha sido dissolvido.	
368	Xarope de cinchona	20 gramas (cerca de 3 colheres de sopa) de casca de cinchona em pó 750 mL de água filtrada 750 gramas de açúcar cristal Ferva em fogo brando a casca em água por 5 minutos, resfrie, coe em um filtro de café, volte a diluir até 750 mL, depois dissolva em açúcar.	Rende 1,2 litro
373	Água tônica em duas versões	4 ¾ de onças (142,5 mL) de xarope simples de quinino ou xarope de cinchona 4 ¼ de onças (127,5 mL) de suco de limão-taiti clarificado, ou ácido de limão pré-preparado, ou 5,1 gramas de ácido cítrico e 2,6 gramas de ácido málico e uma pitada minúscula de ácido succínico dissolvido em 120 mL de água 20 gotas (1 mL) de solução salina ou duas pitadas de sal 25 onças (750 mL) de água filtrada Misture, resfrie, carbonate.	Rende 1.021 mL com 8,8 g/100 mL de açúcar e 0,75% de acidez